Jabboq

Herausgegeben von
Jürgen Ebach, Hans-Martin Gutmann,
Magdalene L. Frettlöh und Michael Weinrich

Band 4

Chr. Kaiser
Gütersloher
Verlagshaus

# *Bloß ein Amt und keine Meinung? – Kirche*

Herausgegeben von

Jürgen Ebach, Hans-Martin Gutmann,
Magdalene L. Frettlöh und Michael Weinrich

Chr. Kaiser
Gütersloher
Verlagshaus

Bibliografische Information Der Deutschen Bibliothek

Die Deutsche Bibliothek verzeichnet diese Publikation
in der Deutschen Nationalbibliografie; detaillierte bibliografische Daten
sind im Internet über http://dnb.ddb.de abrufbar.

ISBN 3-579-05333-7


Umschlag: Finken & Bumiller, Stuttgart, unter Verwendung von »Ideal-Stadt« von Francesco di G. Martini, © akg-images, Berlin 2003 (unten) sowie »Wrestling with the Angel« von Marc Chagall, © VG Bild-Kunst, Bonn 2003
Satz: Druckerei Sommer, Feuchtwangen
Druck und Bindung: Těšínská Tiskárna AG, Český Těšín
Printed in Czech Republic

www.gtvh.de

# Inhalt

# Jabboq 4

## Zur Einführung

»Ich hab' hier bloß ein Amt und keine Meinung« lässt Friedrich von Schiller in »Wallensteins Tod« einen Oberst Wrangel dem Wallenstein antworten. Die Lage im endlos andauernden Krieg ist verworren, es geht um Intrigen und Interessen, Mord und Totschlag. Kaum jemand weiß das heute im einzelnen, kaum jemanden interessiert dies als differenzierte Fragestellung, genauso wie kaum jemand wissen dürfte, dass das Zitat, das dem hier vorgelegten neuen Jabboq-Band das Motto gibt, aus Schillers Wallenstein stammt. Die meistbenutzte Internet-Suchmaschine *Google* beispielsweise ordnet – unter dem Titel »Aphorismen, Zitate und Bonmots« – die abwehrende Auskunft des verblichenen schwedischen Oberst zwischen Woody Allen's Satz »Ich denke viel an die Zukunft, weil das der Ort ist, wo ich den Rest meines Lebens zubringen werde« und dem Ausspruch eines gegenüber diesem wunderbaren New Yorker Regisseur, Geschichtenerzähler und Schauspieler weniger bekannten Soziologen, Peter Atteslander, ein: »Wir glauben nur, was wir sehen – leider sehen wir nur, was wir glauben wollen.«

Möglicherweise ist damit schon ein wichtiger Aspekt des Problems bezeichnet, dem sich die Autorinnen und Autoren des neuen Jabboq-Bandes »Bloß ein Amt und keine Meinung? – Kirche« aus verschiedenen Perspektiven und Interessen annähern. Allenthalben wird Traditionsverlust beklagt, nicht nur in der Kirche. Geistesgeschichtlich wesentliche Bildungsbestände verschwinden aus dem öffentlichen Bewusstsein, Symbole und Rituale verlieren an Plausibilität, Institutionen büßen an selbstverständlicher Geltung ebenso ein wie an stabilisierender und integrierender Wirksamkeit. All dies ist weithin bekannt und bereits häufig bedauert worden. In Feuilletons und wissenschaftlichen Abhandlungen wird diese Entwicklung unter Stichworten wie »Individualisierungsprozess«, »Postmoderne« oder auch als Konsequenz der »Globalisierung« diskutiert. Keineswegs die Kirche allein ist betroffen, sondern ebenfalls Universitäten und Theater, politische Parteien und Gewerkschaften. Hinzu kommt ein Ökonomisierungsdruck, der wie eine grenzenlose Heuschreckenplage (auch hier würden interessierte ZeitgenossInnen heute vermutlich eher bei *Google* nach der Herkunft des Bildes forschen, als spontan das richtige Kapitel im alttestamentlichen Buch Exodus aufzuschlagen) die sozialen Sicherungen, kulturellen Angebote und eben auch kirchlichen Einrichtungen mit zunehmender Rasanz frisst.

Auch die Rede vom »Amt« gehört, bezogen auf kirchliche und erst recht auf theologische Sachverhalte, in eine Zeit, die selbst für gebildete ZeitgenossInnen kaum noch nachvollziehbar erscheint. Als es noch keine »Service-Center« gab und sich ihre Angebote noch nicht wie in den meisten Dörfern und Kleinstädten heute in der Nische irgendeines Supermarktes wiederfanden, hätten die meisten Leute bei »Amt« eher das Postamt assoziiert oder vielleicht auch das Arbeitsamt, nicht jedoch die durch Beauftragung legitimierte, verantwortliche, das dauerhafte Engagement der betreffenden Person fordernde öffentliche Tätigkeit, die Martin Luther, Philipp Melanchthon, Johannes Calvin und andere Reformatoren der Kirche im Sinne hatten, wenn sie von »Amt« sprachen.

Nicht nur die Kirche scheint von der Erosion ihres überkommenen Profils und ihrer finanziellen Basis betroffen, aber doch die Kirche in besonderem Maße. Zwei Ereignisse beleuchten Ende Mai 2003, als wir diese Einführung formuliert haben, schlaglichtartig die Ambivalenz, unter der die öffentliche Wirksamkeit der Kirchen (und hier sind insbesondere die evangelischen Kirchen im Blick) heute steht: In diesen Tagen wird ein Urteil des Oberlandesgerichtes Düsseldorf vom 20. Dezember 2002 bekannt, mit dem ein Steuerberater verurteilt wird, weil er »den ihm obliegenden Beratungspflichten nicht nachgekommen ist«. Er hätte von sich aus seinen Mandanten, einen Geschäftsmann, darauf hinweisen müssen, dass dieser eine höhere Gewinnausschüttung erzielen könnte, wenn er nicht der Kirche angehörte. »Bei einer ordnungsgemäßen Beratung«, so das Gericht in seinem Urteil, gegen das keine Revisionsmöglichkeit besteht, hätte sich der Mandant wahrscheinlich für einen Kirchenaustritt entschieden. Sollte diese Rechtsprechung Schule machen oder sich auch nur unter SteuerberaterInnen herumsprechen, wäre die finanzielle Basis der kirchlichen Arbeit noch weit dramatischer gefährdet, als dies bereits jetzt der Fall ist. Das ist die eine Seite der Medaille.

Die andere ist, dass im Umfeld des ersten ökumenischen Kirchentages, der um Himmelfahrt 2003 in Berlin stattfindet, von Vertretern aller politischen Parteien gefordert wird, die Kirchen möchten in den sozialen und politischen Konflikten unserer Zeit deutlich – und deutlicher – ihre Stimme erheben. Immer wieder wird die Erwartung geäußert, dass von den Kirchen in wichtigen ethischen und gesellschaftlichen Fragen, wie der Debatte um die Gen- und Reproduktionstechnologien oder um Arbeitslosigkeit, Armut und den Abbau sozialer Sicherungssysteme, klare Orientierungen ermöglicht werden. Mit überraschender Klarheit und öffentlicher Resonanz haben sich die Kirchen gegen einen Krieg im Irak positioniert. Die meisten ihrer teilweise gründlich abgewogenen Stellungnahmen finden aber nur wenig Beachtung. Möglicherweise liegt dies an einer bisweilen unkommunikativen und milieugeprägten Form dieser Stellungnahmen, kann aber auch durchaus begründet zu der Rückfrage führen, wie ernsthaft es mit der von den Kirchen erwarteten Orientierung bestellt ist. Es wird ihnen eine Kompetenz zugesprochen, von der nur selten tatsächlich etwas erwartet wird.

Die Autorinnen und Autoren dieses Bandes unternehmen es, herausgefordert durch das leicht depressive Motto »Bloß ein Amt und keine Meinung? – Kirche«, die hier unterstellte Eindeutigkeit des Bildes der Kirche zu differenzieren, teilweise auch in Frage zu stellen. Es sind Stellungnahmen von innen und von außen, teils engagiert, teils distanziert, bisweilen sogar heiter. Die Geschichten vom Pastor Schäfer beispielsweise, die der Bochumer Schriftsteller Friedrich Grotjahn beigesteuert hat und die ursprünglich, als Friedrich Grotjahn noch Gemeindepfarrer in Salzgitter-Fredenberg (in der Braunschweiger Landeskirche) war, den dortigen Gemeindebrief geziert haben, geben immer wieder Gelegenheit, bei der Lektüre schmunzelnd eine Pause einzulegen.

Diese Einführung will Lust zum Lesen machen und keine Inhaltsangabe der Beiträge sein, erst recht kein Korreferat – vielmehr ein kurzer Blick auf das, was den Leser und die Leserin dieses Bandes erwartet:

Zunächst kommen die zu Wort, die von der Kirche eine besondere lebensgeschichtliche Erfahrung »von innen« mitbringen, weil sie in ihr ein ›Amt‹ bekleiden bzw. bekleidet haben.

*Heino Falcke*, Propst i.R. aus Erfurt, redet angesichts der erschütternden Erfahrung des Erfurter Attentats am 26. April 2002 über die aktuelle öffentliche Präsenz der Kirchen und demonstriert an diesem massiven Einschnitt in der Lebenswelt einer Stadt, wie wichtig die in ihr engagierten Menschen in einer solch zugespitzten Krisensituation werden können: »Wie ist aufgrund der Erfurter Erfahrungen Rolle und Funktion der Kirchen in der Öffentlichkeit zu beschreiben? Beauftragte und Glieder der Kirche waren im Brennpunkt des gesellschaftlichen Geschehens präsent, und die Kirche war offen für die Menschen, die in den Kirchen Beistand suchten. Sie bot ihnen die Sprachformen, Symbole und Rituale ihrer religiösen Tradition an, und dieses Angebot wurde angenommen.«

*Klaus Haarmann*, noch Superintendent der Hannoverschen Landeskirche in Diepholz, zieht eine kritische Bilanz seiner Erfahrungen in diesem Amt. »Die alte Versuchung jeder Religion und Kirche liegt ja, wenn auch jenseits ihres Auftrags, im eigenen Trost der Selbstvergewisserung. Nicht einmal viel Lust zur Begegnung mit den anderen Gemeinden, geschweige denn Motivation und Kräfte zur Kooperation, bleiben nach meiner Erfahrung, wenn es um den Kampf um die ›eigene‹ Pfarrstelle geht.« – Die eigentliche Gefahr der finanziellen Krise der Kirche in der »Zeit der Erschöpfung« liegt im Rückzug nach innen, im »Vergraben der Talente«. Für Klaus Haarmann kein Grund zur Resignation, wohl aber zu einem Ortswechsel innerhalb der kirchlichen Ämterstruktur. »Ich möchte meine kirchliche Arbeit in Zukunft, mit durchaus gutem Mut, wieder im Pfarramt fortsetzen.«

*Curt Stauss*, Superintendent der Kirchenprovinz Sachsen in Nordhausen, gibt einen Einblick in die Chancen und die Aufgaben kirchlicher Arbeit in einer Situation, die in finanzieller Hinsicht ebenso wie im Blick auf die Mitgliederentwicklung dramatischer ist als (noch) in den meisten westlichen Landeskirchen. Aus diesem Beitrag ist viel über lebendige theologische Debatten in der evangelischen Kirche zu DDR-Zeiten zu lernen, die im Westen nur wenig bekannt sind, vor allem aber auch über die Perspektiven in einer kirchlichen Lage, die möglicherweise nicht mehr allzu lange auf den Osten der Republik begrenzt bleiben wird. »Der Ostdeutsche, der ein Pfarrer ist, nimmt die Bedürfnisse seiner Mitmenschen aufmerksam wahr, er weiß, dass er Einiges von dem, was wie ein religiöses Bedürfnis aussieht, nicht erfüllen kann, anderes nicht erfüllen will; es gibt Grenzen in den Ressourcen, in der Kommunikationsfähigkeit (…), in der theologischen Überzeugung (…). Er glaubt, dass der Abschied vom ›Konzept Gemeindeaufbau‹ dringend angesagt ist. Die Kirche sollte das, was nur sie tun kann, hauptsächlich in Gottesdienst, Seelsorge und Bildung tun – und sie sollte präsent sein, wo Unrecht, Not oder Gewalt die Lebenschancen der Menschen einschränken.«

Der vierte Beitrag in diesem ersten Teil kommt aus der Perspektive »zwischen« Kirche und Staat sowie anderen Orten und Institutionen der bundesdeutschen Öffentlichkeit: *Anne Gideon* ist Referentin für die Kontakte zu Kirchen und Religionsgemeinschaften im Bundespräsidialamt, und sie veranschaulicht die in ihrem Titel steckende These – »Sie erwarten viel und kennen uns wenig« – mit einer Reihe von Szenen aus ihrem beruflichen Alltag. »Ich meine: das je Eigene muss mit eigenem Leben gefüllt werden. Die sogenannten Ansprechpartner müssen erinnert werden und sich erinnern dürfen an ihre eigenen Erfahrungen; Unwissenheit, Disparatheit, emotional an die Kindheit gebundene Erfahrungen dürfen und müssen Thema sein. Glaube und Kirche ist nicht nur etwas für Fachleute und Kinder.«

Kommen wir zum zweiten Abschnitt dieses Bandes. Wir haben wieder – wie in den bisherigen Bänden – Beiträge »von außen« erbeten, von Menschen also, die Kirche und Theologie mehr oder weniger fremd und kritisch gegenüberstehen. Dass wir auf unsere Einladung Antworten bekommen haben, die wir so nicht selbst geschrieben hätten und hätten schreiben können, versteht sich von selbst. Dennoch und deshalb erscheint es uns nötig, aufmerksam auf sie zu achten.

Die großen Mitgliedschaftsuntersuchungen, die von den evangelischen Kirchen in den vergangenen dreißig Jahren durchgeführt wurden, haben gezeigt, dass insbesondere so genannte »Kirchenferne« (bisweilen auch als »kirchennahe Kirchenferne« apostrophiert) ihr Bild von der Kirche insbesondere aus ihren Begegnungen und Erfahrungen mit den Pfarrerinnen und Pfarrern speisen: aus enttäuschten oder aber auch erfüllten Erwartungen gegenüber ihrer kommunikativen Kompetenz oder Unfähigkeit, ihrer moralischen Lauterkeit oder Versagen, ihrer politischen Klarheit oder Konturlosigkeit, vor allem aber und immer wieder aus der Wahrnehmung ihrer Orientierung in den am meisten konfliktbelasteten Feldern des menschlichen Lebens, d.h. in ihrem Umgang mit Geld, Politik und Sexualität. Die Hamburger Germanistin, Anthologin und Krimiautorin *Regula Venske* hat ihre vielfältigen (durchaus nicht nur aus kirchenferner Perspektive zusammengetragenen) Erfahrungen mit kirchlichen AmtsträgerInnen in einem Beitrag zusammengefasst, der uns als HerausgeberInnen in seiner Deutlichkeit, bisweilen auch in seiner Drastik mitunter den Atem verschlagen hat und eine kontroverse Debatte auslöste. Einerseits: Der Text ist ungerecht und lässt den Pfarrerinnen und Pfarrern keine Chance, dem von der Autorin entworfenen Bild *nicht* zu entsprechen (das war vor allem das Argument von M.L. Frettlöh). Andererseits: Es ist nötig, auch dieses Bild von Kirche und Pfarrerschaft wahrzunehmen und zu fragen, welche Erfahrungen dahinter stehen (das war vor allem das Argument von H.-M. Gutmann).

Der Berliner Philosoph *Holm Tetens* konfrontiert die Kirchen mit der Aufforderung, ihren faktischen Abschied vom Mehrheit-Sein und ihre Wanderung in den Status der Minderheit nicht nur allein als Chance, sondern als Notwendigkeit anzuerkennen. Denn nur aus dieser Position ist die »Aufkündigung des Götzendienstes« eine lebbare Handlungsperspektive. »Welche Götzendienste kommen einem da in den Sinn? Der aggressive Kult des Erfolgs; die hemmungslose Anbetung von Schönheit und Reichtum; die Irrsinnsspirale eines ökonomischen Systems, das nur durch Konsumzwang bis zur Besinnungslosigkeit funktioniert (...) die Verleugnung von dem, was nicht dazu oder zu den ungeheuren Opfern gehört, die wir den Götzen unserer Zeit darzubieten haben: dem Kranksein, dem Älterwerden, den Gebrechlichen, dem Scheitern, der Arbeitslosigkeit, der ökologischen Zerstörung der Natur (...). Wer sich den Götzen unserer Zeit entgegenstellt, ist Minderheit. Darum scheint mir Kirche als Gemeinschaft der Gläubigen Minderheit zu sein, ja sein zu müssen.«

Der Beitrag des Dortmunder (und zuvor für viele Jahre Paderborner) Praktischen Theologen *Norbert Mette* steht für die zur Kirche essenziell dazu gehörige Dimension der Ökumene, die seinen Beitrag mehr indirekt als direkt prägt. Mette zeichnet den Weg nach, den die römische Kirche in den Jahren nach den Aufbrüchen und Öffnungen des Zweiten Vatikanischen Konzils der sechziger Jahre in Richtung eines hierarchischen Ordnungs- und Handlungsprinzips wieder zurückgegangen ist; und er fragt danach, wie – gegen diese Entwicklung – heute die im Konzil eröffneten Lebensmöglichkeiten der Kirche neu wahrgenommen werden können. »Katholisch-Sein heißt, den christlichen Glauben in Treue zu den Aussagen des Alten und Neuen Testaments, zu der lehramtlichen Verkündigung und zu den geschichtlichen Erfahrungen der Christinnen und Christen zu bekennen. Die Gläubigen sind somit nicht länger bloß Objekte kirchenamtlicher Belehrung, sondern Subjekte ihres Glaubens (...). Nicht Uniformität, sondern Pluriformität sind darum für diesen kennzeichnend.« Ein solches Verständnis des Kircheseins hätte entscheidende Konsequenzen für die ganze Ökumene. Mette schreibt: »Überhaupt stellt sich mit Blick auf die gesellschaftliche Realität die Frage, ob nicht längst eine je eigene konfessionelle Profilierung der Kirchen und ein unweigerlich damit verbundenes Herausstellen der Differenzen obsolet geworden ist (...).

Vielfalt kann auch zur gegenseitigen Bereicherung werden (...) es wäre verfehlt, diese Vielfalt wieder zu einem solchen Grunddissens zu stilisieren, der zur Profilierung der je eigenen Identität nötigt.«

Ist mit Norbert Mette – als römisch-katholischem Kollegen – bereits ein Hochschullehrer zu Wort gekommen, so haben im jetzt folgenden – und ausführlichsten – Teil dieses Bandes drei akademische Lehrer der evangelischen Theologie das Wort. Die Jabboq-Reihe sieht konzeptionell ausreichend Raum dafür vor, in größerer Ruhe und Ausführlichkeit, als es in theologischen Fachzeitschriften in der Regel möglich ist, über Probleme von Theologie und Kirche nachzudenken. Die drei Beiträge versuchen in ihren je eigenen Perspektiven, das in der protestantischen Tradition oft an den Rand geschobene Thema der Ekklesiologie so zu reflektieren, dass Perspektiven für die gegenwärtige Situation bestimmbar werden.

*Hans-Martin Gutmanns* »kritische Liebeserklärung« an die Gemeinde als Lebensort schlägt vor, die – historisch – spezifisch reformierte Tradition des »mehrfachen Amtes« als eine gesamtevangelische Perspektive aufzunehmen. Dies beinhaltet, dass auch die universitäre Theologie, die um des kritischen Dialogs und auch der Infragestellung der Kirche von anderen wissenschaftlichen Perspektiven her notwendig an ihrem Ort bleiben soll, dennoch als nicht nur auf andere Wissenschaften, sondern vor allem auf den Lebensvollzug *der Kirche* bezogene Lehr- und Forschungspraxis verstanden wird und – im Gegensatz zu ihrer faktisch oft vorherrschenden Orientierung – auch in dieser Weise Gestalt gewinnen soll. Zugleich wird in diesem Beitrag mit Blick auf die »Gemeinde als Lebensort« – gegen eine landläufige Tendenz einer zunehmenden Konzentration kirchlicher Arbeit auf die PfarrerInnen – eine Deprofessionalisierung der kirchlichen Arbeit gefordert. »Auch im Kontext des ›mehrfachen Amtes‹ (...) bleiben die PfarrerInnen wichtig. Um andere ermutigen und ermächtigen zu können (›Empowerment‹), müssen sie auch selbst eine spirituelle Lebens- und Übungspraxis haben, die sie befähigt, eigene Machtwünsche von der Macht Gottes zu unterscheiden und so diese heilsame Macht, die sie nicht aus Eigenem erzeugen und nicht besitzen können, an andere weiterzugeben – Macht hier nicht im Sinne von Kontrolle und Obsession, sondern von Lebensmut und -kraft. PfarrerInnen sind ausgebildete theologische Fachleute und können dieses Wissen als orientierendes und kritisches Wissen in die Kommunikation der Gemeinde und auch in die übergemeindlichen Interaktions- und Informationszusammenhänge einbringen.« Diese »Liebeserklärung« an die Gemeinde will deshalb auch die parochiale Gemeinde keinesfalls gegen die übergemeindlichen kirchlichen Arbeitszusammenhänge ausgespielt wissen.

Gutmanns Hamburger Kollege *Wolfgang Grünberg* gibt in seinem Beitrag eine theologisch gehaltvolle Analyse des Ortes der Kirche – und auch von Kirchengebäuden – in einer urbanen Umwelt. Der Beitrag gewinnt sein Gewicht und seine Brisanz vor allem durch »dichte Beschreibungen« der Weise, wie Kirchen – und Kirchengebäude – für das Gesicht und den Lebensvollzug einer Stadt zentral wichtig werden, aber auch, welche Verletzungen und Wunden ihre Zerstörung hinterlässt (beispielhaft dargestellt an der Zerstörung und an der Debatte um den Wiederaufbau der Leipziger Paulinerkirche, der Potsamer Garnisonskirche und an Konflikten um die Umnutzung bzw. den Abriss von Kirchengebäuden in Gemeinden, die ihre Räume aus Gründen der Gemeindeentwicklung nicht mehr halten können). Grünberg nimmt in pragmatischer Absicht die hermeneutische Tradition des »vierfachen Schriftsinns« auf, um das Verhältnis zwischen Kirchen und städtischen Kontexten zu rekonstruieren. Der Richtungssinn dieses Beitrages liegt aber nicht nur in Interpretation und Rekonstruktion, sondern in einer Bestimmung der Perspektiven für die praktische Stadtkirchenarbeit. »Stadtkirchenarbeit ist kirchliche Arbeit im Blick auf die Vergangenheit, die Gegenwart und die Zukunft des Gemeinwesens (der Stadt, des Stadtteils, des Dorfes) als kulturelles und religiöses Gedächtnis, als Ort des Streites um Würde und Heiligkeit des Lebens und als Ort der Verheißung des Geistes unter pneumatologischer und eschatologischer Perspektive.« – Es sind vor allem die Wunden, die Zerstörungen, die ein städtisches Gemeinwesen in seiner Geschichte erfahren hat, die die Kirchen als Erinnerungsorte nötig machen. Die Stadt wird in Grünbergs Beitrag nicht von ihrem Zentrum aus »gelesen«, sondern von der Peripherie her: aus dem Blick des Elenden, des »Vagabunden«, wie Grünberg in Anknüpfung an Francois Lyotard sagt. Und die Frage nach dem Heiligen in der Stadt, wiewohl sie nie ohne spezifische Zeiten und Räume, auch nicht ohne Körper und Körperlichkeit auskommen kann, wird vor einer Verdinglichung bewahrt und eschatologisch zugespitzt. »Kirchliches Handeln – hier durch die in der Ökumene gebräuchlichen Schlüsseltermini martyria, diakonia und koinonia zusammengefasst und unter pneumatologischer und eschatologischer Perspektive reflektiert – eröffnet für die Stadtkirchenarbeit zukunftsfähige Perspektiven. Denn Geistesgegenwart, pfingstlich und eschatologisch zugleich bedacht, impliziert einen kritischen und konstruktiven Richtungssinn, der die Polisidee als Schutz- und Bildungsraum für das gute Leben ebenso zur Geltung kommen lässt wie die Stadt- und Gesellschaftskritik an Babylon – alias Rom – als Symbol der urbanen Welt, und beide mit der Stadtutopie des Neuen Jerusalem prozessual verbindet.«

Schließlich hat *Michael Weinrich* einen Beitrag beigesteuert, in dem er – in Aufnahme von zentralen Positionen der Theologiegeschichte – nach einer angemessenen Verhältnisbestimmung zwischen Theologie und empirischer Kirche fragt, in der nicht einfach ein »richtiges« theologisches Kirchenbild gegen die unzureichende empirische Realität von Kirche gestellt wird, sondern das empirische Gegebensein der Kirche auch theologisch wahrgenommen, respektiert und als für die theologische Reflexion unaufgebbar aufgenommen wird. Weinrich geht mit seinen LeserInnen einen weitläufigen und dennoch zielgerichteten Weg durch die Arsenale theologischer Denkmöglichkeiten von Kirche. Augustinus, Luther und Calvin kommen ausführlich zu Wort, und ekklesiologische Modelle – Kirche als *corpus permixtum*; das Verhältnis zwischen *unsichtbarer* und *sichtbarer* Kirche, zwischen *empirischer* und *geglaubter* Kirche – werden konzentriert durchgemustert, um die Reichweite der von diesem Beitrag gestellten Frage überhaupt erst abschätzen zu können: »Welche Kirche meinen wir?« – In der Logik der Intention dieses Beitrages liegt es, dass in der Tradition Johannes Calvins ein nachdrücklicher Akzent auf die sichtbare Kirche gesetzt wird. Doch Weinrich stimmt schließlich mit Gutmann darin überein, dass die fundamentale Bedeutung der Kirche darin liegt, ein Lebensraum für die dem Glauben wesenhaft eignende Sozialität zu sein. Wenn von der Kirche als »der Gemeinschaft der Heiligen gesprochen wird, steht die Gemeinschaftlichkeit und auch die Geselligkeit des Glaubens im Mittelpunkt des Gedankens. Ohne diese Gemeinschaftlichkeit und Geselligkeit kann Kirche nicht Kirche sein. Der Glaube ist seinem Wesen nach eine soziale, d. h. sozialisierende Angelegenheit. Er verbindet zu einer Hoffnungsgemeinschaft und befriedigt nicht in erster Linie individuelle Heilsbedürfnisse.«

Den letzten, vom Umfang her knappsten und doch gewichtigen Teil des neuen Jabboq-Bandes bildet die Auslegung der biblischen Erzählung von Jakobs Kampf am Jabboq 1 Mose 32, die dieser Buchreihe ihren Namen gibt und ohne deren ausdrückliche Wahrnehmung keiner der Jabboq-Bände auskommen mag. Wir haben dieses Mal die Wuppertaler Pfarrerin und Theologin Sylvia Bukowski eingeladen, diesen Part zu übernehmen, und sie steuert eine Predigt über Genesis 32 zum Israelsonntag bei.

Die Herausgeberin und die Herausgeber der Jabboq-Reihe hoffen, mit diesem Buch einen wichtigen Beitrag zur Bestimmung des Weges der Kirche zu geben, über den gegenwärtig mit viel Engagement, aber auch mit viel Schmerz und Trauer an den verschiedensten kirchlichen Orten gestritten wird. Wir freuen uns über jeden Leser, jede Leserin, besonders aber über solche, die uns genauso deutlich antworten, wie dies die AutorInnen dieses Bandes unternommen haben.

Wir danken Friederike Alsen, Karoline Faber, Alexander Höner, Nicole Oeler, Wilma Schlaberg und Ulfert Sterz für ihre Hilfe beim Korrekturlesen. Frau Christel Sintermann hat die Textverarbeitung besorgt und die vielfältigen Organisationsfragen der Manuskriptentstehung mit großer Gelassenheit und Kompetenz koordiniert; auch ihr sei herzlich gedankt.

Hamburg und Berlin, Himmelfahrt 2003 *Hans-Martin Gutmann und Michael Weinrich*

*Heino Falcke*

# Das Erfurter Attentat am 26. April 2002 und die aktuelle öffentliche Präsenz der Kirchen

Erfahrungen und Reflexionen

Während ich dieses schreibe[1], gehen wir in Erfurt auf den ersten Jahrestag des Attentates zu, bei dem der Täter in der Gutenbergschule 16 Menschen und sich selbst tötete. Es wird sich an dem Jahrestag zeigen, wie die Erfurter und Erfurterinnen, die Schulen, die einbezogenen Institutionen und Ressorts und die Politik mit diesem Ereignis umgegangen sind und umgehen, nicht zuletzt, welche Erfahrungen die Angehörigen der Opfer gemacht haben. Dem allen kann und will ich nicht vorgreifen.

Diese Gewalttat wirft jedoch Fragen für unsere Gesellschaft und unsere Kirchen auf, die über den Jahrestag hinausgehen und tiefer reichen, als abrechenbare Regelungen und Maßnahmen greifen können. Die Kirchen standen den Betroffenen von Anfang an bei und begleiteten das gesamte Geschehen mit großem Einsatz. Dem Dienst der Kirche in Situationen wie dieser und den Fragen, die er aufwirft, sind die folgenden Überlegungen vornehmlich gewidmet.

## I. Das Erfurter Attentat am 26. April 2002, erste Hilfe und gemeinsame Trauer

Zunächst gilt es, die Ereignisse ins Gedächtnis zu rufen: Am Freitag, dem 26. April, gegen 11 Uhr tötete ein neunzehnjähriger früherer Schüler in der Erfurter Gutenbergschule dreizehn Lehrerinnen und Lehrer, die Schulsekretärin, einen Schüler, einen Polizisten und danach sich selbst. Er tötete mit genau gezielten Pistolenschüssen, teilweise vor den Augen der Schülerinnen und Schüler, die er zu traumatisierten Augenzeugen machte. Da der Täter Robert S. keine Erklärung seiner

1. In einer ersten Fassung sind die folgenden Überlegungen erschienen als: *H. Falcke*, Erfurter Erfahrungen und Reflexionen nach dem 26. April 2002, in: *M.L. Frettlöh/H.P. Lichtenberger* (Hg.), Gott wahr nehmen. FS f. Christian Link zum 65. Geburtstag, Neukirchen-Vluyn 2003, 331-341.

Tat zurück gelassen hat, können seine Motive nur aus der Vorgeschichte und analogen »Amokläufen« erschlossen werden.

Die durch Handy-Anrufe aus der Schule herbeigerufene Polizei ging mit großer Vorsicht vor, so dass Namen und Zahl der Getöteten erst gegen Abend bekannt wurden. Sehr schnell aber waren Pfarrer und Mitarbeiterinnen der beiden Kirchen zur Stelle, Notfallseelsorgerinnen und Psychologen fanden sich ein, um Schülerinnen und Schüler, Lehrer und Lehrerinnen und Eltern beizustehen. Eine der Ersten war die Pfarrerin der Stadtteilgemeinde. Sie war auf dem Heimweg von Seelsorgebesuchen eine halbe Stunde nach der Tat an der Schule vorbeigekommen. Sie blieb bis zum späten Nachmittag dort und lud gemeinsam mit dem Stadtjugendpfarrer noch für denselben Abend zur Andacht in die Andreaskirche ein. So viele aufgeschreckte und erschütterte Menschen kamen, dass die Andacht wiederholt werden musste. Am Samstagabend sammelten sich zum ökumenischen Gottesdienst im Dom etwa vier- bis fünftausend Menschen, und auch das Angebot der geöffneten Kirchen in den folgenden Tagen wurde von vielen genutzt.

Eindrucksvoll war, wie die Jugendlichen einander beistanden und stützten. Diese Erfahrung von stärkender Gemeinschaft sei für sie die entscheidende Hilfe gewesen, hörte ich zwei Mal Schülerinnen sagen. Das oft gezeigte Bild zweier sich umarmender Schülerinnen hat also wirklich Repräsentatives eingefangen. In den folgenden Tagen erfassten Trauer und Erschütterung die ganze Stadt. Ich hatte so etwas in unserer pluralistischen, von »Individualisierungsschüben« (U. Beck) geprägten Gesellschaft mit ihren segmentierten Öffentlichkeiten gar nicht für möglich gehalten. Erfurt wurde tatsächlich zu einer polis, die in zugleich persönlichem und öffentlichem Erschrecken trauert und sich darin auf spürbare Weise zusammenschließt. Auf den Straßen, in Straßenbahnen und Geschäften herrschte ein gedämpfter und ernster Ton, gingen die Menschen rücksichtsvoller miteinander um, und im Vorübergehen hörte man, wie die Gespräche um das *eine* Geschehen kreisten. »In uns allen ist jetzt eine tiefe Trauer, und ich finde es wichtig, dass man die auch zeigt«, sagte ein älterer Schüler in ein Mikrophon. Die Blumenteppiche vor der Gutenbergschule und dem Rathaus wuchsen und erneuerten sich, und in beigefügten Texten sprachen Menschen, darunter viele Kinder, aus, was sie bewegte.

Die Trauerfeier und der Gottesdienst eine Woche danach versammelten über hunderttausend Menschen auf dem Domplatz. Da die

Einwohnerzahl Erfurts in den letzten zehn Jahren auf knapp zweihunderttausend geschrumpft ist, kann man dies eine Vollversammlung der *polis* nennen. Selbst im Revolutionsjahr 1989 haben wir den Domplatz so nicht erlebt. Sowohl die Trauerfeier als auch der unmittelbar anschließende Gottesdienst wurden von den Erfurtern als wirkliche Hilfe angenommen. In Wort, Symbol und Ritus wurde die Trauerwoche zu einem relativen Abschluss gebracht.

## II. Fragen und erste Deutungsversuche: Die »dunklen Seiten« des Menschen – auch die »dunklen Seiten« Gottes?

Was gibt uns als TheologInnen und als Kirche dieses hier nur im Umriss skizzierte Geschehen zu denken?

### *1. Unbeantwortbare Warum-Fragen*

Die Erschütterung der Erfurter trug einige Züge, die bewusst gemacht werden sollten. Etwas Charakteristisches benannte der Direktor des evangelischen Ratsgymnasiums in der Schulandacht am Montag nach dem Attentat. Er erinnerte an den 11. September 2001. Damals sei der Schrecken von weither über uns hereingebrochen. Jetzt aber sei er unter uns selbst ausgebrochen. In der Tat, es war nicht eine Naturkatastrophe oder eine weltpolitische Krise, es war ein junger Mann aus »ganz normaler Familie«, wie der Vater des Täters seine Familie nannte, es war ein Mitschüler einer bisher unauffälligen Schule, und das machte rat- und fassungslos. Auch die Texte, die den Blumen beigegeben waren, zeigten das. Häufig las man die Frage: Wie konnte das unter uns geschehen? Was ist mit uns los, dass dies unter uns geschehen konnte? Und die Frage an den Täter: Warum hast du uns das angetan? Warum wolltest du auf diese Weise berühmt werden?

Eine große innere Verunsicherung war spürbar, weil in der eigenen Lebenswelt die zerstörerische Gewalt des Bösen aufgebrochen war. Man erschrak über die dunklen Seiten des Menschen, mit denen man plötzlich so unmittelbar und unausweichlich konfrontiert war. Man fühlte sich auf eine unbestimmte Weise selber mit in Frage gestellt. Am Rande der vielen Blumen vor der Gutenbergschule lag ein längerer nachdenklicher Text, der in die Frage mündete: »Warum fragen wir ständig ›warum‹, obwohl wir doch wissen, dass wir darauf keine Antwort bekommen?« Das Fragen wendet sich auf die Fragenden zurück und zeigt, wie fraglich sie sich werden.

Erschrecken und Rätseln über die dunklen Seiten des Menschen, nicht über »die dunklen Seiten Gottes«?[2] Ich fand unter den Blumen nur ein Blatt mit der Frage »Wo warst du, Gott?« und diese Frage kann ein Echo auf die Andacht in der Andreaskirche sein, wo sie so gestellt wurde. Zeigt sich hier die Entfremdung von Kirche und Religion in der Post-DDR? Ist diese Entfremdung so groß, dass selbst in solchen Erschütterungen die Frage nach Gott, sei es als Sinn- oder als Theodizeefrage, sei es als Klage oder Anklage, gar nicht mehr aufbricht? Sie wurde auch von den Christinnen und Christen, die ganz gewiss an dem Gedenken teilnahmen, in dieser öffentlichen Form nicht gestellt. Vermutlich gründet das auch darin, dass über Jahrzehnte hin jede spontane christlich-religiöse Äußerung aus der Öffentlichkeit verbannt war und dies unbewusst, aber nachhaltig verinnerlicht wurde.

## *2. Die fehlende Frage nach Gott als Ausdruck eines »Gewohnheitsatheismus«?*

Wolf Krötke hat den verbreiteten und andauernden Atheismus in der DDR und Post-DDR treffend als »Gewohnheitsatheismus« charakterisiert.[3] Dieser wurzelt in einer längeren Geschichte der Entfremdung von Glauben und Kirche, wurde aber in der DDR durch pseudowissenschaftliche Religionskritik und politischen Druck zu einer massenhaften Anpassungshaltung. Mit ihr ging man aber nicht nur politischen Schwierigkeiten aus dem Weg, sie wurde als etwas Selbstverständliches gelebt, da Religion als vorwissenschaftlich und obsolet abzubuchen war. Charakteristisch für diesen Atheismus ist, dass ihm sein Ursprungsimpuls völlig abhanden gekommen ist. Dieser lag ja in einem kämpferischen Humanismus, der den Menschen aus religiöser

2. Das ist der Titel des im Neukirchener Verlag erschienenen zweibändigen Werkes von *W. Dietrich* und *Chr. Link*, dessen 1. Band, Willkür und Gewalt, seit 1995 bereits vier Auflagen erlebte, ein Zeichen dafür, welche Aufmerksamkeitskonjunktur die Frage nach den dunklen Seiten Gottes gegenwärtig durchaus hat.
3. *W. Krötke*, Die christliche Kirche und der Atheismus. Überlegungen zur Konfrontation der Kirchen in den neuen Bundesländern mit einer Massenerscheinung, in: Wege zum Einverständnis. FS f. Christoph Demke, Leipzig 1997, 159-171; vgl. ders., Wie weit kann Entchristlichung gehen?, in: BThZ 18 (2001), 285-299.

Selbstentfremdung zu sich selbst befreien und politisch die religiös sanktionierten Unterdrückungs- und Ausbeutungsverhältnisse revolutionieren wollte. Der Gewohnheitsatheismus, der in der DDR zur Massenerscheinung wurde, war nicht emanzipatorischer Aufbruch zum wahren Menschsein, sondern Folge von Indoktrination im Dienst der Erhaltung des Bestehenden und der Selbsterhaltung im Bestehenden. So entschwindet in diesem Atheismus jeder Sinnhorizont, in dem sich die Frage nach der Würde des Menschen, dem Sinn seines Lebens, seinem Sein und seiner Verantwortung in der Welt überhaupt stellt und stellen lässt. Vielmehr reduziert sich der Mensch in diesem Gewohnheitsatheismus auf das Besorgen seines Lebens im engeren oder weiteren gesellschaftlichen Umfeld.

Was aber geht in Menschen vor, auf die diese Charakterisierung annähernd zutrifft[4], wenn sie durch Einbrüche des Bösen und der Gewalt in ihre unmittelbare Lebenswelt derart erschüttert werden, wie das durch das Erfurter Attentat geschah?

Der skizzierte Hintergrund des »Gewohnheitsatheismus« kann zweierlei verständlich machen.

Einmal natürlich, dass sich selbst solche extreme und schockierende Erschütterung nicht als Frage nach Gott, nach dem Sinn oder einem das Vorfindliche transzendierenden letzten Halt artikulierte.

Von jenem Hintergrund her fällt aber auch ein Licht auf die Tiefe der Verunsicherung der Menschen und der ganzen Stadt. Nicht zufällig richteten sich die Warum-Fragen an das gesellschaftliche Umfeld: Wie konnte das unter uns geschehen? Was ist mit uns los, dass das unter uns geschehen konnte? Oder an den Täter: Warum hast du uns das angetan? Der Boden wankte unter den Menschen, die auf das Besorgen ihres Lebens im möglichst reibungslos funktionierenden Wechselspiel mit ihrem gesellschaftlichen Umfeld reduziert sind. Der derart mörde-

4. Man muss sich ganz klar machen, dass solche Beschreibungen eines gesellschaftlichen Phänomens immer nur annäherungsweise treffende Skizzen sind und sich nie zu Bildern verfestigen dürfen, die den konkreten, individuellen, lebendigen und immer einzigartigen Menschen mit seiner persönlichen Biographie verdecken, so dass man nicht mehr ihm, sondern nur noch seinem eigenen Vorurteil begegnet. Das ist mit den soziologischen, psychologischen, politologischen und journalistischen Analysen der Ostdeutschen und der »neuen Bundesländer« vielfach geschehen, so dass sich die so entstandenen »Ossis« darin selbst nicht wiedererkennen konnten, sondern missverstanden und herabgewürdigt sahen.

rische Ausbruch einer irrationalen und unheimlichen Gewalt in ihrer Mitte wirkte wie ein Erdbeben, das jeden Stand und Halt nimmt. Ging das Fragen aus der ersten Betäubung und den ersten Reflexen auf das Geschehen nur einen reflektierenden Schritt weiter, so musste es auf die Fraglichkeit unserer Existenz stoßen, eine Fraglichkeit, die auch da nicht verstummt, wo sie um die Antwortlosigkeit ihres Fragens weiß oder zu wissen meint: »Warum fragen wir ständig ›warum‹, wo wir doch wissen, dass wir darauf keine Antwort bekommen?«

In dieser Frage deutet sich so etwas an wie ein Aufschrecken aus dem Gewohnheitsatheismus, vielleicht sogar ein Aufbrechen aus seiner Selbstverengung aufs Alltägliche und Banale.

### *3. Der Aufbruch einer sich selbst besinnenden Humanität*

Die Erfurter sind ja aufgebrochen. Sie sind in großer Zahl in die Kirchen gekommen. Was haben sie da gesucht? Sie waren eine Woche nach dem Attentat auf dem Domplatz zu Trauerfeier und Gottesdienst für mehrere Stunden spürbar bewegt versammelt. Was hat sie bewegt? Auch um keine voreiligen religiösen Schlüsse zu ziehen, will ich die Frage umfassender formulieren: Wie sind die Erfurter mit diesen Erfahrungen und Fragen umgegangen? Hierauf kann nur sehr differenziert mit unterschiedlichen Erfahrungen geantwortet werden.

Einmal meldete sich eine sich selbst besinnende aber auch selbstbewusste Humanität zu Wort und rief zu einem neuen Aufbruch. Ich nenne dies bewusst an erster Stelle, nicht weil diese Stimme dominierte, sondern weil ich das Bild vom Gewohnheitsatheismus durch diese andere Fassette etwas relativieren möchte. Auf dem Feld der Blumen und Texte vor dem Rathaus war einige Tage nach dem Attentat in großen Buchstaben zu lesen: »Lasst uns unser Entsetzen in Kraft, unser Leiden in Erkennen, unsern Schmerz in Liebe verwandeln.« Diese Stimme ruft zur Selbstbesinnung und Selbstverwandlung. Sie nimmt die Erfahrung des Entsetzlichen, des Schmerzes und des Leidens als Herausforderung an uns selbst an. Sie schiebt die Verantwortung nicht auf andere, sondern ruft aus dumpfem Entsetzen oder Selbstmitleid zum Erkennen und zur Mobilisierung der eigenen Kraft auf. Der biblische Begriff der Umkehr stellt sich unwillkürlich ein, liegt aber den Autoren/dem Autor offensichtlich fern. Auch die Verwandlung von Schmerz in Liebe weckt eine biblische Assoziation, die des Kreuzes Jesu, und lässt die christlichen Wurzeln dieser Humanität ahnen. Aber es ist eine Humanität »im Erbe«, die aus ihren religiösen Wurzeln nicht mehr lebt, vielleicht nicht einmal um sie weiß.

Bernhard Vogel hat in seiner Ansprache bei der Trauerfeier dieses Wort zitiert. Johannes Rau hat es der Sache nach aufgegriffen, als er seine Mahnungen in den schlichten Satz zusammenfasste: »Wir müssen einander achten und wir müssen aufeinander achten.« Bei beiden bleibt die religiöse Wurzel dieses Ethos ungenannt, aber der eine ist Katholik, der andere evangelischer Christ, und beide machen sich als solche kenntlich.

Wo aber sind in Ostdeutschland Wurzeln oder Traditionslinien solcher Humanität auszumachen? Man wird hier vor allem an die DDR-Literatur zu denken haben – die eigenständige, unangepasste, versteht sich. Ich nenne nur zwei Namen: Christa Wolf und Franz Fühmann. Beide verstanden sich nicht religiös, sondern schrieben aus einer hochreflektierten und sensiblen Säkularität und Humanität, die sich den offenen Fragen von Mensch und Gesellschaft stellt und die Widersprüche und Abgründe aushält. Christa Wolf suchte die Wurzeln der Humanität in der griechischen Antike (vgl. ihre »Kassandra« und »Medea«), Franz Fühmann kehrte in immer neuen Interpretationsversuchen zur biblischen Tradition zurück (vgl. u. a. die Erzählung »Der Prophet«). Beide sind jedoch nicht religiös zu vereinnahmen. Sie verstanden die religiösen Traditionen als Selbstauslegungen menschlichen Daseins, die aufschlussreich für unser modernes Selbst- und Weltverstehen sein können, auch wenn sie unter den Bedingungen der Moderne als nicht nachvollziehbar erscheinen.

Es ist oft darauf hingewiesen worden, welche Breitenwirkung diese vom SED-Regime wegzensierte oder nur widerwillig tolerierte Literatur in der DDR-Bevölkerung hatte. Sollte ihre Wirkung ganz verschüttet sein, oder zeigen sich hier Wirkungsspuren? Das wäre hoffnungsvoll. Man braucht sich nur zu vergegenwärtigen, in welcher Tiefe Christa Wolf in »Kassandra« die Erfahrung von Gewalt reflektiert, um die Chance dieser Humanität zu sehen, der Erfurter Erfahrung vom 26. April wirklich standzuhalten und vielleicht sogar Entsetzen in Kraft, Leiden in Erkennen und Schmerz in Liebe zu verwandeln, wenn sie auch diese etwas plakativ-pathetische Redeweise weit von sich weisen würde.

## *4. Die Reaktionen: Veränderungsaktivität oder Verdrängungsaktivismus?*

Diese Alternative markiert einen zweiten Aspekt des Umgangs mit der Erfurter Mordtat. Das Attentat hat eine Fülle von öffentlichen Aktivitäten ausgelöst. So wurde das Handeln der Polizei einem Untersuchungsverfahren unterworfen. Nachdem ein Polizist in die Schule eingedrungen und erschossen worden war, hatte die Polizei äußerste Vorsicht walten lassen. Hätte durch schnelleres Handeln den Angeschossenen noch rechtzeitige medizinische Hilfe zuteil werden können? Hätte die stundenlange traumatisierende Angst der Schülerinnen und Schüler, Lehrer und Lehrerinnen verkürzt, hätten nicht zuletzt die bis zum Abend wartenden Angehörigen schneller informiert werden können?

Nachdem bekannt wurde, dass Robert S. in einem Schützenverein den Umgang mit Waffen gelernt hatte und in den Waffenbesitz gekommen war, wurde eine gesetzliche Einschränkung des Waffenbesitzes gefordert. Als durchsickerte, wie Robert S. durch gewaltträchtige Fernsehfilme und Computerspiele zu seiner Tat stimuliert worden war, flackerte die Forderung nach einem Verbot der Gewalt in den Medien wieder auf.

Die Schulpolitik des Landes Thüringen kam in die Diskussion. Ihre Prüfungsordnung ließ Gymnasiasten, die am Abitur scheiterten, nicht automatisch den Zehn-Klassen-Abschluss zukommen, wodurch Robert S. ohne jeden Abschluss dastand. Die Änderung dieses Gesetzes beschäftigte den Landtag monatelang.

Die Interna der Gutenbergschule wurden vor der Öffentlichkeit abgeschirmt. In Talkshows, Interviews und der Rede einer Schülerin bei der Trauerfeier wurde der Eindruck einer nicht nur normalen, sondern vorbildlichen Schule erweckt. Dieser Schutz und Selbstschutz war angesichts der Belagerung der Schule durch die Medien in den ersten Wochen verständlich. Nur blieb die Frage, wie Schulleitung, Kollegium und Schüler mit dem Entsetzlichen in ihrer Mitte analytisch, pädagogisch und therapeutisch umgegangen sind. Das Schulgebäude wird mit gewaltigem Aufwand (europaweiter Architektenwettbewerb) um- und neugestaltet. An die Schüler sind – für alle Fälle! – »Erste-Hilfe-Taschen« ausgegeben worden. Hier nimmt der Verdrängungsaktivismus groteske Formen an.

Eine große Rolle spielte der Einsatz von Psychologen. Obwohl Seelsorgerinnen und Seelsorger der Kirchen als erste und in großer Zahl zum Tatort kamen, dominierten in der Berichterstattung die Psychologen. In der Gutenbergschule wurden in den Folgemonaten Psychologen aus Bayern eingesetzt, den betroffenen Angehörigen wurden von Psychologen geleitete Therapiegruppen angeboten. Es liegt mir fern, die therapeutische Kompetenz und Notwendigkeit der Psychologen in dieser Situation infrage zu stellen. Der Therapiebedarf war in der Tat groß. Es hatte Traumatisierungen vor allem bei Schülern gegeben, und es kam zu Retraumatisierungen noch nach einem halben Jahr. Nur entstand der Eindruck, dass man die Möglichkeiten der Psychologen überschätzte und die Psychotherapie als eine administrierbare, handhabbare Methode mit sicherem Heilungserfolg missverstand. Solche Wissenschaftsgläubigkeit erzeugte Enttäuschungen und begünstigte die Neigung, die seelisch Verletzten bei der Psychotherapie zu entsorgen.

Die eindrucksvollsten Veränderungsaktivitäten gingen von den Jugendlichen aus. Im Kontakt mit dem evangelischen Stadtjugendpfarrer versammelten sich Schülersprecher Erfurter Schulen im evangelischen Gemeindezentrum »Predigerkeller«. Sie machten sich schulpolitisch kompetent, organisierten eine erste, noch sehr improvisierte Demo auf dem Domplatz und am 7. Mai ebendort eine zweite mit einem Podium, zu dem Politiker aller Parteien, der Kultusminister und die evangelische Pröpstin eingeladen waren. Die moderierenden Schüler stellten den Politikern sachkompetente, scharfe Fragen und gingen in souveränem Freimut und nicht ohne Witz mit ihnen um. Danach bildeten die Jugendlichen eine Gruppe, die sich »Schrei nach Veränderung« nannte, wöchentlich zu bildungspolitischen Themen zusammenkam und mehrere öffentliche Veranstaltungen organisierte bzw. mitveranstaltete, darunter eine »Belagerung der Wartburg« während der dortigen Tagung der Kultusminister der Länder. Dies alles war gewiss einer Schüler*elite* zu verdanken, aber sie zeigte doch exemplarisch, wie Jugendliche ihre Erschütterung in rationaler Analyse und verantwortlicher Aktion verarbeiten konnten, ohne in Depression zu versacken oder in blinde Aggression auszubrechen. Eine bessere und hoffnungsvollere politische Antwort konnte man sich kaum wünschen.

## *5. Der Schrei nach Veränderung*

Lässt sich der Schrei nach Veränderung entschlüsseln, der von der Tat selbst an die Gesellschaft erging? Robert S. hat nichts hinterlassen, was seine Tat, ihre Motive und Intentionen erklärt. Für die seelische Vorgeschichte der Tat ist aus Indizien zweierlei zu vermuten:

Einmal eine erhöhte narzisstische Verletzbarkeit, heimliche Geltungswünsche, die durch schulisches Versagen tief gedemütigt wurden. Selbstisolierung, Rachepläne, Überlegenheitsphantasien, die sich schließlich in Mord und Selbstmord verwirklichten.

Zum andern Kommunikationsstörungen im mitmenschlichen Beziehungsfeld, so dass er niemanden fand – vielleicht nicht einmal suchte –, dem er sich anvertrauen mochte. So konnte selbst im familiären Zusammenleben monatelang verborgen bleiben, welche einsamen und selbstzerstörerischen Wege er ging und mit welchen Horrorplänen er sich trug.

Das ist ein seelisches Krankheitsbild, das aber nicht unter Individualpsychologie abzuheften ist, sondern Fragen an unsere Gesellschaft stellt.

Wie verhalten sich in ihr Leistungsforderung und das elementare Bedürfnis jedes Menschen, vor aller Leistung um seiner selbst willen bejaht zu werden? Gerade hatte die Pisa-Studie den allgemeinen Ruf nach strengeren Leistungsanforderungen im Schulwesen provoziert, da brachte die Erfurter Mordtat ans Licht, dass es auch andernorts Schülerproteste gegen Leistungsforderungen gegeben hatte. Warum bricht hier auseinander, was im menschlichen Zusammenleben doch zusammengehört, der Zuspruch von Achtung und Würde und der Anspruch auf Leistung, das Fördern und das Fordern?

W. Heitmeyer schließt seinen Kommentar zum Erfurter Attentat in der ZEIT vom 3. Mai 2002 mit der Bemerkung, nicht die oft beschworenen Werte von Menschlichkeit und Solidarität, sondern ganz andere Werte regierten die Gesellschaft: die Verabsolutierung von Selbstdurchsetzung, der Aufstieg um jeden Preis, der Erfolg auf Kosten anderer. Die Frage der Zukunft müsse darum lauten: »Woher bekommen junge Menschen, die nicht mithalten können, ihre Anerkennung?«

Die Gesellschaft erwartet von der Primärgemeinschaft Familie, dass sie den gesellschaftlichen Leistungsstress auffängt und ausgleicht, und alle Parteiprogramme betonen ihren hohen Stellenwert. Um den 26. April herum aber konnte man im Magazin *Kontraste* einen Manager erleben, der den Menschen in Ostbrandenburg empfahl, nicht darauf zu warten, dass die Arbeit zu ihnen komme, sondern dahin zu gehen, wo die Arbeit sei, z. B. nach Bayern. Die moderne Wirtschaft fordert den flexiblen Menschen, aber R. Sennett, der nordamerikanische Soziologe, zeigt, wie diese Flexibilität freundschaftliche und familiäre Bindungen zerstört und gegenläufig zur Persönlichkeitsbildung wirkt[5]. Unsere Gesellschaft braucht mehr denn je gelingende mitmenschliche Kommunikation und erschwert zugleich deren Lebensformen. »Bis zum 26. April waren wir eine ganz normale Familie«, sagte der Vater von Robert S. in ein Mikrophon. Sollte er damit Recht haben und gerade darin unser gesellschaftliches Problem liegen?

Wie verhalten sich in unserer Gesellschaft Freiheit und Gemeinschaft, Individualität und Sozialität? Die Ostdeutschen haben 1989 den vormundschaftlichen Staat abgeschafft, aber in welcher Freiheit sind sie angekommen? In der Freiheit der Risikogesellschaft mit ihren »Individualisierungsschüben« (U. Beck), zu denen Robert S. in seiner egomanen Selbstisolierung ein schauerliches Zerrbild geliefert hat? In der Freiheit des Neoliberalismus, dessen Individualismus nicht weniger ideologisch ist als die nazistische »Volksgemeinschaft« und die sozialistische »Menschengemeinschaft«? Wolfgang Huber wirbt in der theologischen wie politologischen Diskussion seit langem für ein »kommunikatives« Verständnis der Freiheit[6]. Danach »schreit« die Tat des Robert S. allerdings. Diese Freiheit leuchtete ein wenig auf, als die Schülerinnen und Schüler zuerst beieinander Halt suchten und die Erfurter sich im Erschrecken über den Mord in ihrer Mitte zu einer Gemeinschaft der Betroffenen zusammenfanden. Muss das eine flüchtige Begleiterscheinung einer Krisensituation bleiben, oder kann solch eine Erfahrung prägend werden?

## *6. Zur Rolle der Gewalt in unserer Gesellschaft*

Schließlich stellt die Erfurter Mordtat die Frage nach der Rolle der Gewalt in unserer Gesellschaft. An der Jugendgewalt wurde schon länger beobachtet, dass nicht ihre Häufigkeit, sondern deren schnelle Eskalation zur Tötungsgewalt das Neue und Erschreckende ist. Die Schuldzuweisung an die Medien greift viel zu kurz, weil diese ja weithin nur eine gewalttätige Welt widerspiegeln. In dieser ist zwar die Notwendigkeit ziviler Konfliktaustragung längst erkannt, aber diese bleibt eine Randerscheinung, und die militärische oder terroristische Konfliktaus-

5. *R. Sennett*, Der flexible Mensch. Die Kultur des neuen Kapitalismus, Berlin 1998.
6. Vgl. zuletzt *W. Huber*, Kirche in der Zeitenwende. Gesellschaftlicher Wandel und Erneuerung der Kirche, Gütersloh 1999.

tragung beherrscht die Szene. E. Eppler hat das Phänomen der Privatisierung des Krieges und der militärischen Gewalt beschrieben. Auch Robert S. befriedigte offensichtlich nicht nur persönliche Rachegefühle, sondern wollte eine umfassende Strafaktion vollziehen und privatisierte damit die Strafgewalt des Staates. Unvorstellbar, welches Unheil er hätte anrichten können, wenn seine mitgeführte pumpgun nicht versagt hätte. Erodiert das Gewaltmonopol des Staates an mehreren Stellen, und wo liegen die Ursachen dafür? Die ökumenische Dekade zur Überwindung der Gewalt bekommt nicht nur durch den 11. September 2001, sondern auch durch Ereignisse wie den 26. April 2002 in Erfurt einen Dringlichkeitsschub, dem unsere Kirchen und Öffentlichkeiten längst noch nicht gerecht werden.

## III. Die aktuelle öffentliche Präsenz und Rolle der Kirchen nach dem Attentat

Wie ist die Kirche auf die durch das Attentat beherrschte Situation der Menschen eingegangen und welche Rolle hat sie in der Stadt gespielt?

Ich erwähnte bereits den »Gewohnheitsatheismus«, der sich offenkundig auch darin zeigte, dass die Gottesfrage in den Betroffenheitstexten vor der Gutenbergschule und dem Rathaus so gut wie vollständig abwesend war. Dennoch kamen die Menschen in großer Zahl in die schon am Mordtag und in der Woche danach geöffneten Kirchen. Was hatte die Kirche diesen Menschen zu sagen und zu geben?

### *1. Die Wahrnehmung der »dunklen Seiten Gottes«*

Es stellte sich ja nicht nur das Kommunikationsproblem, wie die Kirche ihre Botschaft über die große Distanz zu den von ihr so weit Entfremdeten »rüberbringen« kann. Hinzu kam die viel tiefer gehende Schwierigkeit, dass die an Gott Glaubenden in dem Entsetzen dieser Tage von ihrem Gott nur die »dunklen Seiten« wahrnahmen.

Die Verfasser des Buches »Die dunklen Seiten Gottes«[7] reflektieren diese Situation in weiteren Zusammenhängen theologisch. Sie schreiben im Vorwort, das Buch sei für eine Zeit bestimmt, deren »allgegenwärtige dunkle Erfahrungen (...) auf keinen Gott mehr zu verweisen

7. Vgl. Anm. 2.

scheinen«[8]. Den Kontrast zur biblischen Überlieferung machen sie an dem Amoswort deutlich: »Geschieht etwa ein Unglück in der Stadt und ER hätte es nicht gewirkt?« Damit ist die Erfurter Situation am 26. April präzise benannt. Von der biblischen Tradition her, deren Gott sich in die Geschichte einmischt, lassen sich die Verfasser die apologetische Ausflucht verlegen, Gott »um den Preis seiner Teilnahmslosigkeit oder Ohnmacht«[9] von den dunklen Welt- und Geschichtserfahrungen zu entlasten. Ihre Grundthese lautet dagegen: »Kein Bereich unserer Wirklichkeit muss und darf von Gott abgetrennt werden.«[10] Wie aber kann dann überhaupt die Rede von Gott zugemutet und verantwortet werden? Die Verfasser äußern – gleichsam als heuristische Hypothese – die Erwartung: »Vielleicht ist nur ein Gott, der sich selbst das Äußerste an Entfremdung, Schmerz und Betroffenheit zumutet, imstande, einer Welt Hoffnung zu geben, die an solchen Zumutungen leidet.«[11]

Vieles, was Mitarbeiterinnen und Mitarbeiter der Kirche in Erfurt erlebt, erfahren und praktiziert haben, lag durchaus auf der Linie dieser Erwartung.

## *2. Sprachlose Seelsorge, offene Kirchen und Klagegottesdienste*

Ich denke zunächst an diejenigen, die den Betroffenen in den ersten Stunden und Tagen beistanden. Der Stadtjugendpfarrer gestand, noch nie in seinem Leben das Gefühl gehabt zu haben, mit derart leeren Händen dazustehen. Er habe keine Antworten gewusst. Es sei um schlichte menschliche Nähe, um Beistand gegangen und darum, die Sprachlosigkeit mit den Menschen auszuhalten. Er wusste durchaus, dass dem Pfarrer der »Dienst am Wort« aufgegeben ist und es Situationen gibt, wo Sprachlosigkeit Ausweichen vor dem Auftrag und das gebotene Wort die geforderte Tat wäre. Eben darum litt er ja unter seiner Sprachlosigkeit. Hier aber war der Mut gefordert, sich in der Solidarität mit den Betroffenen einer Situation auszusetzen, die die Sprache verschlägt und in die Kenosis der leeren Hände bringt. Ein Wort, das Menschen in solcher Situation erreicht, kann wohl nur aus der mit ihnen ausgehaltenen Sprachlosigkeit geboren werden.

8. Ebd., 7.
9. Ebd., 14.
10. Ebd.
11. Ebd., 16.

Ich denke weiter an die Gebetsandachten, die in der Andreaskirche am Abend des Attentates gehalten wurden. Die Pfarrerin, der Stadtjugendpfarrer und ein katholischer Diakon kamen aus dieser Erfahrung ausgehaltener Sprachlosigkeit und sahen sich Menschen gegenüber, die aus der Erschütterung dieses Tages in die Kirche strömten. Was erwarteten sie?

Es gibt dazu keine repräsentativen Befragungen. Man sollte dieses Hineindrängen in die Kirchen nicht religiös als Sinnfrage und Gottsuche überinterpretieren. Aber auch mit dem gern auf die Ostdeutschen angewandten Max-Weber-Zitat, sie seien »religiös unmusikalisch« sollte man etwas vorsichtiger umgehen. Was besagen solche soziologischen und sozialpsychologischen Klassifizierungen, wenn Menschen derart existenziell mit den dunklen Seiten des Menschen konfrontiert und sich selbst fraglich werden, wie oben an den Texten gezeigt. Mit einiger Sicherheit kann man sagen, dass die Erfurter in den Kirchen einen Ort sahen, an dem der Mensch in seiner Fraglichkeit gut aufgehoben ist. Gut aufgehoben bedeutet auch, dass er in seiner Fraglichkeit ernstgenommen wird. Diese Fraglichkeit transzendiert psychische Befindlichkeiten und damit auch eine Psychotherapie, die zwar Traumatisierungen therapieren, nicht aber Sinnfragen beantworten kann. Diese Fraglichkeit aber war mit den aufgeschreckten Menschen in die Kirche gekommen und lag nun gleichsam in der Luft. Wenn das zutrifft, dann waren die Erfurter – wie es auch um ihr religiöses Bewusstsein bestellt gewesen sein mag – dicht bei dem menschennahen Gott der Bibel, der nicht weit ist, wo der Mensch sich selbst fraglich wird.

Die Hauptelemente des Gottesdienstes in der Andreaskirche waren Gebet, Psalm 22, Fürbitte, Choräle wie »Mitten wir im Leben sind von dem Tod umfangen«. Eine Predigt gab es nicht. Die Spiritualität des Gottesdienstes spricht am deutlichsten aus dem Klagegebet, das die Pfarrerin Ruth-Elisabeth Schlemmer aus den Erfahrungen des Tages formuliert hatte:

Fassungslos, Gott, sind wir.
Wo warst du heute?
Strahlend und so normal hat dieser Tag begonnen.
Aus dem Haus sind wir gegangen,
aufs Fahrrad, ins Auto gestiegen.
Eltern wussten ihre Kinder in der Schule.
Mit ihnen bangend vielleicht – für die Abiturprüfung –
aber doch nicht um ihr Leben!

Wo warst du heute, Gott?
Lehrerinnen und Lehrer haben sich auf ihre Stunden vorbereitet.
Sie sind LehrerInnen geworden,
weil ihnen Kinder und Jugendliche am Herzen liegen!
Jetzt haben sie Angst vor ihnen.
Polizistinnen und Polizisten haben einen Beruf gewählt,
um zu helfen, nicht um Opfer zu werden.
Wo geht es hin mit dieser verkehrten Welt?
In unserer kleinen alltäglichen Stadt
ist uns das Furchtbare auf den Leib gerückt.
Mitten hinein in die Planung eines Wochenendes.
Mitten hinein in hoffnungsvolles Leben und Miteinander.
Mitten hinein in Familie und Freundschaften.
Komm zu uns, Gott.
Hilf durch die Stunden der Leere hindurch.
Hilf durch die Träume und immer wiederkehrenden Bilder und Schreie.
Komm zu uns, Gott. –
Und halte unsere Wut aus.
Die Wut über sinnloses Morden.
Halte unsere Fragen aus:
Woher Jugendliche Waffen in die Hände bekommen.
Warum es scheinbar keine Grenze mehr gibt.
Es gibt keinen Sinn hinter dem Furchtbaren. – Aber warum dann?
Wir rufen dich an, Gott.
Halte uns.
Wir rufen dich an, Gott.
Die Weinenden brauchen dich.
Wir rufen dich an, Gott.
Nimm die Toten in deine Arme.

Die mit den Betroffenen ausgehaltene Sprachlosigkeit fand hier und half hier zur Sprache der Klage. Und wie Reaktionen von Beteiligten zeigten, war es dies, was sie suchten. Das Gebet ist ganz dicht bei den Betroffenen und nimmt sie zugleich in das innerste Zentrum des Glaubens, in das Gespräch mit Gott hinein. Sie in irgendwelchen Vorhöfen der Kirche mit Vorreden abzuspeisen, das wäre nicht genug und nicht angemessen gewesen. Dieser Schmerz und diese Ratlosigkeit mussten vor Gott ausgesprochen und Gott musste für sie in Anspruch genommen werden. Nur so wurden die Menschen in dieser Stunde ernstgenommen und nur so nahmen die Christen unter ihnen ihren eigenen Glauben ernst. Nur so konnte – sozusagen im Vollzug – klar werden, dass die »letzten« Fragen nach dem Sinn, nach dem »einzigen Trost im Leben und im Sterben« nur in der Du-Form zu stellen sind, wenn sie Aussicht auf Antwort haben sollen.

Die Botschaft, die sie vermitteln wollte, sagte die Pfarrerin, war: »Ich habe auf eure Warum-Fragen auch keine Antwort, aber ich habe jemanden, an den ich sie richten kann.« Man darf wohl hinzufügen: Und was dieser Jemand für ein Gott ist, wurde nicht erörtert, sondern war daraus zu erschließen, wie die Pfarrerin mit ihm redete. So kann man nur mit einem Gott reden, der – wie oben zitiert – »sich selbst das Äußerste an Entfremdung, Schmerz und Betroffenheit zumutet«.

## *3. Ekklesiologische Reflexion: Volkskirche als Kirche für das Volk und Kirche des Volkes*

Wie ist aufgrund der Erfurter Erfahrungen Rolle und Funktion der Kirchen in der Öffentlichkeit zu beschreiben?

Beauftragte und Glieder der Kirche waren im Brennpunkt des gesellschaftlichen Geschehens diakonisch präsent, und die Kirche war offen für die Menschen, die in den Kirchen Beistand suchten. Sie bot ihnen die Sprachformen, Symbole und Rituale ihrer religiösen Tradition an, und dieses Angebot wurde angenommen. In dem ökumenischen Trauergottesdienst am 3. Mai auf dem Domplatz rückten die Kirchen die öffentliche Trauer in das Licht der christlichen Hoffnung, sie verkündeten angesichts des Verbrechens das göttliche Gebot »Du sollst nicht töten« und sprachen zugleich im Symbol der auch für den Täter angezündeten Kerze die christliche Botschaft der Vergebung aus. Das alles geschah in einer Sprache, die auch für den Kirchenfernen verstehbar und nachvollziehbar war.

Die Kirche nahm in diesem ganzen Geschehen also die Funktion einer Volkskirche im Sinne einer Kirche für das Volk und auch einer Kirche des Volkes wahr.

Das war durchaus eine Überraschung und von den meisten so nicht erwartet.[12] Nach dem politischen Umbruch 1989/90 war das ganze

12. Es gibt eine merkwürdige Diskrepanz zwischen dieser großen Rolle der Kirchen in der Öffentlichkeit und der Berichterstattung in den Medien. Im Dezember 2002 schrieb mir die Pfarrerin R.E. Schlemmer, die im Brennpunkt des Geschehens gestanden hatte: »Alle mir bekannten öffentlichen Jahresrückblicke zum Gutenberggeschehen haben die Kirche und uns PfarrerInnen völlig vergessen. Wir kommen nicht vor (auch wenn ich eine halbe Stunde mit der Presse in der eiskalten Kirche verbringe). Es gibt wie zu DDR-Zeiten, aber nun auch bei »West«Journalisten, nur PsychologInnen, aber keine PfarrerInnen! Auch keine Kirchen. Machen wir was falsch oder woran liegt das?« Es liegt in diesem Fall wohl nicht an der häufigen Differenz zwischen Selbst- und Fremdwahrnehmung. Fehlt den ostdeutschen

Ausmaß und die Nachhaltigkeit der Minorisierung der Kirche ans Licht gekommen. Sie geriet in eine Relevanzkrise ihrer öffentlichen Rolle. In der von der SED kontrollierten DDR-Öffentlichkeit hielt die Kirche das Monopol, der einzige relativ staatsfreie Raum gesellschaftskritischer Freiheit zu sein. Dadurch kam ihr dann in der Herbstrevolution 1989 eine herausragende politische Rolle zu. Jetzt aber war ihr Wort teils nicht mehr gefragt, teils im Stimmengewirr der pluralistischen Gesellschaft nicht mehr vernehmbar. Zusätzlich wurde durch die weit überzogenen Stasi-Enthüllungen, welche die Kirche einer negativen Publizität aussetzten, das Vertrauen der Öffentlichkeit in die Kirche unterhöhlt. So verschärfte sich die Frage, vor der die Kirche nach dem Umbruch ohnehin stand, wie sie nämlich in den neuen Strukturen der bundesrepublikanischen Gesellschaft präsent und wirksam werden könne und solle, im Sozial- und Bildungswesen, in der Medienpolitik und in der Bundeswehr. Der Weg wurde zwischen zwei Extremen gesucht, die es in der Kirche gab, einer Selbstghettoisierung der Kirche und einer neokulturprotestantischen Position, welche die Kirche zur Religion der Gesellschaft machen will. Die weitgehende Anpassung der DDR-Kirchen an die EKD blieb umstritten und auch prekär, weil die Situation der Post-DDR bis heute von den »alten Bundesländern« unterschiedene Züge und eigene Herausforderungen an die Kirche aufweist.

Nach dem 26. April zeigte sich in Erfurt eine andere Gestalt öffentlicher Präsenz der Kirche. In Unterscheidung von der »eingerichteten« Präsenz der Kirche in den Institutionen der Gesellschaft nenne ich sie die aktuelle Präsenz der Kirche in den Brennpunkten des gesellschaftlichen Geschehens. Diese Präsenz erfordert Geistesgegenwart im pfingstlichen Doppelsinn, und sie fordert von den Institutionen der Kirche den Beweis des Geistes und der Kraft (1 Kor 2,4).

Beide Formen, die eingerichtete und die aktuelle Präsenz der Kirche, fordern sich gegenseitig im kritischen und ergänzenden Wechselspiel. Dieses Wechselspiel lässt sich an zwei gegensätzlichen Beispielen verdeutlichen.

Das Gleichnis vom barmherzigen Samariter zeigt, wie die aktuelle Präsenz bei dem Niedergeschlagenen zur Kritik an Priester und Levit

Medien dafür die Antenne, den Journalisten dafür die Sprache, sehen die Chefredakteure dafür keinen Markt, oder liegt es an der Öffentlichkeitsarbeit der Kirchen?

wird, die um des Dienstes an religiösen Situationen willen an dem Niedergeschlagenen vorübergehen.

Die Forderung der »Deutschen Christen« hingegen, die Kirche müsse 1933 in der »völkischen Wiedergeburt« aktuell präsent sein, bedurfte der Kritik und Verwerfung durch die »Bekennende Kirche«, die sich auf die Institutionen von Schrift und Bekenntnis berief.

Was wäre aus der aktuellen Präsenz der Kirche im Brennpunkt des Erfurter Attentat-Geschehens geworden, wenn wir die vielen, großen und anziehenden Erfurter Kirchen und die Domstufen nicht gehabt hätten! Aber vielleicht kamen die Menschen zu ihnen auch darum in so großer Zahl, weil noch die Erinnerung an den Herbst 1989 fortwirkte, als die Kirchen schon einmal aktuell Orte der Besinnung, des Schutzes, der Friedensgebete und des Neuaufbruchs waren.

Wie stünde es andererseits um die Glaubwürdigkeit z.B. der Institution des Religionsunterrichtes in den Schulen, wenn die Kirche in der Stunde versagt hätte, als es in der einen Schule blutiger Ernst wurde? Oder um es noch einmal anders zu wenden: Wie kann die Kirche glaubwürdig Seelsorge an Soldaten üben, wenn sie nicht gleichzeitig in der politischen Öffentlichkeit mit Nachdruck für den Zivilen Friedensdienst eintritt und bei Entscheidungen über Militäreinsätze mit klarer Stimme spricht?

Die Erfahrungen, welche die Kirche bei ihrer aktuellen Präsenz im Brennpunkt des Erfurter Attentat-Geschehens gemacht hat, können sie ermutigen, ihre eingerichtete Präsenz in der Gesellschaft mit neuer Klarheit und Entschiedenheit aus dem *Auftrag* zu leben, in welchem nach der sechsten These der Barmer Theologischen Erklärung von 1934 ihre *Freiheit* gründet.

*Klaus Haarmann*

# »Es ist so einsam im Sattel, wenn das Pferd tot ist«

Oder: Von Macht und Ohnmacht des Leitungsamtes in der Kirche

## I. Einleitung

Den frechen Satz vom toten Pferd haben meine Kinder bei uns am Abendbrottisch zitiert und dabei auf mich und mein Amt gezielt. Ich finde, sie haben damit natürlich keineswegs Recht, aber auch nicht nur Unrecht. Es hat eben alles seine Zeit ... Meine Geschichte als »Amtsinhaber« mit dem kirchlichen »Amtsschimmel« der lutherischen Art[1] ist jedenfalls ambivalent und begann folgendermaßen:

1974 bis 1976 war ich unterwegs, Material über die illegale Kirche im Dritten Reich zu sammeln, genauer über die »Bruderschaft der Hilfsprediger und Vikare«, aus der später in den 50er Jahren die kirchliche Opposition der kirchlichen Bruderschaften hervorging. Im Studium hatte mich noch Ernst Wolf auf diese Spur gesetzt. »Es ist wichtig, dass ihr diese Tradition wiederentdeckt«, hatte er uns Studenten gesagt. »Die Restauration nimmt überhand«.

So hatte ich das Glück, viele von ihnen kennen zu lernen, in ihren Kellern nach Postkarten, Protokollen, Verlautbarungen zu stöbern, am Mittagstisch und sonst sie zu fragen und ihnen zuzuhören: Heinrich Albertz und Martin Niemöller, Hans-Joachim Kraus und Werner Koch, Heinz Kloppenburg und Eberhard Bethge, Wolfgang Scherffig, Ilse Härter und Hannelotte Reiffen, die prominenten wie die weniger prominenten Mitglieder, darunter auch Nichttheologen, wie Gustav Heinemann und Helmut Simon. Sie hatten das Versagen der Amtskirche in der Weimarer Republik und in der Nazizeit erlebt und sich nicht zurückgezogen und gehörten später auch zur Zeit der Bundesrepublik zur kirchlichen und gesellschaftlichen Opposition. Die Besuche waren für mich eine – noch im Rückblick – unglaublich gefüllte

1. Zur »Gestalt der Kirche und ihrer Ämter« vgl. grundlegend, wenn auch weitgehend vergessen, *E. Wolf*, Barmen. Kirche zwischen Versuchung und Gnade. München ²1970, bes. 124-136 zu den Thesen III und IV der Barmer Theologischen Erklärung von 1934 und die dort angegebene Literatur.

Zeit. Schließlich war das Material gesammelt, das Konzept stand, als Bischof Scharf mir sagte: »Damit gehst du aber jetzt in die Gemeinde und nicht an die Hochschule. Wir brauchen Pastoren«. Ich habe es nicht bereut. Die ersten 12 Jahre in vier Dörfern in Norddeutschland als Pastor – zusammen mit Pastorin Angelika Haarmann – waren nicht weniger spannend als die folgenden 12 Jahre als Superintendent in der Hannoverschen Landeskirche. Aber jetzt reicht es mir »in der mittleren Führungsebene«. Und ich habe den begründeten Eindruck, meiner Kirchenleitung reicht es mit mir auch. Ich suche zur Zeit den Weg zurück in ein Pfarramt und ziehe hier eine vorläufige Bilanz meiner Arbeit in der Leitung eines Kirchenkreises, und wie ich dabei mich und die Gemeinden kennenlernte.

Persönlich ist diese Bilanz, ohne verallgemeinern zu wollen. Verkürzt, weil sie Vieles, auch Entscheidendes in der gebotenen Knappheit nicht klärt. Engagiert ist sie, weil dieses Fragment zum Weiterdenken, zur eigenen Stellungnahme und zur weiteren Klärung anregen kann, insbesondere was die Frage nach dem Amt und Zeugnis der Gemeinden für die Menschen außerhalb der verfassten Kirche in der Gesellschaft angeht.

## II. Bilanz: »Ich hab hier bloß ein Amt und keine Meinung …«

### *1. Es gibt tatsächlich noch Schlimmeres. Wenn Amt und Meinung deckungslos übereinstimmen, wenn die Selbstverwaltung beginnt*

Dann bleibt der Blick gebannt auf den Binnenbereich Kirche konzentriert, dort wird ausgeführt, durchgeführt, verwaltet. Und ich werde mir selber, oder »die Kirche« wird sich selber zum besten Ratgeber. Solche Zeiten will ich vermeiden. Es wird dann Zeit, den Hut zu nehmen und sich wieder der altbewährten Spannung auszusetzen, die im Auftrag des *semper reformanda ecclesia est* tapfer formuliert, im ebenso hilflosen wie unglücklichen Bewusstsein aber nicht mehr wirkungsvoll tätig sein kann.[2]

2. »Eine sammelnde und ausstrahlende religiöse Größe ist die evangelische Kirche bei uns (…) nicht mehr – daher wohl gerade die dauernden ›Reformen‹ und ›Reformationen‹ in ihr« schreibt *D. Schellong* »Ökonomische Verhältnisse und Bedingungen – eine vernachlässigte Dimension in der

Natürlich ist das ganz am evangelischen Amtsverständnis vorbei gedacht. Das lernt ja schon jede Konfirmandin, dass Amt im Griechischen häufig *diakonia* heisst (2 Kor 3,7-9; 4,1; 5,18; 6,3; Röm 11,13) und die herrschaftskritische Konnotation immer mit bedacht wird. Der »Dienstcharakter jeder verantwortlichen Tätigkeit (in der Kirche), der Herrschaft möglichst vermeiden oder doch wenigstes eingrenzen soll«[3], ist, so schreibt der Präsident des Landeskirchenamts Hannover, wichtige Grundlage der landeskirchlichen Gesetzgebung und Ordnung. In der Praxis aber, so meine Erfahrung, blühen Bürokratie und die Beschäftigung kirchlicher Organe mit sich selbst wie selten zuvor. Die verschiedenen Ämter in der Kirche begründen faktisch nach wie vor Herrschaft der einen über die anderen, und der der ganzen Gemeinde anvertraute und der allen befohlene Dienst wird nicht nur gelegentlich auf den Dienstweg reduziert.[4]

An solcher Entwicklung hatte ich in den letzten Jahren als verantwortlicher Leiter des Kirchenkreises Diepholz mit der Amtsbezeichnung ›Superintendent‹ einen gehörigen Anteil. Eine Zeitlang gelang es uns, Handlungsfreiheit zu erreichen und Handlungsfähigkeit auch nach »außen« und nach »innen« zu gestalten. Das gelingt aber m. E. nur dann, wenn es zur Begegnung von Verschiedenem kommt: verschiedenen Menschen mit verschiedener Meinung, verschiedener Geschichte und Tradition, verschiedenen Gaben und Aufgaben, Problemen und Biografien usw. Jedenfalls misslingt es nach meiner Erfahrung immer dann, wenn Eigeninteressen und Selbstverwirklichung Begegnungen instrumentalisieren: Dann geht auf geheimnisvolle Weise die »exousia«, die Macht und Vollmacht der Kirche verloren[5], dann

Theologie«, in *J. Ebach* u.a. (Hg.) »Leget Anmut in das Geben«. Zum Verhältnis von Ökonomie und Theologie (Jabboq 1), Gütersloh 2001, 253.

3. Gesetzessammlung für die Arbeit in Kirchengemeinde und Kirchenkreis, Hannover 2000, 4.
4. Vgl. die Barmer Theologische Erklärung von 1934, These IV.
5. Ich verstehe »Macht« biblisch-theologisch und somit positiv und unentbehrlich. Macht gehört zu jedem »Handeln«. Kirchliche Arbeit, soweit sie auf Dialog und Begegnung zielt und somit handlungsfähig ist, hat immer Macht zur Verfügung. Wer hingegen die Isolierung sucht, muss wissen, dass er auf Macht und aufs Handeln verzichtet. Vgl. dazu aus philosophischer Sicht auch *H. Arendt*, Vita activa oder vom tätigen Leben, München [11]2001, 252: »Mit realisierter Macht haben wir es immer dann zu tun, wenn Worte und Taten untrennbar miteinander verflochten erscheinen, wo also Worte nicht leer und Taten nicht gewalttätig stumm sind, wo Worte nicht

wird aus diakonia ein ministerium im deutschen Wortsinn, dann gerät das Amt zum »Dienst«-Sklaven des Bestehenden, und die Zukunft ist erst einmal vernagelt, sie wird zur Verlängerung der Vergangenheit in Gedanken, Worten und Werken.

Ich halte die Öffnung für die wirksame Begegnung mit »den Anderen« außerhalb der Kirche nach wie vor für den wesentlichen Auftrag der Kirche. Partizipation und Dialogfähigkeit allerdings sind (noch) keine gängige Praxis der Gemeinden, »leidenschaftliche menschliche Interessenskämpfe« für andere[6], um die es im Evangelium bei Passion und der Auferweckung doch geht, eher selten.

## *2. Der kirchliche Beruf lebt nicht nur, aber auch von der Differenz zwischen Amt und Meinung*

Ohne solche Differenzen gibt es nach meiner Erfahrung keine *dynamis*, keine Dynamik im biblischen Wortsinn. Das gilt wohl persönlich und gesellschaftlich, geistlich und weltlich, in jedem Fall kirchlich.[7] Ebnen sich solche Differenzen ein, kommt es zum Beispiel zum kirchlichen Klüngel. Kommen diese Differenzen sich andererseits nicht mehr nahe und sind sie nicht mehr dialogfähig – um das zu bewirken, gibt es viele Gründe und Tricks – dann kommt es ebenfalls zum bekannten l'art pour l'art, der Beschäftigung mit sich selbst, gegebenenfalls auch gegen andere. Die Folge ist dann Machtverlust oder die so genannte Ohnmacht, die dem Zusammenwirken der verschiedenen Kräfte nicht mehr Raum geben kann oder will. Jede Bürokratie, auch die kirchliche, lebt von solcher Ohnmacht der dann passiven Mitglieder. Auch hier stelle ich fest: dem konnte ich in der von mir verantworteten kirchlichen Leitungsaufgabe nicht hinreichend begegnen.

Es ist spannend, in welchem Maß diese Erfahrungen biblisch längst reflektiert sind: Macht, die schöpferische Kraft der *ruach* Gottes, findet zur Gestalt in der Begegnung von Verschiedenen: Gott und Mensch, Mensch und Mitmensch, Mensch und Mitschöpfung. Solche Begeg-

mißbraucht werden, um Absichten zu verschleiern, sondern gesprochen sind, um Wirklichkeiten zu enthüllen, und wo Taten nicht missbraucht werden, um zu vergewaltigen und zu zerstören, sondern um neue Bezüge zu etablieren und zu festigen und damit neue Realitäten zu schaffen«.

6. Vgl. *D. Schellong*, aaO., 253.
7. 1 Joh 3,2: »Es ist noch nicht erschienen, was wir sein werden«. Vgl. *H. Luther*, Umstrittene Identität, in: Religion und Alltag, Stuttgart 1992, 150-159.

nungen bringen auf wunderbare Weise Handlungsfreiheit und Handlungsfähigkeit, führen zum Handeln. Vorausgesetzt sind der gegenseitige Respekt und Interesse (im lat. Wortsinn), wie sie in Taufe und Abendmahl grundlegend von Gott und Mitmenschen einander versprochen werden. Jedes biblisch berichtete Wunder beruht in der Wahrnehmung solcher Versprechen auf solchen Begegnungen/Interaktionen Verschiedener und stellt sich dann als Überraschung und Neues dar, nicht »verursacht«, »gemacht« oder »erworben«, sondern »geschenkt«: Neuanfänge, neues Leben, Auferweckungen, gar die Wiedergeburt von Erwachsenen (Joh 3).[8]

### *3. Solche Wunder sind selten geworden*

Sie haben ihren Sitz im Leben in der Regel ja auch nicht »in« der Kirche, sondern da, wo Menschen, auch Christenmenschen, sich aufmachen, Anderen zu begegnen. Das müsste dann mehr sein als eine »einladende Kirche«, das fände seine Gestalt im Exodus der Kirche in die Welt, in die Gesellschaft, zu den Menschen und ihrem Sitz im Leben. Da findet dann ein anderes Amt, ein mehrfaches Amt, das durchaus komplexe Amt der Versöhnung seine Gestalt. Aber stattdessen brauche ich sicherlich über 90 % meiner langen Arbeitszeit und Kraft für die innerkirchliche Verwaltung und Gestaltung auf. Dann erfüllt sich, was mir die neuen Kollegen beim Beginn der Arbeit als Superintendent vor 12 Jahren sagten. »Man wird sehr einsam in dem Beruf der Kirchenkreisleitung.« Mal im Ernst, auch wenn das damals mehr heldenhaft als traurig geklungen hat: Wie will ein einsamer Mensch andere zur Kommunikation des Evangelium in der Öffentlichkeit führen und leiten?

8. Die Tätigkeitsworte des so verstandenen Handelns beinhalten notwendig auch, was heute in seiner biblisch-theologischen Dimension m. E. an Relevanz verliert: »vergeben« und »versprechen«. Darauf machte eindrücklich *H. Arendt*, aaO., Kap. 33 und 34 aufmerksam. Die Kapitel tragen die Überschriften: »Die Unwiderruflichkeit des Getanen und die Macht zu verzeihen« und: »Die Unabsehbarkeit der Taten und die Macht des Versprechens«. »Versprechen« und »verzeihen« sind hier aus der Engführung und einer moralischen Konnotation befreit. Das Amt und die Kirche werden m. E. hier von H. Arendt an substanzielle Dimensionen der Rechtfertigung aus Glauben und die Notwendigkeit der Rückgewinnung dieser Gabe durch »Handeln« erinnert. Umgekehrt wird es noch deutlicher: Der Verzicht auf »Handeln« bedeutet auch, dem Vergeben und Versprechen den Sitz im Leben zu nehmen.

Das hat u. a. auch eine strukturelle Seite: Ich bedaure es sehr, dass unsere Landeskirche im Gegensatz z. B. zur bayerischen Landeskirche sich schwer damit tut, das »Ein-Mann-Prinzip« in der Superintendentur aufzugeben. So bleibt als einzige Konstante in den Kirchenkreisen bei den alle sechs Jahre wechselnden Gremien und den in Zukunft auch in Hannover alle zehn Jahre wechselnden SuperintendentInnen als unauffällige, aber wirkungsvolle Konstante das Verwaltungs«amt« und seine kameralistische Buchführung. Sie fördern die Behördenkirche und verwalten die Zivilreligion.

### *4. Es ist dabei nach meiner Erfahrung nicht zu bestreiten, dass »eigentlich« die Gemeinden alle Möglichkeiten haben, einer »Beteiligungskirche« Gestalt zu geben*

Informationen, Wissen um die Notwendigkeit von Heilen, Segnen und der Verkündigung des Reiches Gottes sind zur Genüge da und werden in guten Arbeitshilfen didaktisch aufbereitet zur Verfügung gestellt. Aber die Parochien haben sich, gerade in den Personalsparrunden der letzten zehn Jahre, oft einigeln können und auch eingeigelt. Diese Regression speist sich (nicht nur) aus Verlustängsten. Die alte Versuchung jeder Religion und Kirche liegt ja, wenn auch jenseits ihres Auftrags, im eigenen Trost der Selbstvergewisserung. Nicht einmal viel Lust zur Begegnung mit den anderen Gemeinden, geschweige denn Motivation und Kräfte zur Kooperation, bleiben nach meiner Erfahrung, wenn es um den Kampf um die »eigene« Pfarrstelle geht. Da ist dann das Hemd näher als der Kragen. Kirchenaustritte und die demografische Entwicklung, Unsicherheiten über die Auswirkungen der Steuerreform und die wirtschaftliche Regression haben Menschen verunsichern können und bewirken heute das Festhalten an Pfründen, ein Vergraben der Talente. Da stimmt etwas mit diesem Glauben nicht, denke ich, wenn und sooft Kirche den Exodus aus der Gesellschaft vollzieht. In solcher Regression haben innerkirchliche Ereignisse dann diese durchschlagende Wirkung, solange und weil es an der Gewissheit, Willen und Mut zur ureigenen Aufgabe fehlt. So kommt es, dass »die Kirche« und viele Gemeinden gerade dann sich versagen, wenn das Evangelium in Wort und Tat bei den anderen dringend nötig ist. Der demoskopisch erhobene Vertrauensschwund der Kirche und des Pfarramtes verstärken widersinniger Weise diesen Rückzug nach innen. Die Autonomie, nein eine Autarkie der Kirchengemeinden, wird zuweilen zum bestimmenden Inhalt des real existierenden Glaubensbekenntnisses. Gerechtigkeit wird reduziert auf das eigene Recht am eigenen Pfarramt, der eigenen Kirche, dem eigenen Gemeindehaus. Das Miteinanderteilen macht keine Freude mehr, ist zur Last geworden, die abgeschüttelt wird. Eine Kollekte ist leichter zu haben als die Unterhaltung eines Eine-Welt-Ladens zu organisieren. So wird der Eine-Welt-Laden geschlossen. Der konziliare Prozess ist in den Gemeinden faktisch zum Erliegen gekommen oder wurde professionell ausgegliedert.

Eine Kirche, der es Schwierigkeiten macht, untereinander zu kooperieren, ist allemal blockiert in der Wahrnehmung ihres Auftrags zu »freiem, dankbaren Dienst an seinen (Gottes) Geschöpfen«. Biblisch-theologisch einleuchtend scheint mir, dass die Nivellierung des »kräftigen Anspruchs auf unser ganzes Leben« zu den Wirkursachen dieser Selbstblockaden nach außen und dann auch nach innen gehört.[9]

## *5. Appelle helfen da wenig.*

Nach meiner Beobachtung geht dieser Rückzug durchaus auch von Amtsinhabern aus. Auch da sind alle Informationen über die Nöte wie Begabungen in Stadt, Land und Welt verfügbar. Aber die Perspektive wird trostlos, wenn und solange das »eigene« Amt im Mittelpunkt steht. Der »Entprofessionalisierung«, der Wahrnehmung des »mehrfachen Amtes« in der Kirche stehen aber nicht zuletzt wir Pastoren selber entgegen. Die Vergrößerung der Pfarrbezirke hat zu einer »Konzentration« auf die innergemeindlichen Pflichtaufgaben (Gottesdienst, Kasualien, Unterricht, Seelsorge) geführt. Die beste Theologie des Segens und Unterweisung im Gabentausch versickern schnell angesichts von Kränkungen und Zeitknappheit. Kooperation als theologische Notwendigkeit haben wir leider nie wirklich nötig gehabt in den Zeiten der Fülle und wohl auch deshalb nicht gelernt.

## *6. Theologische Existenz heute?*

In Zeiten der Erschöpfung fehlt es jetzt nicht so sehr an Rat und know how, sondern an der Ertüchtigung des Glaubens und auch an geistlicher Stärkung oder Kraft. Ein theologisches Potential ist für mich so ohne weiteres nicht mehr sichtbar. So passiert es, dass Wirklichkeit unbegriffen, unverstanden bleibt, weil beschränkt auf das empirisch Vorfindliche.

9. Vgl. dazu die Barmer Theologische Erklärung von 1934, These II.

Mit meinem normalen theologischen Menschenverstand ist es mir nicht einsichtig, warum der Eigengesetzlichkeit kapitalistisch geprägter Marktwirtschaft so viele Vorrechte in der kirchlichen Haushalterschaft eingeräumt werden. Die eigene Ökonomie des Glaubens, ein »Geben dessen, was man nicht hat«[10], ist bislang wenig entwickelt. Vielleicht wäre hier ein Haushaltsplan über die nicht geldlichen Charismata einer Gemeinde, der ebenso überprüfbar aufgestellt und abgerechnet und von der Rechnungsprüfung überwacht würde wie der Finanzhaushalt, ein glücklicher Anfang von realistischer Gabenökonomie.

Es ist sicherlich erinnerungswürdig, dass 1953 Hans Joachim Iwand den »Verlust der theologischen Existenz heute« als Indiz für die Restauration der Amtskirche und der Entmündigung der Gemeinden anmerkte und vom theologischen Amt wie von den Gemeinden die »Einheit von Erkenntnis und Tat« zurückforderte.[11] Unter den Tatsachen, die wir heute in Kirche und Gesellschaft untersuchen und feststellen, sind Gottes Taten selten zu finden. Der Raum, in dem sie Gestalt gewinnen, ist nicht zuerst »die Kirche«, sondern eine Begegnung mit anderen, die zum Neuanfang, zum Handeln führt.

Der blinde Fleck in heutigen theologischen Reflexionen war und ist weitgehend das Geld, die Ökonomie. Dieser blinde Fleck zeitigt fatale Wirkungen, von denen ich hier nur kurz berichte. Zuerst: Dieses Geld speist sich auch nicht unwesentlich aus den Quellen, die biblisch-theologisch in Frage gestellt werden müssen, z. B. der Wachstumsideologie, der Ausbeutung der Schöpfung, zudem Kriegsgewinne und Zinsen. Dann: Diese Doppelmoral hat, auch was die Vertrauenswürdigkeit der Amtskirchen angeht, einen hohen Preis. Nötig wäre, wie in Jabboq begonnen, eine auf Gemeinde und Öffentlichkeit zielende Enttabuisierung. Schließlich: Das Verschweigen hat einen zu hohen Preis und einen tieferen Grund, auf den L. Schottroff bereits auf dem Kirchentag 1984 in einer Auslegung des Gleichnisses von den Arbeitern im Weinberg aufmerksam machte: »Es wird zuviel verschwiegen (...) So etwas Harmloses wie Schweigen ist Ausdruck der Gesetze von Geld und Gewalt, denen wir ausnahmslos unterworfen sind. Die Begabung für

10. Vgl. *M.L. Frettlöh*, Der Charme der gerechten Gabe, in: Leget Anmut in das Geben. Zum Verhältnis von Ökonomie und Theologie, hg. v. *J. Ebach* u. a. (Jabboq 1), Gütersloh 2001, 160 in der Zusammenfassung der Auslegung zu 1 Chr 29,13-16 und 2 Kor 8-9.

11. *H.J. Iwand*, Über den Verlust der theologischen Existenz heute, 1953, wieder abgedruckt in: Junge Kirche 64 (2003) Heft 1, 31-38.

Barmherzigkeit, Liebe, Gerechtigkeit und Solidarität wird dabei tatsächlich verschwiegen«.[12]

### *7. Kirchliche Personalführung und Personalplanung, Führen und Leiten der Kirche muss auf solche Begegnungen mit anderen zielen*

Aufgabe des Amtes wäre es, sich selbst preiszugeben, auszugeben, zu veräußern, indem wir den eigenen Wert einbringen in das Interesse und den Respekt gegenüber den Anderen.[13] Sonst bleiben dem Amt nur selbstgenügsam Effektivitätssteigerung und Selbstverwaltung ohne weitere Beziehungen zu Anderen. Man beginnt dann, sich im Amt fortzubewegen wie auf einem toten Pferd, die eigene oder die amtliche Meinung dienen als Sattel.

## III. Summe

Berichtet wird, Jesu habe die Jüngerinnen und Jünger zu zweit ausgesandt mit dem Auftrag, Andere zu heilen, zu segnen und ihnen das Reich Gottes zu verkündigen (so Lk 10,1-9), ein Auftrag, Beruf (oder gar Amt ?) ohne Geld und ohne Lobby (Lk 10,4): Wie Lämmer mitten unter die Wölfe werden sie gesandt. Es war eine erfolgreiche Mission (Lk 10,17) mit Einschränkungen (z.B. Matth 10,16) und Grenzen (Lk 10,10). Alles hat auch hier seine Zeit: Der Zeitrahmen führt weit über kurzfristige Erfolgserlebnisse hinaus. Es gibt Zeiten der gewalttätigen Rückkehr des Diabolos (Lk 11,24), aber es gibt auch das Zeichen des Menschensohns (Lk 11,30), die Seligpreisung für die, die das Wort Gottes hören und bewahren (11,27f.). Und es gibt, außer dem Hinweis auf den »barmherzigen Samariter« und die darin enthaltene scharfe Kritik an Amtsträgern (Lk 10,25.31.32), im selben Zusammenhang die Abrechnung Jesu mit der damaligen etablierten Kirche als einer Friedhofsverwaltung (10,47), die sich selbst verwirklicht und dabei Heilen, Segnen und die Verkündigung der Gegenwart und Aktualität des Rei-

12. Jetzt wieder abgedruckt in: Junge Kirche 1/03, 75.
13. *D. Sölle*, Mystik und Widerstand, Hamburg $^{5}$1999, erinnert z.B. in Kap. I 2.1, 50, an die »unerwartet« einfache Frage: »Warum, wenn Gottes Welt doch so groß ist, bist du ausgerechnet in einem Gefängnis eingeschlafen?« Vgl. ebd. auch III 11.1, 241.

ches Gottes zu Lasten der armen Menschen systematisch versäumt (Lk 10,37ff.).

Der Glaube an das »Reich Gottes mitten unter uns« (Lk 17,21) verändert die Wahrnehmung: es glaubt an die Zukunft des Senfkorns, agiert und investiert im besten Sinn des Wortes »nachhaltig« und zukunftsfähig in das, was noch nicht oder kaum sichtbar und trotzdem real ist, und hat sich von aller kameralistischen Buchhaltung gründlich getrennt. Der »Weltverlust«[14] der Kirche ist kein Schicksal, sondern einfach die grundlegend falsche Entscheidung.

Ich möchte meine kirchliche Arbeit in Zukunft, mit durchaus gutem Mut, wieder im Pfarramt fortsetzen.

14. Vgl. *H. Arendt*, aaO., bes. Kap. VI. Dort auch folgender Hinweis: »Was immer wir meinen mögen, wenn wir von Säkularisierung sprechen, historisch kann sie auf keinen Fall als ein Verweltlichungsprozess im strengen Sinn des Wortes angesehen werden; denn die Moderne hat nicht eine diesseitige Welt für eine jenseitige eingetauscht, und genaugenommen hat sie nicht einmal ein irdisches, jetziges Leben für ein jenseitig-künftiges gewonnen; sie ist bestenfalls auf es zurückgeworfen. Die Weltlosigkeit, die mit der Neuzeit einsetzt, ist in der Tat ohnegleichen (...)« 408.

*Curt Stauss*

# Kirche im Osten Deutschlands – bloß eine Meinung, aber kein Amt?

## I.

Wieso eigentlich soll der Osten dafür herhalten, mit dem Motto dieses Jabboq-Bandes zu spielen? Als ich studierte, war in der Theologie, die uns vermittelt wurde, nicht immer klar, auf welche Sachverhalte sich die Sätze bezogen, die ich las oder hörte. Nicht nur bei mir setzte sich der Verdacht fest, Theologie bestehe vor allem aus Meinungen – und die gingen nicht vor allem über Sachverhalte, sondern über Meinungen, die sich wiederum auf Meinungen bezogen. Das war die Zeit einer bestimmten Lesart hermeneutischer Theologie; die 3. Auflage der RGG gehörte dazu. Wie eine Befreiung wirkte da die eher zufällige Lektüre des Aufsatzes von Heinrich Scholz »Wie ist eine evangelische Theologie als Wissenschaft möglich?« (1931) oder die der Prolegomena zur Geschichte Israels von Julius Wellhausen. Bloß eine Meinung, das war offenkundig kein Ostproblem, sondern das einer bestimmten theologiegeschichtlichen Lage.

Oder bezieht sich der Wunsch, ein Ostler solle das gedrehte Motto bearbeiten, auf die Frage nach einer »DDR-spezifischen Theologie«? Dann will ich hinweisen auf die Produktionsbedingungen theologischer Literatur in der DDR: auf das Zulassungswesen, das sich in Gutachter und Papierkontingente aufteilte. Auf die nicht geringe Zahl von Aufsätzen, Bibelarbeiten und Vorträgen, die über das Stadium schwer lesbarer hektografierter Fassungen nicht hinausgelangen konnten. Auf völlig abwegig erscheinende Publikationsorte, wenn es denn doch gelang: die Zeitschrift »Die Christenlehre« zum Beispiel, die »Evangelischen Predigtmeditationen« oder die Reihe »Theologische Informationen für Nichttheologen«. Dort finden sich anspruchsvolle theologische Texte, beispielsweise von *Christoph Demke*, Die Einzigartigkeit Jesu (1976), von *Wolf Krötke*, Der geschichtliche Gott (1974), von *Heinrich Rathke*, Gemeinde heute und morgen (1979), und von *Karl-Heinrich Bieritz*, Gottesdienst (1983). In der DDR ist produktiv, praxisnah und zielgruppenorientiert Theologie getrieben worden. In solchen Publikationen kann man beispielsweise eine missionstheologische Diskussion nachvollziehen, die Ende der 60er Jahre in Synoden, Arbeitskreisen und Konventen in den Kirchen der DDR geführt wurde. Sie verstand – schon damals – Mission als Strukturprinzip kirchlicher Arbeit. Und sie wusste, dass die, die neu hinzukommen, die Gestalt der Kirche und die Gestalt der Botschaft verändern würden. Mission wurde verstanden als Folge der Sendung des Sohnes in die Welt. Daher hat die Mission der Kirche die Gestalt der Präsenz, nicht der Bekehrung; ihr Ziel ist, dem Sohn zu folgen, nicht, den Bestand der Kirche zu sichern – für den sorgt, wenn ER es will, ohnehin der lebendige Gott; Werner Krusche fand dazu den Satz »Eine Kirche, die sich um ihr Überleben sorgt, ist schon überlebt.« Wolfgang Ratzmann hat diese Diskussion 1986 in der Zeitschrift »Die Christenlehre« dargestellt und weitergeführt.[1] Zu den ursprünglichen, in der gegenwärtigen Missions- bzw. Gemeindestrategiediskussion hochaktuellen Texten gehören: *Werner Krusche*, Die Kirche für andere[2], und *Günter Jacob*, Die Zukunft der Kirche in der Welt des Jahres 1985.[3]

Ebenso wurden für die alltägliche Arbeit der Kirche brennende Fragen der politischen Ethik diskutiert; als Beispiel für zahlreiche, allerdings in der DDR nur hektografiert erschienene (aber im Westen gedruckte und erfolgreich durch die Grenze gebrachte) Texte seien genannt: *Heino Falcke*, Christus befreit – darum Kirche für andere[4] (mit der oft zitierten und von der SED-Führung sehr empfindlich aufgenommenen Formel vom »verbesserlichen Sozialismus«), und *Günter Jacob*, Weltwirklichkeit und Christusglaube.[5]

Ein Überschuss an Meinungen war vorhanden[6] – und es ist zu fragen, ob er wirkungslos blieb. Das ist kaum auszumachen; darum ist

1. *W. Ratzmann*, Gemeinde für andere – Gemeinde mit anderen. Überlegungen zum missionarischen Gemeindekonzept heute, in: Chl 39 (1986), 275-283.
2. *W. Krusche*, Die Kirche für andere, in: Schritte und Markierungen. Aufsätze und Vorträge zum Weg der Kirche, Berlin 1972, 133-175.
3. *G. Jacob*, Die Zukunft der Kirche in der Welt des Jahres 1985, in: Die Zeichen der Zeit 22 (1967), 12ff.
4. *H. Falcke*, Christus befreit – darum Kirche für andere. Hauptvortrag bei der Tagung der Synode des Bundes der Ev. Kirchen in der DDR 1972, in: Ders., Mit Gott Schritt halten, Berlin (West!) 1986.
5. *G. Jacob*, Weltwirklichkeit und Christusglaube. Wider eine falsche Zweireichelehre, Stuttgart 1977.
6. Vgl. Rudolf Bahros Rede vom »Überschüssigen Bewußtsein, das sich in der DDR angesammelt habe und allmählich auf Veränderung der Verhältnisse dränge.« *R. Bahro*, Die Alternative. Zur Kritik des real existierenden Sozialismus, Köln 1979.

die Frage erlaubt, aber nicht entscheidbar, wie denn die DDR ohne kirchliche Verlautbarungen, ohne mutige Predigten, ohne Synodentexte ausgesehen hätte. Oder ohne die seit 1980 jährlich in vielen Tausend Exemplaren erscheinende Arbeitsmappe zur Friedensdekade, die nicht nur gute theologische und friedensethische Texte enthielt, sondern hervorragende methodische Anregungen für die Jugendarbeit und Jugendbildung. Die massenhafte Verbreitung dieser Arbeitsmappen hatte einen bemerkenswerten Nebeneffekt: da sie im ganzen Land verbreitet wurden, entstand eine eigentümlich dichte Gesprächslage dadurch, dass Menschen von Rostock bis Schneeberg unter demselben Motto mit sehr ähnlichen Arbeitsvorhaben unter kirchlichen Dächern versammelt waren. Dieser Effekt verstärkte sich noch einmal in der Zeit der Ökumenischen Versammlung in der DDR. Dreizehn Impulstexte, über 10.000 schriftliche Reaktionen darauf, die in dreizehn Arbeitsgruppen reflektiert und verdichtet wurden und die dann im ganzen Land seit dem Frühjahr 1989 die Basis schufen, auf der die kirchliche Rolle in der Wendezeit erst zu verstehen ist. Themen wie »Umkehr zu Gerechtigkeit, Frieden und Bewahrung der Schöpfung/Theologische Grundlegung«, »Leben in Solidarität – eine Antwort auf weltweite Strukturen der Ungerechtigkeit«, »Mehr Gerechtigkeit in der DDR – unsere Aufgabe, unsere Erwartung«, »Der Übergang von einem System der Abschreckung zu einem System der politischen Friedenssicherung«, »Ökologie und Ökonomie« stellten theologisch fundiert und sehr konzentriert die Ergebnisse einer breiten mehrjährigen ökumenischen Debatte in der DDR dar – und sie formulierten Aufgaben für Einzelne, Gemeinden, die Kirchen und die politischen Institutionen. Es ging um die Weltprobleme in der Optik eines (mitteleuropäischen, sozialistischen) Landes. In der Einführung zu den Texten schreibt Christof Ziemer: »Durch die Beschreibung von drei vorrangigen Optionen – für die Armen, für die Gewaltfreiheit und für den Schutz und die Förderung des Lebens – ist es zugleich gelungen, so etwas wie einen ›roten Faden‹ für das ›Gesamtpaket‹ der Texte zu formulieren.« Die Texte sind nachzulesen in einer Dokumentation von Aktion Sühnezeichen/Friedensdienste Berlin 1990. Eine Reflexion dieses Prozesses stellt der von Katharina Seifert zusammengestellte Band »Durch Umkehr zur Wende. Zehn Jahre Ökumenische Versammlung in der DDR – eine Bilanz« mit Beiträgen von Carl Friedrich von Weizsäcker, Heino Falcke, Christof Ziemer u.a. dar, 1999 im Benno-Verlag Leipzig erschienen.

Bloß eine Meinung? Ein Amt war hier offenkundig geworden, und die Kirchen haben es zu DDR-Zeiten mehr oder weniger wahrgenommen, nicht immer so deutlich wie in den markanten Einzelstimmen von Günther Jacob oder Christoph Hinz, von Heino Falcke oder Werner Krusche, aber immer wieder und mit einer bemerkenswerten Folgerichtigkeit, wie die Lektüre der Synodentexte insbesondere der 80er Jahre zeigt: das prophetische Amt der Kirche.

## II.

Hohe Erwartungen hatten, wohl auch wegen solcher klarer Gedanken und mutigen Worte von Kirchenleuten und Synoden, nach der Wende westdeutsche Freundinnen und Freunde an uns; darf ich daran jetzt noch erinnern? Fast mit einem Vorwurf wurden wir auf unseren nun anstehenden Beitrag angesprochen – in der Verfassungsdiskussion, die noch am Runden Tisch begann, im Blick auf die bessere parlamentarische Kontrolle der Geheimdienste oder besser noch: ihre Abschaffung; mit der Zusammenlegung der Kirchentagsarbeit in Ost und West war die Hoffnung auf Erneuerung des DEKT verbunden. Die Verhandlungen in den ostdeutschen Synoden sollten die für manche westdeutsche Synodale längst fällige Neuordnung der Militärseelsorge bringen. Das Kirchensteuerwesen sollte bei der Frage, ob es in seiner westdeutschen Variante in den ostdeutschen Kirchen eingeführt werden solle und wie schnell, generell einer Prüfung unterzogen werden. Ein Innovationsschub, der für die westdeutsche Gesellschaft und die westdeutschen Kirchen anstand, sollte durch den Innovationsdruck im Osten verstärkt werden. Dafür fehlte, wir wissen es, in den allermeisten Fällen die Zeit und die Kraft.

Währenddessen waren wir in der Wendezeit beschäftigt mit dem Innovationsdruck in unserer Gesellschaft. Wie sie hatten wir in kürzester Zeit ein neues Rechts- und Verwaltungssystem zu lernen und aufzubauen. Wie sie hatten wir den Verlust von Vielem, was bisher galt, zu verarbeiten. Wie sie hatten wir zu prüfen, welchen der zahlreichen angereisten Beratern wir trauen konnten. Und wie sie mussten wir uns auf eine erheblich veränderte Rolle des Geldes einstellen – nicht nur auf andere Preise.[7]

7. Vgl. *C. Stauss*, Minderheit mit Zukunft. Die finanzpolitische Wende in den ostdeutschen Kirchen, in: EvTh 61 (2001), 18-28.

Nicht selten drängte sich in den 90er Jahren der Eindruck auf, die Öffentlichkeit wolle nicht irgendeine Meinung von der Kirche hören, aber sie wünschte den Ritualmeister: Einweihung der Filiale der Deutschen Bank, Weihe der Fahne des Schützenvereins, einer neuen kommunalen Friedhofshalle usw. Mit der Auskunft, wir segneten Menschen, aber nicht Gegenstände, von sakralen Gegenständen abgesehen, konnten wir die Auftraggeber kaum zufrieden stellen. Manche dieser Gespräche endeten in der Nachfrage, warum wir uns jetzt so anstellten, da wir (!) doch früher Waffen gesegnet hätten.

Kurz: Wir hatten wieder ein »Amt«!

Der schnelle Absturz liegt lange hinter uns: 1991 wechselten die Schlagzeilen von den »Helden der Wende« zu den »Handlangern des Staatssicherheitsdienstes«. Seitdem werden immer deutlicher öffentliche Erwartungen an die Kirche im Osten Deutschlands geäußert. Das meint nicht mehr wie in der Wende ihre Rolle als Moderatorin an Runden Tischen oder ihre Erfahrungen in Meinungsbildungsprozessen und parlamentarischen Verfahren, die die Kirchenleute aus ihren Synoden kannten. Viel eher ist die Kirche jetzt, zwölf Jahre später, als Instanz zu den Lebensfragen und als Institution, die weiß, was in Krisen hilft, gefragt. Sonderseelsorge bei Katastrophen wie bei alltäglichen Notfällen wird in Anspruch genommen und erwartet. Nach dem Selbstmord einer Schülerin gehen Hunderte von Schülerinnen und Schülern, Lehrerinnen und Lehrern in die nächstgelegene Kirche, die der Jugendpfarrer dafür geöffnet hat. Bei Demonstrationen zum Irak-Krieg wird selbstverständlich auch eine Vertreterin der Kirche sprechen. Die Zeitungen befragen unter den Prominenten zu aktuellen Ereignissen oder wichtigen politischen, nicht nur ethischen Entscheidungen, immer auch Kirchenführer.

Diese Rolle der Kirche im Osten Deutschlands ist nicht selbstverständlich. Selten sucht sie diese Rolle, eher ist sie mit sich selbst beschäftigt. Vor der Wende gehörten im Osten Deutschlands gut 20 % der Bevölkerung zu einer Kirche, zumeist der evangelischen. Jetzt drückt die Kombination dreier Faktoren laufend auf unpopuläre Leitungsentscheidungen: der Rückgang der Mitglieder,[8] der Rückgang der Einnahmen und die Erhöhung der Personalkosten.[9]

8. Dieser vollzieht sich weniger durch Austritte als durch Abwanderung sowie den Überhang von Beerdigungen gegenüber Taufen und Wiederaufnahmen.
9. Die Pfarrgehälter sind in den ostdeutschen Kirchen bei ca. 80 % der ent-

In der kirchlichen Finanz- und Stellenplanung wird mit einem jährlichen Rückgang von 2 % bei Finanzen und Mitgliedern gerechnet. Der Druck entsteht dadurch, dass schon jetzt viele ländliche Pfarrstellen, gerade in Regionen mit kleinteiliger Siedlungsstruktur, kaum noch sinnvoll wahrnehmbar sind. Das heißt: die Ev. Kirche der Kirchenprovinz Sachsen ist bei ca. 550.000 Gemeindegliedern die an Kirchengebäuden reichste in Deutschland, ca. 2.200. Ob ein Pfarrer oder eine Pfarrerin für zwölf oder für fünfzehn Gemeinden zuständig sein soll, ist eine nur noch theoretische Entscheidung – praktisch ist eine so zugeschnittene Arbeit nicht zu schaffen. So erwecken die kirchlichen Debatten, so erweckt die binnenkirchliche Sicht den Eindruck, diese Kirche könne eine öffentliche Rolle gar nicht wahrnehmen.

Sie tut es dennoch: ›Keine Meinung haben‹ kann auch heißen: ›keine Lust‹ oder ›keine Neigung‹ oder, im Fachdeutsch ›keine Motivation‹ haben. So sagte eine Kollegin von ihrer alten Mutter, sie habe »gar keine Meinung mehr und sitze nur noch da.«[10] Die Kirchen aber haben trotz der oben genannten belastenden Rahmenbedingungen ›eine Meinung‹. Sie stellen sich den Planungsaufgaben mit erstaunlicher Energie: ›Minderheit mit Zukunft‹, ›Kirche mit Hoffnung‹, ›Eine beteiligungsoffene Gemeindkirche werden‹, ... eine Fülle von Konzeptpapieren ist entstanden und einige ergebnisorientierte Kirchenleitungsbeschlüsse dazu. Mehrere ostdeutsche Kirchen haben sich für ihre Planungsarbeit wie für eine bessere Leitungstätigkeit professionelle Hilfe geholt, Organisationsberatung, Assessmentverfahren, Fortbildungen für Führungskräfte usf. Kirchenkreise (Superintendenturen, vergleichbar Dekanaten) stellen in ihre Haushalte Mittel für Fortbildung und für Supervision in erheblichem Umfang ein.

Wie eine ostdeutsche Kirche eine Meinung zu ihren Aufgaben in der gegenwärtigen wirtschaftlichen Drucksituation entwickelt, soll an einem soeben veröffentlichten Konzeptpapier[11] dargestellt werden. Die

sprechenden westdeutschen Gehälter eingefroren, aber die Personalkosten für Angestellte steigen schrittweise entsprechend den Ost-Tarifen, die Einkommen liegen zur Zeit bei ca. 92 % der westdeutschen.

10. Ähnlich schon in: *J. u. W. Grimm* (Hg.), Deutsches Wörterbuch. Deutsche Akademie der Wissenschaften, München 1991, Bd. 12, 1938: »die mit etwas ausgedrücktem oder angedeutetem verbundene bestimmte vorstellung, sinn, bedeutung von etwas gesagtem oder sonst geäuszertem.«

11. Konzeptpapier der Kirchenprovinz Sachsen. Gemeinde gestalten und stärken, Magdeburg 2003.

Synode der Ev. Kirche der Kirchenprovinz Sachsen hat es auf ihrer Tagung im November 2002 beschlossen. Die Kirchenleitung bittet nun alle Gemeinden und Einrichtungen, sich damit so zu befassen, dass Rückmeldungen an die Kirchenleitung gehen. Unter dem Titel »Gemeinde gestalten und stärken« wird an drei exemplarischen Themen »Grundorientierung für zukünftige Entwicklungen« dargestellt. Diese Themen heißen Gemeinde, Gottesdienst und Mitarbeiterinnen und Mitarbeitern, genauer: Gemeinde entwickeln, aktivieren und vernetzen; Wovon Gemeinde lebt – Orientierung auf das gottesdienstliche Leben; Neue Gemeinschaft beruflicher und ehrenamtlicher Mitarbeiter und Mitarbeiterinnen. Drei methodische Grundentscheidungen prägen das Papier: Exemplarisch soll gearbeitet werden – das geht so weit: »Es ist besser, sich auf einen Schwerpunkt, bzw. eine Maßnahme zu konzentrieren als sich zu viel auf einmal vorzunehmen. Der Erarbeitung, Durchführung und Kontrolle von Schwerpunkten muß hohe Priorität eingeräumt werden.«[12] Die zweite Grundentscheidung erscheint mir mindestens so mutig: das Papier verzichtet auf die Akkumulation von Inhalten, z.B. von Zielbeschreibungen kirchlicher Arbeit, wie sie in vorlaufenden Konzeptpapieren zu finden sind – und das heißt, »Gemeinde gestalten und stärken« rechnet sowohl mit der Vielfalt von Zielen und Glaubensüberzeugungen als auch mit der Fähigkeit aller Beteiligten, solche Orientierungen konkret zu formulieren. Das führt zur dritten Grundentscheidung: das Papier ist hochgradig dialogisch gemacht. Was heißt das? Es will das Gespräch in Gang setzen und erwartet Rückmeldungen; der Text wechselt zwischen Darstellung und Fragen;[13] das Papier beginnt mit Wahrnehmungen[14] und endet mit Maßnahmen und Schritten. Dazwischen liegt ein zweifacher Durchgang durch die drei exemplarischen Themen, zuerst unter dem Aspekt von »Ansatzpunkten und Perspektiven«, sodann unter dem Aspekt der »Konsequenzen für die Entwicklung der Rahmenbedingungen kirchlicher Arbeit«. Damit aber erschöpft sich der dialogische Charakter dieses Konzeptpapiers nicht: ehe Aufgaben beschrieben werden, wird erinnert, werden Erfahrungen eingesammelt, kann bedacht,

12. Ebd., 20.
13. Ein Beispiel: »Wer bereitet bei Ihnen den Gottesdienst vor? Waren Sie schon einmal beteiligt?«
14. Es fragt beispielsweise nach ähnlichen bzw. nach anderen Wahrnehmungen, die die Situation der kirchlichen Arbeit und des kirchlichen Lebens prägen.

erörtert, widersprochen werden. Jeder Arbeitsschritt ist gegliedert in die Fragen »Was meinen wir?« und »Was brauchen wir?«. Das ist nüchtern und realistisch angesichts des Dauerdrucks durch Zielorientierung und Leitbilddiskussionen – und das ist zugleich wohltuend und eben dialogisch. Wie bei einer Ehesituation, die Beratung braucht oder die sonst in Revision geht, hilft es, »vor allem die schönen gemeinsamen Erlebnisse zu erinnern: erst mal ansehen, was wir an der Gemeinde schätzen, warum wir dabei sind, warum wir vielleicht sogar gerne dabei sind, was uns da hält; ... um dann zu überlegen, was wir da weiter erwarten und was wir in Zukunft brauchen.«[15]

## III.

Nirgends in diesem Konzeptpapier taucht das Wort ›Pfarramt‹ auf. Dabei besteht kein Mangel an theologischer Literatur zur Sache. Das Amt ist wieder im Gespräch. Ob das Grimmsche Wörterbuch das geahnt hat? »Kaum ein anderes dt. wort kann solchen werth in anspruch nehmen und so lehrreich sein für die geschichte unserer sprache. Das jetzige amt drückt nun hauptsächlich den dienst, das geschäft aus, womit einer beauftragt ist, dann aber den ihm untergebenen kreis oder bezirk, ja sein haus.«[16] Die »Pflicht zum Wohnen im Pfarrhaus« ist unsicher geworden, so dass die EKD »Empfehlungen zu Fragen des Pfarrhauses« im September 2002 ins Internet gestellt hat. Ein Pastoralkolleg hat die VELKD zum Thema ›Präsenzpflicht‹ im September 1999 durchgeführt. Dort hat Isolde Karle einen Vortrag zu »Amt und Gemeinde aus professionstheoretischer Perspektive« gehalten.[17] »Konflikthafte Identitätssuche« konstatiert Jürgen Ziemer im Blick auf die Verunsicherung im Rollenverständnis zwischen Person und Amt[18]. Klaus Raschzok erinnert daran, dass die Ordination evangelischer

15. *R. Kähler*, Kritische Anmerkungen zu einem primär strategisch orientierten Konzept von Gemeindearbeit, Typoskript, 2003, 7.
16. Grimms Wörterbuch. Bd. 1, 280.
17. *I. Karle*, Amt und Gemeinde aus professionstheoretischer Perspektive. in: texte aus der velkd 96/2000, 37-51.
18. *J. Ziemer*, Pastorale Identität im Zeichen kontextuellen Wandels, in: K. Petzold, K.Raschzok (Hg.), Vertraut den neuen Wegen. Praktische Theologie zwischen Ost und West. FS f. K.-P. Hertzsch zum 70. Geburtstag, Leipzig 2000, 343-356.

Pfarrerinnen und Pfarrer als Bischofsweihe konzipiert ist – was nur konsequent erscheint, wenn die Taufe die Ordination aller im Sinne des allgemeinen Priestertums aller Gläubigen ist. Er macht anhand einer Meditation des in den EKU-Kirchen geltenden Ordinationsformulars das Gegenüber von »ordinationsgebundenem Amt« und allgemeinem Priestertum als Mandate von gleichem Gewicht deutlich, die einander bedingen und brauchen. Dabei geht es ihm »prinzipiell um das ordinationsgebundene Amt und nicht um die Form des Gemeindepfarramtes in seiner jeweils herkömmlichen und immer zeitbedingten Form.«[19] Diese Unterscheidung ist in der praxisnahen Diskussion eines Pfarrkonventes schwer durchzuhalten – zumal in den EKU-Kirchen, deren Grundordnung keine »Pfarrämter« kennt, sondern Pfarrstellen, die einer oder mehreren Gemeinden zugeordnet sind. Freilich ist nach dem Zweiten Weltkrieg auch in den lutherischen Kirchen geklärt worden, dass der Rechtsträger die Kirchengemeinde ist und nicht »das Pfarramt«. Aber: das Schild am Pfarrhaus, der Briefkopf und der Stempel tun das ihre, die von Klaus Raschzok benannte Unterscheidung zu verwischen und mitten in allen Bemühungen um geistliches Leben die »Kirche als Behörde« zu realisieren[20]. Welches Interesse äußert sich darin? Was gelegentlich wie ein neuer Amts-Stolz erscheint, ist vielleicht eher eine Amts-Unsicherheit? Jedenfalls drücken sich darin Veränderungen im Rollenverständnis und in den Rollenerwartungen, in der pastoralen Identität aus – verunsichert durch hochkompetente, manchmal durch rebellische Ehrenamtliche, oder auch durch eine bislang nicht gekannte Härte, durch Forderungen, die Pfarrerinnen und Pfarrer sollten Rechenschaft geben von dem, was sie tun – und erst recht von dem, was zusammen verabredet wurde oder was ein Gemeindekirchenrat festgelegt hatte. Auf diesem Hintergrund wird verständlich, wie mühsam Gemeinden und Kirchenleitungen mit Dienstanweisungen bzw. Dienstvereinbarungen für Pfarrerinnen und Pfarrer vorankommen. Dabei ist die Unterscheidung von geistlicher Leitung – dem Amt der Einheit – und Gremienleitung fast so schwer zu realisieren wie die oben von Klaus Raschzok getroffene Unterschei-

19. *K. Raschzok*, Ordination als Berufung und Lebensarbeit. Zu einem vernachlässigten Aspekt gelebter Spiritualität im Pfarrberuf, in: theologische beiträge 33 (2002), 138-154, 138.
20. So der Ausdruck bei *H.-M. Gutmann*, Der gute und der schlechte Tausch. Das Heilige und das Geld – gegensätzliche ökonomische Beziehungen? in: Jabboq, Band 1, Gütersloh 2001, 162-225, 223.

dung – die nicht neu ist, für die wir aber bisher keine praxistauglichen Namen gefunden haben. Das Elend derjenigen Pfarrerinnen und Pfarrer, die behaupten, es gebe ohnehin keine Ehrenamtlichen, darum machten sie besser gleich alles allein – eine Art Teufelskreis – ist schwer zu heilen. Immer noch praxistauglich, obwohl zunehmend untragbar erscheint eine makabre Lesart des Mottos: Bloß *ein* Amt …

## IV.

Nun sollte einer, der ein Amt wahrnimmt und zu diesem Thema schreibt, seine Meinung sagen! Er ist skeptisch gegenüber einer Betriebsamkeit, die sich »am Markt« orientiert. Professionalität in der Arbeit und Erfolgsorientierung sind nicht dasselbe. Die Aufmerksamkeit auf Fachlichkeit in der kirchlichen Arbeit muss nicht den geistlichen Hinweis überhören, wir sollten auf erfolgsorientierte Programme verzichten.[21]

Skeptisch bin ich gegenüber strategischen Konzepten, ob sie traditionell »missionarischer Gemeindeaufbau« oder neuerdings »spirituelles Gemeindemanagement« oder ähnlich heißen. Die Diskussion dazu hat noch kaum begonnen, Ansätze sehe ich etwa im (noch viel zu kurzen) Streit über »Missionarische Kompetenz«.[22] Kähler fragt im Blick auf eine Erklärung des Initiativkreises, ob nicht ein Problem in der Tatsache stecke, dass seit 40 Jahren festgestellt werde, gerade jetzt sei Mission besonders nötig und angezeigt. Vor allem aber fragt er nach dem dialogischen Charakter dessen, was missionarische Kompetenz genannt wird.

Ansätze zur Diskussion sehe ich ebenso in Veröffentlichungen von Roland Degen und Hermann Steinkamp zum Konzept Gemeindeaufbau. Dieses Konzept ist zu sehr am ›Macher‹ orientiert, »im übrigen wäre zu fragen, ob die Metaphorik vom ›Aufbau‹ und Bauhandwerk trotz aller biblischen Anklänge (Matth 16,18; 1 Kor 3,9f.; Eph 4,12 u. a.) nicht letztlich kirchliche Macher-Ideologien stützt und vergessen

21. So in: *R. Schutz*, Einmütig im Pluralismus. Eine Aktualisierung der Regel von Taizé, Gütersloh 1968, 99; entsprechende Überlegungen bei *D. Bonhoeffer*, Ethik, München 1949, 79ff.
22. *R. Kähler*, Fragen an einige Feststellungen des Initiativkreises »Kontextuelle Evangelisation im gesellschaftlichen Wandel«, in: Pastoraltheologie 91 (2002), 137-145.

lässt, dass Gemeinde – in welcher (Rest-)Form auch immer – dem Tun der Bauer stets vorgegeben ist. Die Gemeindegeschichte beginnt nicht erst, wenn diese vor Ort erscheinen und sich gleichsam die Ärmel zur Bauarbeit hochkrempeln, zumal sie ja nicht die Bauherren sind. Auch sind die Gemeindeglieder nicht das Material, aus dem die Mitarbeiter etwas gestalten.«[23] Dieses Konzept ist vor allem mitgliedschaftsorientiert und schafft so, trotz aller Bemühungen um »missionarischen Gemeindaufbau«, vor allem binnenkirchliche Geselligkeit; es ist zu der vom Evangelium gebotenen Solidarität nicht geeignet.[24]

Diese Diskussion eröffnet haben ebenfalls Michael Weinrich und Hans-Martin Gutmann, bisher in den Jabboq-Bänden 1 und 3. Die »Selbstpräsentation protestantischer Kirchen ... [über] die allgegenwärtige und ebenso suggestive Rede vom ›Heiligen‹«[25] und die Reflexion auf Traditionen von Sozialgestalten der Kirche jenseits der Kirche als Behörde[26] liegen weit auseinander; die fundamentaltheologischen Auffassungen liegen nicht so weit entfernt, wie die Fortsetzung des Gesprächs in Jabboq 3 zeigt. Der Ostdeutsche in einem kirchenleitenden Amt ist an diesem Gespräch interessiert. Er war und ist bestürzt über den Anpassungsdruck, den die »Marktgesellschaft« auf die Kirche ausübt. Er ist ebenso bestürzt über die minimalen Spielräume (das ist ein Euphemismus) kirchenorganisatorischer Gestaltung, natürlich »im laufenden Betrieb«, z.B. über das Kirchensteuersystem zu diskutieren bei monatlichen Zahlungsverpflichtungen, die ein Kirchenkreis für vertraglich beschäftigte Mitarbeiterinnen und Mitarbeiter zu erfüllen hat. Der Ostdeutsche, der ein Pfarrer ist, nimmt die Bedürfnisse seiner Mitmenschen aufmerksam wahr, er weiß, dass er Einiges von dem, was wie ein religiöses Bedürfnis aussieht, nicht erfüllen kann, anderes nicht erfüllen will; es gibt Grenzen in den Ressourcen, in der Kommunikationsfähigkeit (gerade in der nichtsprachlichen Kommunika-

23. *R. Degen*, Gemeindeerneuerung als gemeindepädagogische Aufgabe. Entwicklungen in den evangelischen Kirchen Ostdeutschlands, Münster/Berlin 1992, 110f.
24. Vgl. *H. Steinkamp*, Solidarität und Parteilichkeit. Für eine neue Praxis in Kirche und Gemeinde, Mainz 1994; *N. Mette/H. Steinkamp* (Hg.), Anstiftung zur Solidarität. Praktische Beispiele der Sozialpastoral, Mainz 1997.
25. *M. Weinrich*, in: J. Ebach u.a. (Hg.), »Leget Anmut in das Geben«. Zum Verhältnis von Ökonomie und Theologie (Jabboq 1), Gütersloh 2001, 265.
26. Vgl. *H.-M. Gutmann*, in: J. Ebach u.a. (Hg.), »Leget Anmut in das Geben«. Zum Verhältnis von Ökonomie und Theologie (Jabboq 1), Gütersloh 2001, 224f.

tion), in der theologischen Überzeugung (an dieser Stelle wünsche ich mir die Fortsetzung des Gesprächs zwischen Michael Weinrich und Hans-Martin Gutmann ganz lebhaft!). Er ist froh über lebendige, gut gestaltete und begründete, ausstrahlende Gottesdienste – und zugleich ist er enttäuscht, dass so wenige in ihrer Suche nach Gott diese Gottesdienste entdecken.

Er glaubt, dass der Abschied vom »Konzept Gemeindaufbau« dringend angesagt ist. Die Kirche sollte das tun, was nur sie tun kann, hautsächlich in Gottesdienst, Seelsorge und Bildung – und sie sollte präsent sein, wo Unrecht, Not oder Gewalt die Lebenschancen der Menschen einschränken. Ein solches Programm orientiert sich an der benediktinischen Formel ora et labora. Ein stark reduziertes Programm, so sieht es aus, gegenüber jetzt üblichen kirchlichen Aktivitäten. Vielleicht können westdeutsche Kirchen dies von uns im Osten lernen: nicht denselben Fehler nachzumachen, indem sie sich mehr vornehmen – und damit mehr Erwartungen wecken – als sie noch zu leisten und zu erfüllen in der Lage sind.

## V.

Keine Meinung – das heißt im Osten Deutschlands auch: in der Bevölkerung ist kaum Vorwissen da über Bibel, Theologie, Religion, Kirche. Die Stimmung gegenüber dem »Amt« im Sinne von Institution ist mäßig – das teilen Umfragen regelmäßig mit. Gegenüber dem Amt im Sinne von »Amtsperson« ist die Stimmung hingegen gar nicht so schlecht, wie Allensbach soeben erfragt hat: Ärzte mit 72 %, Pfarrer an zweiter Stelle mit 39 % – dagegen sei das Prestige von Politikern auf 8 % gesunken, noch schlechter stünden nur noch Gewerkschaftsführer und Buchhändler. Allensbach macht keine Aussagen, die diese Skala für Ost und West in Deutschland spezifiziert. Für das Interesse an Pfarrerinnen und Pfarrer im Osten und für ihre Wertschätzung in der Bevölkerung weiß ich keine Zahlen – aber Wertschätzung und Interesse sind deutlich (s. u.).

Die Menschen im Osten Deutschlands haben vergessen, dass sie Gott vergessen haben – das ist ein pfiffig klingender Satz, der wohl auf Wolf Krötke zurückgeht und gern zitiert wird. Präziser sollte er heißen: sie wissen nicht, dass sie von Gott nichts wissen (was Platon eine Voraussetzung des Denkens nennt). Das teilen sie freilich mit nicht wenigen Christen ... Darum gilt im Blick auf beide Bevölkerungsgruppen, und dies ist die erste Perspektive für das Leben und für die Arbeit der Kirche im Osten Deutschlands, die ich sehe: Sie hat Bildung zum Schwerpunktthema zu machen!

Die Präsenz der Ev. Kirche an den Schulen ist durch die Gestellung von kirchlichen Lehrkräften erheblich. Im Freistaat Thüringen nehmen ca. 22 % der Schülerinnen und Schüler am Religionsunterricht teil (nicht alle Getauften nehmen teil, aber viele von denen, die teilnehmen, sind nicht getauft!), gut viermal so viele wie in den anderen Neuen Bundesländern. Weit über 20 Grundschulen, mehrere Gymnasien und eine Regelschule sind im Osten Deutschlands nach der Wende in evangelischer Trägerschaft (selten in ökumenischer, trotz einiger Bemühungen) aufgebaut worden. Viele dieser Schulen sind reformpädagogisch orientiert und beteiligen sich damit an der aktuellen Bildungsdebatte.

»Ja, es gibt Anzeichen dafür, daß die christliche Schule auch die pädagogisch bessere Schule ist: in vielem radikaler als die inzwischen routinierte oder ermüdete Reformbewegung, die zu einer Reform-Rezept-Bewegung zu werden droht«, ist dazu bei Hartmut v. Hentig zu lesen.[27] Die Evangelische Erwachsenenbildung erreicht mit einem breiten Angebot viele Teilnehmende.

Eine zweite Perspektive für Leben und Arbeit der Kirchen im Osten Deutschland sehe ich in ihrer Präsenz im Alltag. Präsent ist sie natürlich in den eben erwähnten Schulen und Bildungsaktivitäten. Präsent ist sie in den zahlreichen Männern und Frauen in öffentlichen Ämtern (und in deren Loyalitätskonflikten, und der besonderen Chance der Gemeinden, Menschen zusammenzuführen, die aufgrund verschiedener politischer Überzeugung oder unterschiedlicher sozialer Situation sonst nicht zusammen kämen). Präsent sein soll die Kirche, wenn sie der Option für die Armen folgt, in allen sozialen und Arbeitsmarktkonflikten, ebenso in ihrer ökumenischen Solidarität in Handels- und Wirtschaftsentscheidungen, die schwächere Partner betreffen. Präsent ist sie, wenn sie sich in ökologische und ökonomische Debatten und Entscheidungen einmischt, die die Rechte der künftigen Generationen

27. *H.v. Hentig*, Was ist eine christliche Schule? Vortrag auf dem Deutschen Evangelischen Kirchentag Leipzig 1997, in: Neue Sammlung. Vierteljahres-Zeitschrift für Erziehung und Gesellschaft 37 (1997), 603-621; außerdem zum Thema: *H.v. Hentig*. Bildung. Ein Essay, München und Wien 1996.

betreffen – die Option für Schutz und Förderung des Lebens. Präsent ist die Kirche, wo sie friedensethische Orientierung gibt.

In vielen Fällen sind die Kirchen nicht die einzigen Gruppen in der Gesellschaft, die sich kritisch oder korrigierend zu den Trends verhalten und äußern. Ihre Kooperationsbereitschaft und ihre Kooperationsfähigkeit sind in vielen Fällen noch schwach entwickelt. Im Osten jedenfalls spielen Abgrenzungsinteressen eine hinderliche Rolle: gegenüber Parteien (nicht nur ganz linken – traditionell formuliert) wie gegenüber anderen insbesondere sozialen Trägern (da spielt die Konkurrenz der Freien Träger im Gesundheits- und Sozialwesen die trennende Rolle). Kooperationsbereitschaft als Kriterium für Zukunftsfähigkeit ist eine Perspektive, die den Kirchen noch einiges an Lernschritten abverlangen wird. Was für die binnenkirchliche Perspektive notwendig ist, kann zugleich Training für die Präsenz im Alltag werden: »Die Teilnahme von Haupt- und Ehrenamtlichen an einer Fortbildung im gemeinsam zu verantwortenden Aufgabengebiet muß zum Grundsatz werden. Dabei ist neben der Vermittlung und Bearbeitung von fachlichen Zusammenhängen die Fähigkeit zur Wahrnehmung der Chancen und Grenzen des jeweils Anderen zu entwickeln.«[28] Ob nicht einer der Gründe für die oft schwache Kooperationsbereitschaft von kirchlichen Mitarbeiterinnen und Mitarbeitern bereits in ihrer Ausbildung liegt – in einer Ausbildungsstruktur, die fast ausschließlich auf Einzelleistungen zielt?

Die vierte Perspektive, die ich sehe, erscheint mir als die wichtigste: Menschen, die auf der Suche nach Gott sind – wie auch immer sie diese Suche oder ihr Ziel formulieren oder sichtbar machen – dabei nicht nur nicht zu behindern (die Belehrung durch die, die schon haben…), sondern zu fördern. Das ist der Bereich, in dem wir am kompetentesten zu sein haben – und in dem wir am wenigsten bewirken können. Die Anrufung des Heiligen Geistes in allen uns möglichen Formen, insbesondere in Gottesdiensten, ist darum die entscheidende Perspektive. Sie findet eine Gestalt in der Feier der Gegenwart Gottes, im Gottesdienst. Zu dem gehört die Predigt. Auch in Ritualen (in den verweigerten wie in den gestalteten) wird eine Meinung veröffentlicht. In der Predigt aber wird die »gefährliche Erinnerung« wach gehalten, wie Johann Baptist Metz sagt, die Erinnerung daran, dass in der Mitte des

28. Konzeptpapier der Kirchenprovinz Sachsen. Gemeinde gestalten und stärken, Magdeburg 2003, 19.

Glaubens kein Wert, kein Programm, kein Prinzip und keine Philosophie zu finden ist, sondern ein lebendiger Mensch. Von ihm sagt die Kirche, dass er Gott ist und dass er hingerichtet wurde. Von ihm sagt die Kirche, die selbst Gegenstand des Glaubensbekenntnisses ist, dass sie seine Gestalt habe: »Leib Christi«. Von ihm hat sie Geschichten erzählt bekommen, die sie weitererzählen soll. Wobei ›weitererzählen‹ nicht meint, sie anderen zu sagen; sondern sie so fortzusetzen, dass sie Teil der Fortsetzung wird. Die Kirche, das ist jede Gemeinde, soll mitgehen mit dem Gekreuzigten Gott, ihm folgen. Vielleicht wird sie, weil das Wort ›Amt‹ selbst in dem Ausdruck ›prophetisches Amt‹ nach Behörde klingt, andere Wörter suchen. Sie wird sich daran erinnern, oder sie wird sich von den armen Schwestern und Brüdern daran erinnern lassen, dass ›ihm folgen‹ bereits in der Bibel Wandlungen erforderte, in unterschiedlicher Sozialgestalt geschah.[29] Welche Wandlung, welche Veränderung den ostdeutschen Kirchen in den nächsten Jahren abverlangt wird – sie sollte geeignet sein, den genannten Perspektiven zu folgen: Bildung, Präsenz im Alltag, Kooperationsfähigkeit, die Suche nach Gott fördern, eine Sozialgestalt finden oder entwickeln, die all dies möglich macht. Im Sinne des gedrehten Mottos hieße das: wenn sie Meinung hat, wird sich das richtige, das angemessene Amt finden!

29. Vgl. *Chr. Hinz*, Wandlungen der Nachfolge unter dem Ruf Jesu, in: H. Falcke, M. Onnasch, H. Schultze (Hg.), Als Boten des gekreuzigten Herrn. Festgabe für Bischof Werner Krusche, Berlin 1982, 149-166.

*Anne Gidion*

# Sie erwarten viel und kennen uns wenig

Aus dem Abstand betrachtet gilt Religionspolitik in Deutschland zunehmend als etwas, was immer weniger Menschen ernst zu nehmen bereit sind. Die christlichen Kirchen scheinen im Wesentlichen abgemeldet, die so genannten Privilegien verstaubt und nur noch historisch bedingt im Grundgesetz verankert. Die Menschen hören die Stimme der Kirchen nicht mehr – so heißt es oft.

In der Praxis und in der Nahsicht stellt sich das etwas anders dar. Wie die Überschrift nahe legt, soll es im Folgenden um Menschen mit konkreten Erwartungen und konkreten Erfahrungen gehen.

Deshalb also:

## 1. Sie

Bei einem Frühstück in der Dienststelle des Bevollmächtigten des Rates der Evangelischen Kirche in Deutschland und der Europäischen Union sitzen etwa dreißig evangelische Abgeordnete aller im Bundestag vertretenen Parteien.

Der Bevollmächtigte gibt einen Einstiegsimpuls zum Thema Bioethik und Stammzellenforschung. Die Debatte geht munter über die Fraktionsgrenzen hinweg, vielen gemeinsam ist aber der Tenor: Die Kirche müsste eindeutiger sein. … Die Kirche sollte, könnte, hätte müssen – aber sie hat nicht und sie wird auch nicht, denn sie ist ja eigentlich von gestern und nicht da, wo die Menschen ihre – ganz bestimmte, von den Anwesenden aber natürlich unterschiedlich gewünschte – Stimme hören wollen.

Die dabeisitzende Referentin erinnert sich an eine Prüfungsfrage des ersten theologischen Examens: »Wer ist das Subjekt der praktischen Theologie?« – »Jeder und jede« hat sie damals geantwortet.

Aber das sind natürlich immer die anderen.

## 2. erwarten

Die neue Bundesgeschäftsstelle der Christlich Demokratischen Union in der Klingelhöferstraße in Berlin soll eingeweiht werden.

Reden und Blasmusik und geistlicher Beistand: der katholische und der evangelische Prälat sollen die Verbundenheit mit dem C deutlich machen und die selbstverständliche Verankerung der Partei in den christlichen Kirchen zum Ausdruck bringen – bitte im Lutherrock und im Talar, bitte mit Kreuz und Kalkleiste.

Ein Programm liegt aus, auch ein Liederzettel. Die Feier soll auf Wunsch der Veranstalter enden mit dem Lied »Großer Gott, wir loben dich«. Abgedruckt ist nur der Text.

Mit dem Ergebnis: Eine verschwindende Zahl der Anwesenden kann auch nur im Ansatz die Melodie; die Trompete, für diesen Programmpunkt nicht vorgesehen, greift ein und erlöst die Strauchelnden, am Text Klebenden.

Hatte man erwartet, die Verwurzelung im Christentum, das C, werde sich schon von selber einstellen?

## 3. viel

Die Rolle des Staatsoberhauptes hat zur Zeit ein prominenter evangelischer Christ inne, der jeden Tag mehr Briefe kriegt, als ein einziger an einem Tag auch nur lesen kann, selbst wenn er nichts anderes täte. Er beantwortet viel, sehr viel, er liest nach und nach praktisch alles, aber vieles muss er auch beantworten und lesen lassen.

Der Gestus, mit dem die Menschen ihm schreiben, wechselt. Manchmal ist er eine Art Klagemauer der Nation, jede Sorge, jedes Missgeschick, jeder öffentliche Anstoß, ob politisch oder privat, ob ästhetisch oder moralisch, soll ihm zu Gehör gebracht werden; überall soll er Abhilfe schaffen, selbstverständlich auch unabhängig von den verfassungsmäßigen Grenzen und Aufgaben des Amtes. Er soll der oberste Korrektor bei christlichem und politischem Tun sein, wegen seiner Biographie, aufgrund persönlicher Überzeugung, aufgrund des Bildes, das die Menschen von ihm haben.

Nach den Morden in Erfurt, vom Serientäter, dem ehemaligen Absolventen eines staatlichen Gymnasiums der Stadt, im Sturm begangen, ist die Nation entsetzt. Der Bundespräsident spricht vor dem Erfurter Dom, er spricht von einer eigenen Kerze für den Mörder, er redet davon, dass nur Mitmenschlichkeit und gegenseitige Wahrnehmung dafür sorgen können, dass es zu solchen Extremsituationen nicht kommt. Gewiss, auch Lehrpläne müssten sich ändern, auch Jugend- und Familienpolitik umdenken, zumal der Schock der Pisa-Studie uns doch ohnehin gezeigt habe, auf wie dünnem Eis sich die Bildungsnation bewegt. Mehr noch als dies alles sei es aber der elementar verantwortungsvolle Umgang der Menschen miteinander, der Versuch, einander nicht aus dem Blick zu verlieren, der solchem Grauen vorbeugen könne.

Die Reaktionen darauf: wieder viele Briefe. Im Wesentlichen zwei Hinweise: Wie kann der Bundespräsident, das Staatsoberhaupt, der weltanschaulich neutrale erste Bürger, so ungeschützt und ausgrenzend die Botschaft von der christlichen Vergebung predigen!

Man fühle sich schlecht vertreten.

Der zweite Hinweis: Wie kann das Staatsoberhaupt, der bekanntermaßen evangelische Christ, der einzige in der Öffentlichkeit, dem man den christlichen Glauben wirklich noch abnimmt, das Wort »Gott« bei einem solchen Anlass nicht ein einziges Mal erwähnen? Wie kann er verleugnen, dass Jesus auch für die Sünder gestorben ist, wie kann er in einer so existenziellen Situation nicht von »Erbsünde« oder von »Rechtfertigung« sprechen? Man fühle sich als Christ von einem christlichen Bundespräsidenten schlecht vertreten.

Hohe Erwartungen, bereitliegende Vorstellungen, keineswegs Gleichgültigkeit, intensive Bedürfnisse.

## 4. und

Das »und« verhieße hier zu viel Synthese.

Also weiter:

## 5. kennen

Ein Sprung: Einblicke in die Vorbereitung des Ökumenischen Kirchentages 2003 in Berlin. Unter den Katholiken gab es lange tiefes Misstrauen gegenüber dem »Markt der Möglichkeiten«, der seit den frühen siebziger Jahren wichtiger Bestandteil der evangelischen Kirchentage ist. Die Katholiken hatten zum Beispiel kein Verständnis dafür, dass nach der Wende die »Christen in der PDS« dort mit einem Stand vertreten sein konnten, und assoziierten mit »Möglichkeiten« Beliebigkeit.

Erst in den Auseinandersetzungen wurde den Evangelischen deutlich, wie sehr der »Markt der Möglichkeiten« eine typisch protestantische Form hat: Er ermöglicht evangelische Freiheit und Partizipation in relativ festgefügtem Rahmen. Schon vor dem Beginn eines jeden Kirchentages folgt er im Ablauf einer strengen Liturgie, die ein gemeinsames Essen der im Markt Engagierten mit den Helferinnen und Helfern genauso umfasst wie einen kaum veränderbaren Zeitplan und ganz verbindliche Vorbereitungstreffen.

Die Schwierigkeit im evangelisch-katholischen Gespräch rührte auch daher, dass dieser Zusammenhang von formaler Ordnung und Tradition einerseits und evangelischer Freiheit in der Partizipation eigentlich beiden Seiten nicht recht bewusst war und entsprechend von evangelischer Seite auch nicht werbend vermittelt werden konnte.

Nach vielen Debatten gibt es nun ein Drittes, den Marktplatz, die Agora: ein ambitionierter und in durchaus komplizierten Gesprächen ausgehandelter Versuch, die evangelische offene Einladung und die den Katholikentag tragenden Verbandsstrukturen sinnvoll miteinander ins Gespräch zu bringen.

Ein weiteres Thema: die berühmten und begehrten Bibelarbeiten. Die Bibelarbeiten waren stets ein zentrales Gestaltungselement der Deutschen Evangelischen Kirchentage, sie eröffnen jeden Arbeits-Tag um 9 Uhr, dauern anderthalb Stunden und stehen ohne konkurrierende Veranstaltungen im Programm; sie gehören unverzichtbar zur Liturgie eines Kirchentages.

Sie werden gesondert vorbereitet, Bibelarbeiterinnen und Bibelarbeiter werden namentlich vom Präsidium berufen, sie sind besonders gepflegte Pflanzen und wichtige Stimmen des Kirchentages. Auch für die Katholiken, die den Kirchentag kennen gelernt haben, waren Bibelarbeiten oft eine Inspiration.

Es gab in der Vorbereitung zum ökumenischen Kirchentag keine Bedenken, die Bibelarbeiten in das Programm einzubeziehen. Für Protestanten völlig überraschend jedoch dachten die Katholiken daran, diese zu unterschiedlichen Zeiten und neben anderen Veranstaltungen vorzusehen. Für sie war schwer einzusehen, dass der evangelische Kirchentag nach der Erwartung der Teilnehmerinnen und Teilnehmer gerade die akzentuierende Ordnung braucht, ja mehr noch, dass es geradezu dem protestantischen »Sola Scriptura« widerspräche, die Bibelarbeiten einfach unter das übrige Programm zu mischen, anstatt ihnen diesen zentralen Platz einzuräumen.

## 6. uns

Wer ist das? Alle, die Mitglieder sind und sein wollen. Auch die, die nicht beruflich zur Kirche gehören (Amtsmitarbeiter, kirchengebundene Abgeordnete). Alle die, die ihre Existenzfragen in einem Leben coram deo reflektieren, die etwas mit einer Kirche zu tun haben wollen, die sich über »Kirche« aufregen und überzeugt sind, es besser machen zu können, wenn man sie denn ließe. Die, die »Kirche« als Reflexionsgegenstand haben, und sei es in Abgrenzung von der realen Gestalt. Man erkennt sie nicht unbedingt an der Steuerkarte.

Als auch für Kirchen und Religionsgemeinschaften zuständige Referentin in einer Bundesbehörde erlebt man einen überraschenden Drang der mit ganz anderem befassten Kolleginnen und Kollegen, über ihre Erfahrungen mit Religion und Konfessionalität, Gottesdienst, Liturgie, mit Ökumene und Amtskirche zu sprechen. In kürzester Zeit erfährt man, wer ausgetreten ist und warum, wer seine Kinder tauft und wie, wer immer schon einmal über dieses oder jedes Bibelzitat sprechen wollte bzw. ob dieses oder jenes dort tatsächlich stünde? Man könne doch Hebräisch, ob man nicht mal eben …? Das reicht von an Konfessionalität festgemachten Partnerschaftsproblemen bis zu Fragen von kirchlicher Trauung und Beerdigung.

So entpuppte sich das Leitwort des Ökumenischen Kirchentages, zu dem ein erläuternder Text wie gewohnt seinen Gang durch die Hierarchien und über die Schreibtische gehen sollte, als Konfirmationstext des jüngsten Kindes des zuständigen Abteilungsleiters – und schon musste alles anders gedacht und geschrieben werden, mehr wie in der Predigt damals, aber bloß nicht als eine solche.

Themen werden abgerufen, die weit über Referatszuständigkeiten hinausgehen. Vorhandenes Wissen wird aktualisiert – Zuständigkeit erwartet zwischen Transzendenzfragen über das komplette Spektrum bis hin zu besonders einfühlsamen Absagebriefen.

Noch einmal gefragt: Wer ist das Subjekt der praktischen Theologie?

## 7. wenig

Als evangelische Theologin kann man illustre deutsche Fakultäten inklusive Examina durchlaufen, ohne sich je mit Katholizismus beschäftigt zu haben. Das heißt: man hat sich damit beschäftigt und zwar ausschließlich in der reformationsgeschichtlichen Vorlesung oder im Seminar über den Ablasshandel und den vermeintlichen Thesenanschlag zu Wittenberg. Katholizismus: das ist das, wogegen es anzugehen galt, und woraus dann die una sancta protestantica, die vielfältige, nach-pfingstliche, vielsprachige, ganz persönliche und deshalb glühend zu verteidigende Kirche entstanden ist. Gegen diese aus der Abwehr und aus der Neubesinnung entstandene evangelische Kirche gilt es für den einzelnen Christenmenschen aber stets skeptisch zu bleiben. Semper reformanda – bleibt alles anders.

Der Rat der EKD gibt im Nachgang zu den Frankfurter Querelen um das Feierabendmahl des Kirchentages und im Vorgriff auf die Abendmahlsthematik auf dem Ökumenischen Kirchentag eine Arbeitshilfe zum Evangelischen Abendmahl heraus. Erstaunt und befriedigt wird dieses Druckerzeugnis gerade in katholischen Organen aufgenommen: Es sei den Evangelischen ja doch ernst mit dem Abendmahl. Es gäbe ja auch bei ihnen Grenzen der Experimentierfreude, Grenzen dessen, was ein ordentlicher Christenmensch am Sonntagmorgen erträgt und nicht missen möchte. Erleichterung über ein höheres Maß an Ernsthaftigkeit als vermutet.

Ohne Bildung, ohne Wissen voneinander, kann es nicht gehen. Man lernt über das Fremde, über die Anfragen des anderen, sich selber besser kennen.

Mit wenig Wissen ist es leider nicht zu haben. Das gilt für das evangelisch-katholische Gespräch genauso wie für das Gespräch zwischen »uns« und »ihnen« im angedeuteten Sinne.

Jetzt aber:

## 8. und

Was kann das Ergebnis solchen Sprechens sein?

Wie sollen sich die Kirchen in der Öffentlichkeit positionieren, wie zueinander? Soll es, wie der Berliner Kardinal einmal befürchtete, eine neue »ökumenische Konfession« geben, wie sie die Öffentlichkeit einerseits und die evangelisch Engagierten andererseits erwarten, und die übrigen bleiben was sie sind, bloß in der jeweils besonders beharrungsfreudigen Variante?

Evangelisch aus gutem Grund – ein neu ernstgemeinter Satz? Oder nur noch ökumenische Kirchentage, eine evangelisch-katholische Dienststelle am Sitz der Bundesregierung, eine Verwaltung, eine Gesetzgebung?

Ich meine: das je Eigene muss mit eigenem Leben gefüllt werden. Die so genannten säkularen Ansprechpartner müssen erinnert werden und sich erinnern dürfen an ihre eigenen Erfahrungen; Unwissenheit, Disparatheit, emotional an die Kindheit gebundene Erfahrungen dürfen und müssen Thema sein. Glaube und Kirche ist nicht nur etwas für Fachleute und Kinder.

Zurzeit liegt wohl in dem »und« das Heil – auch wenn das scheinbar im Kontrast zu Joh 17,22 (»ut unum sint«) steht. Das »und« erfordert aber nicht, dass alle bislang getrennten Institutionen getrennt bleiben. Sie sollen erkennbar sein und erkennbar verbunden. Gerade im Gespräch mit denen, die sich, mal wie es gerade kommt und passt, als »sie« oder als »uns« fühlen und beschreiben.

Eine letzte Szene: Die Stadthalle in Bonn-Bad Godesberg, bis auf den letzten Platz gefüllt mit den Mitgliedern der Präsidialversammlung des Deutschen Evangelischen Kirchentages und der Vollversammlung des Zentralkomitees der deutschen Katholiken. Es ist der Abend eines Sitzungstages, aufgetischt ist ein Abendbrot, es gibt Tischreden von Präsidentin und Präsident, launige Selbstverständniserklärungen, sympathiegetragen.

An den mindestens 30 runden Tischen – unter freiwilliger Selbstverpflichtung gemischt platziert – haben die Delegierten beider Konfessionen Platz genommen. Nach den ersten Gläsern Wasser und Wein fängt man an, Geschichten zu erzählen. Die Vertreter der großen konfessionellen Jugendorganisationen, die seit Jahrzehnten kooperieren, arbeiten ihre schönsten Verletzungsgeschichten auf. Die anderen erzählen sich, zunächst leise und etwas verlegen, dann selbstbewusster und witziger, über die Vorurteile, von denen sie jeweils glauben, dass die anderen sie über sie hätten.

Natürlich, ein übliches Kongressverhalten: Duzangebote, getauschte Visitenkarten, Anrufversprechungen, Kontakte werden geknüpft.

Das ist nicht wenig. Wenn uns in den Kirchen dies Gespräch noch besser und noch überzeugender gelänge als an so mancher der Öffentlichkeit verborgenen Stelle, dann müssten wir vielleicht alle nicht so besorgt sein über den Bedeutungsverlust und das mangelnde Interesse für Religionspolitik.

Aber es ist auch noch mehr. Ein Gastmahl als Vision, eine Tischgemeinschaft, die nichts beweisen muss, die etwas Voraussetzungsloses hat, ohne harmonietrunken zu sein, ein ernsthaftes Gespräch, in dem die anderen, wenn schon nicht in den letzten Wahrheiten, so doch bezogen auf die vorletzten am Ende Recht behalten könnten.

Ist es unbillig, an dieser Stelle zu zitieren: »Sie werden nicht mehr hungern noch dürsten, es wird auch nicht auf ihnen lasten die Sonne oder irgendeine Hitze, denn das Lamm mitten auf dem Thron wird sie weiden und leiten zu den Quellen des lebendigen Wassers und Gott wird abwischen alle Tränen von ihren Augen.« (Apk 7,16-17)?

*Friedrich Grotjahn*

# Fachsimpeleien

Der Sarg war hinabgesenkt in das Grab unter dem polierten schwarzen Stein, auf dem seit 23 Jahren schon ihr Name und ihr Geburtsdatum stand. Pastor Schäfer hielt die Aussegnung, sprach Schlussgebet und Segen, gab den Hinterbliebenen die Hand und ging zurück in das Rednerzimmer der Friedhofshalle. Dort traf er auf einen Mann mit einem talarartigen Mantel über dem Arm und einem beachtlich würdigen Aussehen.

»Engelhardt«, sagte er, »sehr erfreut.« – Er drückte Pastor Schäfer die Hand mit einer Herzlichkeit, als sei der ein Leidtragender.

»Ach, die Konkurrenz«, sagte Pastor Schäfer.

Der Herr sah ihn bekümmert an. »Das sollten Sie nicht sagen. Herr Pfarrer. Wir haben hier doch ganz ähnliche Aufgaben.«

»Eben«, entgegnete Pastor Schäfer, »Grabredner sind wir beide.«

»Sie als Pfarrer und ich als freigeistiger Sprecher«, sagte der Herr.

»Wie auch immer«, sagte Pastor Schäfer und griff sich in den Nacken, um die Schleife seines Beffchens zu lösen. »Sie sind neu hier?«

»Redner war ich schon in Leipzig«, antwortete Herr Engelhardt und begann, seinen Talar-Mantel überzuziehen. »Da war ich angestellt beim VEB-Städtisches Bestattungs- und Friedhofswesen. Jetzt bin ich hierher zu meiner Tochter gezogen und habe neu angefangen – als Selbständiger. Es ist doch ein anderes Arbeiten hier; auch finanziell. – Aber eine Umstellung war es schon.«

»Das kann ich mir vorstellen«, sagte Pastor Schäfer. »Sie haben vermutlich einiges zurücklassen müssen bei der Wende von der sozialistischen Beerdigung zum marktwirtschaftlichen Kondolenzgeschäft.«

»Ach«, meinte Herr Engelhardt, »von Karl Marx war für unser Geschäft auch früher nicht viel zu holen. Und dass das Wort zur Bestattung höhergestellter Persönlichkeiten ›Nicht jeder Tod hat die gleiche Bedeutung‹ von Mao Tse Tung stammt, durfte man ohnehin nicht sagen. Ja, und dann das bisschen Walter Benjamin … – Ich persönlich habe mich auch in Leipzig in erster Linie an die Klassiker gehalten: Goethe, Schiller, Hölderlin – bisweilen Rilke. Die gelten auch hier. Dazu ist jetzt Hermann Hesse gekommen und ›Der kleine Prinz‹. – Aber vorige Woche wollten die Hinterbliebenen, dass ich über ein Wort von Habermas spreche. Wer war eigentlich dieser Habermas?« – »Der lebt noch«, sagte Pastor Schäfer, »und ein Dichter ist er auch nicht.«

»Haben Sie eigentlich nie Probleme, passende Worte zu finden?« fragte Herr Engelhardt. Er hatte seinen Mantel zugeknöpft und sein schwarzes Ringbuch zur Hand genommen.

»Manchmal ist es schwierig«, sagte Pastor Schäfer, »zum Beispiel heute. Ich habe eben eine ältere Dame beerdigt, da war es mit dem Namen kompliziert. Sie war eine geborene Kanitz. Vor 23 Jahren starb ihr Mann, da hieß sie Scholz – und damals hat sie eine Doppelgrabhälfte für sich reservieren und schon ihren Namen mit Geburtsdatum in den gemeinsamen Grabstein einmeißeln lassen. Doch danach ist sie noch zweimal verheiratet gewesen, hieß erst Harms und zuletzt Lechner. Jetzt liegt sie da als ›Gabriele Scholz‹; und es stimmt nur noch ihr Vorname und das Geburtsdatum.«

»Haben Sie zu diesem Trauerfall einen passenden Text finden können?«

»Ich habe eine Weile gesucht«, sagte Pastor Schäfer und legte sein Beffchen in die Beerdigungs-Agende. »Schließlich habe ich über das Jesaja-Wort gesprochen, in dem es heißt: ›(...) ich habe dich bei deinem Namen gerufen; du bist mein.«

»Die Bibel ist doch unerschöpflich«, seufzte Herr Engelhardt, »mir ist sie leider verschlossen«. – »Das würde ich so kategorisch nicht sehen«, tröstete Pastor Schäfer, »ich kenne eine ganze Menge Texte – besonders im Alten Testament – die sind allgemeingültig, lassen sich nicht nur kirchlich verwerten. – Aber was mich doch interessiert: Wie machen Sie das, wenn Sie eine Rede machen?«

»Ich will nicht sagen, dass ich vor dem Nichts stand, als ich hier anfing«, sagte Herr Engelhardt. »Klassiker bleiben Klassiker. Und mit ihrer Hilfe – und, wie gesagt, zusätzlich Hermann Hesse und dem ›Kleinen Prinzen‹ – habe ich mir jetzt wieder zwölf Einleitungen erarbeitet; dazu fünf Varianten für den persönlichen Teil der Ansprache und zehn Abschlüsse.«

»Von der Struktur her sind meine Grabreden eher schlicht«, sagte Pastor Schäfer: »Teil eins: Wofür haben wir zu danken? Teil zwei: Was macht es uns mit dem Danken schwierig? Und Teil drei: Was ist sonst noch zu sagen? – Ein Bibelwort findet sich in der Regel immer. Und Bibelworte sind für mich als kirchlichen Redner nun mal obligatorisch.«

»Wo Sie gerade davon reden«, sagte Herr Engelhardt, »ich erlebe es jetzt häufiger, dass Leidtragende eine Beerdigung eher im kirchlichen Stil haben wollen – natürlich unter der gebotenen Wahrung von Takt und Distanz – aber sie legen Wert auf »Vater Unser«, »Erde zu Erde (…)« und Segen. Und ich fühle mich auf diesem Gebiet noch nicht so recht firm. Zwar sage ich schon einmal, dass ›hinter dieser Welt ein anderer Sinn‹ steht – sofern die Hinterbliebenen das wollen – aber weiter in den kirchlichen Bereich habe ich mich noch nicht vorgewagt. – Ob Sie mir da bei Gelegenheit ein paar Hinweise geben können?«

»Aber ja«, sagte Pastor Schäfer, der jetzt dabei war, seinen Talar zusammenzurollen und in den Koffer zu stopfen, »ich möchte Sie dann aber im Gegenzug um ein paar Klassikerzitate bitten. Es kann durchaus nicht schaden, wenn ich meine Ansprachen mit ein bisschen Kultur anreichere. Das entspricht auch dem augenblicklichen Trend in der Kirche.«

»Ich muss jetzt leider gehen«, sagte Herr Engelhardt, »mein nächster Verstorbener wartet in der Halle, und das Lämpchen blinkt schon.« Er gab Pastor Schäfer die Hand. »Hat mich sehr gefreut. Bis bald einmal wieder«, sagte er. »Ja dann«, sagte Pastor Schäfer, »auf gute Zusammenarbeit.«

*Friedrich Grotjahn*

# Zweiter Weihnachtstag

Pastor Schäfer stand vor dem brennenden Tannenbaum. Und während der langsam niederbrannte, ging sein Blick nach oben. Durch die verkohlten Dachsparren konnte er den Himmel sehen. Er dachte an den Frieden, der von oben kommt, an die Dauer der real existierenden Kirche und die, die ihr dienen im Werke der Leitung und in der Arbeit der Liebe; an Gesundheit der Luft, Fruchtbarkeit der Erde und friedliche Zeiten.

Am Himmel war kein Stern zu sehen. Leise rieselte der Schnee.

*Regula Venske*

# Nachruf aufs Bodenpersonal

Oder: »Gib mir den Ganzen!«

> Gib mir den Mantel, Martin,
> aber geh erst vom Sattel
> und laß dein Schwert, wo es ist,
> gib mir den ganzen.
> *(Ilse Aichinger, ›Nachruf‹)*

Die Spezies der Pastoren ist für mich in zwei Abarten unterteilt: erstens die Patriarchen mit den hohen, hehren Idealen, und zweitens die Labberigen. Haben mich die Patriarchen – und zwar schon zum zweiten Mal – aus der Kirche vertrieben, so verhindern die Labberigen die Rückkehr der verlorenen Tochter. Verzeihen Sie mir meine sicher sehr persönliche Polemik, ein paar Bruchstücke aus meiner notgedrungen beschränkten Erfahrung. Mit Ihnen hat das alles gewiss nicht das Geringste zu tun.

## I. Sine musica nulla vita

Da war meine Grundschullehrerin Frau J., die ihre sieben Kinder alleine großzog, eine warmherzige Frau mit thüringischem Akzent, den ich im dritten Grundschuljahr zur Belustigung meines Vaters kopierte. Sie beherrschte etliche Instrumente, Flöten in jeder Tonlage und Größe, und ich liebte es, in ihrer kleinen Neubauwohnung mit ihr und ihren jüngeren Kindern zu musizieren. Wo der dazugehörige Vater und Mann steckte, fragte ich mich nie; zumindest ich schien ihn nicht zu vermissen. Jahre später erzählte mir meine Mutter, was ihr Frau J. eines Abends bei einem Glas Wein anvertraut hatte. Ihr Mann, ein protestantischer Pfarrer, hatte sie schmählich betrogen. Zu stolz, um von ihm auch nur noch einen Pfennig Unterhalt anzunehmen, war sie ein »Mikätzchen« geworden, so benannt nach dem damaligen nordrhein-westfälischen Kultusminister Mikat, der in Zeiten des Lehrermangels Lehrer im Schnellverfahren ausbildete. In die Kirche ging sie nicht mehr: Wann immer sie einen Kerl im schwarzen Talar sah, kam ihr buchstäblich das Kotzen.

Da war der Pastor, bei dessen Kindern meine Schwester einhütete. Beim Abendessen räumte der Sohn den Brotkorb fort: »Vati hat gesagt, wir sollen aufpassen, dass du nicht so viel isst.« Zu jener Zeit war die klapperdürre Twiggy Schönheitsideal und die Gefahr, dass siebzehnjährige Babysitterinnen zu viel Knäckebrot fraßen, eher gering.

Da war der Hirte, dessen Frau wenige Tage zuvor ihr viertes Kind zur Welt gebracht hatte. Als der Gemeindechor an der Pfarrhaustür klingelte und Mutter und Kind ein Ständchen darbringen wollte, ging er mit Chor und Wöchnerin in die kalte Kirche hinüber. Im ungeheizten Gotteshaus durfte der Chor singen und dann sogleich wieder gehen. Hätte man die Damen und Herren ins Pfarrhaus gebeten, hätte man ihnen womöglich etwas anbieten müssen. Mehrere der Chormitglieder traten nach dieser Aktion aus der Kirche aus.

Da war der Gottesmann, der die Geburtstagskinder seiner Gemeinde in zwei Rubriken einteilte: Akademiker und Andere. Den Akademikern gratulierte er selbst, bei den Anderen schickte er die Gemeindeschwester.

Da war der Pfarrer, der seinen gottlosen und, oh weh, geschiedenen Neffen enterbte, und der seiner Stieftochter Vorhaltungen machte, als diese sich von ihrem Mann trennen wollte. Jeder vernünftige Mensch hätte die Frau ermutigt, endlich den Schlussstrich zu wagen. Mehrmals hatte dieser Mann sie schon verlassen und war zu einer anderen gezogen, um dann ein paar Monate später wieder bei ihr anzuklopfen. »JETZT musst du gerade zu deinem Mann halten! DU bist es, die die Ehe bricht, wenn du ihm jetzt die Tür weist!«, wurde die Arme belehrt. In ihrem mühseligen Ringen um ein bisschen Selbstsicherheit setzte der Pfarrer sie enorm unter Druck. Man spaßte schließlich nicht mit der heiligen Ehe! Als ihre Mutter, seine dritte Frau, starb, dauerte es kaum vierzehn Tage, da hatte er bereits eine neue Liebe gefunden. Eine verheiratete Frau aus dem Siegerland, die er mit Geld- und anderen Geschenken überhäufte. Ehebruch? Von wegen! »Hätte Gott nicht gewollt, dass wir uns kennen lernen, hätte er uns nicht zusammengeführt!«, so lautete nun die Theologie.

Da war da die Schar von Theologiestudenten und Kontaktpfarrern, mit denen ich drei Semester lang unter einem Dach wohnte. Im Heidelberger Evangelischen Studienstift war es, ich war neunzehn Jahre alt und schwer depressiv. Meine Schwermut hatte verschiedene Gründe; sie hatte auch einen metaphysischen Grund. Der Protestantismus, in dem ich groß geworden war, passte mir nicht mehr, ich war herausgewachsen. »J'étais seule. Seule: sans témoin.« Genauso, wie es Simone de Beauvoir in ihren Erinnerungen einer Tochter aus gutem Hause beschreibt, erging es mir auch. Ich litt, weil ich keinen Zeugen und keinen Boden mehr unter den Füßen hatte. Den hatte ich selbst zerstört, durch meine Fragen, meine Zweifel, meine kritische Sicht auf alles. Ich wollte es nicht anders und musste lernen es auszuhalten. Die gesamte theologische Bagage ist in dieser Krise keine Hilfe gewesen. Die Kontaktpfarrer im Heim: verklemmte Leute, die immer denselben Witz am Mittagstisch machten. Wenn sie ihre Suppenteller und Puddingschälchen auf dem Geschirrwagen stapelten, dauerte es nicht lange, bis jemand es sagte. »Das ist ja der reinste Turmbau zu Babel hier!« Immer wieder das gequälte Lächeln, die Erlösung, wenn der Witz ausgesprochen war... Und die Theologiestudenten: ein klugscheißerisches Pack, frauenfeindliche, intolerante Burschen, fast alle im KBW, dem Kommunistischen Bund Westdeutschlands, engagiert oder zumindest mit diesem Verein sympathisierend. Man schrieb das Jahr des Herrn 1975, das Jahr der Frau. Mal wurde ich angefeindet, weil ich ein vergoldetes Halskettchen trug, mal, weil ich mir die Nägel lackierte. Die Vorstellung von dem, wie sich eine deutsche Frau zu benehmen hatte, hatten diese kommunistischen Jungchristen, diese christlichen Jungkommunisten, kurz, diese jungen Spunde anscheinend direkt bei den Nazis entlehnt. Natürlich hätten sie ihre Ideologien anders begründet; man lehnte eben alles ab, was man für »bürgerlich« hielt. »Regula ist etwas zu dick!« Wiederholt war der Satz in die im Haus ausliegende Kladde, die der allgemeinen Kommunikation dienen sollte, geschrieben. Diese anonymen Schmierereien – »H. hat einen schlappen Schwanz«, gehörte auch noch dazu – haben mich als junge Frau unsäglich verunsichert. Mehr noch als der Inhalt war es die Tatsache, dass Leute im selben Haus Spaß daran fanden, andere so zu kränken.

Was für tolle Gemeindepfarrer sind wohl aus den anonymen Schreibern von damals – es waren zwei oder drei – geworden? In welcher Spießbürgerlichkeit mögen sie sich eingerichtet haben? Einst kämpften die Herren mit Christus für die Weltrevolution; jetzt sortieren sie sicher brav ihren Müll in dreierlei Tonnen und schreiben, wenn sie von Göttern und Menschen reden, auch immer das große -Innen dazu. Der eine oder andere von ihnen wird zum Beweis höchster Emanzipation das Kreuzeszeichen eines Doppelnamens tragen. Und womöglich sind sie alle inzwischen »etwas zu dick« – vielleicht sogar dicker als ich?

Immerhin diskutierte der eine oder andere damals auch über theologische Themen. Sind Blumen auf dem Altar Gotteslästerung? Ja, unbedingt! Darf sich die Frau eines Pfarrers im Bikini im Pfarrgarten sonnen? Natürlich nicht! Aber auch der gestrenge Kandidat, der von Blumen ebenso wie von sonnenbadenden Pfarrfrauen nichts wissen wollte, erlag seiner Doppelmoral. Und ihr Anpassungswille, ihr Drei-Schritte-hinter-dem-Mann-einher-Huschen nützte ihr nichts. Auch dieser Moralapostel hat seine Frau längst verlassen.

Ehe ich sie vergesse: Da ist noch die Frau, die auf dem Küchentisch einen Schmierzettel findet. Er halte ihre Ehe für beendet und sei für sieben Wochen nach Teneriffa geflogen, teilt ihr Mann, ein Superintendent, aus heiterem Himmel mit. Nach seiner Rückkehr werde er mit seiner Lebensgefährtin zusammenziehen. Eigentlich hat die Frau nach 38 Ehejahren ja sich selbst für die Lebensgefährtin gehalten. Der Superintendent zieht mit der Neuen, einer Presbyterin, in eine andere Stadt. Im Gemeindebrief wird die Arbeit der Presbyterin in einem – tja, nennen wir es ruhig einen Nachruf – gewürdigt. Frömmigkeit und Glauben seien ihr immer wichtig gewesen! Menschen für den Glauben und die Gemeinde zu gewinnen, das habe ihr am Herzen gelegen! »Weil Kirche Spaß macht!«, wird sie zitiert. So kann man es natürlich auch nennen, wenn man der nichts ahnenden Ehefrau des heimlich Geliebten lächelnd das Abendmahl reicht.

Eine Freundin der verlassenen Ehefrau schreibt der Pastorin, die den »Nachruf« verfasst hat, einen Brief, in dem sie gegen die verlogenen Formulierungen darin protestiert. Man könne und dürfe nicht über andere urteilen, antwortet ihr die Pastorin.

## II. Von Auferstehungskeimen und anderen Blüten

»Als Christ werde ich mich nicht verbrennen lassen. Ein klares Nein zur Feuerbestattung«, ist ein Traktat aus der Feder meines Onkels, der Pfarrer war, überschrieben. Die darin formulierten biblischen, kirchengeschichtlichen, dogmatischen, biologischen und parapsychologischen (!) Gründe gegen die Feuerbestattung haben wahrlich kuriose Blüten getrieben. Zwischen meinem Onkel Herbert und meinem Vater Walter Venske kam es über dieser Glaubensfrage zu einem Bruderzwist, in dessen Verlauf mein Onkel emotional-rechthaberisch (sprich: »theologisch«), mein Vater aber streng philologisch, auf der Basis sowohl besserer Griechisch- als auch besserer Bibelkenntnisse argumentierte. So hielt er etwa der einseitigen Sicht meines Onkels, der die Erwähnung des Feuers in der Bibel nur negativ akzentuiert sah, entgegen, dass das Feuer auch Ausdruck von Gottes Erscheinung, seiner Heiligkeit und Unnahbarkeit sei und erinnerte ihn an die pfingstlichen Feuerflammen. Ich zitiere hier, der Abkürzung halber, nur ein paar Sätze aus der Replik meines Vaters; die skurrilen Gedanken meines Onkels – von meinem Vater distanzierend nur »der Verf.« genannt – mögen sich dabei aus dem Kontext erschließen.

*»Es ist daher verständlich, dass die Ev. Kirche die falsche Brauchtumsgläubigkeit aufgegeben hat. Durfte sie denn auch den feuerbestatteten Christen und ihren Angehörigen die Auferstehungshoffnung nehmen? Erfreulich ist zugleich, dass die Formel ›Auferstehung des Fleisches‹ im Credo, die ja immer missverständlich war, durch die Aussage ›Auferstehung der Toten‹ zurechtgerückt wurde.*
*Unzweifelhaft lag im Verhalten der Freidenker ein Protest; die Ausdeutung ihres Motivs, die der Verf. gibt, ist aber zweifelhaft:*
*›Die Initiatoren der Feuerbestattung hofften mit der Einäscherung ihres Leibes den Auferstehungskeim in ihrer Persönlichkeit auszulöschen und so dem gerechten Gericht Gottes zu entgehen. Wie trügerisch!‹ In speziellen Schriften der Freidenker wird man eine solche Aussage schwerlich finden. Sie waren Agnostiker oder Atheisten, aber doch wohl nicht so naiv, dass sie glaubten, durch einen Trick dem Gericht eines Gottes, den sie gar nicht für existent hielten, zu entgehen.*
*Im Nachwort betont der Verf., dass alle Menschen, die ihren Leib den Flammen übergeben haben, ›eine unaussprechliche Einbuße an wirklicher Lebensqualität nach dem Tode‹ erfahren werden.*
*Was das Modewort ›Lebensqualität‹ nach dem Tode bedeutet, ist nicht erkennbar.«*
(Oh mein kluger und freundlicher Vater, wie habe ich ihn geliebt!)
*»Unverständlich ist auch die Behauptung, dass in der Verbrennung eines Leichnams ›Leibesverachtung‹ zu sehen sei. Leibesverachtung kam in der Verbrennung lebender Menschen zum Ausdruck. Man muß sich heute noch schämen, dass Christen Giordano Bruno, Savonarola, Hus und all die namenlosen Opfer theologischer Borniertheit auf dem Gewissen haben. Für die Verantwortlichen an diesen Morden gilt der Satz des Verf.:*
*›Der kurzsichtige, von Materialismus geprägte Menschengeist will unsere Leiber durch die Verbrennung der letzten lebendigen Kerne noch toter machen, als der Sterbevorgang beabsichtigt; der Tod scheint ihm noch lange nicht radikal genug zu sein.‹*
*Leider hat der Verf. nicht gemerkt, dass er selbst die gleiche Überzeugung hat: er glaubt an einen ›Auferstehungskeim‹, den man zerstören kann, er glaubt, dass man für die Zeit nach dem Tode eine Minderung der Lebensqualität herbeiführen kann, ja dass der Mensch stärker sein kann als Gott. Was soll anderes der Satz bedeuten:*
*›Zerstört der Mensch in seiner Blindheit die Zellkerne brutal im Feuer, vernichtet er Gottes Schöpferplan.‹«*

Ja, Onkel Herbert glaubte an einen im Menschen biologisch angelegten Auferstehungskeim, der im Feuer unwiderruflich verbrannt werden würde. Welche Hartherzigkeit angesichts von Millionen und Abermillionen Toten in den letzten Kriegen – seine eigene erste Frau und sein einziges Kind gehörten dazu – und welche Kleingläubigkeit! Im Nachlass meines Vaters findet sich die Kopie eines Briefes, den Sup. i. R. Georg Gründler im April 1982 an seinen Nachfolger Martin Braun schickte. Dass Gründlers Buch »An der Schwelle. Brennende Fragen um Sterben, Tod und das Leben danach« (1979) gegenüber den Spekulationen meines Onkels »mit heilsamer Nüchternheit Stellung« beziehe, war schon die Meinung meines Vaters gewesen. In seinem Brief bedauert Gründler, dass es ihm kaum möglich sei, »auf die teils fundamentalistischen, teils philologisch unbiblischen Darlegungen von Herbert Venske zu antworten«: »Der Verfasser verwechselt in verhängnisvoller Weise ›Fleisch‹ und Leib. ... Zu dem Ganzen wäre noch viel zu sagen, aber es geht jetzt über meine Kraft.«

Mehr als zwanzig Jahre danach teile ich noch diesen Seufzer. Ich füge einen weiteren Seufzer hinzu. Denn eines hat dieser Pfarrer, mein Onkel, mit bewirkt, was er ganz sicher nicht wollte: Seine eigenen Neffen und Nichten haben der Kirche den Rücken gekehrt. Aber wäre er nicht gewesen, hätte es gewiss auch der eine oder andere der oben Erwähnten geschafft.

## III. Eine große Versuchung

»Der Beruf des Pfarrers ist eine große Versuchung für den Menschen, wenn er keinen Charakter hat.« Dieses Fazit formulierte mein Vater im Hinblick auf seinen älteren Bruder. Über Herberten dürfte ich eigentlich nichts Schlechtes schreiben, denn er ist tot, aber dass dieser Onkel eine Knalltüte war, hat mein Bruder schon zu dessen Lebzeiten verkündet. »Ein Meter fünfundneunzig Geilheit«, sagte mein großer Bruder. Es war am Tag der Beerdigung der zweiten Frau meines Onkels, da bändelte dieser – zum Leidwesen des Amtsbruders, der die Beerdigung abhielt – schon mit der dritten an. Als Vierzehnjährige war ich voll entsetzter Bewunderung für meinen großen Bruder: dass der sich so was zu sagen traute!

Nach der dritten Frau genoss unser Onkel noch eine Altersliebe mit einer verheirateten Dame, der er testamentarisch eine Leibrente vermachte. Das ist sonst eher bei Fürsten und ihren Mätressen, bei protestantischen Pfarrern hingegen in der Regel nicht üblich. Meine Schwester und ich räumten das Haus für den Neffen der Dame und seine Frau besenrein. Einer der Stiefsöhne meines Onkels geriet unterdes in eine Glaubenskrise. Er könne nicht mehr in die Kirche gehen, keine Männer im schwarzen Talar mehr sehen, klagte er. »Ist denn alles bloß Lüge gewesen?« Der Beisetzung – keine Feuerbestattung! – blieb er fern. Ich dachte an Frau J. und was sie einst meiner Mutter erzählte. Wie sich die Bilder doch glichen.

Aber warum sollte es einem Witwer nicht vergönnt sein, dass die Damen aus der Frauenhilfe mit selbstgemachter Marmelade bei ihm Schlange stehen? Warum darf sich ein Mann, der sein Leben lang hauptberuflich eine virtuelle Realität hergestellt hat, einer solchen nicht auch einmal zu eigenen Zwecken bedienen? Ist es nicht verständlich, dass ein Mensch mit dem höheren Draht nach oben zur Beruhigung seines Gewissens an günstige Fügungen glaubt? Und ist es nicht herrlich, dass es einen Berufsstand gibt, dem alle Kritiker freiwillig fern bleiben, so dass er sich am Schluss nur noch von Bewunderinnen umgeben sieht?

Nichts gegen Trennungen und Ehescheidung! Nichts gegen das Schwimmen im Lebensfluss! Nichts gegen Begegnung, Veränderung, Um- und Neuorientierung! Nichts gegen Wagnisse und irdische Lust! Ich habe nur etwas gegen Leute, die immer und nur für alle anderen ganz genau wissen, wo es lang geht. Die streng, lieblos und rigide im Urteil bei anderen sind, aber für sich selbst, wenn es drauf ankommt, überhaupt keine Haltung haben. Ich verachte diese scheinheiligen Patriarchen, denen vor lauter hehren Grundsätzen jegliche Erdung fehlt. In deren Identitätskonzept Lebenskrisen nicht existieren. Die Konflikte und Widersprüche nicht integrieren können, und in deren Krisen sich deshalb ihr Mangel an Freiheit geballt offenbart. Sie dünken sich näher bei Gott zu sein als der Rest der Menschheit. Welch tragischer Irrtum, der sich im Einzelnen manifestiert! Wir können, da wir Menschen sind, von Gott nichts wissen. Diese Demut aber ist ihnen abhanden gekommen

Nun sind in meiner Generation, der nach-studentenbewegten, kaum noch solche Patriarchen zu finden. Die Charismatiker sterben aus. In dieser Generation dominieren, in der Kirche nicht mehr als in allen anderen gesellschaftlichen Gebieten, die Spätkommer und die Labberigen. Statt eines Kreuzes tragen kirchliche Mitarbeiter dieser

Generation gern einmal ein Yin- und Yang-Zeichen am Halskettchen. Dennoch steht nach der maoistischen keine buddhistische Unterwanderung der evangelischen Kirche ins Haus. Es ist lediglich der Patriarch jener Pastorin gewichen, die sich kein Urteil über andere mehr anmaßen will. Will sie oder kann sie nicht mehr sagen, dass einer verlogen ist? Will sie einen Vertrauensbruch nicht mehr als solchen erkennen? Kann sie nicht mehr unterscheiden, ob das Verhalten eines Menschen gut oder weniger gut ist?

Mag sein, mir sind die Labberigen sympathischer als die Patriarchen, weil sie selbst Suchende sind. Sie geben nicht vor, dass sie irgendwelche Antworten wüssten. Aber ihre Laschheit läuft, genauso wie die Scheinheiligkeit der Patriarchen, aufs Recht des jeweils Überlegenen hinaus. Und sie haben unsereinem nicht viel zu bieten. Zwischen Auftritten im Kindergarten und im Altenheim scheinen sie sich recht kommod eingerichtet zu haben. An ihrer eigenen Kargheit leidend, nehmen sie sich, durchaus postmodern, eklektisch aus allem und jedem etwas hinzu. Da wird zum Beispiel vorm Laternenumzug im Kindergottesdienst über den Heiligen Martin gepredigt. Dieser Martin war »ungefähr so ein toller Kerl wie Jesus«, werden die Kinder, werde ich im protestantischen Hamburg belehrt. »Er war ein Heiliger, und Jesus ist ja auch heilig gewesen.«

»Gib mir den Mantel, Martin«, denke ich. »Aber geh erst vom Sattel und lass dein Schwert, wo es ist. Gib mir den ganzen!«

Nun ja, mein Sohn kennt Micky Mouse, Jim Knopf, Tom und Jerry, Peter Lustig und Michel aus Lönneberga. Da wird der heilige Martin wohl keinen weiteren Schaden anrichten. Und doch sträubt sich ein kleiner, versteckter Protestant ganz tief drinnen in mir. Weniger Probleme habe ich mit dem Kerzenbaum am Ewigkeitssonntag. Gern zünde ich im Gedenken an meine verstorbenen Eltern ein Kerzlein an. Vielleicht weil ich in Münster aufgewachsen bin und irgendwo auch eine klitzekleine Katholikin in mir sitzt.

Ich bin, ich schrieb es bereits, zum zweiten Mal aus der evangelischen Kirche ausgetreten. Nach wie vor bin ich heimliche Kirchgängerin. Wann immer ich in einer Kirche sitze und die wunderbare Kirchenmusik – Johann Sebastian Bachs vor allem – höre, bin ich ein tiefgläubiger Mensch. Für mein Leben gern singe ich die alten Lieder nach dem Gesangbuch. Aber sobald dann ein Pfarrer, eine Pfarrerin den Mund öffnet, ist es vorbei.

*Holm Tetens*

# Aufkündigung des Götzendienstes

## Ganz persönliche Bemerkungen zur Kirche

Der Kirche gehöre ich seit meinem zwanzigsten Lebensjahr nicht mehr an. Natürlich, sie ist mir in vielem fremd geworden, sehr fremd. Vieles stößt mich an ihr ab. Und doch fühle ich mich auch von ihr angesprochen, ja mehr noch, ich habe das Gefühl, in mancher Hinsicht dazu oder immer noch dazu zu gehören. Diese Ambivalenz ist für mich irritierend, in letzter Zeit stärker als früher. Hier unternehme ich das erste Mal den Versuch, dieser Ambivalenz auf die Spur zu kommen, sie begrifflich zu artikulieren. Dieser Versuch hat, wie man gleich sehen wird, noch etwas sehr Rhapsodisches an sich. Es überwiegt der persönliche Eindruck, die subjektiv erlebte Anekdote. Was ich sage, ist einseitig, sicher auch ungerecht, und vor allem unfertig und vorläufig. Als professioneller Philosoph gebe ich Texte solcher Art in der Regel nicht ab. Hier wage ich es. Vielleicht ist mir die Sache zu wichtig, als diesen Artikulationsversuch nur wegen Formmängeln zu unterlassen.

Aber trotz aller Rhapsodik, etwas systematischer sollte ich vielleicht doch anfangen, wenigstens biografisch. Die Kirche war mir in meiner Kindheit und Jugend sehr wichtig. Ich bin von meiner Mutter im evangelischen Glauben erzogen worden. Mein Vater hat, obwohl im christlichen Sinne sicher nicht gläubig und durch und durch skeptisch, die religiöse Erziehung von uns Kindern solidarisch begleitet, ja unterstützt. Über Fragen des Glaubens und der Kirche wurde in meinem Elternhaus viel und leidenschaftlich geredet und gestritten. Der Glaube wurde ernst genommen. Die Konfirmation war ein wichtiges Ereignis in meinem Glaubensleben. Um diese Zeit herum begann ich mich mit der Theologie intensiv auseinander zu setzen. Obwohl vieles sicher nicht voll verstehend in vergleichsweise jungen Jahren, habe ich Tillich, Barth, Bultmann, Sölle, Bonhoeffer und manch anderen Theologen gelesen. Nach dem Abitur begann ich nicht, wie ich es ursprünglich vorgehabt hatte, Theologie, sondern Philosophie zu studieren. Es war mir klar geworden, dass ich nicht mehr im Sinne des christlichen Bekenntnisses glauben konnte, glauben wollte. Ich trat aus der Kirche aus. Mir schien das damals der selbstverständlichste Schritt von der

Welt zu sein. Die Kirche ist eine Gemeinschaft von Gläubigen. Wer nicht mehr glaubt und nicht glauben kann, kann sich zu dieser Gemeinschaft nicht mehr hinzuzählen, vor allem aus Respekt vor denen, die diese Kirche sind, weil sie glauben. Und Grund zu großem Respekt hatte ich allemal, war ich doch in meiner Kindheit und Jugend gläubigen Christen begegnet, die mir sehr viel bedeutet haben und immer noch bedeuten, zum Beispiel dem Pastor, der mich in Bremen konfirmiert hat, oder meinem Deutschlehrer in der Oberstufe des Gymnasiums.

Seit meinem Kirchenaustritt zähle ich steuerrechtlich zu einer Minderheit in unserer Gesellschaft und religionssoziologisch betrachtet zu einer immer noch größer werdenden Mehrheit. Bei den Kirchen ist es umgekehrt, sie sind religionssoziologisch als Gemeinschaft der Gläubigen Minderheit, zählen jedoch steuerrechtlich eine Mehrheit zu ihren Mitgliedern. Und da gibt es noch die Mehrheit der Gesellschaftsmitglieder, die sowohl steuerrechtlich und im Sinne des Vereinsrechts, als auch religionssoziologisch in Glaubensfragen jedes Mal auf der Mehrheitsseite stehen.

Obwohl ich religionssoziologisch zu dieser Mehrheit zähle, fühle ich mich bei ihr nicht wohl. Das korrespondiert damit, dass dort, wo ich mich von der Kirche immer noch angesprochen fühle, mir eine Kirche begegnet, die Minderheit ist. Was das heißt, davon später mehr. Es ist gar nicht so leicht, der Kirche als Minderheit zu begegnen. Jeder von uns, ob Christ oder nicht, hat hingegen genügend Gelegenheit, die Kirche als Mehrheit kennen zu lernen. Zum Beispiel bei Taufen, Konfirmationen, Hochzeiten und Beerdigungen. Nicht, dass ich missverstanden werde: Getauft, konfirmiert, verheiratet und beerdigt werden von der Kirche immer auch Menschen, denen selber oder deren unmittelbaren Angehörigen der christliche Glaube nicht ein in Meinungsumfragen zu entlockendes Lippenbekenntnis, sondern Mittelpunkt ihres Lebens ist. Aber das ist nun einmal, wie die Dinge heute stehen, eine Minderheit.

Warum fühle ich mich bei der Mehrheit unwohl, die nicht glaubt und doch in der Kirche bleibt? Ich glaube, dass es für mich schlicht unbegreiflich ist und von mangelndem Respekt vor der Kirche zeugt, wie Menschen, die selber nicht glauben, die Dienste der Kirche in Anspruch nehmen, hauptsächlich für die Gestaltung von wichtigen Familienfeiern. Ich bin immer ein wenig angewidert, wenn am Grabe von Menschen im Beisein von Menschen über die Auferstehung der Toten im Zusammenhang mit der Auferstehung Jesu Christi gesprochen wird, wo doch, wie man nur allzu gut weiß, weder der Tote noch seine Angehörigen jemals in ihrem Leben in irgendeinem ernst zu nehmenden Sinne an die Auferstehung im Sinne des christlichen Bekenntnisses geglaubt haben oder glauben. Ist hier bei den nicht-gläubigen Angehörigen mehr im Spiel als die Hoffnung, es möge doch irgendwie mit uns weitergehen, weil man den Gedanken an den Tod als ein endgültiges Ende unserer Person nicht erträgt? Ja, die meisten glauben, wenn die religionssoziologischen Umfragen zuverlässig sind, an das berühmte Weiterleben nach dem Tod. Vermutlich ist diese diffuse Metaphysik nur die trostlose Kehrseite einer Gesellschaft, die das wirkliche Sterben und den Tod mit allen Mitteln aus der Gegenwart der Lebenden zu verdrängen sucht und beides offensichtlich nur noch als Unterhaltungskick auf der Leinwand oder dem Bildschirm erträgt.

Nicht nur die respektlose Indienstnahme der Kirche durch die Mehrheit ihrer Kirchensteuer zahlenden nicht-gläubigen Mitglieder stört mich, genauso stört mich auch die Willfährigkeit, mit der die Kirche dieses Bedürfnis nach einer von allen christlichen Glaubensinhalten entleerten Jenseitshoffnung, die im Diesseits rein gar nichts kostet, befriedigt.

Ich weiß, das alles klingt ungerecht, anmaßend und allzu selbstgerecht. Vermutlich ist es das auch, zumindest ein Stück weit. Ich sage es hier aber trotzdem. Die Kirche selber sieht die Sache natürlich ganz anders. Sie bekennt sich zu ihrem Herrn, immer und überall, auch wenn sie den Geist und das Herz der Menschen nur noch selten erreicht. Sie sagt, sie könne und dürfe niemandem den Trost, der in dem Auferstehungsglauben der Christen liegt, verweigern. Sie sagt, es sei christlich pervers, die Menschen ideologisch erst einmal zu kontrollieren und zu durchleuchten, um sich dann nur derjenigen anzunehmen, die den »Gesinnungstest« bestanden haben. Die Kirche stehe jederzeit für jedermann offen, auch für diejenigen, die sich nur noch in kurzen Augenblicken des bürgerlichen Glücks oder in Zeiten des Schmerzes und der Trauer »ihrer« Kirche aus Gepflogenheit oder Ratlosigkeit erinnern.

So sieht es die Kirche, und ich nehme das auch ernst. Und trotzdem: Ich kann einfach nicht glauben, dass die Kirche nicht auch ein Selbstachtungsproblem hat, wenn sie sich von der Mehrheit ihrer nichtgläubigen Mitglieder in der beschriebenen Weise als Kirche für gewisse Stunden in Anspruch nehmen lässt. Wenn ich mir vorstelle, ich wäre

Gemeindepfarrer, so hätte ich jedenfalls ein Selbstachtungsproblem, wenn nach meiner Botschaft nur als verbales Ornament für bestimmte feierliche Anlässe gerufen würde. Ist das wirklich nur mein Problem?

Ich stelle mir gern Folgendes vor: Was wäre denn, wenn die Kirche zum Beispiel nur noch die Gläubigen beerdigen und öffentlich erklären würde, es sei ihr unmöglich, diejenigen christlich zu bestatten, denen doch der christliche Glaube gar nichts mehr bedeute. Zur Würde des Abschieds von den Toten, das sei nun wirklich ohne weiteres einzusehen, müsse gehören, dass ein Toter im vollen Einklang mit dem, wie er selber das menschliche Dasein und den Tod zeit seines Lebens offensichtlich gesehen habe, zu Grabe getragen werde.

Ich kann mir gut vorstellen, dass Mehreres geschehen würde. Viele würden erstaunt feststellen, dass die Kirche das, was sie verkündet, doch offensichtlich sehr ernst nimmt. Viele – ich würde sicher dazu gehören – würden für diese Haltung Verständnis zeigen, ja die Kirche würde in ihrer Achtung (wieder) steigen. Aber vielleicht das Wichtigste wäre, dass die Kirche mit ihrer Verweigerung viele in der Gesellschaft auf einmal zwingen würde, sich mit dem Sterben und dem Tod und seiner Bedeutung auseinander zu setzen. Könnte die Kirche einer Gesellschaft, die in Wahrheit massiv unter ihrer Verleugnung des Sterbens und des Todes leidet, einen größeren Dienst erweisen, als wenn sie nicht mehr die Auferstehungshoffnung eines Christenmenschen zum Nulltarif an jedermann verschleudern würde?

Wenn die Kirche das täte, würde natürlich auch und vielleicht vor allem sichtbar, was sich alle Beteiligten auf allen Seiten auf die eine oder andere Weise verschleiern können und vielleicht auch verschleiern wollen, nämlich dass die Kirche Minderheit ist. Inzwischen glaube ich, dass hier die eigentliche Quelle für meine Ambivalenz zur Kirche zu suchen ist. Mich spricht die Kirche als gläubige Minderheit an, und mir ist fremd, ja es stört mich, wie die Kirche mit der vertrackten Dialektik umgeht, als soziologische Mehrheitsinstitution aus Nicht-Gläubigen doch eine Minderheit der Gläubigen sein zu müssen.

Was meine ich mit Kirche als Minderheit der Gläubigen. Kirche ist die Gemeinschaft und Versammlung der Gläubigen. Ich will und kann Glauben nicht definieren. Aber ein Freund und Theologe hat mich kürzlich auf Calvins Sicht des Glaubens aufmerksam gemacht. Das hat mir spontan großen Eindruck gemacht. Ich verstehe es so: Christlicher Glauben ist nichts anderes, als sein ganzes Leben als eine einzige Lobpreisung Gottes, der in Jesus Christus Mensch gewordenen ist, zu leben. Kirche als Gemeinschaft und Versammlung der Gläubigen in diesem Sinne ist Minderheit, sogar verschwindende Minderheit.

War sie Minderheit nur in ihren Anfängen und ist es erst jetzt wieder in Zeiten einer weit fortgeschrittenen Säkularisierung geworden? Oder war sie Minderheit in Wahrheit die ganzen Jahrhunderte hindurch?

Salz der Erde sollen und wollen die Gläubigen sein. Als Salz der Erde sind sie Minderheit. Andernfalls kann das Bild kaum stimmig gedacht werden. Versalzte Böden sind unfruchtbar. Wie will die Kirche als Mehrheit zum Salz der Erde taugen? Die vertrackte Dialektik von Minderheit und Mehrheit kommt zum Vorschein: Als Gemeinschaft und Versammlung der Gläubigen will sie, das liegt in der Natur ihres christlichen Glaubens, weltumspannende Mehrheit werden. Äußerlich, nämlich soziologisch und rechtlich betrachtet, hat die Kirche das in unseren Landen vor vielen Jahrhunderten geschafft, und dieser soziologische Zustand hält an. Auch setzt die Kirche alles daran, diesen Zustand aufrechtzuerhalten.

Mich irritiert, wie die Kirche oftmals um ihren soziologischen Status als Mehrheit kämpft. Die Kirche ist nur allzu schnell bereit, einen sehr hohen Preis zu zahlen, um nicht auch soziologisch in die Minderheit zu geraten. Hier denke ich vor allem an die protestantischen Kirchen.

Ich habe Taufen und Konfirmationen erlebt, wo ich mir verwundert die Augen gerieben habe, ob ich in der richtigen Veranstaltung sitze. Es herrschte eine Umtriebigkeit und Geschäftigkeit wie in einer billigen Unterhaltungssendung, es war von allem möglichen Schönen bis Kitschigen die Rede, nur nicht vom Gott und Herrn der Christen. Bei wie vielen Worten zum Sonntag im Fernsehen traue ich meinen Ohren nicht: Da werden billigste und banalste Lebensweisheiten, wie man sie auf dem boomenden Markt der Psychotherapie und in einschlägigen Esoterikkreisen jederzeit zu hören bekommt, zum Besten gegeben, nur von einem ist nicht die Rede, vom Gott und Herrn der Christen. Ist das Gemeindeseelsorge nach dem uns aus der Welt der Medien so vertrauten Motto: Die Kirche muss die Menschen dort abholen, wo sie gerade sind?

Die öffentlich-rechtlichen Medien scheinen ja nur in Grenzen zu durchschauen, dass sie selber, indem sie nach diesem Motto handeln, die Verhältnisse erst miterzeugen, auf die sie dann glauben bei Strafe des Untergangs nur noch durch weitere Anpassung an den angeblichen

Publikumsgeschmack reagieren zu müssen. Das Niveau und der so genannte Bildungsauftrag der öffentlich-rechtlichen Medien bleiben auf der Strecke. Nicht die Medien holen ihr Publikum dort ab, wo es gerade steht, sondern die Medien lassen sich vom Publikum immer weiter dorthin zerren, wo dieses sie haben will. Manches, was ich an den protestantischen Kirchen glaube beobachten zu können, erinnert mich fatal an das beklagenswerte Schicksal der öffentlich-rechtlichen Medien.

Mancher wird denken: Warum sagst gerade du das? Warum machst gerade du dir Gedanken darüber, dass die Kirche zu oft ihre Glaubensinhalte durch Zugeständnisse an den Zeitgeist bis zur Unkenntlichkeit versteckt, wo du doch selber nicht glaubst und es dir von daher Recht sein könnte, wenn die Kirchen »ideologisch« an Boden verlieren? Ja, in der Tat, warum predige gerade ich, der ich in Glaubensfragen zur Mehrheit gehöre, der Kirche, freiwillig die Bürde einer Minderheit zu tragen? Steht mir das zu? Beteilige ich mich an dem perversen, immer mehr um sich greifenden Ritual unserer Gesellschaft, dass inzwischen in allen möglichen Fragen Weintrinker anderen das Wasser predigen?

Wiederholt habe ich schon gesagt, dass ich mich immer noch durch die Kirche angesprochen fühle, wo sie mir als Minderheit begegnet, also dort, wo sie Gemeinschaft und Versammlung der Gläubigen ist. Inzwischen glaube ich etwas klarer zu sehen, dass das im Kern doch mit Calvins Charakterisierung zu tun haben muss, Glaube als Lobpreisung Gottes. Wenn ich versuchen sollte, es einmal theologisch zu begründen, obwohl ich kein Theologe bin, würde ich so argumentieren: Leben als Lobpreisung Gottes schließt insbesondere das erste der zehn Gebote ein: »Du sollst keine anderen Götter haben neben mir«. Leben zum höchsten Lobe des einen Gottes, das heißt also, sich allen Götzendiensten zu verweigern, und für die Gegenwart heißt es, den Götzendiensten unserer Zeit zu widerstehen.

Welche Götzendienste kommen einem da in den Sinn? Der aggressive Kult des Erfolgs, die hemmungslose Anbetung von Schönheit und Reichtum, die Irrsinnsspirale eines ökonomischen Systems, das nur durch Konsumzwang bis zur Besinnungslosigkeit funktioniert, das die Gier nach immer mehr, immer Neuem, immer technisch Perfekterem in die Welt setzen und prämieren muss; die Ausgrenzung und Verdrängung aller Schattenseiten dieses Tanzes um das goldene Kalb; die Verleugnung von dem, was nicht dazu oder zu den ungeheuren Opfern gehört, die wir den Götzen unserer Zeit darzubieten haben: dem Kranksein, dem Älterwerden, dem Gebrechlichen, dem Scheitern, der

Arbeitslosigkeit, der ökologischen Zerstörung der Natur, dem Langsamen, dem sich Bescheiden und Begnügen, der Gleichgültigkeit gegenüber der dritten Welt und all denjenigen in unserer eigenen Gesellschaft, die wir aus unserer schönen heilen Welt des Luxus ausschließen, aber auch unserer Verblödung durch hirnlose Unterhaltung und vieles andere mehr.

Wer sich den Götzen unserer Zeit entgegenstellt, ist Minderheit. Darum scheint mir Kirche als Gemeinschaft der Gläubigen Minderheit zu sein, ja sein zu müssen. Darum kann ich mir Kirche im Ernst nur als Minderheit vorstellen. Und vielleicht kann ich jetzt auch besser sagen, welcher Umgang der Kirche mit der heiklen Dialektik von Minderheit und Mehrheit mich stört. Mehrheit zu sein oder Mehrheit zu suchen, muss sich natürlich nicht automatisch vorwerfen lassen, den Götzen unserer Zeit Tribut zu zollen. Aber es ist klar, welche Gefahren hier lauern und wie schnell man ihnen erliegt. Man will nur allen Menschen die frohe Botschaft bringen und opfert sie in Wahrheit der »Einschaltquote«. Die »Einschaltquote«, das wichtigste Symbol unserer Zeit für die Gefallsucht, einer der mächtigsten Götter unseres Medienzeitalters.

Noch eine Beobachtung will ich hier anführen, nämlich wie die Kirchen zum Teil auf den 11. September geantwortet haben. Ich will nicht davon reden, wie mich das Auftreten der christlichen Geistlichen bei der großen Gedenkfeier in New York entsetzt hat. Das war, wieder theologisch gesprochen, in meinen Ohren reiner Götzendienst. Vergöttert wurde die amerikanische Nation und der »american way of life«. Aber man muss ja gar nicht von Amerika, man kann genauso gut von Deutschland reden: Es hat mich befremdet, wie die Kirchen in den ersten Tagen nach dem 11. September danach gierten, große ökumenische Gottesdienste mit politischer Prominenz in den ersten Reihen abzuhalten. Und das zum Beispiel auch noch im Berliner Dom, der doch als Symbol für schwärzeste Zeiten des deutschen staatsgläubigen und dem Staat huldigenden Protestantismus eigentlich als großes architektonisches Schandmal in der Mittel Berlins zu werten ist, jedenfalls dann, wenn man üblicherweise den benachbarten Palast der Republik als Symbol für den real existierenden Sozialismus für ein Schandmal hält. Berliner Dom, Gottesdienste mit viel Politprominenz und Medienaufmerksamkeit aus Anlass eines Ereignisses, das trotz seines Schreckens sowieso schon hemmungslos politisch und von den Medien missbraucht und ausgebeutet wurde, das gehört für mich zu den fragwürdigen Versuchen der Kirche, Mehrheitsfähigkeit zu inszenieren und sich selbst und andere vergessen zu machen, wie sehr man durch und durch Minderheit ist.

Gleichwohl, immer wieder macht die Kirche dann doch auch wieder einfach nicht dabei mit, die Götzen unserer Zeit anzubeten. Hier fühle ich mich der Kirche nicht nur verbunden, ich fühle mich durch sie ermuntert. Und ich merke, dass wir alle, ob Christen oder nicht, auf sie angewiesen sind, gibt es doch in unserer Gesellschaft in Wahrheit gar nicht so viele Keimzellen und Agenturen, in denen der Aufstand gegen den Zeitgeist und das ihn beherrschende grundverkehrte Bild vom Menschen und der Welt geprobt und manchmal praktiziert wird, sei es unauffällig im Alltag, spektakulär in der politisch räsonierenden Öffentlichkeit oder wo auch immer. Glaube als Widerstand gegen den Götzendienst, das, so denke ich, ist es, was mir immer noch einleuchtet, wo ich mich angesprochen und selber herausgefordert fühle, wenn mir Kirche begegnet.

Natürlich, ich muss aufpassen, dass das Gesagte jetzt nicht einen allzu falschen Zungenschlag bekommt. Ich will mich hier nicht als Partisan stilisieren, der stets auf der richtigen Seite gegen das »Böse« in der Welt steht. Ein »Gutmensch« bin ich nicht und will es auch nicht sein. Auch will ich mir die Kirche nicht idealistisch nach meinen Wünschen zurechtlegen. Vor allem betone ich natürlich nur die eine, gewissermaßen negative Seite des christlichen Glaubens, die Widerständigkeit gegen die vielen falschen Götter in unserem Leben. Und die speist sich für einen gläubigen Christen aus etwas Positivem, der Lobpreisung Gottes, wie ich es genannt habe. Diese Seite des Glaubens bereitet mir weiterhin Schwierigkeiten. Wie gesagt, ich selber bin nicht gläubig oder fromm.

Aber gerade weil das so ist, werde ich misstrauisch und stößt mich Kirche ab, wenn ich den Eindruck gewinne, sie halte irgendwie mit ihrer eigentlichen Botschaft hinterm Berg, um mir Zumutungen, nicht zuletzt intellektuelle Zumutungen zu ersparen. Sie soll ruhig und offen vom »Gott Abrahams, Isaaks und Jakobs« (Pascal) reden. Nur dieser Gott interessiert mich noch. Der »Gott der Philosophen« ist hingegen für mich nur noch Gegenstand in Logikübungen zur logischen Widerlegung der Gottesbeweise.

*Friedrich Grotjahn*

# Klare Worte

Pastor Schäfer mochte die praktischen, jungen Leute, die da in Jeans und bunt bedruckten Sweatshirts vor ihm saßen. Drei Jahre schon lebten sie zusammen; und nun wollten sie heiraten.

Er sprach mit ihnen über die Trauung. Und sie hatten sich darauf geeinigt, das so genannte »Gebot Gottes über den Ehestand« aus dem Epheserbrief, in dem es heißt: »Die Frauen seien untertan ihren Männern (...).« aus der Bibellesung herauszulassen. Dieses Wort, meinten sie, widerspräche doch allzu direkt ihrem Verständnis von partnerschaftlicher Beziehung.

»Also, ich hole Sie an der Kirchentür ab«, sagte Pastor Schäfer, »und wir gehen dann gemeinsam ...« da unterbrach ihn der junge Mann. »Wir wollten das am Anfang anders machen.« – »Wir finden, das ist feierlicher«, ergänzte die junge Frau. Pastor Schäfer witterte Schwierigkeiten: »Und wie wollen Sie das am Anfang machen?« – »Ich«, sagte der junge Mann, »gehe mit meinen Freunden zuerst in die Kirche und stehe vorne am Altar. Dann kommt sie mit ihrem Vater. Der führt sie zu mir; und dann können sie anfangen.«

»Und wo bleibt dabei Ihre ›partnerschaftliche Beziehung‹?« – »Was hat denn die mit der Kirche zu tun?« – »Jetzt passen Sie einmal genau auf«, sagte Pastor Schäfer. »Was Sie da vorschlagen, ist der blanke Rückfall ins Patriarchat: Die Braut, die bisher im Hause des Vaters, unter seiner Obhut und Herrschaft gelebt hat, wird von ihrem alten Herrn ihrem neuen Herrn zugeführt. – Und die Kirche gibt anschließend den Segen dazu. Das können Sie doch nicht wollen!« – »Aber bei der Hochzeit von diesem Popstar – wie hieß der doch gleich? – war das auch so«, meldete sich die junge Frau wieder zu Wort, »und in der Kirche kann es ruhig noch ein bisschen so sein wie früher.« – »Ja, wenn das so ist und wenn Sie drauf bestehen«, sagte Pastor Schäfer, »dann lese ich auch den Abschnitt aus dem Epheserbrief.«

So kam es, wie es kommen musste. Pastor Schäfer stand hinter dem Altar und sah sich die Show an. Zuerst kam der Bräutigam, flankiert von zwei Freunden. Angetan war er mit neugekauftem altmodischen Schick: Stehkragen, Frack, Myrtensträußchen. In der weiß-behandschuhten Rechten trug er einen Zylinder, den er, am Altar angekommen, seinem Freund zur treuen Verwahrung übergab.

Alsdann wurde die Braut hereingeführt. Eingehüllt in Weiß und Spitze schritt sie am Arm eines würdevollen älteren Herrn durch die Kirche. Vor dem Altar traf man aufeinander. Wohlwollend lächelnd übergab der Vater die Tochter dem Ehemann. Der sah ihr freudig erstaunt entgegen, als sehe er sie zum ersten Mal. Es gelang ihnen, sich zu küssen, ohne die Frisur oder sonstige Gestecke zu beschädigen. Die Orgel brauste. Die heilige Handlung konnte beginnen.

Pastor Schäfer schlug vor, das Gesangbuchlied 238 zu singen:

*Herr, vor dein Antlitz treten zwei,*
*um künftig eines zu sein …*

Doch da niemand mitsang, sang er allein.

In seiner Predigt schlug er einen großen Bogen von der Eva im Paradies, die nicht umsonst aus einer Rippe Adams – also erst nachträglich und so dem Manne nachgeordnet – geschaffen worden sei, über die berüchtigte Epheserbrief-Stelle bis hin zu der, wie er sich ausdrückte: »feinen symbolischen Handlung«, der er eben habe beiwohnen dürfen, der Übergabe der jungfräulichen Braut aus der wohltätigen Herrschaft des Vaters in die ihres Ehemannes.

Dann wandte er sich an den etwas blöde lächelnden Bräutigam. Ihm sage der Apostel, sagte Pastor Schäfer: »Ihr Männer, liebet eure Weiber!« – Und was hier gefordert werde, Unterordnung auf der weiblichen und Liebe auf der männlichen Seite, das sei zugleich die Abkehr von jener öden Gleichmacherei, wie sie heutzutage immer wieder in der Rede von der angeblichen Gleichberechtigung oder der so genannten »partnerschaftlichen Beziehung« zum Ausdruck komme. Mann und Frau seien nun einmal verschieden von Natur aus oder – wie oben bereits ausgeführt – aufgrund der Schöpfungsordnung.

Die liebliche Braut tröstete er alsdann mit dem Hinweis: Wenngleich der Mann in einer Ehe auch weniger Verstand habe als die Frau, so schade es dennoch nicht, dass er der Herr im Haus sei. Eine kluge Frau sei imstande, den Mann dahin zu bringen, dass er nur das befehle, was sie selbst wolle. Pastor Schäfer beschloss seine Rede mit dem alten Ehe-Kalauer: »Der Mann ist das Haupt und die Frau der Hals, der das Haupt dreht. Amen.«

Nach der Zeremonie geleitete Pastor Schäfer die Hochzeitsgesellschaft zur Kirchentür. Er wartete, dass man wenigstens beleidigt wäre. Doch das frisch getraute Paar bedankte sich artig für die schöne Trauung. Es sei, sagte der Mann, ja ein bisschen »old-fashioned« gewesen; aber es habe doch alles sehr schön in den Rahmen gepasst. Und der Vater der Braut sah Pastor Schäfer voll Würde an und erklärte, so klare Worte habe er nicht erwartet. So war alles eitel Freude. Nur Pastor Schäfer war beleidigt, weil niemand beleidigt war. Er hatte sich solche Mühe gegeben.

*Norbert Mette*

# Römisch-katholisch – unveränderliches System oder offener Suchprozess?

(Katholisch-)Ekklesiologische Erwägungen in ökumenischer Absicht

## I.

In beeindruckender Stringenz hat Erwin Fahlbusch in seiner »Kirchenkunde der Gegenwart«[1] das Selbstverständnis der römisch-katholischen Kirche zu rekonstruieren versucht, so wie es sich in seinen Augen vor dem Hintergrund der einschlägigen Lehrentwicklung in den Aussagen des Zweiten Vatikanischen Konzils, der päpstlichen Lehrschreiben und weiterer ortskirchlicher Dokumente darstellt.[2] Insgesamt läuft das von Fahlbusch gezeichnete Bild darauf hinaus, dass diese Kirche trotz mancher Veränderungen wie ein in sich geschlossenes, starres und unveränderliches System erscheint. Um einen Eindruck davon zu vermitteln, sei Fahlbuschs Darstellung zu Beginn dieser Ausführungen etwas ausführlicher wiedergegeben, als es normalerweise geschieht, und zwar deswegen, weil darin das spezifisch konfessionelle – und somit von anderen sich unterscheidende – Moment in diesem Kirchenverständnis klare Konturen gewinnt. In den weiteren Ausführungen soll dann genau dieses Moment mit Blick auf die Praxis dieser Kirche einerseits bestätigt, andererseits problematisiert werden.

Zunächst einmal seien also die zentralen Momente im Verständnis der römisch-katholischen Kirche wiedergegeben, wie sie sich Fahlbusch zufolge gemäß der von ihm herangezogenen offiziellen Dokumente darstellen:

1. Es basiere auf vier für das Sein und die Funktion der Kirche konstitutiven Grunddaten: *a.* die Berufung der zwölf Jünger und ihre Sendung zur Verkündigung des Evangeliums als geschichtlichem Ursprung der Kirche; *b.* die Inkarnation Gottes in Jesus von Nazareth als Quelle der Heilsvermittlung für die Menschen; *c.* die Erwählung eines

1. *E. Fahlbusch*, Stuttgart 1979.
2. Vgl. ebd. den I. Hauptteil »Die römisch-katholische Kirche«, 21-111.

Gottesvolkes zur Erfüllung des Heilsplans Gottes und *d.* die Verehrung der jungfräulichen Gottesmutter Maria als Ur- und Zielbild von Kirche.[3]

2. Zwar beinhalte jedes einzelne der aufgeführten Grunddaten bereits in der Art seiner Interpretation etwas im Vergleich zu anderen christlichen Kirchen Eigenartiges; aber »das römisch-katholische Proprium«[4] werde erst in der Zusammenschau der verschiedenen Aspekte erfasst. Dann nämlich biete sich die römisch-katholische Kirche dar

»– als konkrete Totalität, die sowohl die heilsgeschichtlichen Gegebenheiten der Offenbarung Gottes als auch die historische Erscheinungsweise der Kirche umfasst
– als komplexe Wirklichkeit, die Himmel und Erde, Göttliches und Menschliches verbindet
– als spannungsvolle Einheit, die ein sichtbares innerweltliches soziales Gebilde und eine unsichtbare übernatürliche geistliche Gemeinschaft zusammenfügt
– als universale Ganzheit, die Zeiten und Grenzen der Völker übersteigt und die Fülle der ganzen Welt einfängt«[5].

3. Als »typisch katholisch«[6] macht E. Fahlbusch an diesem Denkmodell fest, »dass die sichtbare und die unsichtbare Kirche, die religiöse Organisation und die pneumatische Gemeinschaft, die konkrete Aufgabe und das Wesen der Kirche, ihre Funktion und ihr Sein ontologisch koordiniert und, indem das eine Element als die Objektivation des anderen gedacht ist, als greifbare Gegenwart des Verborgenen in der Welt erscheint«[7]. Grundlage für all das sei die »aus dem Glauben gewonnene Erkenntnis, dass sich der Logos inkarniert hat«[8].

4. Die heilsgeschichtlich offenbar gewordene Zuordnung von Christus und ihr und die Beziehung zwischen Trinität und ihr verliehen nach römisch-katholischer Auffassung der Kirche »eine besondere, andere Gemeinschaftsformen übertreffende Qualität und Erhabenheit«[9], die sich im Verständnis ihrer geschichtlichen Bestimmung niederschlügen: »Die römisch-katholische Kirche versteht sich als die in der

3. Vgl. ebd., 28.
4. Ebd., 29.
5. Ebd., 30.
6. Ebd.
7. Ebd. (Im Zitat wurde eine grammatikalische Korrektur vorgenommen.)
8. Ebd.
9. Ebd., 33.

Geschichte kontinuierlich existierende und aufzuweisende ontische Realität des Heilsgeschehens.«[10]

5. Ihre ›aufschlussreichste Selbstbeschreibung‹ gebe die römisch-katholische Kirche in ihrem gottesdienstlichen Leben, das für sie den ›elementarsten Selbstvollzug‹ bilde.[11] Daneben wisse sich die Kirche zum universalen, also nicht nur den religiösen Bereich tangierenden Auftrag der Heilsvermittlung in die Welt gesandt.[12]

6. In der Logik des römisch-katholischen Selbstverständnisses liege »das Erfordernis eines ›sozialen Gefüges‹ (...), das die Kirche gleichermaßen als Gemeinschaft in Christus (der geheimnisvolle ›Leib Christi‹) und als Volk Gottes (die geschichtlich greifbare Präsenz des göttlichen Heilswillens) behauptet«[13]. Fahlbusch expliziert die diesem Verständnis der Kirche als Organisation zugrunde liegende Theo-Logik wie folgt: »Es entspricht dem Analogiegedanken Christus-Kirche (...) und dem geglaubten inkarnatorischen Prinzip der Heilsgeschichte (...), wenn das Heilsmysterium in der Form einer sozialen Körperschaft vergegenwärtigt wird. In der Wirhaftigkeit der Trinität ist der transzendentale Ermöglichungsgrund der Kirche als Personengemeinschaft gegeben. Gemäß der Inkarnation nimmt die Kirche die ›Gestalt dieser Welt‹ auf sich (...); in ihren geschichtlichen Konkretionen teilt sich der Heilige Geist mit, ohne jene natürliche Differenz aufzuheben, die zwischen der gesellschaftlichen Organisation der Kirche und dem Personsein Christi besteht. Das inkarnatorische Prinzip, das die Einheit von Heiligem Geist und geschichtlicher Greifbarkeit ausdrücklich macht, bestimmt mit seinen göttlichen (materialen) und menschlichen (formalen) Elementen durchgängig die römisch-katholische ›Kirchenverfassung‹, d. h. uneingeschränkt alle Dimensionen der Kirche (Sakrament und Liturgie, Verkündigung und Lehre, Disziplin und Recht).«[14]

7. Aufgrund dieser Logik stehe es der Kirche gemäß römisch-katholischer Auffassung nicht frei, welches Ordnungsprinzip ihr zugrunde liege; dieses korrespondiere vielmehr ihrer trinitarischen Herkunft und ihrem heilsgeschichtlichen Auftrag: »Das Prinzip ihrer Ordnung ist ihr vorgegeben: weil der Heilige Geist sich den Aposteln mitgeteilt hat und ihnen die göttliche Sendung anvertraut wurde (...), kann die Kir-

10. Ebd., 34.
11. Vgl. ebd., 35 und insgesamt dazu 35-47.
12. Vgl. ebd., 47-61.
13. Ebd., 62.
14. Ebd.

che ihr ›soziales Gefüge‹ nur apostolisch, d.h. hierarchisch organisieren, als ›heilige Herrschaft‹ (gr. ιερά αρχη: heiliger Ursprung). Aufgrund der ›göttlichen Einsetzung‹ dauert das Apostelamt fort und wird von den Nachfolgern der Apostel, den Bischöfen, in ›apostolischer Sukzession‹ übernommen …«[15] Dieses von ihr nicht veränderbare hierarchische Prinzip fächert sich in ebenso angeordnete Ämter und Organe auf, die hier nicht näher dargestellt zu werden brauchen.

8. Wichtig ist noch, was mit diesem hierarchischen Ordnungs- und Handlungsprinzip definitiv ausgeschlossen wird; Fahlbusch führt dazu aus: »Das in der römisch-katholischen Kirche geltende Grundprinzip der Hierarchie (heilige Herrschaft) und die Konzentration der Leitungsvollmacht (heilige Gewalt) in der Gestalt des Bischofs schließt sowohl eine charismatische Struktur als auch demokratische Instanzen (Prinzip der Gewaltenteilung) aus. Zwar teilt sich der Heilige Geist in Taufe und Firmung allen Gläubigen mit und lässt sie am Priestertum Christi teilnehmen und mitwirken. Die Glieder des Gottesvolkes werden aber damit nicht zu Trägern heiliger Gewalt, die allein den Bischöfen vorbehalten bleibt. Die Amtsträger (Klerus) sind von den übrigen Gliedern der Kirche (Laien) wesensmäßig unterschieden (…). Demokratische Tendenzen und Versuche stoßen an eindeutig markierte Grenzen.«[16] Fahlbusch kann sich einen kritisch-ironischen Kommentar nicht verkneifen: »So kann zum einen der Eindruck entstehen, dass der Heilige Geist mittels Weihe und kanonischer Sendung bischöflich verwaltet, kanalisiert und kontrolliert wird, und zum anderen, dass die römisch-katholische Kirche mit Herrschaftsprivilegien für wenige ausgestattet ist und einer absoluten Monarchie gleicht, in der sich die freiheitlichen Rechte des Menschen, die ihm seiner Natur nach zukommen, nicht voll entfalten können.«[17] Der Objektivität halber führt er die dogmatische Argumentation an, mit der die katholische Kirche ihre hierarchische Struktur begründet; ob sie zu überzeugen vermag, kann offen bleiben: »Diesem (auch innerkatholisch artikulierten) Eindruck steht die theologisch begründete Behauptung entgegen, dass Christus selbst das hierarchische Ordnungsprinzip verfügt hat (Dogma), die Gliederung in Leitende (Hirte) und Geleitete (Herde) dem göttlichen Willen entspricht, die Kirche auch in der Organisation ihres gesell-

15. Ebd.
16. Ebd., 67.
17. Ebd.

schaftlichen Gefüges ihrem Herrn gehorsam und treu bleiben muß und ihr Sendungsauftrag gerade darauf zielt, allen Menschen Erfüllung und Heil zu vermitteln.«[18]

Alles weitere, was Fahlbusch über die katholische Kirche ausführt – die Disziplin der Kirche, die Pastoral der Kirche und schließlich noch ein Blick auf die römisch-katholische Kirche in der Bundesrepublik Deutschland –, bewegt sich naheliegenderweise innerhalb des hier abgesteckten theologischen Rahmens und bestätigt obendrein seine Tragfähigkeit und Schlüssigkeit, so dass an dieser Stelle mit der Darstellung abgebrochen werden kann.

## II.

Zunächst einmal ist zu Fahlbuschs Rekonstruktion des römisch-katholischen Selbstverständnisses von Kirche zu bemerken, dass sie sich durch eine große Genauigkeit und Gewissenhaftigkeit auszeichnet; für jede Aussage, die getroffen wird, wird mindestens eine kirchenamtliche Äußerung angeführt. Was dem Verfasser gelingt – und das begegnet in kaum einem der von ihm herangezogenen Texte dermaßen systematisch – ist, die einzelnen aufgeführten Aspekte und Dimensionen des Kirchenverständnisses so miteinander zu verschränken und ineinander zu integrieren, dass daraus ein logisch konsistentes Gesamtgebilde entsteht. Um eine sich nahe legende Metapher zu verwenden: Die Einzelbausteine werden dermaßen gekonnt zusammengefügt, dass aus ihnen allen ein imposantes Bauwerk entsteht. Fällt einer der Bausteine heraus, droht das gesamte Gebäude zusammenzustürzen. Von daher lässt sich verstehen, dass die für die Kirche Verantwortung Tragenden dermaßen bedacht darauf sind, dass das Gebäude stabil bleibt.

Je nach individuell-psychischer Verfassung mag es für die einen aufbauend sein, für die anderen beängstigend – was hier vor dem geistigen Auge errichtet ist, ist eine Kirche, die sich als ein sich auf ihre unveränderlichen göttlichen Grundlagen berufendes und sowohl in ihrer Programmatik als auch in ihrer Struktur lückenlos durchkonstruiertes und somit in sich geschlossenes System repräsentiert, das bei aller Geschichtlichkeit in seinem Kern unveränderlich ist und bleibt. Dass das so ist, macht nach Fahlbusch das Römisch-Katholische aus. Umge-

18. Ebd.

kehrt heißt das: Wenn es eine römisch-katholische Kirche gibt, dann muss sie eben so – und kann nicht anders – sein.

Nun ist bereits beiläufig erwähnt worden, dass kein – zumindest neueres – kirchenamtliches Dokument aus dem katholischen Raum diese Kirche in dieser geschlossenen Systematik darstellt. Das gilt übrigens auch für die dogmatischen Handbücher zur Ekklesiologie, zumindest sofern sie nach dem letzten Konzil konzipiert und veröffentlicht worden sind.[19] Hier begegnet fast eine konträre Darstellung von Kirche: den konkreten Menschen zugewendet, offen und einladend, geschichtlich und veränderbar, eine Gemeinschaft von Gläubigen in Solidarität mit allen Menschen, usw. usf.. Die Frage drängt sich auf: Wenn von ein und derselben – römisch-katholischen – Kirche die Rede ist, dann kann doch nur eine Darstellung ihres Selbstverständnisses richtig sein? Welche ist die richtige und welche ist die falsche?

Weitergefragt: Könnte es sein, dass Verfasser, die selbst aus dem katholischen Raum kommen, verständlicherweise zu einer eher attraktiven Darstellung von Kirche neigen und für deren problematische Seiten eher blind sind? Andersherum: Tut sich ein »Beobachter von außen« möglicherweise leichter, ein Phänomen wie die Kirche ungeschminkt – halt so, wie es ist – darzustellen? Und ist er vielleicht nicht eher in der Lage, aus der Distanz heraus systematische Zusammenhänge wahrzunehmen, die in das Phänomen bzw. in das System Involvierte so nicht wahrzunehmen vermögen?

Wie sich zeigen wird, ist es nicht möglich, diese Fragen, die nach dem Muster einer binären Logik gefasst sind, eindeutig zu beantworten; vorläufig ließe sich als Antwort geben: teils – teils. Das hat unterschiedliche Gründe.

## III.

Da ist zum einen nicht zu übersehen, dass Fahlbusch in seiner Darstellung eine bestimmte Absicht verfolgt. Er schreibt nämlich eine »Kirchenkunde«, der es darum geht, die unterschiedlichen gegenwärtig in-

19. Vgl. als einschlägige Handbücher: *M. Kehl*, Die Kirche. Eine katholische Ekklesiologie, Würzburg 1992; *J. Werbick*, Kirche. Ein ekklesiologischer Entwurf für Studium und Praxis, Freiburg/Br. 1994; *S. Wiedenhofer*, Das katholische Kirchenverständnis. Ein Lehrbuch der Ekklesiologie, Graz 1992.

nerhalb des christlichen Raums antreffbaren Konfessionen jeweils so profiliert – und damit so unterschiedlich – wie möglich herauszuarbeiten. Das ist durchaus plausibel. Denn wenn und solange es Konfessionen gibt, muss es Merkmale geben, die sie voneinander abheben. Auf diese Weise gibt es bei konfessionskundlichen Darstellungen eine Tendenz zur Idealtypen-Bildung (im Sinne von Max Weber), d.h. Konstruktionen des Römisch-Katholischen, des Protestantischen, des Orthodoxen etc., die zwar Anhaltspunkte in der jeweiligen konfessionellen Realität haben, sich als theoretische Konstrukte aber nicht mit ihr decken. Sie können sich jedoch in den Köpfen als Vorstellung von der jeweils anderen Konfession dermaßen nachhaltig festsetzen, dass in interkonfessionellen Begegnungen der oder die jeweils andere zunächst nach diesem zum Klischee gewordenen Idealtypus gemessen wird und leicht Irritationen entstehen, wenn er oder sie sich dem nicht fügt.

## IV.

Dieser hermeneutische Hinweis kann und darf allerdings zum anderen nicht die empirische Tatsache abmildern, dass die römisch-katholische Kirche, repräsentiert durch eine Reihe von maßgeblichen Organen, ihrerseits seit einiger Zeit alles Erdenkliche dafür getan hat und tut, um dem Erscheinungsbild, wie Fahlbusch es skizziert hat, voll und ganz zu entsprechen. Diese Entwicklung hat sich in dem Maße durchsetzen können, wie es verantwortlichen kirchenleitenden Kräften gelungen ist, die Dokumente des Zweiten Vatikanischen Konzils so zu interpretieren und etwa im neu gefassten Kirchenrecht (Codex Iuris Canonici von 1983) rechtskräftig werden zu lassen, wie es der Lesart von Fahlbusch entspricht: vor dem Hintergrund der bis dahin erfolgten kirchenamtlichen Lehrentwicklung und in Kontinuität mit ihr, wobei das Erste Vatikanische Konzil (1869/70) mit seiner Dogmatisierung der Infallibilität und Suprematie des Papstamtes ein erhebliches Gewicht erhält.

Mit einer kaum anderswo so nachzulesenden Deutlichkeit hat der Kirchenrechtler Werner Böckenförde die geltende Rechtslage in der römisch-katholischen Kirche umrissen und damit einer allzu blauäugigen Euphorie von innerkirchlichen Reformgruppen einen Dämpfer verpasst; aus seinem Vortrag, den er im Herbst 1998 vor der Initiative

»Wir sind Kirche« gehalten hat, seien einige markante Stellen zitiert[20]: »Der Codex Iuris Canonici macht bei allen schätzenswerten Änderungen deutlich, dass es keine einschneidenden rechtlichen Konsequenzen aus dem Konzil geben sollte. Der kirchliche Gesetzgeber – und dies ist nach der Kirchenverfassung letztlich und allein der Papst – dieser Gesetzgeber zeigt sich entschlossen, nicht nur jede Infragestellung der hierarchischen Struktur der Kirche zu unterbinden, sondern diese weiter zu festigen.«[21] – »Aller mit leuchtenden Augen vorgetragenen Communio-Theologie oder -Ideologie zum Trotz dominiert im derzeitigen Kirchenrecht das alte Verständnis von der Kirche als einer societas inaequalis.«[22] – »Auch nach dem Konzil ist die hierarchische Leitung der Kirche ungebrochen. Der Ruf nach Gleichheit aller Gläubigen erhielt in c. 208 des Codes die Antwort: Nach dem Selbstverständnis des kirchlichen Lehramtes besteht die ›wahre‹ Gleichheit in der Taufwürde. Das ist eine Gleichheit, welche die Ungleichheit in der Rechtsstellung, je nach Standeszugehörigkeit und Geschlecht, einschließt. In c. 208 CIC heißt es: ›Unter allen Gläubigen besteht (...) eine wahre Gleichheit (...), kraft der alle je nach ihrer eigenen Stellung und Aufgabe am Aufbau des Leibes Christi mitwirken.‹ Der Sehnsucht nach Freiheit und Verantwortung wurde begegnet durch die Einforderung von Gehorsam, allein aufgrund formaler Autorität unabhängig von Einsicht. Die Laien bilden nach wie vor die ›hörende‹ Kirche.«[23] Böckenförde führt insgesamt acht Verlautbarungen auf, die der Vatikan innerhalb des letzten Jahrzehnts erlassen hat und die alle auf der Linie der Festigung des dort sein Zentrum habenden kirchlichen Systems liegen.[24] Dabei konnte er noch nicht die im Jubiläumsjahr 2000 von der Kongregation von der Glaubenslehre verlautbarte Erklärung »Dominus Jesus« einbeziehen, die völlig zu Recht sowohl innerkirchlich als auch von den anderen Kirchen als ein erheblicher Rückschlag für die Bemühungen um eine ökumenische Verständigung gewertet worden ist.[25] Folgt man allerdings

20. Vgl. zum Folgenden *W. Böckenförde*, Zur gegenwärtigen Lage in der römisch-katholischen Kirche, in: Orientierung 62 (1998), 228-234.
21. Ebd., 229.
22. Ebd.
23. Ebd., 230.
24. Vgl. ebd., 230-232.
25. Vgl. Text und Kommentare in *M.J. Rainer* (Red.), »Dominus Iesus«. Anstößige Wahrheit oder anstößige Kirche?, Münster 2001; vgl. auch *L. Boff*, Manifest für die Ökumene. Ein Streit mit Kardinal Ratzinger, Düsseldorf 2001.

der von Böckenförde aufgewiesenen Linie, lässt diese Erklärung sich nicht einfach als ein »innervatikanischer Betriebsunfall« abtun, wie ihre antiökumenische Schärfe gern abzumildern versucht worden ist; sie entspricht vielmehr voll und ganz der aufgewiesenen Linie in den Stellungnahmen des Vatikans.

Den Befund zur Rechtslage in der katholischen Kirche zusammenfassend notiert Böckenförde: »Was kirchenrechtlich erhoben wurde, zeigt nach der Kirchenverfassung und nach der Weise der Machtausübung deutlich ›heilige Herrschaft‹. Und wie steht es mit der ›christlichen Freiheit‹? Was den Gläubigen in der real existierenden Kirche zugemutet wird, heißt, die ›heilige Herrschaft‹ als die wahre Form christlicher Freiheit zu verstehen und zu akzeptieren. Freiheit gegen die Hierarchie, gegen das Lehramt kann es nach deren Selbstverständnis legitim nicht geben«[26] – ein Befund, der, wie er einräumt, erschlagen könne.

## V.

Nicht nur Außenstehenden drängt sich angesichts einer solchen Kirche, die sich wie ein totalitäres Regime geriert, die Frage auf, wie man oder frau dann überhaupt noch dieser Institution angehören kann. Tatsächlich hat es zumindest hier zu Lande eine beträchtliche Zahl von Christen und Christinnen nicht länger in dieser Kirche aushalten können und ihr den Rücken gekehrt, sei es durch formellen Austritt, sei es durch Rückzug in die innere Emigration; manche von ihnen sind dabei gänzlich am christlichen Glauben irre geworden.

Nach Böckenförde[27] ist nüchtern zu konstatieren, dass derzeit in der römisch-katholischen Kirche Rechtslage und Rechtswirklichkeit weit auseinanderklaffen und dass der Graben dazwischen durch jede neue römische Verordnung noch größer wird. In der alltäglichen pastoralen Praxis geschehe offiziell gesehen ein Rechtsbruch nach dem anderen – in der Regel ohne Folgen. Dabei könnten im Ernstfall sowieso nur diejenigen geahndet und gegebenenfalls bestraft werden, die beruflich im Dienst der Kirche stünden und materiell von ihr abhängig seien. Verständliche Folge der ständig erfahrenen Unmöglichkeit, die vor-

26. *W. Böckenförde*, aaO., 232.
27. Vgl. ebd., 230.

gegebenen rechtlichen Vorschriften befolgen zu können, wenn man den Menschen, mit denen man es in der Seelsorge zu tun bekomme, wirklich gerecht werden wolle, sei, dass man dem ganzen Rechtssystem gegenüber gleichgültig werde und dass damit die universalkirchlichen Leitungsorgane einschließlich des Papstamtes einen weitreichenden Autoritätsverlust erführen.

Wenn die Kluft zwischen dem rechtlich verfassten römisch-katholischen System und der kirchlichen Wirklichkeit »an der Basis« dermaßen groß ist, bleibt die Frage, ob es sich bei letzterer um ein allgemeines Dissidententum handelt, das eigentlich nichts mehr mit der katholischen Kirche zu tun hat oder ob die betroffenen Einzelnen, Gruppen, Gemeinden, Verbände etc. sich sehr wohl dieser Kirche zurechnen dürfen und legitimerweise in ihr bleiben.

## VI.

»Jede Zeit ist bei ihrem Blick auf die Kirche von ihren eigenen Voraussetzungen mehr oder minder abhängig. So ist es nicht verwunderlich, dass in der katholischen Theologie der Neuzeit Kirche weithin als eine Art von übernatürlichem Obrigkeitsstaat begriffen wurde, mit dem Papst als absoluten Monarchen an der Spitze; dazu kam dann die kirchliche Aristokratie der Bischöfe und ihrer Gehilfen, der Priester, und endlich, in rein passiver Funktion, das Untertanenvolk der Gläubigen. Diese Veräußerlichung des Kirchenbegriffes hatte dann notwendig eine vollständige Verinnerlichung des Heils zur Folge; Gnade und Seligkeit werden rein individualistisch verstanden als die Errettung der einzelnen Seele, für die freilich die Kirche die von Gott amtlich vorgeschriebenen Mittel – die Sakramente – liefert. Einem solchen (hier sicherlich vergröbert gezeichneten) Bild von Kirche gegenüber, wie es sich in der Neuzeit durchgesetzt hatte, versucht die Konstitution des Konzils wieder das Eigentliche der ›Gemeinschaft der Heiligen‹ herauszustellen, von der im Glaubensbekenntnis die Rede ist.«[28] So hat der damals junge Konzilstheologe Joseph Ratzinger die Intention der vom Konzil verabschiedeten dogmatischen Konstitution über die Kirche (»Lumen gentium«) umrissen und die Notwendigkeit bekräftigt, dass

28. *J. Ratzinger*, Einleitung, in: Zweites Vatikanisches Konzil. Dogmatische Konstitution über die Kirche, Münster 1965, 7-19, hier: 8f.

die katholische Kirche sich von einem zeitbedingten einseitigen und problematischen Kirchenverständnis löste, um »Kirche in der Welt von heute« werden zu können. Viele sahen in der auf dem Konzil überzeugend bekundeten Umkehr- und Lernbereitschaft der katholischen Kirche einen hoffnungsvollen Neuaufbruch, an dem sie dann aktiv und engagiert mitwirkten. Dies war ein anderer Weg, nämlich ein Weg weg von dem geschlossenen und einengenden römischen System und hin zu einer einladenden, offenen, dialogischen und pluralen Kirche je vor Ort. Hier – so wurde bewusst – ist der vorrangige Platz der Kirche, nahe bei den Menschen, und zwar bei allen Menschen und nicht nur den Getauften, bei ihren Freuden und Hoffnungen, bei ihrer Trauer und Angst. Alle weiteren Ebenen der Kirche haben keinen anderen Zweck als den, dieses Nahe-sein von Christinnen und Christen, von Kirche bei den Menschen zu ermöglichen und mit der notwendigen Unterstützung zu versehen. Das ist der inhaltliche Kern jener Rechtswirklichkeit von Kirche, wie sie W. Böckenförde angedeutet hatte. Und diese gelebte kirchliche Wirklichkeit hat in vielen Dokumenten des Zweiten Vatikanischen Konzils – und letztlich in der Bibel – eine hinreichend sie legitimierende Grundlage, auch wenn sie nicht mit der offiziellen Rechtslage übereinstimmt. Dafür gibt es gute Gründe; ist diese doch das Ergebnis eines völlig entgegengesetzt gegangenen Weges, als ihn nach Kommentierung des Konzilstheologen Ratzinger das Konzil gewollt hat, – des Weges zurück (Restauration) genau zu jenem Kirchenbild, das nicht nur nicht in die heutige Zeit hineinpasst, sondern sich auch bei der Rückbesinnung auf das Wesen der Kirche, wie es in den biblischen Schriften überliefert und in der theologischen Tradition ausgelegt worden ist, als höchst fragwürdig erwiesen hat.

## VII.

Welch enormer Sprengstoff in der Kirchenkonstitution des Konzils für ein biblisch und heute angemessenes Verständnis von Kirche enthalten ist, wird deutlich, wenn man die seit einiger Zeit in Gang befindliche Debatte zur Kenntnis nimmt, die in der katholischen Kirche Frankreichs über ihre Sendung in der dortigen Gesellschaft geführt wird.[29] Einer der an dieser Debatte maßgeblich Beteiligten, der Sozio-

29. Vgl. dazu ausführlicher meinen Beitrag (mit entsprechenden Literaturver-

loge Jean-Marie Donegani, hat in einem Beitrag herausgearbeitet, dass sich in der Tat ein Paradigmenwechsel im Verständnis von Kirche ergibt, wenn man das letzte Konzil ernst nimmt; der entscheidende Abschnitt daraus ist es wert, wörtlich wiedergegeben zu werden: »Diese historische Gestalt des Katholizismus (der nach Donegani als Reaktion auf die Reformation geprägt war vom Bemühen um Er- und Einfassung der Gläubigen und dessen charakteristische Elemente die Verbindlichkeit der Lehre, wie sie im Katechismus formuliert war, und die Bindung der Gläubigen an die Weisungen der Hierarchie bildeten, NM) verschwindet mit dem Tod Pius XII. und mit dem konziliaren aggiornamento. Dafür spricht besonders der Vergleich der Wesensbestimmungen der Kirche in der Enzyklika *Mystici Corporis Christi* von 1943 mit denen in der Konstitution *Lumen Gentium*. Die Enzyklika *Mystici Corporis* enthält die letzte Fassung eines Begriffs von der Kirche als *societas perfecta*, die auf Ungleichheit und Unter- bzw. Überordnung beruht, die Zugehörigkeit zum Katholizismus an rechtliche, formale und objektive Kriterien bindet und die Gliedschaft im mystischen Leib allein dem römischen Katholiken vorbehält. Dagegen formuliert 21 Jahre später die Konstitution *Lumen Gentium* kirchliche Identität neu als Volk Gottes und universales Sakrament des Heils. Diese Grenzüberschreitung in Bezug auf die alte – auf Rechten und Ungleichheit beruhende – Sicht und diese Öffnung für die geschichtliche und eschatologische Dimension ihrer Identität sind jetzt die Basis dafür, dass die Kirche den Begriff ›Glied‹ ablehnt und erklärt: ›Gott hat die Versammlung derer, die zu Christus als dem Urheber des Heils und dem Ursprung der Einheit und des Friedens aufschauen, als seine Kirche zusammengerufen und gestiftet, damit sie allen und jedem das sichtbare Sakrament dieser heilsbringenden Einheit sei.‹ (Lumen Gentium Nr. 9) ›Zu dieser katholischen Einheit des Gottesvolkes, die den allumfassenden Frieden bezeichnet und fördert, sind alle Menschen berufen. Auf verschiedene Weise gehören ihr zu oder sind ihr zugeordnet die katholischen Gläubigen, die anderen an Christus Glaubenden und schließlich alle Menschen überhaupt, die durch die Gnade Gottes zum Heil berufen sind.‹ (Lumen Gentium Nr. 13) Man kann diese Formulierungen als Übergang vom Rechtlichen zum Anthropologischen und von der objektiven Zugehörigkeit

weisen): Mission und die Paradoxien der Kirche als Organisation, in: *W. Ratzmann/J. Ziemer* (Hg.), Streitfall Mission, i.E. (2003).

zur subjektiven Identität interpretieren. Die persönliche Freiheit und die dem Subjekt eigene Bereitschaft werden vom Konzil rehabilitiert als wesentlich im Akt des Glaubens und in der religiösen Identität.«[30]

Aus diesem Paradigmenwechsel ergibt sich eine Reihe von weiteren Konsequenzen, die hier nur thesenartig aufgeführt seien:[31]

1. Im Unterschied zu einer objektiven und formalen Bestimmung der Zugehörigkeit, die statistisch gemessen werden kann, bedarf es mit Blick auf die subjektive Identifizierung mit dem Glauben und der damit verbundenen Nähe oder Distanz zur Kirche einer neuen, viel sensibleren Weise der Wahrnehmung. »Die Einheit der Kirche«, so bemerkt Hadwig Müller dazu, »beruht auf der Suche und dem Wort, mit denen die Menschen auf die Gabe Gottes antworten. Die Zeichen für diese Identifizierung zu interpretieren ist ein weit unsicherer Weg, als die Übereinstimmung mit den Kriterien der Kirchenzugehörigkeit zu messen.«[32]

2. Die Menschen sind in dem, was sie von ihrem Glauben zu sagen wissen, ernst zu nehmen und in das Bemühen um eine zeitgerechte Artikulation des Glaubens aktiv einzubeziehen.

3. Damit kommt unweigerlich eine Gegebenheit auch innerhalb der Kirche ins Spiel, die ein Kennzeichen der (post-)modernen Gesellschaft insgesamt ausmacht: der Pluralismus – und zwar bis in das Verständnis des Glaubens hinein. Diese Pluralität der Verständnisweisen und Ausdrucksformen des Glaubens ist zutage zu fördern und zu respektieren. Indem diese zueinander gebracht werden, ohne zwanghaft auf eine Linie gebracht zu werden, wird ernst genommen, dass die Einheit des Glaubens nicht etwas ist, was vorgegeben werden kann, sondern was gerade in seiner gegenseitig sich bereichernden Verschiedenheit zum Vorschein kommt.

4. So sehr die Meinung und Entscheidung des je Einzelnen unbedingt zu respektieren sind, so muss aber auch die Bereitschaft zur Auseinandersetzung damit hinzukommen. Eine Unterscheidungsarbeit zwischen »wahren« und »falschen« Verständnisweisen des Glaubens ist

30. *J.-M. Donegani*, Soziologische Bestimmung der Gegenwart als Chance, in: *H. Müller* u. a. (Hg.), Sprechende Hoffnung – werdende Kirche, Ostfildern 2001, 218-235, hier: 221.

31. Vgl. ausführlicher meinen Beitrag, aaO., und die darin angegebene Literatur.

32. *H. Müller*, Im Übergang zu einer noch nicht gewussten Kirche, in: ThPrQ 149 (2002), 33-42, hier: 36.

vonnöten, die allerdings nicht von einer vorgeordneten Instanz her vorgenommen werden kann, sondern die von allen Beteiligten im gemeinsamen Gespräch zu leisten ist, also eine genuine Aufgabe der christlichen Gemeinden darstellt.[33] Damit wird nach J.-M. Donegani ernst genommen, dass die Wahrheit des christlichen Glaubens relational, aber nicht relativ ist.[34]

5. Besonders bedeutungsvoll sind in diesem Zusammenhang die Suchenden und neu oder auch wieder zum Glauben Kommenden. Donegani schreibt dazu: »Die den Glaubensweg neu beginnen, tragen ihrerseits dazu bei, das Gesicht der gläubigen Gemeinschaft zu gestalten, und die kirchliche Realität ist insgesamt ein Gewebe der vielfältigen Erwartungen und Hoffnungen jener, die weggegangen sind und ein wenig später wieder zurückkommen, und auch jener, die geblieben sind, aber nicht unbedingt noch denselben Glauben wie in ihrer Kindheit ausdrücken. Diejenigen, die geblieben sind, haben nicht etwa den Schlüssel zum Ganzen der Aussagen, die zum Glauben gehören, zu dem die Reisenden nach einer mehr oder weniger langen Entfernung zurückkehren müssen. Jeder gläubige Mensch sagt heute, für heute, den Glauben der Kirche, und durch dieses Gewebe ungezählter Glaubensbekenntnisse trägt die Arbeit der Evangelisierung dazu bei, das Gesicht der Kirche von heute zu zeichnen.«[35] Einem solchen Kirchenverständnis korrespondiert ein Netzwerkmuster eher als das traditionelle Schema konzentrischer Kreise.

6. Insgesamt ist für eine solche Kirche, die nicht nostalgisch vergangenen Zeiten verhaftet bleibt, sondern sich den veränderten gesellschaftlichen Bedingungen, für die vor allem Individualisierung und Pluralisierung die »Megatrends« ausmachen, stellt und da hinein den christlichen Glauben zu inkulturieren versucht, charakteristisch, dass sie – wie H. Müller es treffend formuliert hat – »eine nicht gewusste Kirche«[36] ist und wohl auch bleibt. Das hat nichts mehr, aber auch gar nichts mehr mit dem Verständnis einer Kirche als einem fest geordneten System gemeinsam.

33. Vgl. *J.-M. Donegani*, aaO., 222f.
34. Vgl. ebd., 234f.
35. *J.-M. Donegani*, aaO., 229.
36. *H. Müller*, aaO.

## VIII.

Vor diesem Hintergrund lässt sich das, was – wenn man es denn näher umreißen will – eine nachkonziliare katholische Identität ausmacht, in folgenden vier Punkten bestimmen:[37]

1. »Katholisch-Sein heißt, den christlichen Glauben in Treue zu den Aussagen des Alten und Neuen Testaments, zu der lehramtlichen Verkündigung und zu den geschichtlichen Erfahrungen der Christinnen und Christen zu bekennen.«[38] Die Gläubigen sind somit nicht länger bloß Objekte kirchenamtlicher Belehrung, sondern Subjekte ihres Glaubens. Mit ihrem je individuell gelebten Glauben tragen sie zum Gesamtglauben der Kirche bei. Nicht Uniformität, sondern Pluriformität sind darum für diesen kennzeichnend.

2. Katholisch-Sein besteht in der Würde, zum Volk Gottes zu gehören – allerdings nicht in einem exklusiven Sinne. »Auch die Gläubigen der anderen Kirchen sind Teil dieses Volkes; unsere jüdischen Brüder und Schwestern sind es von jeher...; und letztlich gehören alle Menschen aller Religionen und Weltanschauungen dazu.«[39] Der Dialog miteinander macht darum ein konstitutives Moment bei der Bildung katholischer Identität aus.

3. Katholisch-Sein heißt, sich als Teil einer Weltkirche zu begreifen, die in unterschiedlichen Kulturen verwurzelt ist und von ihnen geprägt wird und ihre Einheit in der Anerkennung solcher Vielfalt findet. Gerade der geschwisterliche Austausch erweist sich als Herausforderung und Bereicherung für die je eigene – notwendigerweise kontextuell gebundene – Identität.

4. Katholisch-Sein heißt, an Gottes Wirken in der ganzen Welt zu glauben. Nicht der Rückzug in die eigenen kirchlichen Reihen, sondern die solidarische Zusammenarbeit mit allen Menschen im Mitwirken am Aufbau des Reiches Gottes ist Merkmal katholischer Identität.

37. Sie sind entnommen aus meinem Beitrag: Mitgliedschaft in den Kirchen unter dem Anspruch auf religiöse Individualität, in: *A. Dubach/W. Lienemann* (Hg.), Aussicht auf Zukunft. Auf der Suche nach der sozialen Gestalt der Kirchen von morgen, Zürich 1997, 241-252, hier: 244f.; darin beziehe ich mich stark auf den Beitrag von *N. Greinacher*, Katholische Identität in der dritten Epoche der Kirchengeschichte, in: Concilium 30 (1994), 379-386.

38. *N. Greinacher*, aaO., 384.

39. Ebd., 385.

Nimmt man das zusammen, heißt das, dass katholische Identität nicht einfach als fixe Größe vorgegeben werden kann, sondern dass sie – als ständige Suchbewegung – aufgegeben ist. Dies kann dem Einzelnen nicht abgenommen werden; wohl kann es hilfreich und inspirierend sein, gemeinsam mit anderen den Weg zu gehen und so konkret im Miteinander zu erfahren, was Kirche heißt. Im Bewusstsein um ihre vorläufige Gestalt ist immer nur eine partielle Identifikation mit der je vorfindbaren Kirche möglich.

## IX.

Spätestens an dieser Stelle kommt der Einwand auf, warum mit Blick auf die aufgeführten Aspekte überhaupt noch von einer »katholischen Identität« die Rede sei? Ist das nicht grundlegend christlich? Darauf lässt sich nur antworten: Und – ist das denn schlimm?

Es fällt auf, dass seit einiger Zeit in kirchenoffiziellen Verlautbarungen verstärkt die Herkunft des Dokuments und damit die konfessionelle Bezeichnung »evangelisch« bzw. »katholisch« hervorgehoben wird – im Unterschied zu einer Zeit zuvor, in der das nicht so der Fall gewesen ist, wo eher von »christlich« gesprochen worden ist. Zu vermuten ist, dass dabei die Absicht leitend ist, der Öffentlichkeit stärker bewusst werden zu lassen, dass Kirche nicht einfach gleich Kirche ist, sondern dass es durchaus zu bestimmten Fragen differenzierte Positionen zwischen den Kirchen gibt, die gekennzeichnet werden sollen. Vor allem für die protestantische(n) Kirche(n) ist das verständlich; wird sie/werden sie in der öffentlichen Darstellung – in den Medien etc. – doch stark durch die katholische Kirche überlagert. Doch ist es so, dass vieles, was als »evangelisch« verlautbart wird, Gottseidank von vielen aus dem katholischen Raum auch geteilt wird (was nahe liegt, wenn »evangelisch« nicht nur als Konfessions-, sondern als Sachbezeichnung – dem Evangelium gemäß – verstanden wird). Ob das umgekehrt auch so der Fall ist, kann offen bleiben.

In diesem Zusammenhang wird auf katholischer Seite bisweilen von einer »Protestantisierung« in der eigenen Kirche gesprochen, der gegenüber die genuine Identität wieder stärker hervorzukehren sei. Warum – so lässt sich zurückfragen – kann eine solche »Protestantisierung«, statt zurückgewiesen zu werden, nicht positiv gesehen werden im Sinne eines in der katholischen Kirche sich vollziehenden Lernprozesses, nämlich im Verständnis des christlichen Glaubens etwas Richtiges und Wichtiges zu erkennen, was im Zuge der gegenreformatorischen Reaktion wohl nicht in der nötigen Unvoreingenommenheit hat wahrgenommen werden können. Gerade was die Hochwertung des individuellen Subjekts in seiner unmittelbaren Beziehung zu Gott angeht, hat die katholische Kirche immer noch enormen Nachholbedarf – und dies umso mehr, weil im Zuge der gesellschaftlichen Trends der Individualisierung und Subjektivierung Religion – und somit auch Glaube – wenn überhaupt auf dem Wege der subjektiven Identifizierung und nicht dem der institutionellen Vermittlung die Chance hat, zu eigen gemacht zu werden.

Überhaupt stellt sich mit Blick auf die gesellschaftliche Realität die Frage, ob nicht längst eine je eigene konfessionelle Profilierung der Kirchen und ein unweigerlich damit verbundenes Herausstellen der Differenzen längst obsolet geworden ist. Dass über Jahrhunderte gewachsene Unterschiede im Vollzug des Glaubens sich von heute auf morgen nivellieren lassen, ist illusorisch und auch gar nicht anzustreben; denn Vielfalt kann auch zu einer gegenseitigen Bereicherung werden. Darüber besteht in der ökumenischen Verständigung schon längst Einverständnis. Aber es wäre verfehlt, diese Vielfalt wieder zu einem solchen Grunddissens zu stilisieren, der zur Profilierung der je eigenen Identität nötigt. Denn dass es heutzutage für den Glauben und die Kirchen viel entscheidendere Differenzen als die untereinander gibt, das zeigen zur Genüge der konziliare Prozess für Gerechtigkeit, Frieden und Nachhaltigkeit sowie die ökumenische Dekade zur Überwindung der Gewalt – jedenfalls wenn sie nicht bloß als sozialethische, sondern als genuin theologische Programme ernst genommen werden.

In diesem Sinne weist Hermann Häring mit seiner neuen Streitschrift »Glaube ja – Kirche nein?«[40] den wohl am ehesten angemessenen Weg in die Zukunft, wenn er darin sowohl vom biblischen Text als normativer Grundlage her als auch mit Blick auf den heutigen gesellschaftlichen Kontext deutlich macht und dafür plädiert, dass das (individuell und gemeinsam bekundete) Konfessorische ein unabdingbares Element des Glaubens ist und bleibt, nicht jedoch das Konfessionelle.

40. *H. Häring*, Glaube ja – Kirche nein?, Darmstadt 2002.

*Friedrich Grotjahn*

# Der Tod des Boxers

Es war alles sehr schnell gegangen. Pastor Schäfer hatte versucht, den stark angetrunkenen Mann daran zu hindern, bei Rot über die Kreuzung zu gehen und ihn, als alles Reden nicht fruchtete, an seiner Jeansjacke festgehalten. Der aber hatte, im Bemühen, die lästige Behinderung loszuwerden, seinen Arm hochgerissen und Pastor Schäfer mit dem Ellbogen voll ins Gesicht getroffen. Und während Pastor Schäfer zurücktaumelte, war er seines Weges gegangen, quer über die Kreuzung, zwischen lauter hupenden und bremsenden Autos hindurch.

Noch völlig benommen und mit schmerzendem Kopf war Pastor Schäfer zu Hause angekommen; und trotz der Auflagen von in essigsaurer Tonerde angefeuchteten Tüchern sah sein Gesicht bald schlimm aus. Mit seinem zugequollenen rechten Auge bot er am nächsten Tag den Anblick eines Boxers nach einem verlorenen Kampf. – Und ausgerechnet am Tage darauf musste er diesen ehemaligen Boxer beerdigen.

Der Mann war einmal eine lokale Größe im Boxsport gewesen, hatte dann im hohen Alter von 32 Jahren das Boxen aufgegeben, war ins Schrottgeschäft eingestiegen und nun, Mitte 40 und etwas verfettet, mit einem Sportwagen auf der Autobahn unter einen Lastwagen geraten.

Pastor Schäfer hatte noch nie einen Boxer beerdigt; und diese Beerdigung wurde ein lokales Ereignis mit erheblicher boxsportlicher Präsenz. Zumindest saßen bei der Trauerfeier eine ganze Reihe von ernsten Männern in der Halle, die in ihren eng sitzenden schwarzen Anzügen sehr stark aussahen.

Als Pastor Schäfer das Rednerpult bestieg und sich der Gemeinde zuwandte, glaubte er ein Raunen im Saal zu vernehmen, und er hatte den Eindruck, dass die Trauergäste ihn mit besonderem Interesse ansahen.

In seiner Trauerrede sprach er vom Leben, und dass das Leben ein Kampf sei, in dem es nicht nur Siege gebe, sondern auch Niederlagen – oft auch sichtbare. Und nach seinem Empfinden folgte die Trauergemeinde seiner Predigt mit mehr Aufmerksamkeit als das bei Beerdigungen üblich ist.

Nach der Beisetzung verabschiedete sich Pastor Schäfer von den Verwandten. Dabei drückte der Bruder des Verstorbenen ihm so bewegt und so nachdrücklich die Hand, dass Pastor Schäfer befürchtete, er werde nie wieder einen Stift halten können, und sagte: »Herr Pfarrer, ich danke Ihnen für Ihre aufrichtigen Worte. Wenn man Sie ansieht, dann spürt man: Der Mann weiß, wovon er redet.«

Am nächsten Tag erschien in der Lokalpresse ein Bildbericht von der Beerdigung. Unter anderem war ein Foto wiedergegeben, das Pastor Schäfer bei seiner Ansprache zeigte, recht nah und recht deutlich. Und im Text dazu war von des Predigers »großem Einfühlungsvermögen« die Rede. Pastor Schäfer, als er das las, war sich nicht klar darüber, ob das ernsthaft gemeint, oder ob hier Ironie im Spiel war.

Wenigstens war es dieses »Einfühlungsvermögen«, was in den nächsten Tagen in der Gemeinde und darüber hinaus diskutiert wurde. Es gab welche, die sprachen von einem »typischen Fall von Überidentifikation«. Andere fragten sich, ob Pastor Schäfer, hätte er einen Feuerwehrmann zu beerdigen, mit einem Feuerlöscher erscheinen würde – oder im Fall eines toten Zirkusdirektors mit einem dressierten Affen auf der Schulter.

Der Superintendent wandte sich an Pastor Schäfer direkt. Er rief ihn an, er habe das Foto in der Zeitung gesehen und möchte gerne wissen, wie es ihm gehe. Und als Pastor Schäfer antwortete, es sei schön, dass der Schmerz nachgelassen habe, meinte er, es sei doch erstaunlich, wie weit er – Bruder Schäfer – in seinem missionarischen Bestreben tatsächlich gegangen sei. Zwar habe Paulus uns Christen nahe gelegt, »den Juden ein Jude, den Griechen ein Grieche« zu sein; von Boxern sei aber bei dem Apostel nicht die Rede gewesen. Und so müsse doch angesichts seines – Bruder Schäfers – »Gesichtsverlust« die Frage erlaubt sein, ob ein derartiges Maß an persönlichem, ja körperlichem Einsatz, sich letztendlich nicht doch kontraproduktiv auswirke. »Es muss wohl jeder selbst wissen, wie ernst er seinen Beruf nimmt«, antwortete Pastor Schäfer.

*Hans-Martin Gutmann*

# Die Gemeinde als Lebensort – eine kritische Liebeserklärung

## 1. Die Brisanz der Konflikte und die Not-Wendigkeit deutlicher Rede

Die Situation der Evangelischen Kirche in Deutschland ist aktuell (dieser Beitrag wird Ende Februar 2003 verfasst) einerseits von tiefen Verunsicherungen bestimmt, die mit massiven finanziellen Einbrüchen einhergehen. Andererseits besteht eine lang nicht gekannte Präsenz und Profiliertheit der Kirche in einer weltpolitisch lebensgefährlichen Situation unmittelbar vor einem drohenden Angriff der USA und verbündeter Mächte auf den Irak – und eine erstaunliche Öffentlichkeitswirksamkeit und Akzeptanz dieser Positionierung in weiten Teilen der Öffentlichkeit.

Wenn ich über die Situation unserer Kirche nachdenke (ich bin evangelischer Christenmensch, Hochschullehrer für Praktische Theologie in einer deutschen Metropole, und gehöre zum beruflich abgesicherten und relativ reichen Teil der Bevölkerung), so sind diese beiden Eindrücke vorherrschend. Finanziellen Engpässe, Folge von wirtschaftlicher Krise und der Umstellungen im staatlichen Steuersystem, gehen den Kirchen an die Substanz. Die Reaktion der in den Kirchenleitungen Verantwortlichen scheint von einer tiefen Verunsicherung stärker geprägt als von Hoffnung, Zuversicht und Glaubensfröhlichkeit. In der Nordelbischen Evangelischen Kirche beispielsweise, der ich seit meinem Umzug nach Hamburg verbunden bin, sind von radikalen Sparbeschlüssen der Kirchenleitung auch solche Arbeitsbereiche betroffen, die – wie die Evangelische Fachhochschule des Rauhen Hauses in Hamburg – praktisch und symbolisch für die Präsenz und Verantwortlichkeit der Kirche in den sozialen Konflikten einer großstädtischen Lebenswelt einstehen. Führt die finanzielle Krise der evangelischen Kirche zu ihrem Rückzug auf eine »Insel des Betens und Singens«[1]? Das ist die eine Seite.

1. Nach dem Titel eines Beitrags von *K. Stemmler* »Ab auf die Insel des Betens und Singens?«, in: publik forum, Januar 2003.

Die andere Seite: In meiner Gemeinde in Hamburg-Eimsbüttel finden seit Wochen, wie in anderen Gemeinden in der Stadt und im ganzen Land auch, Friedensgebete gegen einen drohenden Angriff der USA und anderer »Williger« gegen den Irak statt. Aus dem Radio kommen Nachrichten über die größte Antikriegsdemonstration seit zwei Jahrzehnten. Eine halbe Million Menschen hat sich in Berlin versammelt, um gegen den drohenden Irakkrieg zu demonstrieren. Und diese größte Demonstration seit zwanzig Jahren beginnt mit einem Friedensgebet des Berliner Bischofs Wolfgang Huber. Auch die römisch-katholische Kirche zeigt in diesen Tagen Profil und Engagement. Selbst wenn ich von Äußerungen aus dem Vatikan keinesfalls immer begeistert war und sicher andere Interessen mit im Spiel sind (beides muss auch zur Orientierung der Bundesregierung in diesem Konflikt angemerkt werden), freut und erleichtert mich die aktuelle Politik auch der römischen Kirchenleitung in der Irakfrage. Ich denke, sie verdient Respekt und Zustimmung.

Um es deutlich zu sagen: Die Haltung der christlichen Kirchen in diesem Konflikt verdient nicht schon deshalb Zustimmung, weil sie mit der Mehrheitsmeinung übereinstimmt[2], sondern deshalb, weil sie in einem hochbrisanten Konflikt mit theologischen und politischen Gründen der Eskalationslogik des Gewaltmechanismus widersteht und auf diese Weise zur Orientierung in der öffentlichen Debatte nicht unwesentlich beiträgt. Der vorherrschende Eindruck ist: Die christlichen Kirchen (in Deutschland, aber auch weltweit) nehmen in diesem Konflikt ihre Aufgabe ernst, im Angesicht drohender Lebensgefahr für hunderttausende betroffener Menschen und unabsehbarer ökologischer und politischer Folgeschäden in der gesamten nah- und mittelöstlichen Region für den Frieden einzutreten. Und auch das ist neu: Kirchenleitungen lassen sich nicht eher widerwillig und unter Rezitation altvertrauter Abwehrmuster (man denke an die Deklamation der »lutherischen« Zwei-Reiche-»Lehre«) von einer aufgeschreckten kirchlichen Basis drängen, sich gegen einen drohenden Weltbrand zu positionieren. Sie treten mit ungewohnt klarer Sprache an die Öffentlichkeit und befördern auf diese Weise einen Prozess, in dem viele tausend Menschen das Lebensgefühl (zurück-)gewinnen: Es ist noch nicht ent-

2. Dies wäre im Falle anderer konfliktbelasteter Themen, wie z. B. der Haltung gegenüber der Todesstrafe oder dem Umgang mit Sexualstraftätern, ein höchst problematisches Kriterium.

schieden, dass die stärkeren militärischen und ökonomischen Bataillone gegen alle politische und ökologische Vernunft ihre Interessen durchsetzen. Es lohnt sich, sich zu engagieren.

Manche Stellungnahmen in dieser Debatte gehen über die konkrete Verhinderung eines sofortigen Militärschlages weit hinaus. Der EKD-Ratsvorsitzende Manfred Kock hat auf die Spiegelbildlichkeit hingewiesen, die die Weltbilder der Kontrahenten in diesem hochbrisanten weltpolitischen Konflikt auszeichnet[3]; er nimmt damit eine Argumentationsfigur auf, die die indische Schriftstellerin Arundhati Rhoy – in brisanter Situation und inhaltlich sicher besser begründet – bereits zwei Wochen nach den furchtbaren Anschlägen auf das World Trade Center in New York und das Pentagon in Washington im September 2001 formuliert hatte: Usama bin Laden sei der dunkle Zwilling des amerikanischen Präsidenten.[4] Dies erscheint bemerkenswert: Der höchste Repräsentant der Evangelischen Kirche in Deutschland identifiziert und demaskiert mit theologisch geschultem Blick ein mythisch-religiöses Erzählmuster, das die amerikanische Politik zumindest als Legitimationsfigur, wenn nicht gar als energetischer Antrieb prägt. Die jeweils eigene Welt gilt als der Bereich des Guten, der mit allen Mitteln bewahrt und dessen Interessen mit allen Mitteln durchgesetzt werden müssen. Der Gegner repräsentiert die Welt des Bösen, letztlich des Satanischen, das mit allen Mitteln vernichtet werden muss.

In die rigide Durchsetzung ökonomischer (vor allem Interessen der Öl- und Rüstungsindustrie) und geopolitisch-militärischer Interessen mischen sich quasireligiöse Begründungmuster. Es handelt sich um die öffentlichkeitswirksame Wiederkehr einer uralten Erzählung: die Welt ist sauber in Gut und Böse aufzuteilen, und die Guten sind wir selbst – die zivilisierten Länder, der freie Markt, die westlichen Demokratien. Im Gegner zeigt das Böse schlechthin seine furchtbare Fratze. Der Terrorismus, dem der neue Welt-Krieg gilt, ist zugleich überall und unauffindbar und kann dennoch in konkreten Gesichtern (der unauffindbare Usama bin Laden und der in seinen Marmorschlössern

3. Spiegel online, 1. Feb. 2003, 13.46 Uhr. Der US-Präsident, so Kock, sei ein »religiöser Fundamentalist«. Bush trete auf, als müsse er eine religiöse Mission erfüllen. Ähnlich würden Islamisten argumentieren, die zu heiligen Kriegen aufriefen. Kock sagte der »Stuttgarter Zeitung«: »Eine solche Begründung erzeugt bei mir eine furchtbare Angst«. Die Vernunft habe es schwer, gegen eine solche irrationale Haltung anzukommen.
4. Arundhati Roy in einem Beitrag für die FAZ am 28. Sept. 2001.

verbunkerte Saddam Hussein) und Mächten dingfest gemacht werden, die mit allen Mitteln ausgerottet werden müssen. Was wir gegenwärtig erleben, ist eine Re-Manichäisierung der politischen Erklärungs- und Mobilisierungsmuster.

Eine evangelische Kirche, die hier Stellung bezieht, kann theologische Weisheit unmittelbar in auch in politischer Hinsicht befreiende Sprechakte übersetzen: Die Verheißung von der Rechtfertigung des Sünders, die evangelische Zentrallehre also, beinhaltet die Entmächtigung einer zerstörerischen, aktuell lebensgefährlichen Größenphantasie. Die vornehmlich eindeutige Aufteilbarkeit der Welt in Gut und Böse, wie sie im manichäischen Mythos suggeriert und in seinen modernen Varianten reinszeniert wird – Licht und Finsternis, Leben und Tod, Heil und Sünde werden jeweils distinkten soziologischen Gruppierungen und politischen Machtgruppen zugewiesen, und das Böse ist immer draußen, bei den Anderen, während die Guten immer wir selbst sind – diese anscheinend eindeutige Zuordnungsmöglichkeit wird durch die biblische Erzähltradition gerade in ihrer protestantischen Lesart unterbrochen. Die Verheißung der Rechtfertigung *des Sünders* beinhaltet die heute unmittelbar befreiende Wahrnehmung, dass das Böse immer auch drinnen, immer auch im Eigenen ist. Und: die endgültige Befreiung vom Bösen ist unter geschichtlichen Bedingungen für Menschen unmöglich. Sie soll und darf getrost Gott überlassen werden.[5]

## 2. Deprofessionalisierung als Notwendigkeit und Chance

Lebensgefühl und öffentliche Präsenz der evangelischen Kirchen scheinen in diesen Tagen vor allem durch diese beiden gegensätzlichen Atmosphären bestimmt: aus finanzieller Knappheit erwachsene Verunsicherungen und Rückzugstendenzen auf der einen, eine bis vor kurzem noch unwahrscheinliche Präsenz und Relevanz kirchlicher Handlungen (z.B. Friedensgebete und -gottesdienste, symbolische Aktionen, öffentliche Erklärungen) und theologischer Reflexionsgestalten (die in der Reformation zentral gewordene biblische »Richtung und Linie«

5. Vgl. *H.-M. Gutmann*, Die Ambivalenz der Unterscheidung von Gut und Böse. Die Welt nach dem 11. September, in: Gott dem Herrn Dank sagen. FS f. Gerhard Heintze. Herausgegeben vom Freundeskreis der Braunschweiger Kirchen- und Sozialgeschichte, Wuppertal 2002, 493-504.

der Rechtfertigungsverheißung) auf der anderen Seite. Beide Problemlagen könnten in eine gemeinsame Orientierung der evangelischen Kirche einmünden: die Gemeinde als Lebensort zu stärken. Für diese Perspektive zu werben, ist Ziel dieses Beitrags.

## *2.1 Der Grund der Kirche als Chance für die Relativierung ihrer aktuellen Sorgen*

Auch im Angesicht der gegenwärtigen aus finanzieller Knappheitserfahrung geborenen Verunsicherungen in der evangelischen Kirche können es nicht zuerst ökonomisch-betriebswirtschaftliche Perspektiven sein, an denen sich ihre Selbstbesinnung und die Gestaltung der unaufschiebbaren Konflikte orientieren können. Fulbert Steffensky hat angesichts der zugespitzten Lage der Nordelbischen Evangelischen Kirche – es müssen auf den verschiedenen Ebenen kirchlicher Arbeit kurzfristig 25 % der Ausgaben eingespart werden – auf der Februarsynode 2003 *mit theologischen Gründen* an das Wesen und die zentralen Aufgaben der Kirche erinnert: »Gott loben, das Recht ehren, Gesicht zeigen.«[6] Steffensky zeigt, dass die Kirche nach biblischem Zeugnis nicht Garant ihrer selbst ist. Sondern: »Wir leben, weil wir bezeugt sind. ›Der Geist gibt Zeugnis unserm Geist, dass wir Gottes Kinder sind‹ (Röm 8,16). Wir gelingen nicht aus eigener Kraft. Wir sind, weil wir angesehen sind, mit dem Blick der Güte. Wir bewohnen uns nicht nur selbst, denn ›der Geist dessen, der Jesus von den Toten auferweckt hat‹ (Röm 8,11), wohnt in uns. Und so müssen wir uns nicht nur selber gebären und uns an uns selber wärmen. Wir haben einen Namen, ehe wir uns namhaft gemacht haben. (...) Wir leben in einem Haus, in dem wir uns nicht ständig beweisen müssen. Wir leben in einem Haus, in dem wir aufhören können, uns durch uns selbst zu rechtfertigen.«[7]

Die Kirche ist mystischer Leib Christi, Gemeinschaft der Heiligen, sie ist heilig – solche biblischen Worte und Bilder, die von der Vor-Gegebenheit der Kirche und ihrer Freiheit gegenüber institutionell-organisatorischem Bemühen und Gelingen erzählen, stoßen sich mit der manchmal trostlosen Offensichtlichkeit kirchlichen Alltags. Das muss

6. *F. Steffensky*, Gott loben, das Recht ehren, Gesicht zeigen. Das Wesen und die zentralen Aufgaben der Kirche. Unveröffentlichter Beitrag auf der Februarsynode 2003 der NEK, vervielfältigtes Typoskript.
7. Ebd., 2.

so sein. Diese Überlieferungen sind nicht Ausdruck eines unglücklichen Bewusstseins gegenüber den faktischen Problemen und Konflikten. Sie können helfen, Panik und Lamentieren angesichts einer bedrängten Lage zu überwinden. »Wir haben keine Zeit für Selbstmitleid und Weinerlichkeit, wir haben etwas zu tun.«[8] Die biblischen Erinnerungen können helfen, in der faktischen kirchlichen Arbeit das Notwendige zu tun und Überflüssiges sein zu lassen. *Überflüssige Dinge machen das Leben überflüssig* (Pier Paolo Pasolini). Und davon gibt es in der Kirche vieles, auch vieles, das Geld kostet.

Gefordert ist heute ein Konzentrationsprozess auf die zentralen Aufgaben einer Kirche, den Steffensky in drei knappen Sätzen beschreibt: »Sie soll Gott loben, sie soll der Gerechtigkeit dienen, sie soll ein Zeichen unter den Völkern sein.« Diese Perspektiven sind nicht unabhängig voneinander einzuhalten, und sie finden ihre Mitte und ihren Grund im zuerst genannten Satz: »(...) die Kirche wird ihre anderen Aufgaben, die Arbeit an der Gerechtigkeit und deutliches Zeichen unter den Völkern zu sein, nur erfüllen können, wenn sie sich gebildet hat in der Kenntnis der eigenen Tradition; wenn sie das Recht lieben gelernt hat, wenn sie sich stark und in ihren Absichten langfristig gemacht im Gebet und wenn sie sich der Güte des Lebens vergewissert hat im Lob Gottes.«[9] Das muss Konsequenzen haben für die Gestalt der theologischen Ausbildung. »Angehende Pfarrer und Pfarrerinnen lernen zu wenig spirituellen Benimm. Sie lernen etwas über das Wesen des Gebets, sie lernen keine Formen des Betens. (...) Es gibt sicher eine neue und begrüßenswerte Kultur von Supervision, Gemeindeberatung und neuerdings Beratung in der Frage der Personalentwicklung. Aber das ersetzt nicht die andere Kultur der Revision des geistlichen Lebens und des theologischen Horizonts.«[10]

Ich denke, dass die von Steffensky genannten drei Perspektiven für das Leben der Kirche in ihren inneren Konflikten ebenso not-wendig sind wie für die Spurensuche für ihren Ort in den aktuell brisanten politischen, sozialen und ökonomischen Konflikten: *Spiritualität*, *Parteilichkeit* für die Perspektive der Armen, *Deutlichkeit* in der Gestaltfindung für das Eigene – in Wahrnehmung und Respekt gegenüber anderen religiösen und kulturellen Orientierungen. Diese drei Per-

8. Ebd., 2.
9. Ebd., 4.
10. Ebd., 5.

spektiven – Spiritualität, Parteilichkeit und Deutlichkeit – man könnte sie auch so formulieren: Gebet, Partizipation und Gestalt. Oder: Gelebte Beziehung zum Grund des Kircheseins und der Welt, gelebte Beziehung zu den aktuellen Konflikten und Problemen der Leute, Klarheit im Ja- und Nein-Sagen, aber auch in den Formen religiöser und politischer Lebenspraxis.

Konzentration auf das Notwendige, Überflüssiges sein lassen – nötig ist, in diesem Prozess nahe liegende und kurzschlüssige Antworten zu vermeiden. Es wäre verheerend, wenn sich die Kirche angesichts ihrer finanziellen Engpässe aus den sozialen und politischen Feldern jenseits der Ortsgemeinden herausziehen würde und die Präsenz aufgeben würde, die sie seit der Nachkriegszeit beispielsweise in diakonischen, sozialpädagogischen und seelsorgerlich-beratenden Arbeitszusammenhängen gewonnen hat. Und Konzentration auf das Notwendige kann auch nicht heißen: Konzentration auf die PfarrerInnen als Zentralfiguren. Es gibt in der gegenwärtigen akademischen praktisch-theologischen Diskussion Stimmen, die genau in diese problematische Richtung drängen.

## *2.2 Die Grenzen der Professionalisierung*

Der Gesprächsbeitrag der Bochumer Praktischen Theologin Isolde Karle, den sie insbesondere in ihrer Habilitationsschrift »Der Pfarrberuf als Profession«[11] verdeutlicht hat, ist beispielsweise im Prozess »Kirche mit Zukunft« wirksam rezipiert worden, in dem die Evangelische Kirche von Westfalen angesichts finanzieller Einbrüche die kirchlichen Arbeitsbereiche neu strukturiert und nicht zuletzt Lehren aus Betriebswirtschaft, Managementtechniken und Marketing-Strategien z. B. für Evaluation, Controlling, Leitbildentwicklung und Mitarbeitenden-Gespräche in kirchliche Arbeitsvollzüge aufgenommen hat.[12] Isol-

11. *I. Karle*, Der Pfarrberuf als Profession. Eine Berufstheorie im Kontext der modernen Gesellschaft, Gütersloh 2001.
12. I. Karles Professionalisierungspostulat findet sich – hier in Aufsatzform – als eine der sehr spärlichen Literaturanmerkungen des von der Kirchenleitung der Evangelischen Kirche von Westfalen herausgegebenen und in allen Gemeinden und Einrichtungen der Landeskirche verbreiteten Impulspapiers »Kirche mit Zukunft«, Zielorientierungen für die Evangelische Landeskirche von Westfalen, Bielefeld 2000, 101. Vgl. die kritische Würdigung verschiedener AutorInnen in: G. Brakelmann, J.-R. v. Renesse (Hg.), Kirche mit Profil. Impulse für die notwendigen Reformen, Bochum 2001 ($^{3}$2002). Darin: *H.-M. Gutmann*, Stellungnahme zu »Kirche mit Zukunft«, 167-186.

de Karle verbindet in diesem Buch soziologische und sozialwissenschaftliche Perspektiven – und hier vor allem den systemtheoretischen Ansatz von Niklas Luhmann und den »professionstheoretischen« Ansatz von Rudolf Stichweh – mit der Theologie Friedrich Daniel Schleiermachers und einer durch die Brille Schleiermachers gelesenen Rezeption lutherischer und paulinischer Theologiefragmente. Die Intention und weithin auch die Leistung dieses Werkes liegt darin, eine im kirchlichen Kontext seit Jahrzehnten weit verbreitete Meinung zu entkräften oder zumindest zu differenzieren, nach der die Glaubwürdigkeit kirchlichen Handelns insgesamt von der Authentizität und subjektiven Glaubwürdigkeit ihrer Amtsträger – und das heißt im Sinne von Isolde Karle vor allem ihrer Pfarrerinnen und Pfarrer – abhänge. Der professionstheoretische Ansatz hilft hier zu einer Differenzierung des Blicks. Die Professionstheorie setzt im Sinne von Luhmann die Ausdifferenzierung bestimmter Funktionssysteme als Kennzeichen der Moderne voraus und bezeichnet Berufstypen als Profession, »wenn Leistungsrollen in einem Funktionssystem verberuflicht werden und darüber hinaus eine bestimmte Berufsgruppe ein *Monopol* für die Übernahme der Leistungsrollen eines ganzen Funktionssystems erlangt.«[13] Beispielsweise nehmen im Gesundheitssystem Ärztinnen und Ärzte, im Erziehungssystem Lehrerinnen und Lehrer, im Rechtssystem Richterinnen und Anwälte und im Religionssystem schließlich Pastorinnen und Pastoren diese Rolle ein (wobei Isolde Karle hier voraussetzt, dass wenn schon nicht die evangelischen, so doch die christlichen Kirchen in der Bundesrepublik mit dem »Religionssystem« deckungsgleich sind). Charakteristisch für die Profession des Pastors/der Pastorin ist nun, dass in allen wichtigen Arbeitsbereichen – Gottesdienst und Seelsorge, Predigt und Unterricht, Diakonie und Gemeindeaufbau – *Interaktion* und damit *Kommunikation unter Anwesenden* (und nicht z.B. das Verfertigen von Büchern, Zeitungsartikeln, Internet- oder Fernsehauftritten) geschieht.

Diese system- und funktionstypische Charakterisierung beinhaltet für Pfarrerinnen und Pfarrer im Sinne von Isolde Karle erhebliche Verhaltenszumutungen (und diese sind es nicht zuletzt, die dieses Buch in Pfarrkonferenzen und Mitarbeitendengesprächen brisant gemacht haben): »Die konkrete, sinnenfällige Kommunikation unter Anwesenden ist für die christliche Verkündigung, für den Glauben von einzelnen

13. *I. Karle*, aaO., 33.

und ihre Bindung an die Kirche und für die Kirche selbst von kaum zu überschätzender Bedeutung. (...) Im Pfarrberuf bezieht sich der professionelle ethische Code auf *Verhaltenszumutungen*, die als Pflichtenkatalog in das Pfarrerdienstrecht Eingang gefunden haben und sich auf die verantwortliche Ausübung des Pfarrdienstes in der Gemeinde beziehen. Besonders hervorzuheben ist die Verpflichtung auf die *Amtsverschwiegenheit* und das *Beichtgeheimnis*. (...) Aber auch die *Präsenz- und Residenzpflicht* ist zu nennen, die auf die Kontinuität, Verlässlichkeit und vor allem Erreichbarkeit des Pfarrers bzw. der Pfarrerin in existenziellen Situationen abzielt. Das Berufsethos führt dabei über den eigentlichen Arbeitskontext hinaus und erzeugt Bindungen für die *gesamte Lebensführung*.«[14]

Vieles von dem, was Isolde Karle zur Notwendigkeit des Taktes, der Freundlichkeit, Ehrerbietung und Verlässlichkeit für den Interaktionsstil von PfarrerInnen einfordert, ist unbestreitbar nötig für jede/n, die/der diesen Beruf ausübt, und in der Regel wird dies von KollegInnen im Pfarramt auch selbstverständlich beachtet. Wie stark kirchendistanzierte Menschen in ihrer Wahrnehmung der Kirche insgesamt hierauf Wert legen können, zeigt sich in den großen Mitgliedschaftsuntersuchungen der evangelischen Kirchen; das ist Thema im Beitrag von Regula Venske in diesem Jabboq-Band. Die Probleme, die sich mir an Isolde Karles Argumentation auftun, liegen aber vor allem an zwei zentralen Konfliktstellen.

Zum einen kann der hier vorgeführte professionstheoretische Ansatz – entgegen der formulierten Intention – keinesfalls als Entlastung der KollegInnen im Amt vor überfordernden Zumutungen an ihre je persönliche Authentizität angesehen werden. Im Gegenteil. Denn die systemtheoretisch motivierte Konkretisierung und Detaillierung von Verhaltenszumutungen wirkt sich faktisch im Sinne einer Totalisierung von Erwartungshaltungen aus, die zudem in sogenannten »Mitarbeitendengesprächen« von Kirchenleitungen auch eingeklagt und unter ökonomischem Konkurrenzdruck verstärkt eingefordert werden können. Ich erinnere beispielsweise einen Gesprächsabschnitt bei einem Pfarrkonvent, der mir typisch erscheint: Auch bei »Amtshandlungen« (z.B. Beerdigung, Hochzeit, Konfirmation) konkurriert, so wurde hier gesagt, die Kirche mit anderen »Anbietern« auf dem Markt. »Wir müssen uns doch nicht wundern, wenn die Beerdigungsinstitute sich an

14. *I. Karle*, aaO., 70.73, Herv. I. Karle.

profane Ritualspezialisten wenden. Wenn sie zweimal im Pfarramt angerufen haben und niemanden erreicht haben, dann gehen sie eben zur Konkurrenz.« Dass die »Konkurrenz« (über deren Kompetenz z.B. in Sachen Trauerbegleitung, wenn sie denn vorhanden ist, die Kirchen doch froh sein sollten und sie deshalb gar nicht als Konkurrenz wahrnehmen müssten) mit ihrem monokulturellen »Marktangebot« in Sachen Verfügbarkeit den PfarrerInnen strukturell überlegen ist, ist doch klar; eine solche ökonomistische Wahrnehmungsorientierung und die aus ihr folgenden Verhaltenszumutungen können die KollegInnen im Pfarramt doch nur alt aussehen lassen, die zwischen Gottesdienstvorbereitungen, Konfirmandenunterricht, Geburtstagsbesuchen, spontan sich ergebenden Seelsorgegesprächen, zwischen Friedhofsverwaltung, Fortbildung der MitarbeiterInnen des gemeindlichen Kindergartens, Besuch bei der Schützenvereinsjahresversammlung, Leitung eines Friedensgebetes, Taufgespräch, öffentlicher Präsenz in der Stadt usw. usw. auch für Seelsorgegespräche und Gottesdienste im Trauerfall in der Regel mit aller Präsenz und Kraft für die trauernden Hinterbliebenen da sind. Die Vielfältigkeit der Kompetenzen im Pfarramt wird nur dann nicht zur strukturell uneinlösbaren Überforderung, wenn es den PfarrerInnen zugetraut (und von den Kirchenleitungen im Sinne eines Freispruches auch zugesprochen) wird, »ja« und »nein« zu sagen, Schwerpunkte zu setzen, manches mit allem Engagement zu tun und anderes mit aller Selbstverständlichkeit auch zu lassen. Totalisierte Präsenzerwartungen sind unerfüllbar und zudem schlicht unzumutbar.

In einer zweiten zu kritisierenden Perspektive führt der von Isolde Karle vorgetragene Professionalisierungsansatz zu einer Entmächtigung der Gemeinde – als Interaktions- und Aktivitätsnetz aus Ehrenamtlichen, mehr oder weniger engagierten und präsenten Mitgliedern, aber auch aktuell und punktuell beteiligten Menschen – gegenüber dem Pfarramt und zugleich zu einer Eingrenzung der Kompetenz des Pfarramtes auf die Kernbereiche kirchlicher Tätigkeit (Evangeliumsverkündigung, Sakramentsverwaltung, zudem Seelsorge, Gemeindeaufbau, Diakonie). Wird die erste Perspektive nur *implizit* betont – in einer deutlich distanzierten, kritischen und relativierenden Wahrnehmung des reformatorischen Kirchenverständnisses, das sich in den 1520er Grundschriften in dem Postulat eines »allgemeinen Priestertums« ausformuliert hat[15] –, so dienen vor allem systemtheoretische

15. Ebd., 137-168.

Versatzstücke aus außertheologischen Theoriearsenalen als aufwendige Argumentationshilfen für eine Parole, die schlicht das Lebensgefühl konservativer binnenbezogener Kirchlichkeit zum Ausdruck bringt: *Schuster, bleib' bei deinen Leisten.* »Denn die christliche Perspektive kann in der funktional differenzierten Gesellschaft nur dann *universalistisch* auf die ganze Gesellschaft bezogen sein, wenn sie *spezifisch religiös* – und nicht etwa rechtlich, moralisch oder politisch – argumentiert.«[16] Auch die Verhaltenszumutungen an Takt, Ehrerbietung usw. an die PfarrerInnen werden von Isolde Karle in dieser Perspektive zugespitzt: »In der Diskussion um die Gewährung von Kirchenasyl in einer Kirchengemeinde kann ein in diesem Sinne moralisch kommunizierender Pfarrer das Presbyterium mit seiner eigenen Überzeugung derart unter Druck setzen und ihm mit dem Entzug von Achtung drohen, dass mit der Entscheidung für oder gegen Kirchenasyl seine Selbstachtung, aber auch diejenige der Mitglieder des Presbyteriums auf dem Spiel steht (...)«[17]; die implizite Orientierung der Verfasserin zeigt sich bereits darin, dass zur Illustrierung einer nicht-rigiden moralischen Orientierung von KollegInnen im Pfarramt das Kirchenasyl und nicht beispielsweise die in vielen Presbyterien durchaus energieverschlingenderen Debatten gewählt wurden, ob der neue Rasenmäher angeschafft, zur Aufbesserung der Gemeindefinanzen eine Umnutzung von Immobilien erwogen oder schlicht Herrn Kirchenvorsteher XY nahe gebracht werden soll, dass ein Presbyterium keine Bühne für die Inszenierung eigener Machtansprüche darstellt. Dass hier kein Ausrutscher in der Auswahl von Ausschnitten aus dem Alltags von Presbyteriumssitzungen vorliegt, zeigt sich an so weitreichenden Formulierungen wie dieser, an denen das Buch von Isolde Karle keinesfalls arm ist: »Das funktionale Denken der Reformatoren hat weitreichende Implikationen für das Verständnis des Pfarramtes. (...) Luther betont, dass die geistliche Macht die weltliche Macht nicht in ihrer Aufgabe hindern dürfe und fordert, modern und systemtheoretisch formuliert, dazu auf, die Autopoiesis, also die *Eigenständigkeit* des politischen Systems zu akzeptieren und sogar zu fördern: Die weltliche Macht soll ihrem Werk und Amt frei und ungehindert nachgehen können ohne Einmischung von Seiten der Kirche. Nur so kann sie ihre Funktion erfüllen.«[18]

16. Ebd., 43, Herv. I. Karle.
17. Ebd., 127.
18. Ebd., 157, Herv. I. Karle.

Im Kern handelt es sich bei der hier vorgeführten Verbindung eines Konzepts von »Professionalisierung« des Pfarramtes mit systemtheoretischen Versatzstücken um eine Wiederbelebung der neulutherischen Zwei-Reiche-Konstruktion, deren Haltlosigkeit im Werk Luthers selbst in der theologischen Debatte nicht eben selten aufgewiesen worden ist.[19] Darin scheint die eigentliche Intention der hier vorgetragenen Mixtur aus Schleiermacherscher Theologie, System- und Professionstheorie zu liegen: Die in der Kirche Arbeitenden und zumal die Pfarrer und Pfarrerinnen sollen sich in ihrer Arbeit auf die Kernkompetenzen von Predigt, Gottesdienst, Seelsorge usw. beschränken. Sie würden die für die Moderne charakteristischen Systemgrenzen missachten (sich also gegenüber der Moderne faktisch disqualifizieren), wenn sie sich z.B. in politischen, sozialen, ökonomischen Fragen jenseits der ausdrücklichen Grenzen des »Religionssystems« (zu dem nach Karle allein die Kirchen, z.B. muslimische Vereine oder die jüdische Gemeinde offenbar jedoch nicht, hinzugehören) betätigten. Inwieweit dieser letzte Zug der hier vorgetragenen Argumentation an den zentralen Konflikten und Problemen der Kirche in der »Moderne« vorbeigeht, liegt auf der Hand.

## *2.3 Keine Kerzen, die an beiden Enden brennen – über die Grenzen der PfarrerInnenrolle*

Die Perspektiven, die Fulbert Steffensky für die *spirituelle*, *partizipatorische* und *deutliche* Gestalt der Lebenspraxis und auch der Ausbildung von PfarrerInnen eingefordert hat, sind auch in meiner Sicht der Dinge unaufgebbar. Sie können dann und nur dann sinnvoll eingelöst werden, wenn die Konzentration kirchlicher und vor allem gemeindlicher Lebenszusammenhänge auf die Macht, die Kompetenzen, die Berufsrollen der PfarrerInnen zurückgefahren wird.

19. Vgl. z.B.: *U. Duchrow* u. *W. Huber* (Hg.), Umdeutungen der Zweireichelehre Luthers im 19. Jahrhundert, Gütersloh 1975; sowie: *U. Duchrow*, Christenheit und Weltverantwortung. Traditionsgeschichtliche und systematische Struktur der Zweireichelehre, Stuttgart 1970; sowie: *M. Haspel*, Politischer Protestantismus und gesellschaftliche Transformation. Ein Vergleich der evangelischen Kirchen in der DDR und der schwarzen Kirchen in der Bürgerrechtsbewegung in den USA, Tübingen und Basel 1997 [Buchausgabe der Dissertation]; vgl. auch: *H.-M. Gutmann*, Über Liebe und Herrschaft. Luthers Verständnis von Intimität und Autorität im Kontext des Zivilisationsprozesses, Göttingen 1991.

Im Deutschen Pfarrerblatt erschien im Januar 2003 eine nicht ganz ernst gemeinte, aber durchaus treffende Anzeige.[20]

Ihre Chance: Traumberuf Pfarrer
Das wird von Ihnen erwartet:

- Grundkenntnisse als Animateur, Sozialarbeiter, Kinder-, Jugend- und Altenpfleger
- Verständnis für diffizile Verwaltungsvorschriften
- Dynamisch-sensible Persönlichkeit, Nervenstärke und Selbstlosigkeit
- Hinreichendes Eigenkapital (zur Finanzierung von Fortbildungen und Privat-PKW's für Dienstfahrten)
- Technische Flexibilität (mit technischen Geräten von vorgestern die Kommunikation von morgen gestalten)
- Organisationserfahrungen in der Reisebranche
- Robuste Gesundheit mit Grippe-Resistenz
- Kreativität und künstlerische Fähigkeiten (z.B. bei der Gestaltung von Theateraufführungen, Konzerten oder Ausstellungen)
- Genaue Kenntnisse im Bau-, Renovierungs- und Architekturwesen
- Fähigkeit zum Wirtschaften ohne liquide Mittel
- Personalführung unterschiedlichster Sparten von Unkündbaren
- Unterhaltung einer privaten Fachbücherei
- Handwerkliche Fähigkeiten bei der Renovierung und Instandhaltung von Pfarrhäusern

Das wird Ihnen geboten:

- Langfristig sicherer Arbeitsplatz bis 67
- überraschende Karriereplanung durch demokratisch fundierte Besetzungsrechte
- Finanzpolitisch kalkulierbare Zukunft, vom Dienstherrn als horizontale Karriere apostrophiert
- Attraktive Vergütung von Mehrarbeit in der Schule von bis zu 3,50 Euro/Std. netto
- Hohes Ansehen (außer bei der zu vernachlässigenden Minderheit von Kirchendistanzierten)
- Zuverlässige soziale Kontrolle und wohlwollendes Feed-back durch die Kerngemeinde
- Flexible Vertrauensarbeitszeit mit nach oben offenen Grenzen
- Hohe Synergieeffekte durch Zusammenlegung von Privat- und Arbeitsleben
- Historische Dienstwohnungen, finanziell günstig, nur bisweilen mit hohen Nebenkosten
- Großzügige Urlaubsregelung (Feiertage dürfen als Urlaubstage genommen werden)
- Erholsame Konfirmanden-Wochenenden

20. Deutsches Pfarrerblatt I/2003, 37f., zit. aus: F. Zimmer und U.B. Ahrens (Hg.), Pfarrer- und Pfarrerinnenkonvent der Ev.-Luth. Landeskirche in Bayern, Korrespondenzblatt, Nr. 12, 12/2002, 191.

- Persönliches Entwicklungspotential bei interessanten Vakanzvertretungen
- Geschwisterliche Eintracht bei jeglicher Zusammenarbeit

Nutzen Sie Ihre Chance jetzt durch umgehende Bewerbung
bei Ihrem Landeskirchenamt!

In der Nachkriegszeit ist den PfarrerInnen eine immer größere Aufgaben- und Rollenvielfalt zugewachsen, ohne dass sie an anderer Stelle entsprechend entlastet worden sind.[21] Sie sind – neben ihren Zentralaufgaben als PredigerInnen, GottesdienstleiterInnen, SeelsorgerInnen, Religions- und GemeindepädagogInnen, GemeindeaufbauarbeiterInnen, VerwaltungsleiterInnen usw. usw. – in all diesen Arbeitsfeldern und außerdem auch darüber hinaus professionelle NachbarInnen[22], KommunikatorInnen des Evangeliums[23], LebensdeuterInnen[24], sie sind AlltagsseelsorgerInnen[25] mit Schwerpunkten in feministischer Seelsorge[26] oder interkultureller Seelsorge[27], und sie sind religiöse FührerInnen in die heilsame und lebensspendende Zone des Heiligen.[28]

Das geht nicht alles zusammen. PfarrerInnen müssen jeweils individuell und in Kommunikation mit ihrem persönlichen Umfeld und ihrer Gemeinde Schwerpunkte setzen, ja und nein sagen, um kenntlich

21. *E. Lange* hat in einem Vortrag bereits 1965 in aller Eindringlichkeit auf dieses Problem hingewiesen; vgl. Der Pfarrer in der Gemeinde heute, in: Ders., Predigen als Beruf, hg. von R. Schloz, München ²1987.
22. So in den EKD-Mitgliedschaftsuntersuchungen seit den 70er Jahren von »Wie stabil ist die Kirche« (H. Hild (Hg.), Gelnhausen 1983) bis hin zu »Fremde Heimat Kirche« (durchgeführt 1992, publiziert 1993, 1997 und 1998 unter den Titeln »Fremde Heimat Kirche« und »Quellen religiöser Selbst- und Weltdeutung« erschienen; 2000 folgte der Kommentarband »Fremde Heimat Kirche – Erkundungsgänge«.
23. So die Formel von *E. Lange*, aaO.
24. So in den unten kommentierten Konzeptionen von W. Gräb, M. Meyer-Blanck, E. Hauschildt – mit allen möglichen spezifischen Schwerpunktbildungen und Verschiebungen.
25. Vgl. *H. Luther*, Alltagssorge und Seelsorge, 1986, in: Ders., Religion und Alltag, Stuttgart 1992, 224-238; *M. Nicol*, Gespräch als Seelsorge, Göttingen 1990; *E. Hauschildt*, Alltagsseelsorge, Göttingen 1996.
26. Z.B. *U. Riedel-Pfäfflin*, Feministische Seelsorge, in: U. Pohl-Patalong, Seelsorge im Plural, Hamburg 1999, 51-62.
27. Vgl. *K. Federschmidt* u.a., Handbuch interkulturelle Seelsorge, Neukirchen 2002.
28. Vgl. *M. Josuttis*, Segenskräfte. Potentiale einer energetischen Seelsorge, Gütersloh 2000.

zu werden und zu bleiben und schlicht um zu überleben. Und sie müssen Arbeitsbereiche, Kompetenzen und Macht abgeben. Sie müssen delegieren können, und zwar wirksam und dauerhaft und ohne Groll und Kontrollbedürfnisse. Sie müssen andere ermutigen und ermächtigen. Das könnte als eine ihrer wichtigsten Aufgaben beschrieben werden.

## *2.4 Deprofessionalisierung als Zielperspektive und das »mehrfache Amt« als gesamtevangelische Tradition*

Die aus der Reformation entstandenen Kirchentümer sind in ihrer historischen Bewegung einer Tendenz gefolgt, die für viele religiöse Aufbrüche kennzeichnend ist.[29] Steht am Anfang ein ekstatisches, die so-

29. In der Entwicklung der Gestalt der christlichen Kirche finden sich Hinweise auf eine Differenzierung, zunehmend auch Hierarchisierung in der Gestalt der Gemeinden bereits auf der Ebene neutestamentlicher Texte. Deutlich sind beispielsweise Veränderungen in der Verwendung der Metaphorik des Leibes. Bei Paulus (Röm 12; 1 Kor 12) wird das Bild des Leibes im Sinne einer wechselseitig verantwortlichen, untereinander egalitären Struktur der Gemeinde verstanden. In dem nachpaulinischen Kolosser- und Epheserbrief wird zwischen Haupt und dem restlichen Leib unterschieden. Das Autoritätsproblem ist in die Verwendung des Leib-Bildes eingedrungen. Beispielsweise Eph 4,15f.: »Laßt uns aber wahrhaftig sein in der Liebe und wachsen in allen Stücken zu dem hin, der das Haupt ist, Christus, von dem aus der ganze Leib zusammengefügt ist und ein Glied am anderen hängt durch alle Gelenke, wodurch jedes Glied das andere unterstützt (...).«; in diesem Bild geht die Herrschaft des Kopfes – Christus – mit der Egalität und Wechselseitigkeit der Glieder des übrigen Leibes jedoch noch zusammen.
Bei Paulus selbst wird das Problem von Macht und Autorität innerhalb der Gemeinde nicht einheitlich beantwortet. Paulus sieht sich selbst als Apostel, genauer: als letzten der Apostel, er ist der Gründer zahlreicher christlicher Gemeinden und beansprucht mindestens die Autorität, mit seinen Briefen in die Lebensverhältnisse dieser Gemeinden einzugreifen. Er nimmt für sich die Autorität in Anspruch, innerhalb der frühen Christenheit Heidenmission zu betreiben und die Legitimität dieses Weges auch gegenüber den übrigen Aposteln durchzusetzen. Zugleich betont Paulus aber auch, dass er in der Gemeinde für sich keine Herrschaft durchsetzen will. Die gesamte Gemeinde Jesu Christi ist – als Leib Christi – gleich unmittelbar zu Christus. Es braucht für die Vermittlung zwischen den Christen kein besonderes Amt, keine besondere Autorität. Zwar werden in den Paulusbriefen einzelne besondere Charismen innerhalb der Gemeinde hervorgehoben – genannt werden die Propheten, die Lehrer, die mit Zungenrede Begabten; im späten Philipperbrief dann auch Älteste und Episkopoi, deren Aufgaben

zialen Ordnungen in jeder Hinsicht übersteigendes und verflüssigendes Potenzial in Lebensgefühl und Suche nach Lebensgestalten, so kommt es in der Regel recht schnell zu Institutionalisierungs- und Hierarchisierungstendenzen. In der Entwicklung der lutherischen Reformation beispielsweise verändert sich das Lebensgefühl von dem 1520 von Luther emphatisch proklamierten Konzept eines *Priestertums aller Getauften bzw. Glaubenden*[30] binnen weniger Jahrzehnte zur Struktur eines landesherrlichen Summepiskopats: Wird 1530 in der

aber nicht klar voneinander abgegrenzt werden. Aber die Ämter sind noch nicht technisch-organisatorisch voneinander differenziert und auch noch nicht auf Dauer und Beständigkeit angelegt. Vielmehr sind die Charismen so gedacht, dass sie gemeinsam die Lebendigkeit und Einheit der Gemeinde als des Leibes Christi ausdrücken.
In den johanneischen Gemeinden des 2. und 3. Johannesbriefes (wahrscheinlich Beginn des 2. Jh.s n. Chr.) sieht dies bereits anders aus. Hier werden die Gemeinden durch Älteste geleitet. Die Herausbildung der Machtstrukturen in der Gemeinde bleibt mit der Vorstellung verbunden, dass die Christen in der Gemeinde als sich untereinander liebende Geschwister zusammengehören.
Eine Leitung der Gemeinde durch Älteste wird auch in der Johannesapokalypse vorausgesetzt, die etwa zwischen den Johannesbriefen und den Pastoralbriefen entstanden ist.
In den Pastoralbriefen dann – also etwa um die Mitte des 2. Jh.s – ist das Problem der Leitung, der Verteilung der Macht und der Begründung der Autorität innerhalb der Gemeinde bereits ein zentrales Thema. Es bildet sich eine streng hierarchische Gemeindeordnung heraus. Die Gemeinden, die in den Pastoralbriefen angesprochen werden, kennen bereits das monarchische Bischofsamt, und es wird darüber gehandelt, welche Voraussetzungen jemand mitbringen muss, um Bischof zu sein. Beispielsweise heißt es im 1.Timotheusbrief im dritten Kapitel: »Das ist gewißlich wahr: Wenn jemand ein Bischofsamt begehrt, der begehrt eine hohe Aufgabe. Ein Bischof aber soll untadelig sein, Mann einer einzigen Frau, nüchtern, maßvoll, würdig, gastfrei, geschickt im Lehren, kein Säufer, nicht gewalttätig, sondern gütig, nicht streitsüchtig, nicht geldgierig, einer, der seinem eigenen Haus gut vorsteht und gehorsame Kinder hat in aller Ehrbarkeit. Denn wenn jemand seinem eigenen Haus nicht vorzustehen weiß, wie soll er für die Gemeinde Gottes sorgen?«.

30. In »An den christlichen Adel deutscher Nation von des christlichen Standes Besserung« (WA 6, 404-469) konkretisiert Luther den bereits in früheren Schriften entwickelten Gedanken, nach 1 Petr 2,9 seien alle Christen zu Königen und Priestern erwählt, und zwar im Sinne einer Aufhebung innerkirchlicher Hierarchie. Kirchliche Amtsträger werden aus der Mitte der Gemeinde bestellt und gewinnen durch ihr Amt keine von den übrigen Gemeindemitgliedern unterschiedene Qualität.

Confessio Augustana bereits für jeden, der in der Kirche lehrt, predigt oder das Sakrament reicht, eine »ordentliche Berufung« gefordert (»De ordine ecclesiastico docent, quod nemo debeat in ecclesia publice docere aut sacramenta administrare nisi rite vocatus«, CA XIV), so wird mit dem Augsburger Religionsfrieden 1555 festgelegt, dass für jedes Gebiet im Reich der Glaubensstand nach dem der Landesherren bestimmt wird (ius reformandi); die Untertanen hatten ihnen darin zu folgen. Vieles an dieser Entwicklung folgt der sich in politischer Perspektive faktisch immer wieder durchsetzenden »Macht, die aus den Gewehrläufen kommt« (Mao tse Tungs Weisheiten zu zitieren, ist nicht nur in der Kirche aus der Mode gekommen, sie werden aber erschütternd oft von politischen Machtverwaltern befolgt, nicht erst heute). Es soll hier nicht diskutiert werden, ob ein Beharren auf dem ekstatischen Lebensgefühl der ersten Jahre der Entwicklung der Reformation überhaupt eine Lebenschance gelassen hätte. Vielmehr möchte ich an eine spezifisch reformierte Tradition erinnern, die für unsere aktuelle kirchliche Situation mindestens zwei Vorzüge hat. Sie bestimmt den Lebensvollzug in der Kirche insgesamt und auch in den Gemeinden (im Unterschied zu CA XIV) nicht von der Zentralfunktion der Pastoren her, die lehren, predigen und die Sakramente verwalten; und sie kann nicht umstandslos als utopische Anfangsträumerei aus dem Arsenal ernsthafter Argumentation ausgeschieden werden: die Lehre vom »mehrfachen Amt«[31]. Sie hält eine Mitte zwischen Institution/Hierarchie und Mitbeteiligung/Selbsttätigkeit *aller* Christenmenschen. Im folgenden werde ich in einem knappen historischen Rekurs diese Tradition verdeutlichen.

*I)* Anders als die – zumindest in der Tendenz – von Anbeginn auf das landesherrliche Kirchenregiment ausgerichteten Kirchenordnungen der lutherischen Reformation ist die Ordnung der Kirche in Genf eine Presbyterialverfassung. Allerdings verdankt sich auch die auf die Lebensbedürfnisse und die Lebenswelt *der Gemeinde* bezogene Ordnung keinesfalls allein theologischen Einsichten. Sondern die presbyte-

31. Ich verdanke *Magdalene Frettlöh* – wie überhaupt zahlreiche hilfreiche Kritik und Anmerkungen zu diesem Beitrag – auch den Hinweis, dass nach dem Heidelberger Katechismus von 1563 (Frage 31-33) das Teilhaftigwerden *aller* Christen am Amt des Propheten, des Lehrers, des Hohenpriesters und Opfers Christi beschrieben wird; die Enthierarchisierung innerkirchlicher Macht- und Kommunikationsstrukturen wird hier im Kern christologisch begründet.

riale Kirchenordnung spiegelt die politische Struktur, nämlich die Ratsverfassung der Stadt, wider; und sie reagiert auf die tiefgreifenden Wandlungen einer urbanen Lebenswelt.

Ich denke, um die Bedeutung des Presbyteramtes bzw. der presbyterial-synodalen Ordnung der calvinistischen Kirchen im 16. und 17. Jahrhundert einschätzen zu können, muss dies festgehalten werden: Diese Organisationsstruktur hat entscheidend dazu beigetragen, dass die verschiedenen Flüchtlingskirchen (z. B. die Flüchtlingskirchen in ganz Europa nach der Bartholomäusnacht in Frankreich, die Kirchen in der »neuen Welt« in Amerika) »unter dem Kreuz« auch ohne staatlichen Schutz und oft gegen staatliche Repressionen überleben konnten – dieser Unterschied zwischen der am landesherrlichen Kirchenregiment orientierten lutherischen und der presbyterialen Struktur der reformierten Kirchen wird bis hin zur Stellungnahme der Kirchen gegenüber einer terroristischen staatlichen Obrigkeit, z. B. gegenüber dem Nationalsozialismus, ein wichtiges Unterscheidungskriterium bleiben.

Zur Entstehung und Bedeutung des Presbyteramtes gibt es verschiedene Hypothesen. Die Herkunft des Presbyteramtes bzw. des mehrfachen Amtes wird aus der Theologie Johannes Calvins abgeleitet; dabei wird angenommen, dass Calvins Aufenthalt in Straßburg für seine theologischen Einsichten von wichtiger Bedeutung war. Die biblische Begründung – z. B. Röm 12; 1 Kor 12; Eph 4 – kommt in den Blick, und die Funktion des Amtes wird in der Perspektive dieser neutestamentlichen Stellen, aber auch unter Berücksichtigung der Auslegung Calvins vor allem in der Sittenzucht und der Lehrzucht gesehen.

Über die kirchen- und theologiegeschichtliche Diskussion über den *Ursprung* des mehrfachen Amtes hinaus ist auch über seine Wirkungsgeschichte im Zusammenhang der Entwicklung des Calvinismus im 17. Jahrhundert debattiert worden. In der Tradition der These Max Webers zur wechselseitigen Bedingtheit von Calvinismus und dem »Geist des Kapitalismus«[32] wird nach dem Zusammenhang zwischen

32. *M. Weber*, Die protestantische Ethik und der Geist des Kapitalismus. 1934, in: J. Winckelmann (Hg.), Max Weber. Die protestantische Ethik I, München und Hamburg, ²1969. Mit der Kapitalismus-Calvinismus-These Webers hat sich kritisch *D. Schellong* auseinandergesetzt: Wie steht es um die »These« vom Zusammenhang von Calvinismus und »Geist des Kapitalismus«? Paderborner Universitätsreden 47, Paderborn 1995.

dem nicht mehr monarchischen, sondern oligarchisch-aristokratischen Amtsverständnis und der Entwicklung des Kapitalismus gefragt.

Eine weitere Untersuchungsrichtung thematisiert den Zusammenhang zwischen oligarchischer Amtsverfassung und der Entwicklung der Menschen- und Bürgerrechte sowie der Entstehung der repräsentativen Demokratie.[33] Ich selbst bin mit anderen, insbesondere meiner Göttinger kirchengeschichtlichen Lehrerin Hannelore Erhart, an den Bedingungen des Presbyteramtes im Prozess der Herausbildung einer frühbürgerlichen Gesellschaft in Genf interessiert.[34] Diese Fragestellung ist, zumindest teilweise, an den Bestimmungen zur Wahl der Presbyter zu greifen. An den Konflikten zwischen den Führungseliten von Stadt und Kirche ist zugleich abzuklären, inwieweit die Theologie Calvins herrschende politische Interessen spiegelt und inwieweit sie ihnen gegenüber eigenständig ist.

In der Entwicklung der theologischen Aussagen Calvins zum Presbyteramt sind entscheidende Zäsuren zu beachten; sie beinhalten jeweils Konflikte mit dem Rat der Stadt. Nämlich: die Vertreibung Calvins aus Genf (1538); der Aufenthalt Calvins in Straßburg (1538-41); seine Rückkehr nach Genf (1541); und die endgültige Fassung seiner Position nach 1555.[35] Zwischen den Artikeln 1537 und der Zweitfas-

33. Vgl. zum Diskussionszusammenhang *H. Schilling*, Religion und Gesellschaft in der calvinistischen Republik der Vereinigten Niederlande, in: Städteforschung Reihe A, Bd. 10, Köln 1980, 197-250.
34. Ich verdanke *Hannelore Erharts* Göttinger Vorlesungen über die Reformation in Genf, die sie seit Beginn der 80er Jahre mit immer differenzierterem Erkenntnisinteresse gehalten hat, wesentliche Einsichten für meine eigenen Überlegungen.
35. Folgende Schriften Calvins sind für den thematischen Zusammenhang entscheidend: Die Artikel zur Ordnung der Kirche (1537), eine knappe Einleitung und einen Ausschnitt des Textes, auch des Katechismus von 1537, gibt: E. Busch u. a., Calvin-Studienausgabe, Bd. 1, Reformatorische Anfänge (1533-1541), Teilband 1/1, Neukirchen-Vluyn 1994, 109ff.; die Kirchenordnung von 1541; Calvins Institutio Religionis in der Letztfassung von 1559, vor allem das Buch IV: Johannes Calvin, Unterricht in der christlichen Religion. Institutio Christianae Religionis. Nach der letzten Ausgabe übers u. bearb. v. O. Weber, Neukirchen-Vluyn [5]1988; und die Kirchenordnung von 1561. Die Ordnung des kirchlichen Amtes – jedoch ohne seine Verflechtung mit der bürgerlichen Gewalt – geht in die meisten Bekenntnisschriften reformierter Kirchen ein, vgl. etwa das Hugenottische Bekenntnis von 1559, Art. 29: »Was die wahre Kirche angeht, so glauben wir, dass sie geleitet werden muß nach der Ordnung, die unser Herr Jesus Christus aufgerichtet hat – das ist: daß es Pastoren, Vorsteher und Diakone

sung der Kirchenordnung von 1561 liegen heftige Auseinandersetzungen zwischen dem Kleinen Rat einerseits, der durch das Reformationsmandat von 1536 einen Eingriff in seine Rechte durch eine geistliche Gerichtsbarkeit befürchtet; und den Pastoren, Calvin an der Spitze, andererseits, die die Zuständigkeit des Kirchengerichtes, vor allem auch in Ehefragen, über das weltliche Gericht erhalten bzw. erweitert wissen wollen.

Charakteristisch für die reformierte Gestaltung der Kirche ist, dass *die Leitung der Kirche durch das vierfache bzw. dreifache Amt* geschehen soll[36]: Pastoren, Doktoren, Älteste und Diakone. Die Pastoren und Diakone bilden das Kollegium der Compagnie des Pasteurs[37], die Pastoren und Presbyter bilden das Consitoire ecclésiastique, das Kirchen- bzw. Zuchtgericht.[38]

Innerhalb des vierfachen bzw. dreifachen Amtes haben die Presbyter das Amt der *Kirchenzucht* auszuüben[39]. Sie bilden gemeinsam mit den Dienern am Wort, also den Pastoren, das Kirchengericht, zu dem sie vom Rat abgeordnet sind. Gremien, aus denen die Presbyter gewählt bzw. abgeordnet sind, sind die drei Ratskörper, also die politischen

geben muß (Apg 6,3ff.; Eph 4,11; 1 Tim.3), damit die reine Lehre ihren Lauf hat, die Fehler gebessert und unterdrückt werden und daß die Armen und alle anderen Heimgesuchten in ihren Nöten unterstützt und die Versammlung zur Erbauung für Groß und Klein im Namen Gottes erhalten werden.« In: *P. Jacobs*, Theologie Reformierter Bekenntnisschriften in Grundzügen, Neukirchen 1959, 118.

36. OE = Kirchenordnung 2. Das Luthertum hat faktisch nur *ein* ordiniertes Amt, nämlich das Pfarramt als geistliches Amt. Der Katholizismus zur Zeit Calvins kennt keine Laienämter mit kirchenregimentlichen Funktionen; dagegen sind im Calvinismus die Ämter der Presbyter und Diakone zwar Laienämter, die Amtsträger werden jedoch ordiniert.
37. OE 20-22.
38. Vgl. zur Wirksamkeit des Konsistoriums die ausführliche Rekonstruktion aus den Prozessprotokollen bei: *W. Köhler*, Zürcher Ehegericht und Genfer Konsistorium. Vor allem Bd. 2: Das Ehe- und Sittengericht in den süddeutschen Reichsstädten, dem Herzogtum Württemberg und in Genf. Leipzig 1942. Zur Wahl der Presbyter vgl. OE 2; Inst. IV, 3,1-9; Inst. IV, 4,1.
39. OE 48; Inst. IV, 4,1; IV, 11,6. Es ist nicht eindeutig, inwieweit die Kirchenzucht im Calvinismus als drittes notum ecclesiae neben Wort und Sakrament gilt; damit geht die Kirchenzucht in die Bestimmung dessen ein, was *Kirche* ist. Das Luthertum kennt in diesem Sinne keine Kirchenzucht, und es definiert deshalb auch nur zwei nota ecclesiae, also Kennzeichen der Kirche (CA 7: (…) ecclesia congregatio sanctorum, in qua evangelium pure docetur et recte administrantur sacramenta).

Herrschaftsinstanzen der städtischen Oligarchie: zwei aus dem Kleinen Rat, vier aus dem Mittleren Rat, sechs aus dem Großen Rat[40]. Bei ihrer Wahl sollen die verschiedenen Stadtviertel berücksichtigt werden, damit die Presbyter – bzw. der Rat – »ihre Augen überall haben.« Das Vorschlagsrecht für die zu wählenden Presbyter liegt beim Kleinen Rat (auch Signeurie genannt); die Pastoren werden konsultiert, und der Große Rat bestätigt die Wahl.

Was die Kompetenzstreitigkeiten über die Ausübung der Zucht angeht, so ist vor allem umstritten, ob und unter welchen Bedingungen die Pastoren das Recht haben, den Bann auszusprechen, nämlich Gemeindemitglieder von der Teilnahme am viermal jährlich stattfindenden Abendmahl auszuschließen und so vor der gesamten Gemeinde zu brandmarken. Der Rat fürchtet nämlich, dass auf diese Weise eine neue geistliche Gerichtsbarkeit eingeführt wird.[41] Diese Kompetenz bleibt beim Rat der Stadt, dem Konsistorium wird nur eine beratende Funktion zugebilligt.

Diese Regelung steht in einem gewissen Gegensatz zur Argumentation Calvins, wie er sie 1543 in der Institutio vorträgt (IV, 11,5): »Die heiligen Bischöfe haben ihre Gewalt nicht mit Prügeln oder mit dem Kerker oder mit anderen bürgerlichen Strafen (aliis civilibus poenis) ausgeübt, sondern sie haben, wie es sich gebührt, allein das Wort des Herrn angewandt. Denn die strengste Strafe, die die Kirche anwenden kann, gleichsam der allerschlimmste Wetterstrahl, ist der Bann (excommunicatio), der allein von der Not zur Anwendung kommt. Dieser aber fordert nicht Gewalt noch Handanlegung, sondern begnügt sich mit der Gewalt des Wortes Gottes.«

40. OE 49.
41. In der Kirchenordnung von 1561 wird in die Ordnung von 1541 ein neuer Abschnitt eingefügt (Abschnitt 165) und von Seiten des Rates festgehalten: »Und in ihrer ganzen Tätigkeit sollen die Diener über keinerlei Art von richterlicher Gewalt verfügen. Auch sollen durch dieses Kirchengericht die Machtfülle des Rates und die Befugnisse des ordentlichen Gerichtes in keiner Weise gemindert werden, sondern jede Art von obrigkeitlicher Gewalt soll unversehrt bestehen bleiben. Und wo Leute überdies durch das ordentliche Gericht bestraft werden müssen oder sich vor diesem zu verantworten haben, sollen die Diener zusammen mit dem Kirchengericht diese verhören, sie nach ihrem Ermessen warnen und ermahnen und dann das ganze an den Rate berichten. *Dieser* soll hierauf an Hand ihres Gutachtens über den Fall beraten, beschließen und das der Sachlage entsprechende Urteil fällen.«

Die *Presbyter* sind vom Rat beauftragt, mit den Dienern zusammen die *Kirchenzucht* auszuüben; zu diesem Amt werden sie ordiniert und müssen vor dem Rat einen Eid ablegen. Zur *Kirchenzucht* gehören die *Lehrzucht*, die *Sittenzucht* und – gemeinsam mit den Diakonen – die Aufsicht über die Spitäler und über die Stadtarmen. Angehörige der Unterschicht und Kinder gelten als die besonderen Problemgruppen, auf die die Presbyter ihre Augen haben sollen. Prinzipiell ist jedoch die gesamte Gemeinde Objekt der Kirchenzucht; dabei geraten unter der Überschrift des »Rückfalls in den Katholizismus« ganz unterschiedliche Lebenspraktiken in den Blick der Kirchenzucht des Konsistoriums, vor allem magische Praktiken und Sitten, wie sie für die Lebenswelt der städtischen Volkskultur im 16. und 17. Jahrhundert als typisch gelten können.[42] Aber auch die Lebensweise der Oberschichten, insbesondere Luxus und jede Art von Sinnenfreude, wird vom Konsistorium geahndet. Darüber kommt es zum Bruch zwischen dem Konsistorium und Teilen der alten Oberschicht; besonders signifikant ist der Bruch zwischen Calvin und Ami Perrin, einer der ältesten Anhänger von Calvin, der maßgeblich daran beteiligt war, ihn überhaupt nach Genf zu holen. Zugleich gibt es Kompetenzstreitigkeiten zwischen kirchlicher und weltlicher Obrigkeit, vor allem was die Eheordnung angeht.[43]

42. Vgl. *W. Köhler*, aaO., passim.
43. Obwohl die Presbyter Ratsmitglieder und oft sogar Bürgermeister sind, stehen immer wieder Konflikte mit dem Rat an. In ihnen geht es vornehmlich um die Stellung der Diener. Der Rat behält sich die letzte Zuständigkeit bei Zuchtmaßnahmen vor – aus Angst vor einem neuen »Papsttum«. Weder sollen die Diener über eine richterliche Gewalt – die geistliche Jurisdiktion – verfügen, noch soll das Kirchengericht die Machtfülle des Rates einschränken dürfen. Was den Wahlmodus angeht, so setzt sich der Rat durch: Die Ältesten sind Ratsmitglieder und werden jedenfalls nicht aus der Mitte der ganzen Stadtbevölkerung gewählt, wie Calvin dies wollte. Damit ist die Wahl von habitants, zu denen die französischen Flüchtlinge zum großen Teil hinzugehörten, ausgeschlossen. Die Kirchenordnung stellt einen Kompromiss zwischen den Führungseliten von Stadt und Kirche dar. Dagegen ist die Institutio Religionis Calvins, was die Teile zur Ekklesiologie und zum kirchlichen Leben angeht, anders ausgerichtet: In diesen Texten finden wir stärker Calvins theologische Reflexion über die Ämter in der Kirche. Einschlägig ist vor allem das Buch IV der Institutio: zu den drei nota ecclesiae: Inst. IV, 1.8.9; zu den Ämtern der Kirche: Inst. IV, 3; IV, 4,1; zur Wahl der Amtsträger: Inst. IV, 4,11ff.; zur kirchlichen Gerichtsbarkeit: Inst. IV, 11; zum Verhältnis von weltlicher und kirchlicher Gerichtsbarkeit: Inst. IV, 11, 3-7; zur Kirchenzucht: Inst. IV, 12.

Im Kirchenkampf 1933-45 gewinnt die Einbindung der Ordnung der Kirche in das Bekenntnis insofern Bedeutung, als das Eingreifen staatlicher Macht in die Kirche als Problem des Glaubens selbst angesehen wird und zumindest teilweise abgewehrt werden kann. U. a. aus diesem Grunde werden während der Zeit des Kirchenkampfes in die Ausgabe reformierter Bekenntnisse, die bisher nur Bekenntnisformulierungen in Form von Konfessionen oder Katechismen enthielten, jetzt auch Kirchenordnungen mit aufgenommen.

Dass öffentliche Organe Einfluss auf das Leben der Menschen gewinnen wollen, ist durchaus geläufig. Bereits im ausgehenden Mittelalter hat der Rat der Stadt in erheblichem Maße die Sittenzucht als seine Aufgabe angesehen und hier auch erheblich in traditionell kirchliche Belange eingegriffen: Armenfürsorge, der Kampf gegen den Bettel, die Kasernierung und Organisation der Prostituierten, die Beseitigung des Konkubinenwesens, der Homosexualität und des Kleiderluxus sowie des öffentlichen Spieles, die Schließung der Apotheken und Werkstätten an Sonn- und Feiertagen. All dies sind traditionelle Themen und Konfliktfelder öffentlicher Sittenzucht, aber die Reformation hat in dieser Hinsicht die Anstrengungen öffentlicher Kontrolle verstärkt und systematisiert. Die Ehegerichtsbarkeit geht erst unter reformatorischem Einfluss in die letzte Zuständigkeit des Rates der Stadt über. Die Inhalte der Kirchen- und Sittenzucht in Genf und die Konflikte zwischen dem Konsistorium und Mitgliedern der lebensfrohen traditionellen Oberschichten Genfs sind historisch nichts vollständig Neues; neu ist allerdings die Konsequenz und Totalität, mit der die Kirchenzucht zumindest der Intention nach ins Werk gesetzt wird.

Entscheidende Momente der Kirchenzucht sind die Verinnerlichung der neuen Normen und die Freiwilligkeit der Unterwerfung unter die moralischen Standards.[44] Die Eigenverantwortlichkeit der Menschen wird ebenso beschnitten wie ihre Sinnlichkeit. Die Normen für die Darstellung sexuellen Verhaltens werden rigider, Triebverzicht und Triebhemmung werden gefordert. Auch der Mann wird jetzt der Forderung nach Monogamie unterworfen, und durch die Traubelehrung in der Eheschließungshandlung wird diese Norm auch religiös begrün-

44. Vgl. zur Interpretation: *N. Elias*, Über den Prozeß der Zivilisation. Sozialgenetische und psychogenetische Untersuchungen. Zwei Bände, Frankfurt/M. $^{6}$1978.

det und im ehebegründenden Ritual zur Darstellung gebracht.[45] Die Bedeutung von Ehe und Familie rücken gegenüber anderen Lebensschauplätzen stärker in den Vordergrund. Das Individuum wird aus den traditionellen sozialen Bindungen – das Haus, die Bruderschaften, die Klöster, die Orden – ebenso gelöst wie aus den traditionellen Frömmigkeitsformen, z. B. die Sakramente, die Marienverehrung, die Heiligenverehrung. Das Individuum kann eine neue soziale Verortung nur durch die Einfügung in die Gemeinde und in die Ehe/bzw. Familie gewinnen. Zugleich wird ihm ein zunehmend diszipliniertes Arbeitsverhalten abverlangt, ohne dass die traditionelle soziale Einbindung der Arbeit – z. B. durch die Bruderschaften – weiterhin besteht.

*II)* Die Tradition des »mehrfachen Amtes« kann für die Arbeit der Gemeinde als Lebensort dann aufgenommen werden, wenn sie aus ihrer historischen Verbindung mit politischen und sozialpsychologischen Mechanismen von lebens- und sinnenfeindlichen Wahrnehmungsmustern und Praxen *kontrollierender Macht* gelöst wird. Dieser »Schatten« muss wahrgenommen werden, weil er sich auch in aktuellen Lebensvollzügen immer wieder Raum schaffen kann. Es gibt in der gegenwärtigen kirchlichen Landschaft manche Tendenzen, die es nicht wünschenswert erscheinen lassen könnten, wenn Gemeindemitglieder in der Funktion von PresbyterInnen »ihre Augen überall haben«. In evangelikalen Kreisen besteht beispielsweise auch heute eine Neigung, sehr spezifische und lebensweltlich eingeengte Moralvorstellungen – vor allem in der rigiden Ablehnung von homosexuellen und lesbischen Lebensformen – religiös zu überhöhen, sie »bekenntnismäßig« einzufordern und auf diese Weise »Gesetz« und »Evangelium« zu verwechseln. Und zweifellos setzt die mit dem Individualisierungsprozess einhergehende Zunahme örtlicher und sozialer Mobilität in den Gemeinden Grenzen, die Regeln der Genfer Reformation eins zu eins auf die heutige Gestalt des Gemeindelebens zu übertragen.

Es erscheint mir dennoch sinnvoll, die Tradition der Genfer Reformation für eine größere Wertschätzung, aber auch für eine Macht- und Kompetenzerweiterung der PresbyterInnen ernst zu nehmen. Faktisch ist der Gemeindealltag heute nicht denkbar, ohne dass Arbeit delegiert wird und Ehrenamtliche ganze Arbeitsbereiche verantwortlich

45. Vgl. *H. Erhart*, Die Beteiligung kirchlicher Amtsträger an Eheschließungsvorgängen im 16. Jahrhundert, Flecken Bovenden (Hg.), Plesse-Archiv, Heft 22, 1986.

und selbsttätig übernehmen – ohne jegliche Bezahlung und oft jenseits klar geregelter Macht-Verteilungsprozesse. Das muss gar nicht groß eingefordert werden. Es gibt zahlreiche Arbeitszusammenhänge, die vom Engagement der nicht hauptamtlichen Gemeindemitglieder leben. Der Besuchsdienst zu SeniorInnengeburtstagen und überhaupt die Arbeit mit SeniorInnen, die Verwaltung des Friedhofes, die Gestaltung des Gemeindeblattes, die Leitung und die Teilnahme am Chor, die Arbeit mit Jugendlichen, die Organisation und Aufsicht über Bau- und Reparaturvorhaben und vieles mehr wird in der Regel von Menschen gemacht, die aus eigenem Antrieb und mit hohem Einsatz an Zeit und Energie die Gemeinde lebendig erhalten. Die Erinnerung an die Struktur des »mehrfachen Amtes« kann diese Perspektive in mehrfacher Weise verstärken. In den Gemeinden sollen Prozesse unterstützt werden, in denen gefragt wird, welche Arbeitsanteile im Gottesdienst und in der pädagogischen Arbeit, in der Verwaltung und in der Präsenz in der lebensweltlichen und politischen Öffentlichkeit, in der Seelsorge und im diakonischen Engagement vom Pfarramt auf andere engagierte Menschen in der Gemeinde verlagert werden können. Und wie können Strukturen verstärkt werden, die es ermöglichen, dass diese Prozesse nicht nur im Sinne einer Arbeitsumverteilung, sondern auch im Sinne einer dauerhaften und kontrollierbaren Umverteilung von Macht wirksam werden?

Auch im Kontext des »mehrfachen Amtes« – wobei die Mitarbeitenden in ihre Arbeitsbereiche nicht nur informell eingearbeitet werden, sondern auch durch eine gottesdienstliche Handlung eingeführt und aus ihr auch wieder entlassen werden sollten – bleiben die PfarrerInnen wichtig. Um andere ermutigen und ermächtigen zu können (»Empowerment«), müssen sie auch selbst eine spirituelle Lebens- und Übungspraxis haben, die sie befähigt, eigene Machtwünsche von der Macht Gottes zu unterscheiden und so diese heilsame Macht, die sie nicht aus Eigenem erzeugen und nicht besitzen können, an andere weiterzugeben[46] – Macht hier nicht im Sinne von Kontrolle und Obsession, sondern von Lebensmut und -kraft. PfarrerInnen sind ausgebildete theologische Fachleute und können dieses Wissen als orientierendes und kritisches Wissen in die Kommunikation der Ge-

46. *M. Josuttis* hat in einem neuen Buch die »Handlungslogik spiritueller Methoden« beschrieben: Ders., Religion als Handwerk. Zur Handlungslogik spiritueller Methoden, Gütersloh 2002.

meinde und auch in die übergemeindlichen Interaktions- und Informationszusammenhänge einbringen. Sie haben oft psychologische und soziologische Zusatzausbildungen, die sie in Fortbildungen weitergeben und in denen sie sich auch selbst weiter fortbilden können. Und sie können in der Wahrnehmung und Bewahrung der Lebenswelten, in denen die Kirchengemeinde immer nur als Teilbereich gelten kann, als mitbeteiligte MitbewohnerInnen arbeiten, die ihre Kompetenzen und Fertigkeiten, ihr Wissen und ihre Weisheit in die Erweiterung von Freiheitsspielräumen für alle Beteiligten einbringen können.

*III)* Es ist nicht allein das Amt der Presbyter, sondern auch das der Diakone und der »Doctores«, die in der reformierten Tradition des »mehrfachen Amtes« außerhalb des Pfarramtes in der Kompetenz-, Macht- und Kommunikationsverteilung der Gemeinde aufgewertet werden sollten. Auch hier gilt: vieles läuft bereits. Es geht nur, und es geht allerdings um die Wahrnehmung und um die Aufmerksamkeit, diese Prozesse voranzubringen, wertzuschätzen und abzusichern.

Insbesondere Entwicklungen in der *Diakonie* haben in den letzten Jahren dazu geführt, dass zahlreiche Arbeitsbereiche der Kirchen in Prozesse von Umstrukturierung und Umdefinierung einbezogen worden sind, die mit dem Stichwort ›Ökonomisierung‹ angemessen bezeichnet werden können. Es war zunächst die diakonische Arbeit, in der das Modell der »Firma« handlungsleitend wurde. Veränderungen in der staatlichen Sozialgesetzgebung – man denke beispielsweise an das Pflegedienstgesetz – aber auch die Etablierung und Konkurrenz zahlreicher privater Anbieter in Bereichen, die bisher vor allen Dingen von kirchlichen diakonischen Einrichtungen versorgt wurden, haben in vielen Feldern diakonischen Handelns die Verantwortlichen dazu gezwungen, die eigenen Angebote betriebswirtschaftlich durchzukalkulieren und in einer Weise am Markt zu platzieren, dass sie konkurrenzfähig werden. War seit den 60er Jahren in der Bundesrepublik die Diakonie ein Feld, das gesetzlich durch das sog. Subsidiaritätsprinzip die Angebote von freien Trägern gegenüber staatlichen Angeboten privilegiert hat, so ist mit der Entstehung marktwirtschaftlicher Konkurrenz die Zeit vorbei, in der die kirchlichen Diakonie-Angebote – oder besser: die diakonischen Einrichtungen und Verbände unter kirchlichem Dach – vor ökonomischem Druck weitgehend geschützt waren. In zahlreichen Kirchenkreisen ist ein Prozess im Gange oder bereits abgeschlossen, in dem diakonische Arbeits- und Verbandsstrukturen zu Unternehmungen umgewandelt werden, für die der Name ›Firma‹ nichts anderes als angemessen ist.

Dass diakonisches Handeln in der Kirche Jesu Christi aus Liebe erwächst, die durch konkrete Not Einzelner herausgefordert ist und in dauerhaftem Engagement sich konkretisiert, ist angesichts der Wirklichkeit diakonischen Handelns heute kaum noch wahrnehmbar. Die Diakonie insgesamt ist eine der größten Arbeitgeberinnen in unserem Lande. Krankenhäuser und Beratungseinrichtungen, Jugendheime und Suchtberatungsstellen, Altenpflegedienste und Hospize – es sind vielfältige Formen helfender Tätigkeit für Menschen, die es nötig haben. Trotz all dieser Vielfalt gibt es gegenwärtig ein gemeinsames Thema, das alle anderen zu überschatten scheint: der Konkurrenz- und Kostendruck, die empfundene Notwendigkeit, das eigene Handeln nach betriebswirtschaftlichen und marktökonomischen Perspektiven zu kalkulieren. Eine der vorherrschenden Fragen in diesem Zusammenhang ist die nach der ›Qualität‹ und ›Qualitätssicherung‹ diakonischer Arbeit.[47]

400.000 hauptamtliche MitarbeiterInnen – es ist unmittelbar plausibel, dass ein solch riesiges Unternehmen nicht mehr oder zumindest nicht mehr vorwiegend und erst recht nicht allein im Sinne privater Hilfstätigkeit von einzelnen aus konkretem Engagement heraus organisiert werden kann. Arbeitsrechtliche Regelungen sind ebenso erforderlich wie gewerkschaftliche Vertretung; gerade in dieser Hinsicht gibt es eine lange Auseinandersetzung um den sog. ›Dritten Weg‹, der für den Bereich kirchlicher und diakonischer Arbeit insgesamt nicht

47. Das Diakonische Werk der Evangelischen Kirche in Deutschland ist – ungeachtet der Ökonomisierung zahlreicher Einrichtungen und Einzelverbände – ein gemeinnütziger Verein. Ihm gehören als Mitglieder die Diakonischen Werke der 24 Landeskirchen der Evangelischen Kirche in Deutschland, zudem 9 Freikirchen mit ihren diakonischen Einrichtungen sowie rd. 90 Fachverbände der verschiedensten Arbeitsfelder an. Diese Mitglieder repräsentieren etwa 26.000 selbständige Einrichtungen unterschiedlicher Größe und Rechtsformen mit mehr als 1 Mio. Betreuungsplätzen, in denen rd. 402.000 hauptamtliche MitarbeiterInnen Voll- oder Teilzeit beschäftigt sind. Außerdem gibt es knapp 7.000 diakonische Selbsthilfe- und Helfergruppen. Zum Bereich der diakonischen Arbeit gehört auch die Arbeit von rd. 18.000 Gemeinden von Landeskirchen und Freikirchen. Zu den 402.000 hauptamtlichen Voll- oder Teilzeitbeschäftigten kommen deshalb noch einmal ebenso viele ehrenamtliche MitarbeiterInnen in der Diakonie hinzu. www.diakonie.de, 27.09.2002.

eine Vertretung in den gesamtgesellschaftlich wirksamen Gewerkschaften vorsieht, sondern in besonderen Mitarbeitervertretungen. Der Streit um Sonderrechte für diesen Großarbeitgeber innerhalb der bundesrepublikanischen Gesellschaft ist noch nicht ausgestanden.

Im Angesicht dieser Prozesse und Probleme scheint es notwendig wahrzunehmen, zu reflektieren und im Ergebnis auch durchzusetzen, an welchen Stellen der Prozess einer zunehmenden betriebswirtschaftlichen Ökonomisierung der diakonischen Arbeit unterbrochen werden kann. Auch in dieser Perspektive scheint mir die Erinnerung an die reformierte Tradition des »mehrfachen Amtes« hilfreich. Je vor Ort soll und kann mit genauer Wahrnehmung der je spezifischen Chancen und Probleme gefragt werden, welche Möglichkeiten bestehen, spezifizierte und ausdifferenzierte diakonische Arbeitsbereiche in den Lebenszusammenhang der gesamten Kirchengemeinde zurückzunehmen. Inwieweit eine solche Überlegung sinnvoll und praktikabel ist, wird sich von Fall zu Fall und lokal abhängig zeigen. Nötig ist sie angesichts der finanziellen Engpässe ohne Frage.

Der diakonische Arbeitsbereich ist seit etwa zwei Jahrhunderten zunehmend aus dem Interaktions- und Arbeitsfeld der Gemeinde ausgegliedert und besonderen »Diensten und Werken« zugeschrieben worden. Klaus Dörner[48], seinerzeit Direktor der Westfälischen Klinik für Psychiatrie, Psychosomatik und Neurologie in Gütersloh, hat bereits vor einem Jahrzehnt ein Konzept vorgestellt, das über den Arbeitsbereich der Diakonie hinaus als erkenntnis- und handlungsleitend angenommen werden kann. Dörner fordert eine Entprofessionalisierung, genauer gesagt eine Umprofessionalisierung der diakonischen Arbeit. Wie geht eine Gesellschaft mit ihren Leidenden um? Und wie geht die Arbeit der Diakonie mit den Leidenden um? Es muss wahrgenommen werden, dass die Diakonie insgesamt eine Lücke ausfüllt, die durch Individualisierungs- und Desolidarisierungsprozesse der Gesellschaft insgesamt entstanden ist. In früheren Jahrhunderten war diakonische Arbeit noch nicht professionalisiert und gehörte noch nicht zum Berufsbild einer besonders hierfür ausgebildeten Menschengruppe, sondern war Bestandteil der gesellschaftlichen Lebenswelten selbst.[49]

48. Vgl. *K. Dörner*, Aufgaben diakonischer Ethik. Die Wende von der Professionalität zur Kompetenz aller Betroffenen, in: M. Schibilsky (Hg.), Kursbuch Diakonie, Neukirchen-Vluyn 1991, 39-51.

49. Im 18. Jh. gab es noch keine Psychiatrie. Immer, unabhängig von Zeit und Gesellschaftsverfassung, hat es etwa ein bis zwei Prozent der Bevölkerung

Dieses System sozialer Sicherung endet mit der industriellen Revolution, mit dem ›Urknall‹ gesellschaftlicher Modernisierung. Die Versorgung der ›Randständigen‹ wird immer mehr zu einem Problem institutionalisierter Einrichtungen, bleibt also nicht mehr Bestandteil alltäglich gelebter lebensweltlicher Vollzüge. Nach und nach entstehen flächendeckende Netze von Altenheimen, Pflegeheimen, Waisenhäusern, Kindergärten, Gefängnissen, Irrenanstalten, Einrichtungen für Körperbehinderte, geistig Behinderte, Obdachlosen-Asylen und anderen Einrichtungen[50]. Die Perspektive war zunächst, dass die hier untergebrachten Menschen nicht arbeiten, sondern versorgt – ernährt, gepflegt, verwaltet, bearbeitet, aber auch erzogen – werden und vor allen Dingen die anderen, die Produktiven, nicht bei der Arbeit stören sollen.

Im Rahmen dieser flächendeckenden Netze sozialer Institutionen haben sich in einer längeren Entwicklung seit etwa 200 Jahren neue *professionelle Kulturen* entwickelt. Nimmt man den gesamtgesellschaftlichen Prozess in den Blick, so kann man sagen, dass sich hier in Entsprechung zu einer Kolonisierung nach außen in der gleichen Epoche auch eine Kolonisierung nach innen entwickelt. Parallel zur Kolonisierung der ›Reste‹ der nicht industrialisierten Welt hat sich diese Bewegung auf diejenigen Bevölkerungsgruppen bezogen, die als ›produktionsresistent‹ bezeichnet werden könnten. Ebenso wie in der Kolonisierung nach außen, so gehen auch hierin Perspektiven von Bildung, religiöser Durchdringung und wirtschaftlicher Entwicklung

gegeben, die an schwerwiegenden psychischen Störungen leiden. Bis zum 18. Jahrhundert war dieser Tatbestand kein herausforderndes gesellschaftliches Problem, weil die familialen und dörflichen Gemeinschaften so organisiert waren, dass solche Menschen in ihren sozialen Verbänden mitleben konnten. Sie waren Bestandteil eines solchen Kooperationsverbandes. »Die Lebenswelten von Familien, Verwandtschaften, Nachbarschaften existierten als Selbsthilfe-Gemeinschaften, aber auch als – in der Kehrseite – ›Selbstjustiz-Gemeinschaften, mit teilweise zerstörenden Konsequenzen für Betroffene: Wenn die Verhaltensweisen dieser Patienten zu unerträglich waren, dann konnte sehr wohl eine solche Person desintegriert, schlicht: herausgeschmissen werden – oder im Keller oder einer Scheune angebunden werden. Und gelegentlich wurde auch jemand totgeschlagen. Das gehörte mit dazu. Das war allerdings eher die Ausnahme zu der Regel, daß solche Menschen in höherem Maße als heute gesellschaftlich integriert und akzeptiert waren.« Ebd.

50. Vgl. in diesem Zusammenhang: *M. Foucault*, Überwachen und Strafen. Die Geburt des Gefängnisses, Frankfurt/M. [4]1981.

durchaus problematische Positionen in der Kehrseite mit ein: Verwertungs- und Herrschaftsinteressen, Abschottung gegenüber der Umwelt. Bereits in den Jahrzehnten des ausgehenden 19. Jahrhunderts, und nicht erst in der Nazi-Zeit, entstand die gesellschaftliche Phantasie – und breitete sich über erhebliche Bevölkerungskreise aus –, eine leidensfreie Gesellschaft, eine Gesellschaft aus leidfreien Menschen sei erreichbar, indem man die Leidenden in besonderen Einrichtungen unterbringt, sie zum Objekt von Behandlung macht und sie tendenziell aus dem gesellschaftlichen Lebenszusammenhang ausgrenzt. Als die Nazis an die Macht kommen, ist die Logik und die Ethik der Wahrnehmung und Bewertung von Menschen im Laufe der letzten 150 Jahre längst ausgeprägt. Dazu mussten die Nazis nichts Neues hinzuerfinden. Was sie allerdings erfunden haben, ist die Radikalität und Brutalität – nicht die Irrationalität, sondern die Rationalität –, mit denen sie diese Ideen ins Werk gesetzt haben.

Die Nachkriegsentwicklung bringt in Deutschland eine Umorientierung auch in diesem Feld. 1972 haben sämtliche Parteien und alle freien Wohlfahrtsverbände übereinstimmend erklärt: Die Ausgrenzung der psychisch Kranken ist falsch. Stattdessen bedarf es eines gemeindepsychiatrischen Konzeptes. »Jeder, der psychisch krank wird, soll dort, wo er lebt, alle Hilfsmöglichkeiten bekommen und nicht dauerhaft ausgegrenzt werden.«[51] Es liegt gegenwärtig alles daran, dass auch unter den Bedingungen stärkeren ökonomischen Druckes, dem die diakonische Arbeit insgesamt unterliegt, der Gewinn dieser Neuorientierung nicht wieder verloren geht. Seit den 70er Jahren gab es in vielen Bereichen, so auch in den Arbeitsbereichen der Diakonie, ein starkes Interesse an therapeutischen Konzeptionen, die auf *die Selbsttätigkeit und den Eigensinn der Perspektiven der Klienten* orientiert waren. In den letzten zehn Jahren, seitdem Klaus Dörner seine Überlegungen formuliert hat, droht diese Perspektive wieder zu Gunsten biologistischer Konzepte preisgegeben zu werden. Heute ist die Gentechnologie, nicht die klientenzentrierte Gesprächstherapie Leitwissenschaft, und wieder gewinnt die Phantasie gesellschaftlich an Plausibilität, durch Veränderung der biologischen Grundausstattung und zugleich durch die Ausgrenzung solcher Menschen, die die gesellschaftlich geforderten genetischen Anforderungsprofile nicht beibringen, könne das Problem der gesellschaftlich Randständigen beseitigt werden. In dieser Lage er-

51. *K. Dörner*, aaO., 46.

scheint es mir unbedingt nötig, den Gesprächsstand zu bewahren, der in dem Beitrag von Klaus Dörner vor zehn Jahren bereits einmal erreicht war.

Dörner fordert, in Entsprechung zur Wahrnehmung des gemeindepsychiatrischen Konzeptes eine *Entprofessionalisierung* oder besser eine *Umprofessionalisierung* der in diesem diakonischen Arbeitsbereich tätigen Menschen.[52] Die Ausgrenzung der psychisch Kranken ist falsch, stattdessen bedarf es eines gemeindepsychiatrischen Konzeptes. Diese Einsicht führte auch dazu, stärker die Angehörigen psychisch Kranker als Mitarbeitende zu entdecken. Das, was früher die Konzentration von Expertenwissen war, wird dabei auf andere Gruppen ausgebreitet. Inzwischen gibt es auf Bundesebene, Landesebene und auf regionaler Ebene Selbsthilfegruppen von Angehörigen psychisch Kranker, die in ihrem Expertenwissen den professionellen Experten bisweilen erheblich überlegen sind. Nicht zuletzt diese Einsicht führt Dörner dazu, nicht von einer Entprofessionalisierung, sondern einer Umprofessionalisierung in der Arbeit mit psychisch Kranken zu sprechen.

Professionalisierungen sind weitgehend an Institutionen gebunden. »Je institutionalisierter eine Gegebenheit, desto leichter eine demgemäße Professionalisierung. Das neue Zauberwort jedoch heißt: De-Institutionalisierung. (...) Es geht um Umprofessionalisierung, das zeitliche Begleiten von Lebenswegen – mit dem geradezu ungeheuren Anspruch, dass dieser Prozess in allen Teilen der Gesellschaft zu erfolgen hat. (...) Wir selber werden dabei subversive Pfadfinder zu sein haben und mit diesen Menschen einen solchen Weg zu suchen und zu beschreiten haben – bis schließlich der Begriff des Normalen mit dem, was früher ausgegrenzt worden war, weitgehend wieder deckungsgleich geworden ist. Dann wird auch das, was wir als normal bezeichnen, eben nicht das vom Nicht-Normalen gereinigte Normale sein.«[53]

52. *Dörner* plädiert durchaus für eine Gründung von marktwirtschaftlich konkurrenzfähigen Einheiten wie Selbsthilfe-Firmen in Zusammenarbeit zwischen den hier arbeitenden und lebenden Menschen. Er nennt das Beispiel einer in Weinsberg (Süddeutschland) angesiedelten ›Zuverdienstfirma‹. Zu dieser Firma gehört ein Café, in dem sich jeder aufhalten darf – und auch anderen bei der Arbeit zuschauen kann. Beide Bedürfnisse, das Bedürfnis nach Arbeit und das Bedürfnis nach freier Zeit und sozialen Kontakten, werden von den Patienten selbst in die ihnen gemäße Balance gebracht.

Ich denke, dass die von Klaus Dörner propagierte Perspektive einer Deprofessionalisierung bzw. Umprofessionalisierung über die diakonischen Arbeitsbereiche hinaus Beachtung verdient und – im Sinne der Tradition des »mehrfachen Amtes« – für die Gemeinde als Lebensort unmittelbare Konsequenzen hat. Nicht in Konkurrenz, sondern in Zusammenarbeit mit den Fortbildungsveranstaltungen und den speziellen Kompetenzen der übergemeindlichen Einrichtungen können in den Lebenszusammenhang der Gemeinden seelsorgerliche, diakonische, soziale und politische Kompetenzen zurückverlagert werden, die sich in den vergangenen Jahrzehnten in besonderen Institutionen ausdifferenziert haben, die ihrerseits gegenwärtig – und perspektivisch – weder inhaltlich noch in ihrer finanziellen Ausstattung in der Lage scheinen, in einem Maße funktionsfähig zu bleiben, dass die betroffenen Menschen nicht nur versorgt, sondern in ihrer Subjektivität und Selbsttätigkeit in genügend großem Ausmaß geschützt und gefördert werden.

Es ist deutlich: Die Gefahr der Überforderung muss immer beachtet werden. Und dennoch können hauptamtliche MitarbeiterInnen und vor allem PfarrerInnen in der Gemeinde damit rechnen, dass sich in der Gemeinde genügend Menschen mit Kompetenzen und Engagement finden, die in wie auch immer begrenztem und verbindlichem Ausmaß zur Verantwortungsübernahme bereit sind – wenn ihnen dies von den Hauptamtlichen zugetraut wird, und wenn PfarrerInnen als die kommunikativen Zentralfiguren auch bereit und kompetent sind, Macht abzugeben.

Es geht hier – um eine Formulierung von Eberhardt Hauschildt zu verwenden – um ein zentrales Problem der »Glokalisierung«, also der Geichzeitigkeit und Zweiseitigkeit von Globalisierungs- und Lokalisierungstendenzen.[54] Die zentrale Frage ist: Wie kann den zerstörerischen Folgen einer – mittlerweile konkurrenzlos gewordenen – »totalen« freien Marktwirtschaft in innenpolitischer (Massenarbeitslosigkeit; Umweltzerstörung; Preisgabe von liberalen Selbstverständlichkeiten) und globaler (Hunger; politische Entrechtung) Perspektive begegnet werden, ohne den damit verbundenen Überforderungen durch Verein-

53. Ebd., 50f.
54. Das Stichwort wurde geprägt von *E. Hauschildt*, Praktische Theologie – neugierig, graduell und konstruktiv. Verabschiedungen, Trends und Optionen, in: E. Hauschildt, U. Schwab (Hg.), Praktische Theologie für das 21. Jahrhundert, Stuttgart 2002, 79-99.

fachungen zu begegnen, die selbst wieder zerstörerische Folgen haben können? Solche Vereinfachungen lassen sich vielerorts beobachten. Sei es, dass die brisanten Aufgabenfelder aus dem Eigentlichen, dem »Proprium« der Kirche ausgegrenzt oder umgekehrt selbst zur Bekenntnisfrage dogmatisiert werden; sei es, dass die eigene Hilflosigkeit in blinder Betriebsamkeit oder aber im Rückzug aus den Problembereichen ausagiert wird. Was im Sinne von Klaus Dörner für das Arbeitsfeld diakonischer Praxis eingefordert wurde, gilt auch für die gottesdienstliche und seelsorgerliche, die pädagogische und kybernetische Arbeit der Kirche. Das Ziel wäre, diese Arbeitsbereiche zu entprofessionalisieren und die christliche Gemeinde insgesamt als Subjekt der gottesdienstlichen, diakonischen, seelsorgerlichen, pädagogischen usw. Praxis wahrzunehmen[55] und die Kompetenz aller Betroffenen in einer Kommunikation zu entfalten, die der wechselseitigen Verpflichtung ebenso Raum lässt wie der Entfaltung individueller Lebensstile. Besser als andere gesellschaftliche Orte kann die christliche Gemeinde zu einem Lernfeld werden, in dem gezeigt und gelebt wird, wie die Verpflichtung zur Solidarität mit der Wahrnehmung des/der Anderen in seiner/ihrer Eigenständigkeit versöhnt werden kann.

Die Rolle und Aufgabe der Zentralpersonen in der Kommunikation der Gemeinde, der Pfarrerinnen und Pfarrer, bleibt wichtig, aber genau darin, dass sie den Menschen, mit denen sie zusammen leben und arbeiten, das Lebensgefühl vermitteln: Ich traue Euch zu, dass Ihr kompetent, verantwortlich und auch bereit seid, Arbeitsbereiche selbsttätig und – im Rahmen der gemeindlichen Kommunikationen und Absprachen – eigenverantwortlich zu übernehmen, die bisher allein zu den Aufgabenfeldern – und auch den Machtfeldern – des Pfarramtes ge-

55. In eine solche Richtung gehen, aus ganz unterschiedlicher Perspektive, die Überlegungen von *K. Dörner* (»Aufgaben diakonischer Ethik. Die Wende von der Professionalität zur Kompetenz aller Betroffenen«, in: M. Schibilsky (Hg.), aaO. 39ff.) und *K.-F. Daiber* (»Gemeindediakonie in der Bundesrepublik Deutschland«, in: Ders., Diakonie und kirchliche Identität. Studien zur diakonischen Praxis in der evangelischen Volkskirche, Hannover 1988, 79ff.). Das Postulat findet seine Grenze in der Tatsache, dass Gemeindearbeit für die in ihr engagierten Menschen – bis auf die Professionellen – »Freizeitbeschäftigung« ist und damit in ihrem Gewicht im Zusammenhang anderer Freizeitaktivitäten verantwortet werden muss. Vgl. *M. Josuttis*, Gemeindearbeit als Freizeitbeschäftigung – Selbstverwirklichung oder Kompensation?, in: Ders., Praxis des Evangeliums zwischen Politik und Religion. Grundprobleme der Praktischen Theologie, München ³1983.

hört haben; und Ihr werdet sehen, das wird zu allem Überfluss auch noch Spaß machen.

## 3. Die Aufgabe der Praktischen Theologie und der Charme der Alten

Zum Gemeindekonzept des »mehrfachen Amtes« gehört auch das Amt der »Doctores«, der Lehrer und Gelehrten. Es ist in der Situation der Genfer Kirchenordnung keinesfalls allein auf eine ausdifferenzierte akademische Theologie gemünzt, sondern vor allem auf Kompetenzen und auf Menschen innerhalb der Gemeinden. Wenn jetzt über dieses Problem gesprochen wird, so soll diese Perspektive zuerst in genau dieser Hinsicht aufgenommen werden: Es gibt LehrerInnen und Gelehrte in der evangelischen Gemeinde, keinesfalls nur in den Feldern des akademischen Theologiebetriebes. Das vor allem ist es, was Menschen lernen müssen, die nach einem Theologiestudium in einem Gemeindepraktikum oder in einem Vikariat der Alltagssituation einer Gemeinde zum ersten Mal wieder begegnen: Respekt vor der Weisheit der Menschen jenseits akademischer Lebenszusammenhänge.

Das Amt der »Doctores« in der Tradition des »mehrfachen Amtes« kann in kritischer Perspektive auch auf die akademische Theologie bezogen werden, insofern diese daraufhin befragt werden muss, ob sie – wiederum kritisch und gestaltgebend – auf den Lebenszusammenhang der Kirche bezogen ist. Jenseits dieser Bezogenheit verliert evangelische Theologie ihre Gestalt und wird, je nach Disziplinenorientierung, durch andere Wissenschaftszweige ersetzbar: das Alte Testament beispielsweise durch altorientalistische wissenschaftliche Kompetenzen, Systematische Theologie durch Philosophie, Kirchengeschichte durch verschiedene Schwerpunkte einer allgemeinen Geschichtswissenschaft. Die Fraglichkeit und Ersetzbarkeit einer universitären Theologie findet aktuell ihre existenzgefährdende Zuspitzung in den wiederum betriebswirtschaftlich-ökonomisierenden Umgestaltungskonflikten der deutschen Bildungsuniversität.

Ich habe als Hochschullehrer für *Praktische Theologie* diesen Ausschnitt der wissenschaftlichen evangelischen Theologie im Blick und auch den wiederum, wie es nicht anders sein kann, nur ausschnitthaft. Finden wir hier eine angemessene Wahrnehmung des Amtes der *doctores*? Finden wir in der gegenwärtig vorherrschenden Debatte in der akademischen Praktischen Theologie Problembewusstsein, Argumentationsmuster, wirkungsvolle Traditionen theologischen Nachdenkens vor, um die Orientierung und Positionierung der evangelischen Kirche im »Zeitalter der Lebensgefahr«[56] begleiten und beraten zu können?

*I)* Ein knapper Blick auf gegenwärtig stark beachtete Gesprächsbeiträge zeigt hier durchaus eine große Sensibilität für wichtige gesellschaftliche Tendenzen, die den Ort und die Handlungsmöglichkeiten der christlichen Kirchen ebenso beeinflussen wie die anderer Religionsgemeinschaften. Bereits seit Mitte der 80er Jahre ist es weithin common sense in dieser Diskussion, dass angesichts zunehmender gesellschaftlicher Säkularisierung nicht mehr allein *kirchliche Handlungsvollzüge* Gegenstand praktisch-theologischer Aufmerksamkeit sein können, sondern dass institutionalisierte und nicht-institutionalisierte Religionsgestalten in der Beziehung *von einzelnem Menschen, Kirche* und *Gesellschaft* thematisiert werden müssen.[57] Religion ist in der spätmodernen Gesellschaft durch Pluralisierung von Lebensstilen und Orientierungen bestimmt. Die evangelische Kirche steht deshalb vor der Aufgabe, im Dialog mit fremden Kulturen und Religionen dem Anderen mit Achtung zu begegnen und das Eigene zu einer deutlichen Gestalt zu bringen.[58] Der gesellschaftliche Individualisierungsprozess verlangt, Menschen als Subjekte ihrer religiösen Orientierung ernst zu nehmen[59] und – über die Grenzen der institutionalisierten Kirchen hinaus – »gelebte Religion wahrzunehmen«.[60]

56. So der Titel des bereits vor anderthalb Jahrzehnten erschienenen Buches von *M. Josuttis* »Der Kampf des Glaubens im Zeitalter der Lebensgefahr«, München 1987.
57. Vgl. *D. Rössler*, Grundriß der Praktischen Theologie, Berlin und New York 1986.
58. Vgl. die wiederholten Veröffentlichungen des Hamburger Religionspädagogen *W. Weiße*, in denen seit »Dialog der Kulturen« (Münster und New York 1994) diese Perspektive zunehmend differenziert und im Hamburger Weg eines »Religionsunterrichtes für alle« (vgl. z.B. F. Doedens und W. Weiße in Bd. 1 der Reihe »Religionspädagogik in einer multikulturellen Gesellschaft«, Münster und New York 1997; Bd. 2, 1999) praktisch konkretisiert wurde; vgl. auch die Denkschrift der Evangelischen Kirche in Deutschland und der Vereinigung Evangelischer Freikirchen »Räume der Begegnung. Religion und Kultur in evangelischer Perspektive«, Gütersloh 2002.
59. Besonders deutlich wird diese Position vom Berliner Praktologen *Wilhelm Gräb* akzentuiert, zuletzt in: Sinn fürs Unendliche. Religion in der Mediengesellschaft, Gütersloh 2002.
60. So der bereits 1998 erschienene programmatische Titel von *W.-E. Failing*

Auf der einen Seite ist ein hoher Grad an Kompetenz, Ideenreichtum und Ernsthaftigkeit in dem Bemühen unbestreitbar, realistisch und unverstellt durch dogmatische Engführungen den Lebensvollzug von Religion in einer spätmodernen Gesellschaft ebenso konzentriert wahrzunehmen wie den Ort der evangelischen Kirche in dieser Gesellschaft. Auf der anderen Seite erscheint dennoch ein kritischer Blick nötig. Manche methodischen und inhaltlichen Orientierungen in dieser Debatte wirken faktisch als Ausblendungen und Verkürzungen von Wahrnehmungsperspektiven. Die gegenwärtige Hochschätzung von *semiotischen* Interpretationsperspektiven z.B. gegenüber Gottesdienst und Predigt[61], aber auch – programmatisch eingefordert in der Parole »gelebte Religion wahrnehmen« – gegenüber Lebensvollzügen von Religion *außerhalb* ihrer institutionalisierten Gestalten kann »Religion« auf Bildungsperspektiven verkürzen und damit in sozialer Realität auf das Lebensgefühl und die Lebenswelt eines gebildeten Bürgertums eingrenzen.

Befragt man ein prakisch-theologisches Konzept, das den Lebensvollzug von Religion auf die semiotisch gebildete *Deutung* ihrer Symbole konzentriert, auf seinen Sitz im Leben, thematisiert es am ehesten das Lebensgefühl eines bildungsbürgerlichen Niveaumilieus[62] – sagen wir einmal: die Bildungsinteressen solcher Menschen, die wir beispielsweise mit pensionierten Oberstudienrätinnen und ihrem Umfeld in evangelischen Akademien antreffen. Nichts gegen die Bildungs-

und *H.-G. Heimbrock* »Gelebte Religion wahrnehmen. Lebenswelt – Alltagskultur – Religionspraxis«, Stuttgart u.a. 1998. Am Lebensvollzug von Religion in und jenseits institutionalisierter Formen sind auch die Forschungsbeiträge der Mitglieder des »Arbeitskreises populäre Kultur und Religion« interessiert, z.B. G. Fermor, H.-M. Gutmann, I. Kirsner, H. Schroeter-Wittke, B. Schwarze; die Literaturlisten dieser und anderer Mitglieder des Arbeitskreises sind zugänglich auf: www.akpop.de. Einen Überblick aus systematisch-theologischer und praktisch-theologischer Perspektive geben: *A. Grözinger* u. *G. Pfleiderer*, »Gelebte Religion« als Programmbegriff Systematischer und Praktischer Theologie, Zürich 2002.

61. Für die Rezeption semiotischer Ansätze in der Praktischen Theologie stehen vor allem Beiträge von *H. Bieritz, M. Meyer-Blanck* u. *W. Engemann* ein. Einen knappen Überblick über diese Perspektiven geben – aus Sicht dieser Autoren – ihre Beiträge in: G. Lämmlin, S. Scholpp (Hg.), Praktische Theologie der Gegenwart in Selbstdarstellungen, Tübingen und Basel 2001, 31ff.; 317ff.; 389ff.

62. Vgl. zur Begrifflichkeit: *G. Schulze*, Die Erlebnisgesellschaft. Kultursoziologie der Gegenwart, Frankfurt/M. 1992, 292ff.

beflissenheit pensionierter Oberstudienräte in Sachen Religion, nur ist diese Perspektive keinesfalls mit »dem« Christentum in Deutschland identisch. Zudem zeigt sich ein Problem von Selbsthistorisierung bzw. der strukturellen Ausblendung *aktueller* Problem- und Konfliktlagen durch die Auswahl der theoretischen Gewährsleute. Die gegenwärtig auserkorene Autorität dieser Debatte über die Bedeutung der Semiotik in theologischen Gesprächszusammenhängen beispielsweise, Charles Sanders Peirce[63], ist ein Autor aus der frühindustriellen Moderne. Dieses spezifische Problem einer praktisch-theologischen Ungleichzeitigkeit mit ihrer Zeitgenossenschaft zeigt sich auch in weiteren gegenwärtig wirkmächtigen praktisch-theologischen Gesprächsbeiträgen. Ich gebe zwei Beispiele.[64]

*II)* Wilhelm Gräb hat in seinem neuen Buch »Sinn fürs Unendliche. Religion in der Mediengesellschaft«[65] Anschluss an den Gesprächsstand gefunden, der in den Debatten über das *Verhältnis von populärer Kultur und Religion* und über die *Wahrnehmung gelebter Religion* in den jeweiligen Gesprächszusammenhängen bereits erreicht ist. Er bringt in diesen Gesprächszusammenhängen seinen spezifischen praktisch-theologischen Ansatz zur Geltung, wie er in früheren Werken[66] bereits ausformuliert wurde. Das neue Buch ist insofern ein wichtiger Fortschritt, als ausgesprochen materialreich verschiedene Dimensio-

63. Vor allem *M. Meyer-Blanck* hat engagiert die Rezeption von Peirce für die praktisch-theologische Arbeit eingefordert. Vgl. Zeichen verstehen. Die hermeneutische Dimension der Semiotik und der semiotische Beitrag zur Hermeneutik, in: E. Hauschildt u. a., Praktische Theologie als Topographie des Christentums. Eine phänomenologische Wissenschaft und ihre hermeneutische Dimension, Rheinbach 2000, 49ff.
64. Dabei kann es nur um einen knappen Einblick gehen, nicht um eine ausführliche Würdigung. Wenn hier vor allem problematische Aspekte dieser Ansätze hervorgehoben werden, so schließt dies die hier nicht explizite Wahrnehmung ein, dass aus den angesprochenen Werken viel zu lernen ist.
65. *W. Gräb*, Sinn fürs Unendliche. Religion in der Mediengesellschaft, Gütersloh 2002. Vgl. zum Folgenden die ausgezeichnete kritische Auseinandersetzung mit der praktisch-theologischen Position Gräbs aus systematisch-theologischer Perspektive bei *M. Moxter*, Protestantische Wahrnehmung kultureller Praxis. Response auf W. Gräb, Praktische Theologie als Praxistheorie protestantischer Kultur, in: W. Gräb und B. Weyel, (Hg.), Praktische Theologie und protestantische Kultur, Gütersloh 2002, 52-66.
66. Vgl. vor allem die zusammenhängende Darstellung in: *W. Gräb*, Lebensgeschichten – Lebensentwürfe – Sinndeutungen. Eine praktische Theologie gelebter Religion, Gütersloh 1998.

nen der Mediengesellschaft (Radio, Fernsehen, Kino, Internet; Nachrichten und Kommentare, Unterhaltung, Werbung; aber auch Inzenierungen im öffentlichen Raum wie die Berliner Love-Parade oder der Christuspavillon auf der Expo 2000 in Hannover) in die Darstellung und in oft eindringliche Interpretation einbezogen und mit kirchlichen Handlungsperspektiven (vor allem Predigt, Gottesdienst, Kasualien) konfrontiert werden. Die leitende Frage ist dabei, wie diese Handlungsformen als Sinndeutungsangebote für religiöse Erfahrungen bedeutsam werden können, die Menschen in einer durch Medien bestimmten modernen Kultur vor allem in lebensgeschichtlichen Krisen machen. »Wir müssen von einer gesellschaftlich durch die *Medien* vermittelten Pluralität, besser Gemengelage von symbolischen Lebensdeutungen sprechen, von einer sehr diffusen ›Medienreligion‹, von einer vieldeutigen Religiosität. (...) Religion verschafft Lebensgewinn, im Grundvertrauen stabilisierte Lebensgewißheit, durch rituell wirksame Überhöhung nüchterner Alltagverhältnisse. Und die Kirche hat mit ihren Räumen, ihren Symbolen und Ritualen immer noch ein großes Potential, diese Religion zu inszenieren.«[67]

In der Wahrnehmung und Interpretation von Inhalten, Funktionen und Wirkungen der Massenmedien argumentiert Wilhelm Gräb in Gleichzeitigkeit und »auf Augenhöhe« mit dem aktuellen außertheologischen Gesprächsstand wie z.B. C. Geertz, N. Bolz, J. Hörisch, M. McLuhan. Hier wird an aktuell hoch brisantem Ort weitgehend eingelöst, was Gräb programmatisch mit der Aufgabenbestimmung der Praktischen Theologie als »Kulturhermeneutik« einfordert. Umso mehr erstaunt, dass sich in den *theologischen* Autoritäten dieses Konzeptes gegenüber dem in früheren Büchern präsenten Problembewusstsein wenig verändert hat.[68] Auch als Kulturhermeneutik bleibt, so Gräb, die Aufgabe der ausdrücklich christlich-kirchlichen Arbeit in

67. *W. Gräb*, Sinn fürs Unendliche, aaO., 92f.
68. Auch dort, wo Gräb z.B. in der Rezeption von E. Cassirer (z.B. 56f.) die Körperlichkeit des Menschen, den »sinnlichen, leiblich verfaßten menschlichen Lebensvollzug« als zentralen Bezugspunkt von Religionswahrnehmung und Kulturhermeneutik beschreibt, bleiben solche weiterführenden Einsichten für die Argumentation des Buches insgesamt peripher. Ähnliches gilt auch für die m.E. sehr gelungene Rezeption von P. Tillich und C.Ch. Bry, die Gräb zur Rekonstruktion des kritischen Problembewusstseins in Sachen Religion in den zwanziger Jahren des vergangenen Jahrhunderts heranzieht, vgl. z.B. 25ff.

Sachen Religion auf die »Deutung von Lebenssinn« für das Individuum eingeschränkt. »Religion *ist eine mentale Sinneinstellung am Ort des individuell zu vollziehenden religiösen Bewußtseins.* Religion ist eine mentale Sinneinstellung, die durch Offenheit, Unabgeschlossenheit, Fraglichkeit in *allen* Sinnbereichen der Kultur gekennzeichnet ist. Religion gibt es recht verstanden nicht. Religion hat man. Und man hat sie dann, wenn man in eine bestimmte Fassung des das Weltverhältnis insgesamt durchprägenden *Selbstverhältnisses bewußten Lebens* findet.«[69] Durch den »Transformationsprozess« der Religion in der Moderne[70] werde es unmöglich, die inhaltlich konturierten (z.B. auch bekenntnismäßig oder dogmatisch ausformulierten) Traditionen einer christlichen Theologie ohne Beglaubigung in der Selbstthematisierung des menschlichen Subjekts auch unabhängig von der Deutung ihrer »mentalen Sinneinstellungen« zu erzählen und zu feiern.

Die in diesem Buch bisweilen aufscheinende gegenüber dem gesellschaftlichen Status quo *kritische* Perspektive, nach der das *menschliche Subjekt* durch die funktionalen und systemischen Zumutungen in der Mediengesellschaft *um sein Subjekt-Sein gebracht wird* und deshalb durch die Sinndeutungsarbeit der christlichen, in der Rechtfertigungsbotschaft konzentrierten Religion hierin allererst *ermutigt, begleitet und bisweilen instand gesetzt werden* muss, könnte dann deutlicher Gestalt und Kraft gewinnen, wenn Wilhelm Gräb *die* theologischen Traditionen nicht unterbetont bzw. ausdrücklich abgewehrt hätte, die (wie in Deutschland die dialektische Theologie[71] oder international die befreiungstheologischen Traditionen) *Differenz* und *Widerständigkeit* gegenüber totalen Machtansprüchen ökonomischer und/oder politischer Machtkonstellationen artikuliert haben und weiterhin artikulieren. Für einen praktisch-theologischen Ansatz, der auf die Bewahrung und Entfaltung menschlicher Subjektivität gegen ihre systemische Fremdbestimmtheit – z.B. durch Macht und Geld – Wert legt, bleiben Tradi-

69. *W. Gräb*, Sinn fürs Unendliche, aaO., 30.
70. Wie in anderen Schriften Gräbs gilt auch in »Sinn fürs Unendliche« E. Hirsch als Gewährsmann für die Wahrnehmung dieses Transformationsprozesses – und damit ausgerechnet ein Theologe, der in seiner ausdrücklich als »politischen Theologie« formulierten Arbeit an der christlichen Religion Distanz, Differenz, erst recht Widerständigkeit gegenüber dem Nationalsozialismus hat vollständig vermissen lassen.
71. Vgl. dazu ebd., 21ff.

tionen unaufgebbar, die in theologischen Reflexionsfiguren dieses Differenzpostulat besonders deutlich herausgestellt haben.

Es ist Friedrich Daniel Schleiermacher, der – wie im Titel des Buches bereits annonciert – durchgehend für den theoretischen Ansatz wie für das Lebensgefühl dieser Praktischen Theologie einsteht. Im Kern setzt Wilhelm Gräb, wie in früheren Schriften auch, auf die Wiederbelebung eines Theologie-Konzeptes aus der vorindustriellen Moderne in Deutschland[72], und zwar mit dem Postulat, hier würden die Lebensprobleme einer multireligiösen und -kulturellen spätmodernen Informationsgesellschaft bereits zureichend thematisiert. Die Wirkung der Preisgabe kritischer Theologietraditionen zeigt sich beispielsweise, wenn Wilhelm Gräb deutlich unkritisch, ja eher zustimmend auf die gegenwärtig vorherrschende Tendenz einer Ökonomisierung der Kirche im Sinne der kapitalistischen Marktlogik bezug nimmt: »Deshalb ist die Frage zu diskutieren, ob in Kirche und Gemeinde nicht nachzuholen ist, was in anderen Bereichen der Gesellschaft schon geschehen ist. Es gibt nun der Markt das Exempel vor, mit seinen auf Wachstum und Flexibilität bedachten Wirtschaftsunternehmen und seinen auf die Zufriedenheit der Kunden orientierten Dienstleistungszentren. (...) Eine kooperationsökonomische Betrachtungsweise, der es auf funktionierende Kommunikation zwischen Unternehmensleitung, Mitarbeitern und Kunden ankommt, läßt sich auch auf die Kirche anwenden: der Service muß auch da stimmen, Kundenorientierung, Marktbeobachtung sind wichtig. Das Produkt bzw. die Dienstleistungen sind auf dem Markt klar zu profilieren.«[73]

*III)* Wird die Ausblendung bzw. Verabschiedung von gegenüber dem gesellschaftlichen Status quo *kritischen* theologischen Traditionen im Konzept von Wilhelm Gräb eher beiläufig praktiziert, so wird sie in einem weiteren Gesprächsbeitrag ausdrücklich eingefordert. Eberhard

72. In Schleiermachers Gesellschaftswahrnehmung – er nennt als die »größeren sittlichen Gemeinschaften« Staat und geselligen Verkehr, Kunst und Religion – fehlt charakteristischer Weise die Wahrnehmung von Wirtschaft (in beiden Polen: Kapital und Erwerbsarbeit) als zentralem Feld einer modernen Gesellschaft. Vgl. *F.D.E. Schleiermacher*, Die christliche Sitte nach den Grundsätzen der evangelischen Kirche, L. Jonas (Hg.), SW I/12, Berlin 1843; sowie: *Ders.*, Theorie der Erziehung. Die Vorlesungen aus dem Jahr 1826, in: E. Lichtenstein (Hg.), F.D.E. Schleiermacher, Ausgewählte pädagogische Schriften, Paderborn ²1964, 36-243.

73. Vgl. *W. Gräb*, Sinn fürs Unendliche, aaO., 252f. Zur Kritik der innerkirchlichen Ökonomisierung vgl. die in Anmerkung 12 aufgeführte Literatur.

Hauschildt hat in seinem Beitrag für das programmatische Buch »Praktische Theologie für das 21. Jahrhundert«[74] bestimmte »Verabschiedungen, Trends und Optionen«[75] postuliert. Einige dieser in diesem Aufsatz beschriebenen und als notwendig eingeforderten Trends und Optionen – z. B. die unhintergehbare Multireligiosität und Multikulturalität unserer gesellschaftlichen Lebenswirklichkeit – erscheinen schlechterdings notwendig, und das Engagement des Autors in dieser Hinsicht ist nichts anderes als sachgemäß. »(...) Globalisierung verändert die religiöse und kirchliche Landschaft. Sie führt dazu, dass es schlicht und einfach immer wahrscheinlicher wird, auf andere Religionskulturen zu treffen. (...) Diese Lage verändert das Bewußtsein: Es ist auch anderes denkbar, als evangelisch-landeskirchlich zu sein. Religiös könnte man auch dieses oder jenes glauben, so oder so leben. Es gibt unendlich viele andere Menschen, die nicht in der Weise kirchlich oder religiös sind wie ich. Alles ist möglich (...).«[76]

Hauschildt spricht in diesem Zusammenhang, wie schon erwähnt, von »Glokalisierung« der Praktischen Theologie und meint damit die Gleichzeitigkeit und Gleich-Wichtigkeit von Globalisierung und Lokalisierung religiöser Lebensvollzüge. Als ebenso sachgemäß wie die Wahrnehmung dieser Prozesse – und nicht zuletzt hierin begründet – erscheint *die eine* von drei »Verabschiedungen«, die der Autor einfordert: nämlich die Verabschiedung von einer Christentumstheorie, wie sie z. B. von Wolfgang Steck oder in anderer Perspektive von Dietrich Rössler in der Praktischen Theologie präsentiert worden ist, aus dem Arsenal der als selbstverständlich und sinnvoll in Anspruch genommenen Theorietraditionen.

Umso problematischer erscheinen zwei weitere »Verabschiedungen«, deren Notwendigkeit Hauschildt einklagt, um Raum für eine den neuen Notwendigkeiten angemessene Neuorientierung der Prakti-

74. *E. Hauschildt, U. Schwab* (Hg.), Praktische Theologie für das 21. Jahrhundert, Stuttgart 2002.
75. *E. Hauschildt*, Praktische Theologie – neugierig, graduell und konstruktiv. Verabschiedungen, Trends und Optionen, in: E. Hauschildt, U. Schwab (Hg.), aaO., 79-99.
76. Ebd., 83f. Vgl. zum Problem kirchlichen Lebens, vor allem des Feierns von Gottesdiensten in einem multikulturellen Kontext, den ausgezeichneten Beitrag von Andrea Bieler im selben Band: ›You never look into another person‹. Hybridität und Ritualisation als Kategorien einer kritischen Liturgiewissenschaft im multikulturellen Kontext, in: Ebd., 9-21.

schen Theologie zu finden. Problematisch sind sie deshalb, weil mit diesen Verabschiedungen genau die Theorieperspektiven entwichtigt und entwertet werden, die im deutschen Sprachbereich eine kritische Distanznahme und – im notwendigen Falle – auch eine Widerständigkeit gegenüber der Faktizität gesellschaftlicher und kirchlicher Entwicklungen ermöglicht haben. Hauschildt nennt die »Nachkriegstheologie« und die »68er Theologie« und schreibt: »*Der Abschied von der 50er-Jahre-Theologie – Abschied vom Weltverbot*: Was in den 20er Jahren als ›Ruf zur Sache‹ seine Kraft hatte und sich in den folgenden Jahrzehnten von der Entwicklung in Deutschland bestätigt fand, hat besonders in der Praktischen Theologie immer etwas seltsam dagestanden. (…) Die ganze Abschottungs- und Ausgrenzungsmentalität mit ihren Versuchen, vor der Welt zu warnen, führte nur zu praktisch-theologischen Verrenkungen. Dieses Weltverbot, insbesondere das Psychologieverbot, mutet heute nur noch seltsam an. (…) *Der Abschied von der 68er-Jahre-Theologie – Abschied vom Weltverbesserungsversprechen* (…) Nach dreißig Jahren des Ausbleibens der Versprechen glaubt keiner mehr so recht an sie. Durch Psychologie bessere Ehen? Durch Feminismus Ende aller ungerechten Herrschaft? Durch sexuelle Befreiung mehr Liebe? Und auch: durch kritische Praktische Theologie die neu und frei gewordene Kirche? (…) Allein, der Elan der Weltverbesserer ist uns heute abhanden gekommen.«[77]

Ich denke schon, dass Hauschildt hier ein Lebensgefühl auf den Begriff bringt, das weit verbreitet ist, nicht nur in der Kirche, nicht nur in der Praktischen Theologie. Auch die Schwierigkeiten, die eine an kirchlichen und religiösen Handlungs- und Wahrnehmungsvollzügen orientierte Praktische Theologie mit diesen theologischen Traditionen weithin hatte, sind wohl nachvollziehbar beschrieben. Nur: Weder die Tradition der Dialektischen Theologie noch die einer Kritischen Theorie der Gesellschaft, die je in ihrem Feld und auf ihre Weise unternommen haben, den totalisierenden Machtaspirationen der Systeme von Macht und Geld in einer *modernen* Gesellschaft kritisch zu begegnen, sind in diesen »Verabschiedungen« in ihren eigenen Intentionen angemessen verstanden worden – ja, es scheint nicht einmal ein Versuch dazu unternommen worden zu sein. Nicht nur die Wahrnehmung der Subjektivität Gottes und ihrer radikalen Andersheit gegenüber zu *allen* menschlichen – politischen, sozialen, kulturellen – Aspirationen gibt

77. Ebd., 80ff.

gegenüber einem mörderischen System wie dem Nazitum einen Ort und Haltepunkt für Kritik und anderes Leben, sondern auch die Kritische Theorie der Gesellschaft, die sich nicht umsonst in zentralen Untersuchungen am »autoritären Charakter« und damit an der Frage artikuliert hat, warum in der modernen bürgerlichen Gesellschaft massenhaft Menschen sich freiwillig und nahezu gläubig einem totalitären politischen System unterworfen haben, das weder ihren ökonomischen, sozialen noch ihren politischen und kulturellen Interessen entspricht.

Es ist doch schlechterdings unverständlich, warum für Hauschildt – aber auch für viele andere Vertreter der »Zunft« wie Wilhelm Gräb und Isolde Karle – die Rückkehr zu Schleiermacher und damit zur Theologie der *vorindustriellen* Moderne als die angemessene theologische Reflexionsfigur erscheint, die einen Lösungsweg für die Ortsbestimmung der Kirche und den Lebensvollzug von Religion angesichts der Probleme einer *spätmodernen* Gesellschaft soll anbieten können. Mit den theologischen sollen zugleich auch die philosophischen, sozialwissenschaftlichen und kulturkritischen Traditionen verabschiedet werden, die im deutschen Sprachbereich den letzten beiden Generationen kritischer Intellektueller weithin eingeleuchtet haben. Da eine Alternative zur Kritischen Theorie der Gesellschaft nicht vorgeschlagen wird, und eine Blindheit gegenüber den die ökumenische Christenheit bewegenden Aufbrüchen einer Befreiungstheologie ganz offensichtlich ist, muss doch gefragt werden: Hat die Praktische Theologie tatsächlich die theologisch und politisch irgend begründbare Aufgabe, das Lebensgefühl des »Niveaumilieus« – oder sagen wir etwas weiter gefasst: der konservativen und liberalen Segmente der deutschen Bildungsbevölkerung – zu verdoppeln, für die die Relevanz einer evangelischen Kirche doch schließlich auch mehr als fraglich erscheint?

*IV)* Die Neuorientierung in der Praktischen Theologie hat unbestreitbar einen erheblichen Zugewinn an Wahrnehmungskompetenz gebracht. Daran soll, auch in meiner Perspektive, unbedingt festgehalten werden. Darüber hinaus und um der in unserer lebensgefährlichen Lage unaufgebbaren Klarheit und Bestimmbarkeit einer kritischen Position willen plädiere ich für den Charme der Alten. Bei ihnen ist, scheint mir, bisweilen mehr zu lernen als bei den Jungen, zumindest wenn es um die Positionsfindung geht, die heute ebenso notwendig ist wie die Öffnung von Wahrnehmungen. Die Alten – sie sind schon pensioniert, manchmal haben sie als HochschulehrerInnen noch zwei, drei Semester vor sich, manchmal sind sie schon tot. Sie haben den

Nationalsozialismus und den Widerstand gegen ihn teilweise noch miterlebt, in jedem Falle die Nachkriegszeit, vor allem auch den gesellschaftlichen und kulturellen Aufbruch der Studentenbewegung. Sie haben andere Erfahrungen und Interessen als individuelle Karriereplanungen und den Sieg in innerakademischen Fights. Sie formulieren so eigenartige Sätze wie Dorothee Sölle – in Erinnerung an das Lebensgefühl der Quäker – im Abschluss ihres wunderbaren Buches »Mystik und Widerstand«: »Das Bild vom Leben spricht in schöner mystischer Übertreibung und zugleich durchaus realistisch von drei Qualitäten, die allen offenstehen:

– grenzenlos glücklich
– absolut furchtlos
– immer in Schwierigkeiten.

Es gibt Menschen, die das ›stille Geschrei‹, das Gott ist, nicht nur hören, sondern es auch hörbar machen als die Musik der Welt, die den Kosmos und die Seele auch heute erfüllt.«[78]

Sie verkämpfen sich, wie Dieter Schellong, in scheinbar aussichtslosen Konflikten, die Wahrheit der Rede von Gott gegen ihre Verkürzung und Verstümmelung in der »bürgerlichen« Theologie zu retten[79]. Sie setzen, wie Fulbert Steffensky, auf die Macht und Notwendigkeiten der Form des Gebets und des Gottesdienstes, um den »Charme des Glaubens«[80] als Lebens- und Widerstandsmöglichkeit für den aufrechten Gang der Menschenkinder offen zu halten. Sie reden – etwas militärisch-martialisch und dennoch treffend und orientierend – von der Gemeinde Jesu Christi als dem »Vortrupp des Lebens«.[81] Oder sie setzen auf die Eigenständigkeit von Macht und Gestalt der Handlungslogik von Religion gegenüber ihren psychologischen, politischen oder soziologischen Pendants und Entschlüsselungsmustern.[82]

Es gehört zur Geradheit und Positionierung, bisweilen auch zum Humor der Alten, dass sie sich dagegen verwahren würden, in einem Atemzug aufgezählt zu werden. Das sei ihnen zugestanden. Und doch

78. *D. Sölle*, Mystik und Widerstand. »Du stilles Geschrei«, Hamburg [5]1999, 370.
79. Vgl. z.B. *D. Schellong*, Bürgertum und christliche Religion. Anpassungsprobleme der Theologie seit Schleiermacher, München [2]1984.
80. *F. Steffensky*, Der alltägliche Charme des Glaubens, Würzburg 2002.
81. *H. Gollwitzer*, Vortrupp des Lebens, München 1975.
82. Vgl. *M. Josuttis*, zuletzt in: Religion als Handwerk. Zur Handlungslogik spiritueller Methoden, Gütersloh 2002.

geben sie gerade in dieser Sperrigkeit einen Haltepunkt für die kritische Kraft, ohne die angesichts der brennenden Konflikte in unserer kirchlichen und gesellschaftlichen Lebenswirklichkeit weder Überleben noch Leben möglich erscheint – innerhalb und außerhalb der »Gemeinde als Lebensort.«

## 4. Evangelische Gemeinde als Lebensort

Die Gemeindeorientierung der kirchlichen Arbeit ist in der Nazizeit und in den Nachkriegsjahren vor allem von Menschen eingefordert worden, die der Tradition der Bekennenden Kirche verbunden waren. Heute erscheint dieses Konzept für viele in der Kirche nicht mehr als überzeugend. Insbesondere die mit dem gesellschaftlichen Individualisierungsprozess verbundene stark gewachsene örtliche und soziale Mobilität lässt es nicht zu, den Lebensvollzug der christlichen Gemeinde an einen spezifischen Wohnort zu binden. Die Ortsgemeinden, nicht allein die kirchlichen Dienste und Werke, sollen als »transitorische Orte« verstanden werden.[83]

Auch in meiner Sicht ist die Identifizierung von »Gemeinde« und »Parochie« unter aktuellen Bedingungen problematisch geworden. Gelebte Beziehungen binden sich nicht allein an den Wohnungsort, und nicht nur in der Großstadt sind Personalgemeinden für viele eine attraktivere Gemeindeform, nicht erst seit heute. Umgekehrt erscheint es einleuchtend, auch diakonische, pädagogische und andere kirchliche Arbeitszusammenhänge jenseits der Parochie als »kirchliche Orte« und insofern als Gemeinden zu verstehen.[84] So oder so braucht es ein Dach, und sei es nur ein Zelt-Dach, für *alltäglich gelebte face-to-face-Beziehungen*. Entscheidend sind alltäglich eingespielte Beziehungen, nicht ihre Kommunikationswege. Unter extremen Randbedingungen können sie sich auch als wechselseitige Kommunikation über die Nutzung neuer Medien einspielen.[85] Noch einmal: Entscheidend sind

83. Vgl. z. B. *J. Halbe*, Die dünne Haut der Zelte. Gemeinde als transitorischer Ort – nicht nur in Diensten und Werken, WzM 55 (2003), 92-104.
84. *U. Pohl-Patalong* entwickelt dieses Modell in ihrer Bonner Habilitationsschrift, die noch im laufenden Jahr erscheinen wird. Eine Zusammenfassung ihrer Ergebnisse gibt sie z. B. in: Lernort Gemeinde, Lutherisches Verlagshaus Hannover 4/2001.
85. Ein Beispiel: Dem 1995 von Papst Johannes Paul II amtsenthobenen Bi-

nicht die Kommunikationswege, sondern die gewahrte Möglichkeit alltäglicher reziproker Kommunikation. Die Grenze möglicher Veränderungen liegt dort, wo die Kirche gesellschaftliche Individualisierung in den eigenen Lebensfeldern gefügig nachvollzieht und die Chance einer Alternative preisgibt.

### *4.1 Gemeinde und Lebenswelt*

*I)* Um die Zentralaussage der lutherischen Reformation zu Wesen und Wirklichkeit der Kirche Jesu Christi herum haben sich historisch verschiedene Gemeindegestalten ausgeprägt. »Es wird auch gelehret, daß alle Zeit musse ein heilige christliche Kirche sein und bleiben, welche ist die Versammlung aller Glaubigen, bei welchen das Evangelium rein gepredigt und die heiligen Sakrament lauts des Evangelii gereicht werden.«[86]

Für die gesamte Phase des landesherrlichen Summepiskopats, in Deutschland wirksam für den Zeitraum zwischen dem Augsburger Religionsfrieden 1555 und der Revolution 1918, war das Bild der Kirche als *obrigkeitlicher Anstalt* prägend, und die *Gemeinden* galten nicht nur, aber vor allem als *Behörden*. Andere Gemeinde-Bilder konnten sich immer wieder Raum verschaffen und eine ihnen entsprechende Sozialgestalt ausprobieren, haben sich aber nie durchsetzen können. Im 17. Jahrhundert drängt der Pietismus auf eine Reanimierung des reformatorischen Prinzips vom Priestertum aller Glaubenden, und es bilden sich Hauskreise zur Bibellektüre, auch soziale und pädagogische Projekte, in denen der »wahre lebendige Glaube« gegen seine Verkrustung Gestalt gewinnt. Die um die sittliche und intellektuelle Bildung des Volkes konzentrierten Aufbrüche der Aufklärungszeit und die mit dem 19. Jahrhundert sich ausbreitenden »erweckten« Gemeinden prägen und verändern jeweils neu die Atmosphäre, bleiben aber prinzipiell im Rahmen des vorherrschenden Bildes. Und auch als mit Industrialisierung und massenhafter Pauperisierung großer Bevölkerungsschichten sich um die Mitte des 19. Jahrhunderts weite Kreise der Industrie-

schof von Evreux, der trotz der Demission seine Bindung an die römische Kirche nicht aufgegeben hat, wurde vom Papst die Titular-Diözese *Partenia* in Algerien zugewiesen, ein Wüstenstrich in einer islamischen Gesellschaft, in der faktisch keine römischen Christen mehr leben. Partenia wurde via Internet zu einer virtuellen Diözese mit intensiver Kommunikation tausender »virtueller Gemeindemitglieder«.

86. CA VII, BSLK 61,1-7.

arbeiterschaft und der Armutsbevölkerung von der evangelischen Kirche lösen, bleibt es für den neuen Aufbruch einer Inneren Mission bei der Koalition mit dem vorherrschenden Bild der Behördenkirche: Die johanneisch orientierte »wahre Gemeinde des Herrn« eines Johann Hinrich Wichern[87] beispielsweise versteht sich als Ergänzung, nicht als Aufhebung des vorherrschenden Kirchenbildes.

Insbesondere in dieser letzten Phase bildet sich aber ein Gemeinde-Bild heraus, das für die Jahrzehnte seit der Weimarer Republik für die Ortsgemeinden der Evangelischen Kirche in Deutschland typisch bleibt und sich gegenüber religiös und theologisch anspruchsvolleren Aufbrüchen – wie z. B. in der liturgischen Bewegung der 20er Jahre oder den Bekennenden Gemeinden in der Nazi-Zeit – behauptet: die *Gemeinde als Verein* bzw. als Ensemble aus vereinsähnlichen Gesellungen. Kirchenchor und Seniorenkreis, Mütter- und Krabbelgruppe, KindergottesdienstleiterInnenkreis und Adventsbasarvorbereitungskreis, aber auch Eine-Welt-Gruppen – Vereine unterschiedlichen Inhalts und Stils gruppieren sich um die gottesdienstlichen, pädagogischen, diakonischen und seelsorgerlichen Arbeitsfelder einer Kirchengemeinde und bestimmen neben den verwaltungsintensiven Bereichen z. B. einer Kindertagesstätte und eines Friedhofs weitgehend den Arbeits- und Wochenrhythmus eines Pfarramtes. Dieses Gemeindebild ist in ländlichen Gebieten immer noch vorherrschend und prägt das – bisweilen aufmerksam analysierte[88], manchmal auch kritisch kommentierte[89] – Milieu der Gemeinde als Gesellungsform »freundlicher Menschen«.

Die beschriebene Gemeindeform ist in den letzten Jahren, voran in den großen Städten, zunehmend in eine Relevanz- und Plausibilitätskrise geraten. Die marktorientierte Ökonomisierung der evangelischen Kirche, die ihren Ausgangspunkt eigentlich in einem sich verschärfenden Knappheits- und Konkurrenzdruck in *diakonischen Arbeitsbereichen* genommen hat, bringt ein neues und gegenwärtig höchst wirk-

87. *J.H. Wichern* nimmt zunächst kritisch, dann jedoch positiv zur bestehenden Staatskirchenverfasung mit dem landesherrlichen Summepiskopat Stellung. Vgl. vor allem 1839: Die wahre Gemeinde des Herrn, P. Meinhold (Hg.), Sämtliche Werke I, Berlin und Hamburg 1962, 162, mit der Bewertung in der Denkschrift 1849, z. B. SW I, 182.
88. Vgl. *W. Vögele* u. a., Soziale Milieus und Kirche. Würzburg 2002.
89. Vgl. *M. Josuttis*, ›Unsere Volkskirche‹ und die Gemeinde der Heiligen. Erinnerungen an die Zukunft der Kirche, Gütersloh 1997, 24ff.; 38ff.

sames Kirchen- und Gemeindebild hervor: die Kirche als Firma bzw. als Unternehmen und die *Gemeinde als Filiale.*[90] In vielen Landeskirchen ist ein Prozess im Gang, Gemeinden und Kirchenkreise zu größeren Einheiten zu *fusionieren.* Ziel ist hierbei, »Synergieeffekte« und Kosteneinsparungen zu erreichen, in Gemeinden und kirchlichen Einrichtungen Leitbildprozesse zu eröffnen und durch Evaluation und Controlling, aber auch durch »Mitarbeitergespräche« zu kontrollieren, um – wie es der Chef der in Sachen kirchlicher Wirtschaftsberatung initiatorisch wirksamen Beratungsfirma McKinsey&Co, Peter Barrenstein, formulierte – die Modernisierung und wirtschaftliche Effizienz der Kirchen im Dreiklang von »Unternehmen, Kunde, Produkt« voranzubringen: »Der Auftrag der Kirche, nämlich die Kommunikation des Evangeliums von der Liebe Gottes für die Menschen [er meint vermutlich: zu den Menschen, HMG] könnte noch sehr viel aktueller werden, wenn Kirche den Mut hätte, zu sagen: ›Unsere Botschaft ist einzigartig. Unser Produkt ist toll, ist phantastisch‹.«[91]

In dieser Lage zeigt sich die Weisheit der Reformatoren der evangelischen Kirche, dass sie das, was die Kirche zur Kirche macht, nicht an das Gelingen ihrer alltäglichen Lebensvollzüge gebunden hat. Kirche ist nicht da, wo Sparzwänge ein enges und eng machendes Lebensgefühl und die Verheißungen des Marktes euphorische Aufbruchsstimmung verbreiten, sondern wo die Verheißung des Evangeliums laut wird und Glauben findet und wo sich die Freunde und Freundinnen Jesu in der Feier des Sakraments in der Intimität seines Leibes vereinigen – wenn sie ihre Zusammengehörigkeit in der Gemeinschaft der Heiligen feiern, zu der alle hinzugehören, die ihr Herz an ihn verloren haben: aus allen Weltgegenden, unabhängig von ihrer sozialen Lage und ihrem Bildungsstand, Lebende und Tote.

Wenn *Gemeinde als Lebensort* lebendig, attraktiv und wirksam werden soll, dann muss das Primat der Ökonomisierungsdebatte durchbrochen werden. Ebenso erscheint es unmöglich, überkommene Gemeindetypen einfach zu reanimieren. Die Gemeinde als Behörde ist kein sinnvolles Konzept mehr, und auch die Gemeinde als loser Ver-

90. Vgl. zur Kritik der Ökonomisierungsstrategien in der Kirche *J. Ebach* u.a. (Hg.), »Leget Anmut in das Geben«. Zum Verhältnis von Theologie und Ökonomie (Jabboq 1), Gütersloh 2001. Sowie: *G. Brakelmann* u.a. (Hg.), Kirche mit Profil. Impulse für die notwendigen Reformen, Bochum ³2002.
91. Vgl. *J. Fetzer* u.a. (Hg.), »Kirche in der Marktgesellschaft«, LLG 6, Gütersloh 1999, 69.

bund vereinsähnlicher Strukturen muss an vielen Orten geöffnet, weiterentwickelt und auch verändert werden. Hier gibt es in der gegenwärtigen praktisch-theologischen Diskussion bemerkenswerte Vorschläge. Beispielsweise erscheint die Entgegensetzung von Ortsgemeinden und übergemeindlichen Diensten, wie sie in den aktuellen binnenkirchlichen Verteilungskämpfen massiv inszeniert wird, inhaltlich überflüssig und strategisch sinnlos. »Gemeinde« ist mit der Ortsgemeinde, mit der »Parochie« nicht identisch. Vielmehr sind die Arbeitszusammenhänge hier wie dort als »*kirchliche Orte*« anzusehen, die – konzentriert um ein gottesdienstliches Zentrum – ein je eigenständiges Gesicht haben, sich in ihren wesentlichen Aufgaben aber wechselseitig ergänzen[92]. Beispielsweise werden Gemeinden – stärker als andere gesellschaftlichen Orte – als Raum wahrgenommen, in dem die Zivilgesellschaft im Engagement von *Initiativgruppen* (z.B. im Engagement für MigrantInnen und für Globalisierungsopfer, Kirchenasyl, Aids-Gemeinden, Friedensgruppen, »Sozialpastoral«) Gestalt gewinnen kann.[93] Und auch wo besonders engagierte und profilierte Gruppierungen nicht zu Hause sind, wird die »*Gemeinde als Normalfall*«[94] wahrnehmbar, als Gemeinschaft des Erzählens, Feierns und auch der Geselligkeit. Sie wird faktisch stärker als andere gesellschaftliche Orte von solchen Menschen als Lebensort in Anspruch genommen, die an den Leistungs- und Konkurrenzbedingungen der spätkapitalistischen Gesellschaft scheitern: Gemeinden als exemplarische Orte der Bewahrung lebensweltlicher Beziehungen gegenüber ihrer systemischen Verzerrung und Vernutzung[95].

*II)* Die Gemeinde kann auch unter den Bedingungen finanzieller Krise weiterhin als Ort wahrgenommen werden, an dem die Kirche bis in jeden Winkel dörflicher und städtischer Lebenswelten präsent ist.[96] Ge-

92. Vgl. *U. Patalong-Pohl*, aaO.
93. Vgl. *N. Mette* u. *H. Steinkamp* (Hg.), Anstiftung zur Solidarität. Praktische Beispiele der Sozialpastoral, Mainz 1997; *N. Mette*, Praktisch-Theologische Erkundungen, Münster 1998.
94. Vgl. *P. Cornehl, W. Grünberg*, »Plädoyer für den Normalfall« – Chancen der Ortsgemeinde. Überlegungen im Anschluß an Ernst Lange, in: S. Abeldt u.a., »... was es bedeutet, ein verletzbarer Mensch zu sein«. Erziehungswissenschaft im Gespräch mit Theologie, Philosophie und Gesellschaftstheorie. Helmut Peukert zum 65. Geburtstag, Mainz 2000, 119-134.
95. In diesem Zusammenhang eröffnet die von *J. Habermas* vorgeschlagene Begrifflichkeit weiterhin Wahrnehmungs- und Handlungsperspektiven; vgl. Theorie des kommunikativen Handelns, 2 Bände, Frankfurt/M. 1981.
96. Dass die Arbeit in der Gemeinde für die hier aktiven Mitglieder – anders

gen andere aktuelle Tendenzen und Interessen in der evangelischen Kirche gilt es, die Lebensmöglichkeiten von Gemeinden gegenüber den Zwängen von Ökonomisierung und insbesondere gegenüber Fusionsfieber zu bewahren. Die Attraktivität und Herausforderung, dass sich Menschen hier selbsttätig und aktiv beteiligen, setzt überschaubare Größe und damit die Chance voraus, über Funktionszuschreibungen hinaus zwischenmenschliche Beziehungen aufzunehmen und die/den andere/n in ihrer/seiner Selbsttätigkeit wahrzunehmen und zu unterstützen. Die Gemeinde kann als ein wichtiges Segment in der Gestaltung und Bewahrung von lebensweltlichen Strukturen ihre Lebendigkeit entfalten, in denen das Gesicht der einzelnen ebenso bewahrt werden kann, wie gemeinsame Lebensmöglichkeiten gegen systemische Totalisierungen hier besser als an anderen gesellschaftlichen Orten geschützt werden können.

Fulbert Steffensky spricht vom »alltäglichen Charme des Glaubens«[97], und er weist darauf hin, dass die Erzähl- und Feiergemeinschaft des Lebensortes Gemeinde die vorgefundenen, seit Jahrhunderten überkommenen *Formen* der gottesdienstlichen Liturgie und die fremde Sprache des Gebetes dringend nötig hat. »Ich brauche nicht nur ich zu sein, wenn ich bete, wenn ich singe oder wenn ich meinen Glauben formuliere. Man betet sich mit den Versuchen des eigenen Glaubens in die Worte der Geschwister und in die Gesten der Toten. In jeder Form sind wir nicht nur wir selber, sondern wir lesen den Geschwistern den Glauben von den Lippen, indem wir die Formen von vielen benutzen. Das bedeutet Kirche: mehr sein können als einsames Subjekt; mehr glauben können, als man glaubt.«[98]

als für die Hauptamtlichen – vor allem in der Freizeit stattfindet, muss die Relevanz und die Chancen dieser Arbeitsmöglichkeiten keinesfalls vermindern. *M. Josuttis* hat bereits 1983 festgestellt: »In der Religion ist es möglich, die Dichotomie von Arbeitszeit und Freizeit, die das Leben des Menschen in der Industriegesellschaft bestimmt, zu überwinden. Die Möglichkeit besteht, wenn man genauer zusieht, darin, dass der einzelne von seiner religiösen Einstellung her eine Lebenshaltung gewinnt, die die divergenten Zeiträume, in denen er existiert, in einem einheitlichen Prinzip, sei es der Glaube an Gott oder die Liebe zum Nächsten, zusammenzwingt.« (Praxis des Evangeliums zwischen Politik und Religion, München ³1983, 242. Die Brisanz dieser Perspektive ist unter den Bedingungen dauernder Massenarbeitslosigkeit in einer globalisierten Ökonomie, die immer größere Bevölkerungssegmente als Produzenten wie als Konsumenten überflüssig macht, seither noch schärfer zu fassen.

97. *F. Steffensky*, Der alltägliche Charme des Glaubens. Würzburg 2002.
98. Ebd., 98.

Ohne die Gemeinde als Lebensort können beide zum Eingang beschriebenen Problemkonstellationen nicht bearbeitet, geschweige denn gelöst werden. Gegen den Ökonomisierungsdruck müssen hier Räume wechselseitiger Anerkennung, Wertschätzung und Ermutigung bewahrt werden. Und die Positionierung der Kirche gegen die Gewalt- und Kriegslogik setzt voraus, dass dieses Lebensgefühl in den Gottesdiensten, in der seelsorgerlich-diakonischen Arbeit, im konkreten Engagement vor Ort eine Basis findet. Ohne die Gemeinde kann die Kirche kein Ort sein, wo der »schlechten Reziprozität« gewehrt und die »gute Reziprozität« geübt wird.[99]

Die Gemeinde soll als Erzähl- und Feiergemeinschaft verstanden und gewahrt werden, als Raum für die Erfahrung von Gemeinschaft ohne Verwerfung nach außen, als Raum, in dem die Suche nach Deutlichkeit in der Inhaltlichkeit und nach Formen des Eigenen (in der Weise des Weiter-Erzählens und Weiter-Feierns der biblischen Erzählung, aber auch in der politischen Positionierung) zugleich mit Wahrnehmung und mit Respekt gegenüber dem Fremden verbunden werden kann. Die Gemeinde ist zugleich Raum für die Gestaltung von Spiritualität als »Empowerment«[100] für Lebensgewissheit – und damit für die Wahrnehmung von »Macht«, die von ökonomischen/politischen Interessen und von hierarchischen Strukturen gelöst werden und als »Lebensmut« angenommen und mitgeteilt werden kann.

*III)* In der Entfaltung dieser Überlegungen scheint mir ein weiterer Gedanke wichtig, der im Gespräch mit sozialwissenschaftlichen Beiträgen konkretisiert werden kann. Die Gemeinde hat darin eine gegenüber nahezu allen anderen gesellschaftlichen Orten größere Chance, in der geschilderten Weise wirksam zu werden, als sie in ihren am stärksten in Anspruch genommenen Arbeitsfeldern (z. B. Gottesdienste aus Anlass lebensgeschichtlicher und lebensweltlicher Einbrüche und Aufbrüche wie Taufe, Konfirmation, Hochzeit und Bestattung[101]; Seelsorge in der Begleitung von Krisensituationen; diakonische Arbeitsfelder)

99. Vgl. zur Erläuterung dieser Stichworte den Abschluss dieses Beitrages.
100. Das »Empowerment«-Konzept ist vor allem in der feministischen und interkulturellen Seelsorgearbeit stark gemacht worden. Vgl. z. B. die Beiträge von *Chr. Kayales* u. *J. Strecker* in: U. Pohl-Patalong, Seelsorge im Plural. Perspektiven für ein neues Jahrhundert, Hamburg 1999, 63ff.; 153ff.
101. Vgl. dazu die hervorragende Untersuchung von *K. Fechtner*, Kirche von Fall zu Fall. Kasualpraxis in der Gegenwart – eine Orientierung, Gütersloh 2003.

genau *an der Grenze* zwischen *Privatheit und Öffentlichkeit*, Lebenswelt und System, individuellem Für-sich-Sein und funktionalem Rollenhandeln der Menschen präsent ist.

Die Trennung von Privatheit und Öffentlichkeit ist – trotz der Erfolge der Frauenbewegung – bis heute durch eine Polarisierung der Geschlechtscharaktere bestimmt. Noch immer gilt der Bereich der Privatheit und der »Beziehungsarbeit« als Arbeitsbereich von Frauen, während zumindest die Leitungspositionen in den öffentlichen Lebensbereichen von Politik und ökonomischem Verkehr noch immer von Männern dominiert sind. Hiervon sind auch die Gemeinden als Lebensorte bestimmt. Die Beziehungsarbeit von Frauen prägt und ermöglicht überhaupt erst die Alltäglichkeit gerade des volkskirchlichen Vereinswesens: Wer bekocht und bebackt den Kirchenchor, wer besorgt die Plätzchen für die Kirchenvorstandssitzung, wer kocht den Kaffee für den Seniorenclub?

Zugleich jedoch markiert diese Trennung ein unüberholbares Strukturmerkmal der bürgerlichen Gesellschaft insgesamt, insofern eine marktorientierte Warenproduktion, die von einer gegenüber der Konkretheit von Menschen und Dingen abstrakten Handlungsrationalität bestimmt ist und bestimmt sein muss, die Bedingungen ihrer eigenen Existenz selbst weder herstellen noch reproduzieren kann. Dass Menschenkinder zu erwachsenen, arbeits- und liebesfähigen Subjekten heranwachsen können, ist und bleibt nur dadurch möglich, dass innerhalb der bürgerlichen Gesellschaft Lebensräume und Kommunikationsformen existieren, die selbst nicht warenförmig und marktorientiert sind. Diesen Ort haben – als Kristallisationskern für umfassendere Kommunikationszusammenhänge von Nachbarschaft, Freundschaft und informellen kommunikativen Netzen – die Familien, die Freundschaftsbeziehungen zwischen Mann und Frau und in gleichgeschlechtlichen Liebesbeziehungen, die Wohngemeinschaften und familienähnlichen Lebensgemeinschaften inne. Und es erscheint als offener, durch kulturelle Veränderungen und politischen Druck durchaus beeinflussbarer Prozess, dass dieser Lebensbereich und die ihm entsprechenden Verhaltensdispositionen nicht allein den Frauen vorbehalten, sondern auch von Männern wahrgenommen werden.

Kirchliche Arbeit überhaupt, insbesondere jedoch die seelsorgerliche und diakonische Arbeit der Gemeinde, bewegt sich in diesem Grenzbereich zwischen Privatheit und Öffentlichkeit. Einer der einflussreichsten Theoretiker der »modernen« Gesellschaft, Talcott Parsons, hat ein Strukturmodell vorgeschlagen, das es erlaubt, auf der Ebene unterscheidbarer Handlungsrationalitäten zwischen den Bereichen der »Privatheit« und der »Öffentlichkeit« zu unterscheiden.[102]

| Privatheit | Öffentlichkeit |
|---|---|
| Affektivität | affektive Neutralität |
| Partikularismus | Universalismus |
| Orientierung an vorgegebenen Qualitäten | an Handlung und Leistung |

Der Bereich der »Privatheit« ist dadurch gekennzeichnet, dass Beziehungen hier gefühlsbestimmt sind, dass die einzelnen ihre Rolle als je einzigartige Menschen und zudem nach Qualitäten zugewiesen bekommen, die sie nicht erst durch Leistung erwerben müssen. Umgekehrt ist der Bereich der »Öffentlichkeit« in ökonomischem Verkehr und Politik dadurch charakterisiert, dass Gefühlsbeziehungen die Interaktionen nicht bestimmen sollen, dass alle den gleichen (z. B. rechtlich fixierten) Anforderungen unterworfen werden, und dass Positionen in der sozialen Hierarchie nicht zugesprochen, sondern durch Kalkül und Leistung erworben werden.[103]

Parsons' Überlegungen sind in der sozialwissenschaftlichen Diskussion nicht unwidersprochen geblieben[104], und sie sollen hier in einem

102. Z. B. *T. Parsons*, Beiträge zur soziologischen Theorie, hg. v. D. Rüschemeyer, Frankfurt 1973.
103. In Anschluss und Kritik an Parsons' Unterscheidung hat *J. Habermas* die Unterscheidung von »Lebenswelt« und »System« vorgeschlagen (vgl. Theorie des kommunikativen Handelns, Frankfurt/M. 1981, Bd. 2, 171ff.). Zur Rezeption des habermasschen Ansatzes in der Diskussion über den Ort der Diakonie vgl. *Y. Spiegel*, Die neue Unübersichtlichkeit. Jürgen Habermas und die Krise des Wohlfahrtsstaates, in: M. Schibilsky (Hg.), Kursbuch Diakonie, Neukirchen 1991, 229ff.
104. Parsons' bipolare Begriffsbestimmungen erscheinen in der Weise nicht unproblematisch (und hierauf hat mich Jürgen Ebach in einer kritischen Replik auf diesen Beitrag aufmerksam gemacht), als hier Debatten des späten 19. und der ersten Hälfte des 20. Jahrhunderts wiederkehren, die in den deutschen Positionsmarkierungen der Zwischenkriegs- und Nazizeit – Kultur gegen Zivilisation, urtümliche Bindung gegen Freiheit und Vernunft usw. – eine bisweilen hoch problematische Wirkungsgeschichte hatten. Vgl. *F. Toennies*, Gemeinschaft und Gesellschaft. Grundbegriffe einer reinen Soziologie, Berlin, [2]1912. Die kritisch vor allem auf die Rezeption im faschistischen Deutschland zu bedenkenden Aspekte dieses Konzeptes habe ich

spezifischen Verständnis aufgenommen werden. Es war vor allem Norbert Elias, der in seiner »Theorie der Zivilisation« einen zentralen Kritikpunkt formuliert hat, gerade auch an dem von Parsons' verwendeten Begriffspaar »Affektivität – affektive Neutralität«: »Man kommt seiner [Parsons' Vorstellung wohl am nächsten, wenn man sagt, daß er sich eine Gesellschaft wie ein Blatt Karten in der Hand eines bestimmten Spielers vorstellt: Jeder Gesellschaftstyp, so scheint es Parsons zu sehen, stellt eine verschiedene Mischung der Karten dar. Aber diese Karten sind immer die gleichen.«[105] Der wesentliche Kritikpunkt Elias' an Parsons ist, dass dieser den gesellschaftlichen *Prozess* auf eine Reihe von Zuständen reduziert. Die Komplexität der Gesellschaft werde auf diese Weise in einzelne Bestandteile zerlegt, diese werden dann polaren Oppositionen zugeordnet.

In Anknüpfung an Norbert Elias' Kritik an Parsons sehe ich die Unterscheidung von Privatheit und Öffentlichkeit nicht als zwei voneinander getrennt existierende Objekte, sondern vielmehr als verschiedene und unterscheidbare, aber doch untrennbare Seiten in alltäglichen Lebenspraxen der gleichen Menschen bzw. Menschengruppen; und beide Seiten haben nicht den Charakter von Zuständen, sondern von Prozessen. Es geht mir dezidiert nicht um eine Idealisierung des einen (»wärmeren«, affektbetonten) zuungunsten des anderen (»kälteren«, affektiv neutralen) Lebensbereiches, sondern um die notwendige Bearbeitung *der Grenze* zwischen beiden Bereichen, die oft konfliktbelastet ist. Hier vor allem brauchen die beteiligten Menschen gottesdienstliche, seelsorgerliche und diakonische Begleitung. In dem Bereich der »Öffentlichkeit« mit den beschriebenen Merkmalen der Handlungsrationalität (affektive Neutralität; Anerkennung des Anderen allein über Erfolg und Leistung, nicht als voraussetzungslose Zusage) kann menschliches Leben allein weder aufwachsen noch sich in seiner Lebensfähigkeit wiederherstellen. Hier können kranke Menschen nicht heil werden und gesunde allein nicht gesund bleiben.

Der Zielpunkt dieser Überlegung ist nun, dass im Prinzip alle Menschen in der bürgerlichen Gesellschaft die beiden beschriebenen Typen von Handlungsrationalität spontan beherrschen, dass beide Hand-

z.B. thematisiert in: *H.-M. Gutmann*, Die tödlichen Spiele der Erwachsenen. Moderne Opfermythen in Religion, Politik und Kultur, Freiburg i.Br. 1995.

105. *N. Elias*, Über den Prozeß der Zivilisation, Frankfurt $^{6}$1978, Bd. 1, XIV f.

lungsformen zum Handlungsrepertoire eines jeden erwachsenen Menschen gehören. Im Grunde weiß jede/r, dass beispielsweise gegenüber den eigenen Eltern und Kindern, genauso wie gegenüber der geliebten Frau/dem geliebten Mann andere Interaktionsregeln gelten als beispielsweise bei einem Einkauf im Supermarkt oder am Arbeitsplatz in Fabrik oder Büro. Jeder und jede verkehrt mit FreundInnen anders als mit Vorgesetzten oder fremden KollegInnen. Jeder und jede zeigt in der Interaktion in der Kirchengemeinde ein anderes Verhaltensrepertoire als im Betrieb.

In dem Bereich der »vertrauten« Kommunikation kann auch mit den bedrohten Mitgliedern der Gesellschaft anders umgegangen werden als außerhalb. Es ist beispielsweise ein großer Unterschied, ob ich der türkischen Familie in der Nachbarschaft bei einem Gemeindefest begegnet bin, vielleicht seitdem zu einem Gespräch über den Gartenzaun stehen bleibe, oder ob die gleichen Menschen nur zu »den« Ausländern gehören, die ich als fremd und bedrohlich erfahre. Ähnliches gilt für ein anderes Kommunikationsfeld: Es macht in den Interaktionsmöglichkeiten mit behinderten Menschen einen erheblichen Unterschied, ob ich im Kreis der eigenen Familie, der Verwandten und Freunde – oder auch in einer diakonischen Initiative in einer Kirchengemeinde – den vertrauten Umgang mit diesen Menschen einüben konnte, oder ob das Problem nur aus den Massenmedien und im Straßenbild vertraut ist.[106] Der Bochumer Professor für Gemeindepädagogik und Diakoniewissenschaft G. K. Schäfer nennt in diesem Zusammenhang »Wahrnehmung schärfen« als eine wichtige Chance und

106. In einer auf soziale Prozesse aufmerksamen Stadtforschung wird – in Anknüpfung an *P. Bourdieu's* Rede vom »kulturellen Kapital« – in diesem Zusammenhang von »sozialem Kapital« gesprochen. Ein Quartier, ein Stadtviertel o. ä. wird nicht allein auf institutionelle Angebote hin befragt, und auch nicht allein auf potenziell für die Lebenswelt zerstörerische Prozesse wie Verarmung, Auszug von Geschäften und anderen Einrichtungen, Gentrifizierung. Sondern mit der Frage nach »sozialem Kapital« geraten auch informelle Beziehungsnetze und Auftritte im öffentlichen Raum in den Blick, an denen sich Menschen orientieren und durch die sie aktiviert werden können, die für die Lebendigkeit, Lebens- und Liebeswürdigkeit ihres Quartiers eintreten. In diesem Feld können Kirchengemeinden bei entsprechender Aufmerksamkeit und kommunikativer sowie sozialer Kompetenz ihrer MitarbeiterInnen eine wichtige Rolle spielen. Vgl. z. B.: *I. Breckner*, Wohnungsnot und Gewalt, München 1985; sowie *I. Breckner/A. Kirchmair*, Innovative Handlungsansätze im Wohnbereich – Informationen über Projekte, Träger und Initiativen, Dortmund 1995

Aufgabe von Kirchengemeinden: »Eine Kirchengemeinde hat – wie kaum eine andere gesellschaftliche Gruppe oder Institution – die Möglichkeit, Begegnungen zwischen Menschen, die zumeist in getrennten Welten leben, zu gestalten. Sie kann die Annäherung an konkrete Andere anbahnen. In Begegnungen von Kindern und Alten, Kranken und körperlich Gesunden, Einheimischen und Fremden können Abwehrhaltungen und Berührungsängste abgebaut werden. Bildungsräume entstehen, in denen ein Sehen mit den Augen des Anderen und die Ausformung einer diakonischen Lebenshaltung möglich werden.«[107]

Wegen ihres *Grenzcharakters* zwischen lebensweltlichem und systemischem, privatem und öffentlichem, individuell-intimem und allgemein-funktionalem Lebensvollzug sind Gemeinden hervorragende Lern-Orte. Auf der einen Seite ist es unbestreitbar, dass die »Überlebenseinheiten« der Menschen längst von lokalen oder regionalen zu nationalen oder sogar globalen Größen geworden sind. Die Globalisierung der Märkte und die mit der ungebremsten Durchsetzung betriebswirtschaftlicher Kalküle verbundenen sozialen und ökologischen Zerstörungen machen es unmöglich, überschaubare lebensweltliche Zusammenhänge mit vertrauten und verpflichteten Beziehungen unangetastet, gewissermaßen als »heile Welt« zu postulieren und den großgesellschaftlichen Abstraktionsprozessen emphatisch entgegenzustellen. Aber für das Lebensgefühl der betroffenen Menschen bleiben diese Großeinheiten völlig unanschaulich. Wenn dies die allein übrigbleibenden Faktoren von Gesellschaft sind – die individualisierten Menschen auf der einen, die gesellschaftlichen Großeinheiten

107. *G.K. Schäfer*, Diakonie in der Ortsgemeinde, in: Lernort Gemeinde 2/2003, 19. Schäfer nennt als weitere »Chancen und Aufgaben« der Kirchengemeinde z. B.: »Das Leben feiern und klagen«; »Netzwerke bilden«, »Ehrenamtliche fördern« und »Selbsthilfe- und Initiativgruppen Raum geben« und führt – beispielsweise neben den »Tafeln«, die in vielen Gemeinden zur Verteilung von Lebensmitteln und als kommunikative Orte organisiert werden, das Beispiel der Gemeinde Bochum-Werne an, wo das Presbyterium den ehren- und hauptamtlichen MitarbeiterInnen eigenständige Spielräume in Verantwortung und Entscheidung übertragen hat: »Alte Menschen treffen sich in Altenclubs; zugleich hat die Gemeinde einen ortsteilbezogenen ›Runden Tisch Altenarbeit‹ mit initiiert. Ein Café ist eingerichtet für trauernde Angehörige …, die Gemeinde unterhält eine Kleiderkammer … Ein Beschäftigungs- und Qualifizierungsprojekt für Langzeitarbeitslose wurde aufgebaut … Das Beispiel zeigt, wie eine Kirchengemeinde in ihrem Umfeld eine soziale Identität ausbilden kann.« Vgl. ebd., 18f.

auf der anderen Seite – dann kann Leben nicht mehr gelingen. Gerade in der aktuellen Situation, in der der Traum von einer alle Menschen einschließenden, heilsamen Entwicklung des totalen Marktes ebenso ausgeträumt ist wie Versuche gescheitert sind, gesellschaftliche Gerechtigkeit durch eine zentral geplante Ökonomie herzustellen – gerade in einer Situation, in der auch die finanziellen und moralischen Grenzen des Sozialstaates offenkundig werden – kann die Möglichkeit *und* Notwendigkeit der Gemeinde als Lebensort kaum überschätzt werden.

## *4.2 Die »gute« und die »schlechte« Reziprozität*

In Friedensgebeten und kirchenleitenden Erklärungen angesichts des drohenden Irakkrieges, aber auch in einer gewachsenen Wachheit für die Gefahren rechtsradikaler Gewalt und Fremdenfeindlichkeit zeigen viele Kirchengemeinden eine große Sensibilität für ein zentrales Lebensthema, das mit dem Stichwort einer *Unterscheidung zwischen einer »schlechten« und einer »guten« Reziprozität*[108] – und mit der Stärkung und Bewahrung der »guten« gegen die »schlechte« Reziprozität – versuchsweise bezeichnet werden kann. Gewalt (»schlechte Reziprozität«) und gesellschaftliche Solidarität (»gute Reziprozität«) scheinen eine gefährliche Gemeinsamkeit darin zu finden, dass sie sich mimetisch, durch Nachahmen von Vorbildern, ausbreiten. Die biblische Erzähltradition, die dem Lebensvollzug einer evangelischen Kirche und ihrer Gemeinden Raum eröffnet, nimmt die aus ihr Lebenden in eine Bewegung hinein, in der »schlechte« in »gute« Reziprozität umgewandelt wird. Die biblische Orientierung ist, gemeinsam mit dem besonderen gesellschaftlichen Ort von Gemeinden – auf der Grenze zwischen Privatheit und Öffentlichkeit, Lebenswelt und System, die immer auch Grenzgänge zwischen beiden Reziprozitätsmustern beinhaltet –, Grund dafür, dass Gemeinden stärker als viele andere gesellschaftlichen Orte

108. Die Werke von René Girard und Marcel Mauss, die diese beiden Reziprozitätsmuster vor allem erforscht haben, sind in Schriften des Autors dieses Beitrages immer wieder kommentiert worden; vgl. z.B.: *H.-M. Gutmann*, Das Geschenk, das die Gewalt verschlingt, Wuppertal 2001. Vgl. zur theologischen Wahrnehmung des Reziprozitäts-Problems auch die Arbeiten des Hamburger Missionswissenschaftlers *Th. Ahrens*, beispielsweise: Zwischen Regionalisierung und Globalisierung. Studien zu Mission, Ökumene und Religion, Ammersbek bei Hamburg 1997; sowie: Mission nachdenken. Studien, Frankfurt/M. 2002.

als Räume wahrgenommen werden können, in denen dieser zentrale Lebenskonflikt bearbeitet werden kann.

Ich denke, dass die biblische Erzähltradition Menschen, die sich von ihr tragen und so »auf den Arm nehmen lassen«, dafür frei machen und die Kraft geben kann, Gewaltkrisen wahrzunehmen, ihren Verlauf zu entschlüsseln, sich nicht selbst von ihnen gefangen nehmen zu lassen und auch *andere* in dieser Entwicklung zu unterstützen. Die befreiende Botschaft der Kreuzestheologie heißt in dieser Perspektive: Das Opfer ist unschuldig. Die Welt lässt sich nicht klar in gut und böse aufteilen. Das Böse ist nicht nur draußen, sondern auch unter uns und in uns. Und gerade deshalb gilt uns Gottes Gerechtsprechung: Nicht die Gerechten werden gerechtfertigt, sondern die Sünder. In der »großen Politik« schließt diese Orientierung den Einsatz gegen Krieg und Kriegsvorbereitung ein, aber auch gegen eine Politik, die Verhältnisse struktureller Gewalt erzeugt und festigt, in denen die Mehrheit der Menschen um ihre Lebensmöglichkeit gebracht wird. In Konflikten vor Ort sind Christenmenschen dazu ermächtigt, den Ablauf von Gewaltkrisen aufzudecken, ihre Opfer zu stärken und als Mediatoren tätig zu werden.

Wie in der Gemeinde die biblische Erzähltradition gefeiert und weitererzählt wird, so soll sie auch in ihren alltäglichen Lebensvollzügen Gestalt gewinnen. Christliche Kirchen können und sollen Räume sein und Raum anbieten, in denen Solidarität und positive Wechselseitigkeit des Lebens erfahren und gelebt werden kann. Dies schließt unbedingt ein, dass das Geld in der innerkirchlichen Kommunikation nicht zum wichtigsten Entscheidungskriterium wird. Und es schließt außerdem ein, dass Kirchengemeinden vor allem eine Form von Gemeinschaft gestalten, die gerade nicht durch eine rigide Abgrenzung nach außen bestimmt ist. Gemeinden können dann Lebens-Orte werden, wenn hier Vertrautheit, Gemeinschaft und Solidarität erlebt werden können, ohne dass diese Erfahrung auf Kosten des Fremden und Anderen gehen muss.

*Wolfgang Grünberg*

# Wo steht die Kirche heute?

## Der urbane Kontext als Schrecken und Verheißung

*Hans-Werner Dannowski und Fulbert Steffensky zum 70. Geburtstag*

## I. Zwischen Abriss und Rekonstruktion: Exemplarische Kontroversen

Gegenwärtig werden an unterschiedlichen Orten exemplarische Kontroversen ausgefochten.

In *Leipzig* tobt ein heftiger Streit über den möglichen Wiederaufbau der Paulinerkirche, der alten Universitätskirche, die Walter Ulbricht im Mai 1968 entfernen ließ. Sie lag am Augustusplatz, einem der schönsten Stadtplätze vor dem 2. Weltkrieg. Oper, Gewandhaus und Universitätskirche gaben dem Platz sein Gesicht. Oder müsste man nicht genauer sagen: ›Diese drei Institutionen zeigten einander *ihr* jeweiliges Gesicht und gaben so dem Platz *sein* Gesicht?‹ Walter Ulbricht hatte bei der Eröffnung des Opernhauses im Oktober 1960 gesagt: »Wenn ich aus der Oper komme, dann will ich keine Kirche sehen!« Es war nicht die einzige Kirche, die nicht durch den 2. Weltkrieg zerstört wurde, sondern der Rache des Regimes und seiner autokratischen Führung zum Opfer fiel. Ebenfalls 1968 wurde auf Anweisung Ulbrichts in *Potsdam* der Turm der Garnisonkirche gesprengt.[1]

Die Untergangsgeschichten dieser Kirchen so wie die in beiden Städten geführten Debatten um einen möglichen Wiederaufbau sind symbolträchtige Lehrstücke.

Wenden wir uns zunächst der Situation in Leipzig zu, die in einem Beitrag des Deutschlandfunks vor kurzem ausführlich dokumentiert wurde.[2]

1. Vgl. *L. Borgmann, P. Leinemann, M. Vogel* (Hg.), Die Garnisonkirche, Beiträge zu ihrem Wiederaufbau, Heft 1, 2002. Hier besonders der Beitrag von *A. Kitschke*, Die Potsdamer Garnisonkirche, 9-18.
2. DLF, Wochenendjournal vom 22.03.2003. Da von dieser Sendung mit vielen Originalinterviews kein Manuskript vorliegt, wird im Folgenden aus einem Mitschnitt zitiert, der in der Arbeitsstelle Kirche und Stadt des Instituts für Praktische Theologie der Universität Hamburg transkribiert wurde.

»Leipzig Oktober 1960
SED Parteichef Walter Ulbricht eröffnet das Opernhaus am Karl-Marx-Platz. Direkt daneben die 700 Jahre alte Paulinerkirche auf dem Gelände der Karl-Marx-Universität. Walter Ulbricht erklärt: »Wenn ich aus der Oper komme, will ich keine Kirche sehen.«
Leipzig, 30. Mai 1968, 10.00 Uhr. Das SED-Regime entledigt sich der Paulinerkirche.«
...
[Herr H.] »Das war ein hoher, heller schöner Maientag und dort standen Tausende. Vor uns eine Kette von frisch eingezogenen Bereitschaftspolizisten; Jungs von 17/18, in neuen Uniformen – sehr nervös. Ich wusste, wir werden jetzt einer Kulturbarbarei zuschauen. Wir waren empört, bedrückt, hilflos. Nun diese Ohnmacht, die hat mich bis heute nicht losgelassen. Diese Scham, diesem Kulturverbrechen zuzuschauen.«
[Frau H.]: »Wir sind auf diesen Platz gekommen. Ich mit meinen beiden kleinen Kindern und die Hunde, große Hunde vor den kleinen Kindern waren erschreckend.«
[Herr H.]: »Als die Sprengung dann erfolgte, hörte man einen scharfen, hellen Knall und für Bruchteile einer Sekunde blieb aber die Kirche zunächst stehen. Also die Zeit war sicher sehr kurz aber sie reichte bei mir für den triumphierenden Gedanken: die Sprengung ist misslungen. Und kaum war das zuende gedacht, fing die Kirche an, die Schaufassade zum Augustusplatz, wie im Schmerz, wie im Todeskampf, da gibt es diese berühmte Rosette und die wurde plötzlich oval und verzerrte sich, riss in der Mitte durch. Es war wirklich wie ein Todeskampf eines waidwunden Tiers. Schrecklich, unvergesslich.«
[Frau H.]: »Wie eine Kreuzigung, denn es dauerte so sieben Tagen und das war dann vollbracht.«
[Herr H.]: »Wir sahen erst, wie das Türmchen knickte, zur Seite ging, wie ein Riss in die Fassade hinein schlug, dann sackte das Dach weg, und dann kam schon der Sprengstaub, kam schon hoch und dann erst das Grollen und dann war eine riesige Staubwolke.«
[Herr ?]: »Mir kamen die Worte in den Sinn: ›Neigte das Haupt und verschied‹.«
[Herr ?]: »Die Menschen vor mir und mit mir wollten dann nach vorn, wollten das sehn. Es kam zur Rangelei mit der Polizei. Ich sah dann noch wie einer dieser Jungs hilflos und ängstlich an seinem Pistolenhalfter nestelte, um die Pistole vielleicht zu ziehen. Ich dachte: Mein Gott jetzt ein Schuss und eine Panik bricht aus.«
[Herr H.]: »Dann hat man die Kirche abgetragen, weggeschafft – so schnell wie möglich – in eine alte Kiesgrube und hat verhindert, dass Leipziger sich bedienten mit Teilen der Trümmer. Um jede Erinnerung auszulöschen, schüttete man anderen Schutt über den Schutt der Kirche, legte Mutterboden drauf, pflanzte Büsche, zog einen Zaun, machte ein Tor mit einem Schloss und setzte Wächter davor.«

2009 feiert die Universität Leipzig ihr 500-jähriges Bestehen. Die sächsische Landesregierung sah im Begehren des Paulinervereins, der seit langem den Wiederaufbau der Universitätskirche betreibt, offensichtlich eine analoge Initiative zum Wiederaufbauprojekt der Frauenkirche in Dresden und stellte per Kabinettsbeschluss im Blick auf das Universitätsjubiläum von 2009 die Bausumme für den Wiederaufbau bereit. Daraufhin erhob sich ein Sturm der Entrüstung in der Universitätsstadt Leipzig, in dessen Gefolge sogar der Rektor der Universität zurücktrat. Gegner wie Befürworter eines möglichen Wiederaufbaus stehen sich derzeit unerbittlich gegenüber, obwohl natürlich niemand den Entschluss Ulbrichts verteidigt.

Dabei verlaufen die Fronten heute anders als damals. Der Zeitzeuge Erich Löst gibt seiner Verwunderung darüber wie folgt Auskunft:

»In der Universität gibt es auch mehrere Parteien. Zum Beispiel habe ich erlebt, dass die Theologen der Universität keine Kirche haben wollen. Also das muss man sich mal vorstellen. Da sind Theologen, die wollen keine Kirche und dann sind Atheisten, die wollen eine Kirche. Also so geht das hin und her. Es ist so kontrovers und kurios und albern und schlimm, es gibt hier keinen, der die alleinige Entscheidung fällen könnte, weder das Land, noch die Uni, noch die Stadt, alle müssen miteinander einen Kompromiss finden. Es ist so vieles, was aufeinander prallt, dass ein bemühter und interessierter Laie, wie ich, nicht durchschaut. Es ist ja auch so unsachlich gegeneinander losgeschlagen worden. Ein Ende, ein gutes Ende, wie auch immer, ist für mich nicht zu sehen; es sei denn man sagt: ›Schlussstrich unter das Alles – wir fangen ganz von vorne an‹. Damals hat die SED mit Ulbricht fröhlich diese Kirche weggesprengt. Damals haben die Leipziger in ihrer Mehrheit zugeschaut. Manche haben Blumen über die Bretterzäune hinweg geworfen. Frauen, manche haben sich hingesetzt, sind dann weggetragen worden. Der Protest war da. Er war gering. Er war nicht wirkungsvoll. Er ist auch im Großen nicht artikuliert worden. Leipzigs Künstler haben nichts gesagt, sie haben weiter gemalt und Theater gespielt und musiziert – und das lastet auf uns: dass wir zugeschaut haben. Wir möchten, dass die Erinnerung an dieses Verbrechen bleibt, in einer möglichst deutlichen und sichtbaren Form und da muss man nicht auf den Wiederaufbau setzen – es ist möglich auf andere Weise diese Erinnerung an unsere Scham zu bewahren.«

...

[Löst – etwas später -]: »Ich habe gleich gesagt '90, als die Debatte losging – Ein 1:1 Wiederaufbau ist nie in meinem Sinne gewesen, aber ich möchte, dass stärker, dass sehr stark an die Zerstörung erinnert wird. Ich kann mir vorstellen, die Fassade aufzubauen, wie sie zuletzt war, mit einem Riss oben – wenige Sekunden nach der Sprengung. Da gibt es Fotos. Nach diesen Fotos hat Günter Grass einen Schutzumschlag für eines meiner Bücher gezeichnet. Da wird diese Kirche gerade gesprengt. Und ich denke mir, man könnte in diese Fassade oben hinein diesen schrägen Riss bauen. Dann sollte man den Baukörper erhalten in seinen Ausmaßen, auch mit dem Dach, auch mit dem Dachreiter, dem Finger zu Gott und dahinter kann man dann modern bauen, kann man bauen, wie man es heute braucht. Es gibt da viele Möglichkeiten. Dann würden, wenn man so baut, noch nach Hunderten von Jahren die Leute fragen: ›Was ist das da oben, dieser Riss?‹ und man könnte ihnen erzählen: so war das damals.«

In Leipzig ist die Mehrheitsmeinung derzeit *noch* gegen eine Rekonstruktion. Der Meinungsstreit dauert an. Übrigens waren die jeweiligen Stadt- und Landeskirchen sowohl in Dresden (Frauenkirche), in Leipzig (Paulinerkirche) und in Potsdam (Turm der Garnisonkirche) ursprünglich gegen jeden Wiederaufbau, und zwar jeweils mit dem gleichen Hauptargument: »Wir brauchen diese Kirche nicht, denn die verbliebene Gemeinde ist zu klein geworden und versammelt sich mittlerweile woanders«. In Dresden und Potsdam haben die kirchlich Verantwortlichen ihre Meinung geändert. Die Entwicklung in Leipzig bleibt abzuwarten.

Ein kurzer Hinweis auf die Situation in Potsdam:

Der Turm der Garnisonkirche hatte den britischen Bombenabwurf am 14. April 1945 auf Potsdams Innenstadt überstanden, und 1950 konnte die Kirchengemeinde die dort neu geschaffene »Heilig – Kreuz Kapelle« in Gebrauch nehmen.

»Offenbar auf Ulbrichts direkten Befehl«[3] wurde im Mai 1968 – an einem Sonntag um 10 Uhr, also zur Gottesdienstzeit – der Turm samt Kapelle gesprengt. Ein Teil des Turms – die zur Straße zeigende Fassade – trotzte der ersten Sprengung. Das steigerte offenbar die Vernichtungswut des Auftraggebers derart, dass nach der zweiten, »erfolgreichen« Sprengung am 23. Juni 1968 die barocken Fassadenreste noch in einer Steinmühle zermahlen und sodann abgefahren wurden, um jede Erinnerung oder gar Wiederverwendung auszuschließen. Auslöschung der Erinnerung, totale Entsorgung waren erklärte Ziele.

Befürworter der 1:1 Rekonstruktion der Kirchen in Potsdam und Leipzig reden mitunter von der »Auferstehung« der Kirche, die sie herbeisehnen. Von ihr erhoffen sie sich nicht nur eine Wiedergutmachung des Frevels, sondern auch Segen für die Gegenwart, eine neue Osterzeit in gewisser Weise. Der Schriftsteller Erich Löst will ein Denkmal der Scham, der Buße.

Ein Kompromiss ist immerhin vorstellbar: Rektorat, Aula und Kapelle unter einem Dach in einer Teilrekonstruktion.

In Potsdam gibt es mittlerweile konkurrierende Initiativen, um jedenfalls den Turm der Garnisonkirche wieder aufzubauen. Die sich nach langem Zögern formierende kirchlich getragene Initiative will

3. *L. Borgmann* u. a., Die Garnisonkirche, aaO., 17.

dort ein kirchliches Versöhnungszentrum nach dem Vorbild Coventrys errichten und wird inzwischen von *allen* Parteien im Rathaus von Potsdam unterstützt, also auch von der in Potsdam traditioneller Weise starken PDS. Die Finanzierung ist freilich noch nicht gesichert, weil die ältere Initiative des »Traditionsvereins Potsdamer Glockenspiel« – so die amtliche Bezeichnung um den rührigen General a.D. Max Klaar – sich mit dieser Nutzung nicht einverstanden erklärt, aber schon mehrere Millionen an Spenden im Säckel hat.[4]

Zur gleichen Zeit wird in *Hamburg* seitens einer Kirchengemeinde ein Abrissantrag für ihre Kirche, die in der Nachkriegszeit gebaut wurde, gestellt. Es ist gut vorstellbar, dass weitere Abrissanträge folgen werden. Das Denkmalschutzamt opponiert. Das Verfahren dauert an.

In *Berlin* hat, Presseberichten zufolge,[5] das katholische Bistum einen radikalen Sparplan angekündigt, u. U. zwischen 30 bis 50 Kirchen zu schließen, umzuwidmen oder zu verkaufen. Die Pressemeldungen darüber veranlassten die Katholische Bischofskonferenz, zu intervenieren. Auch hier ist das Ergebnis offen.

Diese Beispiele können hier auch nicht annähernd so interpretiert werden, wie sie es verdienen. Sie sind Symptome einer tiefen Verunsicherung und zugleich einer tiefen Sehnsucht. Das gilt für die Kirche als Institution ebenso wie für die betroffenen Städte bzw. anderen Institutionen, z. B. die Universität Leipzig, die als eine der wenigen deutschen Universitäten seit ihrer Gründungszeit über eine eigene Kirche verfügte. In der Ambivalenz von Abriss, Umbau oder Rekonstruktion sind diese Kontroversen exemplarisch, wobei eben nicht nur die Bauten im Vordergrund stehen, sondern das Selbstverständnis der Beteiligten ebenfalls.

Festzuhalten ist allerdings, dass die andauernden Diskussionen nicht nur Kontroversen, sondern auch neue, wachsende Konsense dokumentieren. Welche sind diese?

4. In einer gemeinsamen Erklärung vom 13.4. 2002 zwischen Stadt, Kirche und Traditionsgemeinschaft schien eine Basis greifbar nahe. Es erschien Einigkeit darüber zu herrschen, dass der »Garnisonkirchturm (...) für die Identität der Potsdamer und darüber hinaus ein Symbol von nationaler und internationaler Wirkung« sei und zugleich »als Kirche erbaut und genutzt werden« sollte. Vgl. Die Garnisonkirche, 70.
5. Siehe z. B. Berliner Morgenpost, 09.03.2003, 22: »Erzbistum steht vor dem Ausverkauf«.

1. Die erwähnten Kirchen in Leipzig und Potsdam werden von Befürwortern/-innen wie Gegnern/-innen eines Wiederaufbaus nach alten Plänen metaphorisch als Persönlichkeiten angesehen und behandelt. Sie kommen darum auf zwei Symbolebenen ins Spiel: als identitätsstiftende Symbole des Gemeinwesens, aber auch als Spiegel der eigenen personalen Biographie, die im autokratischen System des etablierten Sozialismus gedemütigt wurde. Die Sprengung von Kirchen steht darum auch symbolisch und stellvertretend für die Zerstörung individueller Biographien, die mit den Kirchen ebenfalls vernichtet werden sollten.
2. Die Passionsgeschichte Jesu fungiert nicht nur kulturell z.B. in den Passionsmusiken Bachs oder liturgisch im gottesdienstlichen Handeln, sondern auch im allgemeinen Verstehen noch als exemplarische Expression und Interpretation individuellen und kollektiven Leidens. Darum können auch Kirchen als Symbole stellvertretend für Individuen oder Gruppen »verletzt«, »verspottet«, »hingerichtet« werden, aber letztendlich auch wieder »auferstehen«.
3. Religion wird (wieder) als zentrale öffentliche Angelegenheit angesehen, ganz unabhängig davon, wie man die Funktion bzw. Rolle der spezifischen Religion auch bewertet.
4. Ein weiterer Konsens wächst: Die vor allem im Protestantismus beheimatete Wertung, eine Kirche sei eine äußerliche, *also prinzipiell beliebige* Behausung einer (Orts-)Gemeinde, ist gesellschaftlich nicht (mehr) plausibel und gerät auch theologisch unter Argumentationsdruck. Allenthalben ist eine Sehnsucht nach Sakralität nachweisbar, deren tiefere Gründe noch zu wenig diskutiert werden.[6] In keiner einzigen der authentischen Wortbeiträge werden die Kirchen, um die es geht primär als Versammlungsort von Kirchengemeinden angesehen.

Daraus folgere ich:

– Glauben und religiöse Praxis sind auf *äußere Formen* und Symbole angewiesen, die öffentlich zu kommunizieren sind.

6. Der Architekt der Pinakothek der Moderne in München, Stefan Braunfels, hat diesen Zusammenhang auf der traditionellen Künstlerrede (Aschermittwoch 2003) deutlich und eindringlich zur Sprache gebracht. Er beklagt, dass Schönheit »als Attribut des Heiligen« jetzt in den Museen wieder zu Hause sei und dass die Kirchen als Bauherren völlig ausgeschieden seien, aber damit auch den Kontakt zur gegenwärtigen Kunst immer mehr verlören. (SZ Nr. 55 vom 07.03.03).

- Glaube oder Religion rein innerlicher Art (Religion des Herzens) bleiben abstrakt und »doketisch«, weil sie weder tradierbar noch sozialfähig sind.
- Das gegenteilige Extrem, Religion als System äußerlicher Zeremonien und Gestaltungen ohne Verankerung in der Innerlichkeit betroffener Subjekte ist ebenfalls nicht wünschbar und steht unter dem Verdacht der Indoktrination. Öffentlich erzwungene Rituale, Aufmärsche etc. erinnern an totalitären Regimes mit ihren Ritualen als Machtdemonstrationen.[7]

Wie also ist die Dialektik von Innerlichkeit und Äußerlichkeit als tradierbares und soziales Geschehen sowohl für die Kirche als Institution wie für das Gemeinwesen, die Stadt, unter demokratischen Vorzeichen zu gestalten? Gefragt sind Lernprozesse, die Inszenierung von Kontroversen wie auch von Koalitionen von Stadt *und* Kirche:

Auch die Stadt als demokratisches, pluralistisches Gemeinwesen in West und Ost, in Nord und Süd, ist nicht areligiös vorstellbar oder wünschbar. Sie muss das Wiederaufleben von Religion als Gegebenheit neu wahr- und ernstnehmen und kann dabei nicht allein auf die etablierten Religionsgemeinschaften verweisen. Religiöses Interesse und religiöse Ausübung haben sich zwar weithin abgekoppelt von Angeboten und Sozialformen der etablierten Religionsgemeinschaften. Diese wiederum, in Sonderheit also auch die Kirchen, sind gleichwohl nicht als gesellschaftliche Institutionen zur Pflege interner, *privater, religiöser Expression* anzusehen, sondern als Agenturen, die *im öffentlichen Raum* des Gemeinwesens agieren und zu respektieren sind. Die Stadt ist also nicht nur Kontext der Kirche, sondern Text. Analoges gilt für *die Stadt:* Kirchen kommen zwar als Kulturträger oder als soziale Agenturen ins Blickfeld, doch Religion galt weithin als Privatsache. Aber Kirchen sind – vom Rathaus aus gesehen – nicht nur als »Kontext« ernst zu nehmen, sondern als »Text«.

Die hier waltende Dialektik ist aus der Hermeneutik vertraut: Text und Kontext interpretieren sich wechselseitig. Das gilt für Kirche *und* Stadt. Sie sind beide einander sowohl »Text« als auch »Kontext«. Wie sind diese »Texte« und »Kontexte« zu lesen und was geben sie einander zu denken?

7. Vgl. *P. Reichelt*, Der schöne Schein des Dritten Reiches. Faszination und Gewalt des Faschismus, München u. Wien [2]1992.

## II. Text und Kontext. Kirche und Stadt im hermeneutischen Zirkel. Aussageebenen und Verstehenshorizonte nach dem vierfachen Schriftsinn

»Steine predigen«.[8] Dieser Satz gilt nicht nur für gotische Kathedralen. Er gilt auch für Schiller-, Bismarck- oder Lenin-Denkmäler. Nicht nur die Kirche »predigt«, unterrichtet, informiert und lehrt ohne Unterlass. Wir leben urban, das meint hier: in einem lauten, vielfältigen, konkurrierenden, sich gleichsam überschreienden Stimmengewirr. Botschaften aller Art prasseln auf uns ein. Das Babylonische Sprachengewirr ist zur Dauerinszenierung geworden und hat bei aller Informationsfülle einen nicht unbeträchtlichen Desorientierungseffekt. Die Stadt – als kommunikativer Prozess verstanden – sendet auf mehr als 99 Kanälen. Und in einer Millionenstadt sind leicht auch über 100 religiöse Institutionen auszumachen, die ständig lehren, predigen, unterrichten usw.[9] Wie kann es hier zum Unterscheiden, zum Zuhören geschweige zum Verstehen kommen?

Das Pfingstwunder, verkürzt auf formale Kommunikationsprozesse, kreist um zwei Eckpunkte: »Und sie fingen an zu predigen in anderen Sprachen« – und: »wie hören wir denn jeder seine eigene Muttersprache?«[10] Das scheint das kommunikative Grundmuster und Ideal aller »Anbieter« geworden zu sein – mit oft mäßigem Erfolg. »Geistliche und weltliche Predigten haben eines gemeinsam: Sie überzeugen nur die Überzeugten«, ist die sarkastische Formulierung für diesen Tatbestand.

Vielstimmigkeit unter Wahrung unterschiedlicher Aussagedimensionen gleichwohl zu sortieren und damit zur Verständigung beizutragen, ist ein altes Bemühen der Hermeneutik.

Um das Vielerlei zu reduzieren, zu vergleichbaren Verstehenshorizonten und Aussageebenen zu kommen, bediene ich mich eines alten hermeneutischen Kunstgriffs. Ich versuche in pragmatischer (und nicht in fundamentaltheologischer) Absicht durch die Aufnahme des

8. Vgl. *F. Grundmann, T. Helms* (Hg.), Wenn Steine predigen, Hamburgs Kirchen vom Mittelalter bis zur Gegenwart, Hamburg 1993.
9. Vgl. das Lexikon der Hamburger Religionsgemeinschaften, hg. v. W. Grünberg u. a., Hamburg $^{2}$1995.
10. Acta 2,4 und 2,8.

Modells vom vierfachen Schriftsinn, den die Reformatoren bekanntlich vehement abgelehnt haben, grundlegende Aussageebenen und Verstehenshorizonte zu unterscheiden und so das komplexe Sprachengewirr zu reduzieren und zu interpretieren. Pragmatisch genutzt, so hoffe ich, könnte die Verortung der Kirche in der Stadt und ihr Aufgabenprofil (im doppelten Wortsinn!) präzisiert werden. Einer Kurzformel Augustins folgend[11] sind zu unterscheiden:

1. Sensus litteralis (seu historicus)
2. Sensus allegoricus (seu symbolicus)
3. Sensus moralis (seu ethicus)
4. Sensus anagogicus (seu eschatologicus)

Die in Klammern hinzugefügten Begriffe sind in der mittelalterlichen Tradition ebenfalls gebräuchlich.

## *1. Sensus litteralis: Die beschriftete Stadt und die Erinnerungskultur*

Ob Stadt- oder Kirchenführer: es gehört zum ABC der Orientierung in der Stadt, Straßennamen und Schilder an Häusern wie an Straßenkreuzungen lesen zu können. Es gehört weiter zur elementaren Orientierung in der Stadt, um ihre Geschichte jedenfalls ein wenig zu wissen und entsprechende Hinweise lesen zu können. Historische Notizen, in der Stadt öffentlich markiert, beziehen sich meist auf Siege und Niederlagen, auf Katastrophen wie Erfolge sowie auf »Helden«, »Schurken« und »Lokalheilige«. Merkwürdig konstant in den Entwicklungen der Städte ist meist das System der Straßen und Wege. Deren Namen spiegeln, gerade auch in der Geschichte ihrer Umbenennungen, das historische Gedächtnis der Stadt.

Zwei Beispiele aus Hamburg: *Brandsende* ist eine relativ kleine Straße am Rande der alten Innenstadt, in der Nähe des heutigen Hauptbahnhofs. Dieser Straßenname erinnert an die Grenze des Hamburger Stadtbrandes von 1842, an die größte Katastrophe der Stadtgeschichte des 19. Jahrhunderts, die erklärt, warum vom mittelalterlichen Hamburg und seinen Gassen so wenig erkennbar blieb. Diese Katastrophe wurde nur noch übertroffen vom ungleich verheerenderen »Feuersturm« 1943. Für beide Katastrophen gilt: Die großen innerstädtischen

11. Im Anschluss an Augustins »Littera gesta docet, quid credas allegoria, moralis quid agas, quo tendas anagogia (bzw. quid speres anagogia)« Art. Hermeneutik I (TRE 15, 113f.).

»Hauptkirchen« wurden zwar auch Opfer der Flammen und zum Teil erheblich zerstört, aber sie wurden wieder aufgebaut und bilden darum das Stadtgedächtnis für bestimmte Epochen deutlich ab.[12]

Siege und Erfolge bilden sich im schriftlich mitgeteilten Stadtgedächtnis formal analog ab – in Denkmälern und Straßennamen: Die theologische Fakultät der Universität Hamburg liegt an der »Sedanstraße«, die der verstorbene Kirchenhistoriker Bernhard Lohse als einziger oft noch korrekt als *Sedán*straße aussprach, erinnert sie doch an den deutschen Sieg bei der Schlacht von *Sedán* im deutsch-französischen Krieg 1870/71. Dies ist mehr als eine Kuriosität.

Man denke etwa an die Bedeutung der Siegessäule im Berliner Tiergarten und die Standbilder der preußischen Generäle in deren Nähe, die dazu führte, dass der berühmte Berliner Volksmund respektlos von der »Puppenallee« sprach, die zur Siegessäule führt.

Selbst das ganz unbedeutende Beispiel der Hamburger Sedanstraße im zweiten größeren Campusteil der Hamburger Universität erschließt Zusammenhänge, die, einmal erinnert, zur Ortsanweisung auch einer theologischen Fakultät einen Beitrag liefern könnten: Der zweite, überwiegend naturwissenschaftliche Campusteil ist ein ehemaliges, im 2. Weltkrieg zerstörtes Kasernengebiet. Die wenigsten Studierenden und Lehrenden realisieren, dass sie Tag für Tag am Rest eines Kasernenbaus vorbeigehen – in dem übrigens seit Jahren türkische Familien wohnen – und auf ehemaligem Kasernenhofgelände studieren.

Nach der geschichtsvergessenen Wiederaufbauphase nach dem 2. Weltkrieg sind seit den späten 70er Jahren überall in Städten wieder historische Spuren sichtbar gemacht worden. Geschichte wurde als Mutterboden von Identität nicht nur für Individuen, sondern auch für größere soziale Zusammenhänge, also auch für das Gemeinwesen, neu entdeckt und gewertet. Seitdem wurden unzählige Erinnerungstafeln an Hauswänden angebracht. So entstand die »beschriftete« Stadt. Zusammen mit den Stadtteilplänen an öffentlichen Verkehrsmitteln sind sie Beipackzetteln von Arzneien oder auch Erläuterungen technischer Geräte vergleichbar. Die Stadt verweist so auf positive »Anwendungs-

12. Eine der berühmtesten Stadtansichten Hamburgs, das großformatige (5 × 1,85 m!) Gemälde von J. Luhn, 1681, hängt heute in St. Jakobi in Hamburg. Ein sehr symbolträchtiger Vorgang: Die Hauptkirche als Gedächtnis der Stadt und die Kirchen als »Stadtkrone«, also als Symbolisierung der spezifischen Identität der Stadt.

möglichkeiten«. Über Risiken und mögliche Nebenwirkungen wird dagegen wenig informiert.

Noch einmal ein Beispiel aus der schon erwähnten Sedanstraße. Schräg gegenüber vom letzten Rest der backsteinroten Kasernenbebauung, die den Krieg überlebt hat, ist an einem Neubau aus den 50er Jahren eine Erinnerungstafel befestigt, die folgende Inschrift trägt:

»Am 10.01.1886 wurde hier – ermöglicht durch Stiftungen von Isaac Hartvig und Emphraim Edwards – das Altenhaus der ehemaligen deutsch-israelitischen Gemeinde eröffnet. Dieses bot den alten Menschen unentgeltlich Wohnung und Lebensunterhalt. Im Juli 1942 wurden mehr als 90 Bewohner in das KZ Auschwitz und das Getto Theresienstadt deportiert. Erinnerung ist der Weg zur Erlösung (Gedenkstätte Yad Washem, Jerusalem) Bezirksversammlung Eimsbüttel 1986.«

An diesem Ort wurden im Übrigen auch die letzten jüdischen Gottesdienste vor Kriegsende gefeiert.

Ein weiteres Beispiel für die »Lesbarkeit« bestimmter Straßen und Stadtteile wird gleich in der Nähe auf dem Bürgersteig erkennbar. Der Kölner/Berliner Künstler Gunter Demnig verfolgt seit 1992 die Aktion »Stolpersteine«, die immer mehr Anklang und Echo findet und ein produktives Stolpern über die eigene Geschichte auf den alltäglichen Wegen auf unseren Bürgersteigen zum Inhalt hat. Durch einen Messingüberzug gut sichtbare und im Sonnenlicht aufleuchtende Pflastersteine erinnern auf immer mehr Bürgersteigen vor Hauseingängen an ehemalige Mitbürger: HIER WOHNTE steht auf einem 10×10 cm großen mit Messing überzogenen Pflasterschein. Dann folgen Vornamen, Namen, Jahrgang, Datum der Zwangsdeportation, Ort und Zeit der Ermordung.

Der Künstler sagt dazu in einem Interview: »Das Konzept sollte von Anfang an alle Opfergruppen umfassen: Roma und Sinti, Juden, politische Opfer: Kommunisten und Sozialdemokraten, verfolgte Christen, Euthanasieopfer und Zeugen Jehovas. Schließlich musste ja jeder, der nicht ins Menschenbild der Nationalsozialisten passte oder sich nicht einfügte, mit Repressalien, Gestapohaft, mit Folter, mit materieller oder letztlich physischer Vernichtung rechnen (...)«.

Es war dann der Pfarrer Kurt Pick von der Antoniter-Gemeinde in Köln, der die Sache ins Rollen brachte: ›Na ja – 6 Millionen Steine kannst Du nicht schaffen; aber um ein Zeichen zu setzen, könntest Du ja klein anfangen.‹ 1994 ist aus dieser Bemerkung eine kleine Ausstellung in der Antoniterkirche mit den ersten 250 STOLPERSTEINEN entstanden – später wurden die Steine auch verlegt.[13] Bis Ende 2002 wurden gut 2000 solche STOLPERSTEINE verlegt. Es werden täglich mehr. Dass *diese* Steine nicht nur informieren oder erinnern wollen, sondern *predigen,* ist offenkundig.

Was ist dann das *Besondere* der Kirche in der Stadt? Diese Frage gilt es später genauer zu bedenken. Wichtig ist, einen gemeinsamen Verstehenshorizont zu benennen: Die Erinnerungskultur. Auf der Ebene des *sensus litteralis,* also der konkreten Schriftlichkeit, kommen die Kirchen zunächst als Beschriebene und Beschriftete ins Blickfeld: Aushänge, Gästebücher, Gesangbücher, Liederzettel, Gemeindebriefe, Epitaphe, Beschriftungen von Kunstwerken etc. wären zu nennen. Das Besondere ist allemal ihr Eigenname: St. Petri zum Beispiel. Oder ist dies – von außen betrachtet einer Firmenbezeichnung vergleichbar? Spätestens an dieser Stelle wird erkennbar, dass auch andere Verstehenshorizonte mit in den Blick geraten müssen, um genaue Analogien und Differenzen erfassen zu können. »Steine predigen«. Die Stadt *und* Kirchen beziehen sich auf normative Erinnerungen, auf besonders autorisierte Texte, die als Orientierungsmuster der Gegenwart angeboten werden. Das ist das eben gewonnene Ergebnis.

## *2. Sensus allegoricus (symbolicus): Das Kreuz und die Symbolwelten in Kirche und Stadt*

Die jetzt anzusprechende Ebene lautet: Kirchen sind Symbole und bergen symbolische Welten. Man kann sie in diesem Sinne auch als verborgene Schatzhäuser bezeichnen. Diese Aussagen gelten unabhängig von konfessionellen Besonderheiten, von Baustilen, Baudaten oder Größen. Aber sie gelten wohl nicht in gleicher Weise für Gemeindehäuser, Pfarrhäuser oder andere kirchliche Häuser.

Der sensus allegoricus erschließt *hinter* und *in* dem Wortlaut des unmittelbar gegebenen *litteralen* Textes eine zweite Interpretationsebene, die die sinnlich sichtbare Welt übersteigt und »anderes« an- und ausspricht. Die Verweisung von Sinnlich-Präsentem auf die Präsenz der Transzendenz und ihre Umkehrung wird im allegorischen Schriftsinn als Interpretationshorizont *zugleich* erschlossen. Ad bonam partem interpretiert, könnte man argumentieren und sagen: Der allegorische Schriftsinn, neu ins Spiel gebracht, müsste die Funktion haben,

13. Stolpersteine. Eine Idee, das Projekt und die Vorgeschichte. Interview von Uta Franke mit *Gunter Demnig* im April/Mai 2002. Broschüre.

die Dialektik von Buchstabe und Geist zu überbrücken. Intendiert die lutherische Konzentration auf den »Kanon im Kanon«, auf die Mitte der Schrift – nach Luther also »das, was Christum treibet« – eigentlich etwas anderes?

Das zentrale Symbol der Kirche ist das Kreuz. Schon der Grundriss der meisten Kirchen spiegelt dieses Symbol. In Rundkirchen ist das Kreuz ebenfalls präsent. In protestantischen Predigtkirchen soll »die Predigt des Gekreuzigten« im Mittelpunkt stehen. In der Liturgie ist das Kreuzes- und Ostergeschehen die eigentliche Mitte: in der *memoria passionis* des Abendmahls ebenso wie im Trishagion, dem Dreimal Heilig. Das gestaltete Kreuz (mit oder ohne »corpus«) dürfte wohl nirgendwo in einer Kirche fehlen. Der Sinn einer Kirche ist, so gesehen, die Vergegenwärtigung von Kreuz und Auferstehung, am eindrücklichsten vielleicht in Triumphkreuzen dargestellt, in denen das Kreuz zugleich als Lebensbaum gestaltet ist.

Diese Symbolisierung ist also nichts Sekundäres, Hinzutretendes, sondern markiert den Kern des Glaubens. Das Glaubensbekenntnis wird seit alters her »Symbolum«, also Symbol genannt. Was die Worte nur im Nacheinander sagen können, erschließt das Symbol als Einheit. Ist diese – mit groben Strichen gezeichnete – *notwendige* Ebene des Symbolischen nun exklusives Kennzeichen der Kirche? Mitnichten. Was geschieht in der Hamburger Oper, wenn dort John Neumeier die Matthäuspassion Bachs mit seinem Ballett tanzt? Was geschieht im Film »Der Pianist«, als die ins Ghetto deportierte Familie – vor der Flucht der Hauptfigur – mit Hilfe eines in kleine Brocken zerteilten Bonbons die Sabbat- und Pessachliturgie anklingen lässt? Was geschieht, wenn in Friedensdemonstrationen statt der Monstranz unter einem Kreuz die Namen von im Krieg getöteten Irakern und von amerikanischen Soldaten zugleich zu lesen sind? Die Stadtlandschaft ist voll von Verweisen, Anspielungen auf »andere« Welten.

Am grellsten stechen die Werbeflächen an öffentlichen Orten, an Bahnhöfen, Bushaltestellen usw. ins Auge. Obwohl in aller Regel Anzeigen von kommerziellen Anbietern, sind sie als öffentliche Signale längst Teil des öffentlichen Lebens, genauer: öffentlicher *und* privater Rituale geworden. Dabei ist es nicht das Firmenlogo, das interessiert, sondern die Story, die Message hinter bzw. in den angedeuteten Geschichten und dem Logo als Symbol. Die offiziöse Stadt zeigt in ihren öffentlichen Bauten ihre »Symbolik«. Gemeint sind nicht nur Flaggen oder Wappen, gemeint ist ihr symbolisch vermitteltes Selbstverständnis und ihr selbst gewünschtes Image (»Hamburg, Tor zur Welt«). Damit ist freilich nur eine *formale* Analogie benannt: Denn die Inhalte der symbolischen Welten »hinter« oder »in« den Werbeaussagen beziehen sich oft auf ganz andere als religiöse Aussagen. Und wo diese ins Spiel kommen, werden sie eindeutig kommerziell funktionalisiert. Gleichwohl wird so unterstrichen, dass die »allegorische« bzw. symbolische Sinnebene offenbar tiefere Schichten des Menschen anspricht, also anthropologisch bedeutsam ist.

*Symbole wollen kommuniziert werden und verweisen darum auf Rituale.* Städtisches Leben ist voll von direkten und indirekten Anstiftungen, sich *inneren und äußeren Riten anzuschließen.* Um so wichtiger ist es also, auch die kritische Substanz der christlichen Symbolwelt zur Geltung zu bringen. Aber wie ist das möglich? Imperative in religiösen Angelegenheiten sind jedenfalls die falsche Antwort. Man sieht nur den Zeigefinger und ist verstimmt. Es kommt darauf an, die Verstrickungen in Rituale und Symbolwelten, die immer schon gesellschaftlich stattfinden und die zu Diffusionen führen müssen, zu durchschauen und selbst seitens der Kirche in großer Klarheit und Selbstverständlichkeit die eigenen Rituale/Liturgien öffentlich zu vollziehen und in den eigenen Symbolwelten zu leben in der Hoffnung, so auch purgatorisch gesellschaftlich wirken zu können. Dies könnte als arrogante Überhebung ausgelegt werden. Denn die Kirche hat im Laufe ihrer Geschichte oft bereitwillig in politische Funktionalisierungen eingewilligt (»Gott mit uns« auf den Koppelschlössern!). Oft überwintert Klarheit in Ritus und Symbol also auch jenseits der herrschenden Kirchlichkeit. Mit dieser Einschränkung, als der Achtung und Korrekturbereitschaft gegenüber den »heiligen Resten« darf und soll die Kirche heute selbstbewusst gesellschaftlich agieren und darin ihrer Sache auch treu bleiben.

Es gibt also Überschneidungen und Verfehlungen nach beiden Seiten! Es gibt zweifellos auch *außerhalb der Kirche* Orte und Gelegenheiten, wo Erinnerung an das Leiden und die Vergegenwärtigung der Transzendenz präsent sind bzw. werden. Dort, *wo* das Evangelium gepredigt wird und die Sakramente recht verwaltet werden, dort ist nach der Confessio Augustana VII »Kirche«. Ist das *Spezifische* der Kirche als Institution und Prozess also die Unterscheidung und Verdeutlichung einer Wirklichkeit, die in der Stadt – ob als Gestalt, ob als Prozess – gleichwohl auch präsent ist?

### *3. Sensus moralis (seu ethicus): Eine Handlungsanweisung, die gespaltene Stadt und das »öffentliche Gewissen«*

Im sensus moralis tritt die Handlungsebene in den Vordergrund. In anderen Sprachspielen würde man von der *pragmatischen* Dimension eines Textes sprechen. Das alltägliche Leben und Überleben im Gemeinwesen hängt davon ab, dass bestimmte Imperative in den Städten zur Geltung kommen und eingehalten werden. Wer bei der roten Verkehrsampel nicht stoppt, ist ein potentieller Mörder. Das Gemeinwesen lebt von dem Bestehen der Rechtsordnung. Diese besteht in Rechten und Pflichten, in Vorschriften und legitimierten Sanktionen für Übertretungen. All dieses wird in der Stadt unmittelbar konkret. Letztlich gibt es keinen Ort in der Stadt, an dem es nicht *auch* um den Konflikt zwischen Recht und Unrecht, zwischen legitimierter und illegaler Gewalt geht.

Keine Stadt, die nicht durch ihre Wunden geprägt ist. Davon war, als historischem Geschick der Stadt, schon die Rede. Aber auch Arbeitslosigkeit z. B. ist eine klaffende Wunde des Gemeinwesens. Für die Betroffenen ist Arbeitslosigkeit, obwohl längst Massenphänomen, eine Stigmatisierung. Auch Armut wird mehr und mehr zur gesellschaftlichen Wunde, auch in den reicheren Ländern. Diese »Verwundungen« bilden sich in der Stadt auch räumlich ab. Die soziale Segregation hat in den Großstädten ein solches Ausmaß angenommen, dass in den reicheren Stadtteilen Armut, Arbeitslosigkeit und Ausgrenzung immer weniger sichtbar werden und die ärmeren Stadtgebiete immer ausschließlicher durch diese Kennzeichen beherrscht werden. Die alltägliche Lebenserfahrung prägt aber, aller informativen Aufklärung zum Trotz, das eigentliche Weltbild. Der Riss durch die Gesellschaft spaltet auch die Stadt. Indikator der manifesten und weithin schleichenden Ungerechtigkeit in der Stadt ist und bleibt die Verfügung über das Geld als dem zentralen Machtmittel in der Gesellschaft. Die Macht von »Investoren« konkurriert mit der Armut der öffentlichen Hände. Die Politik kann ihre Priorität gegenüber der Ökonomie immer seltener durchsetzen. Und ist das in der Kirche anders? Insoweit schon, als es keine Investoren gibt. Aber der Konflikt bleibt der gleiche. Finanzielle Sorgen überwuchern alles. Dass die Kirche nicht durch ihr Handeln lebt, sondern durch das, was ihr geschenkt wurde, droht zum alltagsuntauglichen Kanzelzitat zu werden.

Hier müsste die Unterscheidung zwischen Kirche und Stadt besonders erkennbar werden. Umgekehrt: weil die Kommune noch tiefer in der Finanzkrise steckt als die Kirche, ist auch danach zu fragen: Warum gibt es so wenig Solidarität bzw. Kooperationen in öffentlich relevanten Angelegenheiten und stattdessen Interessen- und Verteilungskämpfe sowie die Sondierung von Einflusssphären und claims auf *beiden* Seiten?

Die hier angedeuteten *parallelen Deutung*shorizonte verschärfen sich noch einmal mit dem vierten Schriftsinn, dem sensus anagogicus. Denn die ethische Ebene des Verstehens wie des Handelns zielt nicht nur auf das, was *nicht* sein soll. Sie spricht nicht nur die Verletzungen und Verwundungen an. Das leitet über zur vierten Ebene, dem Sensus anagogicus, der sich auf die Zukunft bezieht.

### *4. Sensus anagogicus: Die Relevanz der eschatologischen Perspektive: Überlebensfragen und ihr Ort im Gemeinwesen*

Dieser Schriftsinn will den eschatologischen Horizont der einzelnen Textstelle herausstellen. Es geht also um die »letzten Dinge«, säkular gesprochen um »Überlebensfragen«, die über die Zukunft entscheiden und darum auch die Gegenwart beeinflussen *müssen*.

Krieg versus Frieden, Bewahrung der Schöpfung bzw. nachhaltige Entwicklung versus Naturzerstörung, soziale Gerechtigkeit versus Verelendung und Ausbeutung: im Weltmaßstab sind Lösungen dieser Konflikte zur conditio sine qua non des Überlebens auf dem Planeten geworden. Während die globalen Krisen im politischen Bereich bei Gegnern wie Befürwortern der Globalisierung in aller Munde – und in aller Streit – sind, ist die eschatologische Dimension des christlichen Glaubens in Theologie und Kirche – verglichen etwa mit der Zeit zwischen dem 1. und 2. Weltkrieg – weit zurück getreten. Eine wichtige Ausnahme ist zu vermelden: Für die fundamentalistisch gesonnenen Kirchen sind die biblizistisch verstandenen apokalyptischen Szenarien von hoher Bedeutung. In der Schönwetterperiode westlichen Wohlstandes gewann eine an der Freiheits- und Gestaltungskraft des Individuums orientierte Kulturtheologie immer größere Popularität und entfernte sich dabei gleichzeitig von der eschatologischen Dimension von Glauben und Theologie. Heute spielt die liberale Theologie eine ähnlich herrschende Rolle wie in der Nachkriegszeit der 50er und 60er Jahren die Barthianische Neoorthodoxie. Aber wie interpretiert die liberale Kulturtheologie die eschatologische Dimension des Christentums? Sie individualisiert und personalisiert sie. Genau dieses machte und macht sie nicht gerade kompetent, die Verwerfungen in den Brüchen der gegenwärtigen Stadtgesellschaft als Spiegel der globalen Trends wahrzunehmen und zu interpretieren. Die Verunsicherung hat aber auch auf der individuell-persönlichen Ebene bei denen, die von der Armutspolarisierung der Gesellschaft unmittelbar betroffen sind, ein dramatisches Ausmaß erreicht. Wenn irgendwo, dann ist hier – um der Stadt *und* um der Kirche willen, also um *aller* Menschen willen – danach gefragt, wie die eschatologische Dimension des biblischen Glaubens neu zur Geltung zu bringen ist, ohne in fundamentalistischer Regression oder im unpolitischen liberalen Personalismus zu landen.

Wo Antworten schwer sind, ist das Fragen zu inszenieren. Da gilt es, Kontroversen anzuzetteln und die Kunst des Streitens zu üben. Sind die Verantwortlichen für Kultur und (religiösen, christlichen) Kult zu einem solchen Streit bereit und gerüstet? Es geht ja wahrlich nicht um »Siege«, sondern um die Suche nach Auswegen aus der globalen und lokalen Krise. Zentrale Orte für diese kritische Diskussion sind Citykirchen. Diese sind oft zu Stadtsymbolen geworden (z. B. St. Michaelis in Hamburg, der Kölner Dom, die Kaiser-Wilhelm-Gedächtniskirche in Berlin usw.). Solche Kirchen sind ideale Orte, die öffentliche Dimension dieser Fragen einschließlich ihrer religiösen, kirchlichen Dimension zum Ausdruck zu bringen und nach Antworten zu suchen. Hier geht es, nicht ausschließlich, aber zentral auch um die Bildung des *öffentlichen Gewissens im Gemeinwesen.*

Bisher haben wir, angeleitet durch die alte Theorie vom vierfachen Schriftsinn die Stadt wie auch die Kirche auf vier Ebenen als Texte zu lesen versucht und dabei bestimmte Analogien herausstellen können:

(a) Die Bedeutung der Erinnerung als Hilfe zur Orientierung.
(b) Die Rolle symbolischer Realitäten als Weg, Kritik und Verführung,
(c) Die Rolle bestimmter generell geltender Imperative (Rechte und Pflichten) als Konfliktregelungen und damit die Bedeutung normativer, ethischer Konsense.
(d) Die Bedeutung der »Überlebensfragen« der Menschheit in ihren Auswirkungen am gegebenen Ort – und damit die Unausweichlichkeit, aber auch Ambivalenz der Ökonomie als Machtfaktor.

Sind dies nur formale Analogien? M. E. nicht. Aber es gibt auch klare Differenzen. Oder sind diese demgegenüber eher als wichtige, kritische, aber für alle letztlich produktive Differenzen innerhalb gemeinsamer Aussage- und Deutungshorizonte anzusehen?

Dieses vorläufige Ergebnis lässt aufhorchen. Ist die europäische Stadt – denn von ihr sind wir ausgegangen – religiöser und christlicher geprägt als ihr säkulares Selbstverständnis vermuten lässt? Oder ist ein umgekehrter Anpassungsprozess zu beobachten? Sind die Kirchen und die Religionsgemeinschaften in der Spätphase der Moderne säkularer, angepasster als sie selbst wahrnehmen? Oder gehen wir gar einem »postsäkularem« Zeitalter (Habermas) entgegen?

Es gibt ganz andere Versuche, die spezifisch urbanen Herausforderungen kirchlichen Handelns herauszuarbeiten. Mich interessieren Ansätze, die zwei Extreme zu vermeiden suchen, die also nicht in das Deutungsschema einer statischen Diastase von »Kirche und Welt« zurück fallen und die umgekehrt die westliche, urbane Lebensweise nicht einfach schlicht als getauft betrachten und die Kirche darum nur noch funktional als Emanzipationsinstanz religiös-kultureller Selbstentfaltung (miss-)verstehen.

Darum möchte ich einen theologisch noch kaum rezipierten Beitrag zur Philosophie der Stadt aus der Feder von Jean Francois Lyotard vorstellen und gleichsam als Korrektiv den bisherigen Interpretationen an die Seite stellen.

## III. Die Klagelieder der Vagabunden. Lyotards Analyse der »Zone«

Jean-Francois Lyotard hielt 1993 auf einem Kolloquium über die »Philosophie der Stadt« einen viel beachteten Vortrag, der als Essay später auch auf deutsch vorgelegt wurde. Der Text kommt scheinbar harmlos daher – zeichnet aber ein im Kern beängstigendes Bild der städtischen Lebenswelten als Spiegel einer dramatischen Entwicklung.[14]

Die für mich zentralen Abschnitte seien hier kurz zitiert:

»Man muss in eine Stadt durch die Vorstädte hineingehen. Die Sprache der Vorstädte ist die Klage: wir wohnen nirgends mehr, weder draußen noch drinnen. Die Klage darüber, verwaist zu sein, erklang schon mit Francois Villon in den Vierteln der klassischen Stadt. Sie verbreitet sich bis ins Herz der modernen Metropolen. Der schlechte Sohn, die verlorene Tochter, die Kinder der Zone kommen sonntags ins Zentrum, um ihre Klagelieder zu singen, die weder Hand noch Fuß haben.[15] (...) Diese Ränder der Großstadt sind nicht erst kürzlich

14. *J.-F. Lyotard*, Postmoderne Moralitäten, Zone, Wien 1998.
15. Ebd., 23.

entstanden. Auch Rom und Alexandria waren von Gürteln zweifelhafter Vorstädte umgeben, in denen Verwaisung und Müßiggang besungen wurden.
Jesus schließlich, dessen Gestalt auch Baudelaire, Apollinaire und Max Jacob beunruhigt, ist erfüllt von der Klage derer, die die Randzonen bewohnen und nicht zählen. (...) Die Philosophie ist nicht *in* der Stadt, sie ist die Stadt, die denkt, und die Stadt ist die Unruhe des Denkens, das seinen Wohnsitz sucht, während es diesen doch verloren hat, während es die Natur verloren hat.[16] (...) Wenn die *urbs* zur *orbs* (also die Stadt zum Erdkreis) wird, wenn die Zone zur ganzen Stadt wird, dann hat die Megapolis kein Außen. Und folglich auch kein Innen. (...) In die Megapolis kann man nicht mehr hineingehen. Sie ist keine Stadt mehr, die neu aufgebaut werden müsste. Das alte »Außen«, die Provinzen Afrika, Asien sind Teile von ihr geworden und auf unterschiedliche Weise mit den westlichen Einheimischen verschmolzen. Alles ist fremd und nichts ist fremd. Die schönen metaphysischen Gebäude im Herzen der alten Städte und der stolzen downtowns werden als Museumsstücke konserviert. Jenseits der modernen Vorstädte drängen neue ›Wohnzonen‹ ... in die umliegenden Felder, Wälder und Hügel. Es sind Geisterstädte, bewohnt und verlassen. Sie strecken ihre Fangarme von einer Gemeinde zur anderen. Sie bilden ein Bindegewebe zwischen den alten städtischen Organen. Dieser Vorgang wird Verstädterung genannt. Er kapselt die alten Vororte rund um die historischen Zentren ein.
Der letzte Riegel, der die wilde Ausbreitung der Megapolis noch einschränkt, wird fallen, wenn die reale Präsenz bei der Arbeit überflüssig wird. Der Körper als Produzent ist bereits ein Archaismus, wie eine Uhr mit Zeigern oder die Transportmittel. Telekommunikation und Teleproduktion brauchen keine vernünftig gebauten Städte. Die Megapolis umgürtet die Erdkugel von Singapur bis Los Angeles und Mailand. Ganz und gar Zone zwischen nichts und nichts, kennt sie keine spürbare Dauer und Entfernung. Und jede Wohnung wird zu einer Kabine, in der das Leben darin besteht, Nachrichten zu versenden und zu empfangen.«[17]

Lyotard nennt diese Skizze selbst »ein Bild mit groben Strichen«. Er verweist auf die »virtuell« vorhandene und die Realität zunehmend bestimmende »Weltstadt« Megapolis. Zugleich bringt er ein analytisches Kriterium zur Wahrnehmung der Großstadt ins Spiel, das über das vorherrschende Kriterium: Die Individualität des Einzelnen als Gradmesser für die Humanität der Stadt weit hinausgeht.

Lyotard vergleicht die *Innenstadt* mit den *Randzonen* der »Agglomerationen«, wie die Soziologen sagen, weil sie keinen zureichenden Stadtbegriff mehr haben. Die Gegenüberstellung von Peripherie und Zentrum macht die Spaltung der Stadt offenkundig. Eine doppelte Entfremdung wird sichtbar. Die Identität der Städte, ursprünglich ab-

16. Ebd., 24.
17. Ebd., 26^6^. Aus: *J.-F. Lyotard*, Postmoderne Moralitäten, Zone, Wien 1998.

lesbar an der Signatur und Semiotik der innerstädtischen Stadtkrone, erreicht nicht mehr die Lebenswirklichkeit der in den Banlieues und in den Vorstädten Wohnenden, die gleichwohl in die Innenstadt streben, auf der Suche danach, wahrgenommen zu werden. Und so haben wir in den Innenstädten Symbolisierungen von gewachsener Identität ohne genügende sog. Reichweite, und wir haben Vorstädte, auswechselbar von Großstadt zu Großstadt, ohne spezifisches individuelles Gepräge: Häuser wie gestapelte Kabinen, Würfel oder Container, Autos en masse und Umweltdesigns, die eine Identifikation derer, die dort leben, mit ihrem Stadtteil schwer machen. Entfremdete Vorstädte ohne Symbole des eigenen Zuhauseseins auf der einen Seite, historisch überkommene Symbole bürgerlicher Kultur, ohne die Kraft, Heimstatt auf Zeit für Entwurzelte zu sein, auf der anderen Seite. Lyotard geht dann im Folgenden kritisch der Strategie der Erfolgreichen, der Macher und der bürgerlichen Eliten nach. Er weist auf, dass deren Bestrebung darin besteht, alle Lebensverhältnisse ästhetisch zu stilisieren. Die Selbstinszenierung des »Andersseins als die anderen« wird häufig genug als provokante Pose wahrgenommen. Eine Pose auf Kosten der dropouts, der Migranten aus aller Welt, die ihnen um so mehr das Gefühl gibt, in der Fremde zu sein. Und schließlich kommt Lyotard dazu, jene Menschen, die zwischen Vorstadt und Innenstadt in unbestimmter Suche hin- und herpendeln, als die »Vagabunden« zu bezeichnen. Aber diese geben in ihrem körperlichen Unterwegssein und Verhalten einen entscheidenden Blickwinkel auf das Gemeinwesen frei, den Lyotard den schrägen Blick nennt. Der gibt zu denken. Und ähnlich verhält es sich mit der Religion dieser Menschen. Religion, so Lyotard wörtlich, »war eine Zeitlang der letzte ›Gegenstand‹, der vom Nihilismus verschont blieb. Aber es wurde bald klar, dass dieser Gegenstand seinerseits zerstört werden musste. Die letzte vom Humanismus erlassene Weisung lautet: Der Mensch wird nur durch das zum Menschen, was ihn überschreitet.«[18]

Das Absolute ist abwesend, aber wird nicht mehr als Abwesendes klagend oder suchend wahrgenommen, sondern – im Gegenteil – geradezu bienenfleißig werden Pseudoabsolutismen präsentiert. Aber »die Präsenz des Absoluten ist das genaue Gegenteil der Präsentation.«[19] Lyotard plädiert für das *Geltenlassen* der Leere, für das Aushalten der

18. Ebd., 31f.
19. Ebd., 32.

Desillusionierung über den Schein der ästhetischen Selbstinszenierung. Zugleich fragt er neu nach den Mythen und Ritualen der Religion. Nicht ohne vorher der Theologie oder dem klerikalen Kultus ordentlich die Leviten zu lesen, weil diese das Absolute, das faktisch als Nichts, als Leere unter uns waltet, wiederum verdinglichen, kultivieren und feilbieten. Seine Hoffnung setzt er am ehesten auf Menschen, die als Vagabunden unterwegs sind. Dort findet er den schrägen Blick, der auch das Fehlende, das »Andere«, wahrnehmen lässt. Lyotards eigene Desillusionierung ist nicht nur Kritik, sondern »Desillusionierung«. Sie geschieht ... im Namen ... des Absoluten«.[20] Und geradezu bohrend fragt er:

> »Bleibt da nicht ein Rest? Ist der Philosoph von heute, der Schriftsteller oder Künstler nicht verrückt, wenn er darauf besteht, dem Mangel des Absoluten das Ohr zu leihen ... Gibt es im Alltag der Megapolis Elend, diese Art von Elend? (...) Die Megapolis ist auf jeden Fall perfekt dafür eingerichtet, diese Fragen, diese Frage zu ignorieren und in Vergessenheit geraten zu lassen«. Und fast pastoral schließt er: Es gilt doch »Zeugnis davon abzulegen, dass es noch einen Rest gibt.«[21]

Lyotards Beschreibungen »in groben Strichen« sind gewiss im Einzelnen anfechtbar. Aber das Entscheidende ist sein Standort, den er einnimmt, die Perspektive, die sich ihm so eröffnet. Er blickt weder vom Elyseepalast noch vom Louvre oder vom Eiffelturm aus auf die »Randzonen« des gesellschaftlichen, kulturellen oder ökonomischen Lebens. Er dreht die Achse auch nicht einfach um und rührt die Trommel zum Sturm auf die Zentren, damit die Armen reich und die Ersten die Letzten werden. Lyotard hat auch das revolutionäre Pathos hinter sich gelassen. Erst recht flieht er nicht in unbeteiligte Gleichgültigkeit. Er bestimmt vielmehr sehr präzise seinen Ort: die Leere, die Abwesenheit des Absoluten als Trauer und als Erinnerung an einen unaufgebbaren »Rest«, der vom Adel des Menschseins Zeugnis ablegt.

Lyotard liest die urbane Dimension unseres Lebens ebenfalls als »Text«. Wie der Cursor des PC beim Korrigieren eines Textes hin und her hüpft, so ist für Lyotard der Vagabund einer, der nirgends zu Hause ist oder zur Ruhe kommt. Aber gerade diesem Ruhelosen wird eine produktive Perspektive der Wahrnehmung und des Erkennens zugetraut. Der *Vagabund,* die Hauptfigur, sieht, erlebt und entdeckt

20. Ebd., 33.
21. Ebd., 35.

den Albtraum eines Gemeinwesens, dem die Mitte, das Absolute abhanden gekommen ist. Es ist nur noch als Erinnerung, im Modus des Verlusts präsent. Daraus entsteht Unruhe. Und diese ist produktiv. Noch das Erschrecken zeugt von der menschlichen Stadt, in der nicht alle Maße verloren gegangen waren, die darum auch nicht ein wuchernder Siedlungsbrei war. In der *Megalopolis* ist die alteuropäische *Polis* untergegangen. Kann sie im kulturellen Gedächtnis überleben? Die Exilierten saßen einst an den Wassern Babylons und weinten. Sie erinnerten und betrauerten das zerstörte Jerusalem und seine Mitte, den Tempel. Aber aus der Erinnerung erwuchs die Anstrengung, ein geistiges Jerusalem als Kanon wichtiger Texte aus der eigenen Tradition zusammen zu stellen und neu zu interpretieren. Schon diese Erinnerungsarbeit lebte vom Blickwinkel des Vagabunden, der, um sein inneres und äußeres Leben zu fristen, von Ort zu Ort unterwegs ist. Der Vagabund ist die Gegenfigur zum Flaneur.[22] Dieser hat ein ästhetisches Distanzverhalten. Jener rennt um sein Leben und schaut »schräg« um sich. Seine Suche ist vom Mangel gespeist, nicht vom Überfluss. In der Figur des Vagabunden ist die prophetische Stadtkritik an Sodom und Gomorra, an Babylon und Ninive eingeflossen. Aber im Unterschied zu Jona, dem Bußprediger wider Willen, will er nicht den Untergang Ninives, sondern Asyl und Halt in der Stadt. So lange will er die schmerzende Erinnerung an das Verlorene festhalten.

Welche Sozialform von Religion würde sich aus diesem Ansatz ergeben? Lyotard verachtet eine Religionsform, die das Absolute *präsentiert oder gar repräsentativ* verwaltet. In dieser Abwehr bleibt er der jüdischen Tradition nah: der *wandernde* Gott, der sich in der Wüste kund tut und weiter zieht und auf der Seite der Schwachen und Suchenden steht, aber allen Sicherheiten eines vermeintlich festen Grundes den Boden entzieht.

Lyotard trägt damit eine qualitative Stadtdeutung *aus philosophischer Perspektive* vor, für die die Sehnsucht nach dem Absoluten und die Erinnerung daran – also *das religiöse Thema – um der Stadt willen, also aus sich heraus, zentral ist.* Wie antwortet die Theologie?

22. Hier liegt eine indirekte Auseinandersetzung mit Walter Benjamins Deutung des Flaneurs vor, an die Lyotard faktisch anknüpft, um sie in der Gegenwart anders als dieser zu beschreiben. Eine direkte Auseinandersetzung wird aber nicht geführt.

Es zeichnet sich eine Argumentationslinie ab, die im Folgenden noch Anregungen Siegmund Freuds und Richard Sennetts aufgreifen, aber im Kern eine originär theologische Argumentation im Blick hat.

## IV. Die Stadt: Versprechen *und* Verrat des besseren Lebens

Hans Werner Dannowski, langjähriger Stadtsuperintendent in Hannover und Mitbegründer der Citykirchenarbeit, hat im Januar 2002 vor der Rheinischen Synode, die sich als erste innerhalb der EKD ausschließlich unserem Themenkomplex mit dem Schwerpunkt Citykirchenarbeit gewidmet hat, einen viel beachteten Vortrag gehalten, der den Titel trägt: *Auf der Suche nach der Stadt, in der Gott nahe ist. Zum Profil der Citykirchenarbeit.* In diesem Vortrag führt er aus:

»Die Stadt, als Ganze wie auch in ihren Teilen, ist unsichtbar geworden. Wer wagte es noch zu sagen, was Köln, was Düsseldorf, was Essen oder Oberhausen *ist?* (...) Nicht nur der immer größer werdende Pluralismus der Lebenswelten, vor allem auch die Subjektivität der Weltsicht macht es unmöglich zu sagen, was diese Stadt denn eigentlich sei. Das Narrative, die Erzählungen ziehen ein in die Beschreibung der Stadt, und nur in den Geschichten einzelner Subjekte lässt sich noch, wenigstens partiell, verfolgen, was in der Stadt sich jetzt vollzieht. Orte, Räume werden mit Biographien verknüpft; denken Sie an Alfred Döblins *Berlin Alexanderplatz,* wobei seit Balzac sich dieses durchgesetzt hat, dass sich die Lebenszusammenhänge der Stadt nur in der Zuordnung konträrer Wirklichkeiten beschreiben lassen: Glanz und Elend, Reichtum und Armut, Glück und Unglück, Einst und Jetzt. Nie abgeschlossen ist das alles, potentiell unendlich und nie in Gänze zu umgreifen. Die *Lesbarkeit* der Stadt, wie man das genannt hat, ist eine Aufgabe, vor der wir immer wie Erstklässler erscheinen.«[23]

Dannowski verweist dann auf Sigmund Freund, der als erster auf parallele Bemühungen um Entzifferung und Lesbarkeit von Psyche und der Stadtrealität hingewiesen hat:

»Vorgänge der Seele werden zum Paradigma von Stadterfahrungen, die Archäologie des Bewusstseins wird zum Experimentierfeld für die Lesbarkeit der Stadt. Die Stadt ist eine Schichtung der Zeiten. Gegenwärtige Stadterfahrung ist – potenziell wenigstens – bis zum Rand gefüllt von materialisierter Vergangenheit, die ins heutige Bewusstsein ragt (...) Es ist nichts untergegangen, was gewesen ist (...) allenfalls verdrängt – wie in der Psyche des Einzelnen (...) Eine Stadt sei eine *Traumlandschaft des historischen Sinnes,* hat Walter Benjamin gesagt. [Sie]

23. *H.-W. Dannowski,* in: Kirche in der City, epd-Dokumentation, Nr. 18, 2002, 14.

ist, wie im Traum, die Einheit der disparatesten Dinge, die mich als Flaneur wie ein Jäger auf die Spur des Verborgenen setzt.«[24]

Was besagt dies für das Verständnis und die begriffliche Fassung eines Stadtbegriffes heute?

Freud knüpft, ohne dies expressis verbis zu thematisieren, in der Sache an einen typologischen Verweisungszusammenhang an, der einst – im attischen Athen – zum Basisbaustein aller qualitativen Stadtbegriffe wurde. Ich meine die typologische Verweisung von Kosmos, Polis und Anthropos aufeinander.

Die *Polis* – Stadt und Staat in einem – ist die mittlere Ebene zwischen dem Kosmos, der Welt, bzw. dem Weltall und dem Menschen. Sie ist damit *Mitte*, Ort der Orientierung, *aber zugleich das zentrale Mittel selbst,* mit Hilfe dessen der Mensch zu seinen Möglichkeiten kommt, so dass er zur heilsamen Ordnung seines eigenen psychischen Gefüges findet, aus der heraus er leben kann. Dann erlebt er sich im Idealfall selbst als Teil eines größeren Gefüges. Glück ist dann zu definieren als Partizipation an einer Harmonie, die über das eigene Selbst hinausweist. Denn im harmonischen Menschen spiegelt sich ja nicht nur seine eigene, innere Ordnung, sondern auch die gefügte Ordnung der Stadt und obendrein letztlich die transzendente, göttliche Harmonie des Kosmos als dem Ursprungsort und Ursprungssinn aller folgenden Ordnungen.

Die dreifache Bedeutung des Begriffs Kosmos als Welt, Ordnung und Schmuck wird vor diesem Hintergrund verständlich. Die griechische Polis mit ihrer harmonischen Ästhetik klassischer Proportionen und ihrer Verkörperung in der Tempelarchitektur auf der Akropolis als Ur- und Vorbild der Polis symbolisiert das *Versprechen des besseren Lebens.* Die Polis ist zwar historisch vergangen, aber gleichwohl als Ideal – nicht nur als das der Renaissance – bis heute präsent. Die Sehnsucht nach Ausgewogenheit, Harmonie und Schönheit hat sich dem kulturellem Gedächtnis tief eingeprägt. Unerfüllbar wie sie ist, weckt sie bis heute auf emotionaler Ebene Erwartungen an Gefüge und Gestalt unserer Städte, und sei es als Kritik an ihrer Maßstablosigkeit und Chaotik, an ihrem Vandalismus ihrer Vermüllung etc.[25]

24. Ebd.

25. Lyotard sieht, wie oben angedeutet, die Polis als von der Megapolis verdrängt an. Gerade der neue amerikanische Interventionismus durch den

Auch jenseits idealisierter Verweisungskonstrukte psychischer, kosmischer und urbaner Realitäten lebt jede Stadt von religiösen, geistigen, politischen und ökonomischen Ordnungsvorstellungen, die entziffert werden wollen und die über sich hinausweisen.

Der Verweisungszusammenhang von Kosmos, Polis, Anthropos scheint dem Pluralismus säkularer Städte ferner denn je – aber der Schein trügt: Städte *sind* gebaute Weltbilder. Auch die chaotische Megacity ist ein exemplarischer Fall. Die Millionenstadt wird zum Abbild der Welt als Ganzer, ihrer Probleme, ihrer Chancen. Großstädte und Ballungsräume werden zu Filialen der *einen* Welt – und darum regiert nicht mehr *ein* normativer Verweisungszusammenhang von Kosmos, Polis, Anthropos, sondern die Konkurrenz, Überlagerung und Vermischung von *unterschiedlichen* Verweisungen, die gleichwohl anthropologische, politische und weltanschauliche Dimensionen umfassen.

Einem Fritz Schumacher, der das Stadtbild Hamburgs bis zum heutigen Tag wesentlich formen half, war dies klar – aber gleichwohl sah er die Unmöglichkeit, auf geistige Stadtideen als Leitideen zukünftiger städtischer Entwicklung zu verzichten. Im Gegenteil: Auch in der säkularen Stadt lebt nämlich *eine* Plausibilität weiter:

*Die Stadt ist ein Versprechen.*

Für den Architekten und Oberbaudirektor Schumacher war die Stadt selbst die Inszenierung und Gestaltung von früheren und gegenwärtigen Versprechungen des guten, nein, des *besseren* Lebens, wie unterschiedlich dieses auch jeweils definiert wurde. Schumacher bündelte seine Vorstellungen unter die Idee von Hamburg als *Gesamtkunstwerk*, und gemeint war eine kulturelle Überformung und Vergeistigung vorgegebener natürlicher und ökonomischer Gegebenheiten. Stadtpolitik hatte demnach die Aufgabe, Prozesse und Gestaltungen, die eine lebendige Stadt ausmachen, gleichsam in einen Rahmen zu stellen, in dem unterschiedliche Kräfte frei gesetzt werden, um das gute, nein, *das bessere Leben* zu fördern und zu gestalten.

Aus dieser Idee entwickelte Schumacher als leitenden Rahmen für

die Wiege der Zivilisation zwischen Euphrat und Tigris erneut ins Zentrum des Weltinteresses gerückt wurde, hat hoffentlich das »alte Europa« mit seiner Tradition, die Jerusalem, Athen und Rom, also die abendländische Variante der Polistradition integriert, auf den Plan gerufen und die gestärkt, die der globalen Tendenz zu megalopolen Strukturen nicht mehr blindlings zu folgen bereit sind.

zukünftige Entwicklungen sein sog. Achsenmodell: Es geht von der historischen Mitte der Stadt aus, sieht hierin also nach wie vor die maßgebenden geistigen, materiellen und seelischen Kräften versammelt. Von der Mitte gehen Verkehrs- und Erschließungsachsen aus und diese werden durch kleine und sich erweiternde Ringsysteme öffentlicher Verkehrswege geschnitten.

Achsenkreuz und Kreis, dies meint die Urdynamik städtischer Entwicklung seit Jahrtausenden. Ist doch eines der ältesten Stadtsymbole der Kreis mit dem rechtwinkligen Achsenkreuz in seiner Mitte. Symbol für die Sonne als Licht und Kraftquelle – die Stadt als ihr Abbild, von dem Orientierung, symbolisiert in den vier Himmelsrichtungen, ausgeht. Das Schumachersche Entwicklungskonzept variiert dieses Modell, sieht die Stadt als ausstrahlendes Zentrum und Orientierung als ihre zentrale Funktion – mit ausstrahlenden Achsen, die die vorgegebenen topographischen Gegebenheiten, die Flussläufe von Alster und Elbe, aufnehmen und ihnen Verkehrsströme zuordnen.

*Die Idee einer dynamischen Ordnung des Städtischen hatte und hat ihr Pendant in der Idee der dynamischen Ordnung des Psychischen.* Die Metapher vom Geist und der Seele der Stadt, einmal nicht mehr attisch, sondern freudianisch gelesen, meint mehr als sie sagt: Jede konkrete Stadtlandschaft eignet sich als Spiegel seelischer Befindlichkeit und ist in diesem Sinne selbst eine Weltsicht und Weltdeutung. Es gibt keine *neutrale* Stadt – weder als Prozessgeschehen noch als Gestalt. Sie ist ja auch ständig im Fluss.

Von Siegmund Freud belehrt, kann man Strukturanalogien zwischen psychischer Dynamik und Gestalt gewordenen Realisierungen in den Großstädten unserer Zeit feststellen. Freuds Basissatz: *Wo Es war, soll Ich werden* kann man als Anleitung lesen, Stadtstrukturen jeweils als Ergebnisse von Machtwechseln zu dechiffrieren, in der überkommene und unbegriffene Triebe und Mächte (also auch Religion, Historie etc.) domestiziert, rationalisiert und ökonomisiert werden, was zur Folge hat, dass sich die Stadt peu à peu in ein polyzentrisches System konkurrierender, ICH- (bzw.) WIR-Logiken und Territorien verwandelt, die *unterschiedliche* Strategien und Konzepte vom besseren Leben durchbuchstabieren, gestalten und durchsetzen möchten.

Der Abschied von *einer,* vielleicht gar noch als normativ verkauften Stadtidee, etwa die Residenzstadt als Spiegel einer gottgewollten feudalen Gesellschaftsstruktur, wäre dann nicht als Verlust, sondern als Gewinn zu deuten.

Die Individualität des ICH, des unverwechselbar Einzelnen, ist eben nicht gegeben, sondern aufgegeben, bleibt also ein unabschließbarer Prozess. Individualität ist nicht als solche ein Gegenbegriff zur Sozialität oder zur Brüderlichkeit bzw. Geschwisterlichkeit. Beide Werte können sich nur in Wechselseitigkeit zu einander entwickeln.

Formal gesehen ist die Stadt als Prozess und Ort tendenziell unendlich vieler Austauschprozesse materieller, seelischer, geistiger Art zu beschreiben, die also *Differenz* zur Voraussetzung hat. So gesehen wird noch einmal *deutlich, warum die Mischung von unterschiedlichen* Lebensdimensionen und nicht ihre Reduktion auf eindimensionale Funktionalität den Reiz und die Dynamik des Urbanen ausmacht. Ob im sozialen, ökonomischen oder stadträumlichen Sinn, Reduktion auf Eindimensionalität heute ist als strukturelle Repression zu verstehen, die Leiden hervorbringt, Widerständigkeit und Konflikte weckt und den Stadtfrieden bedrohen kann.

Die Stadt – ein Versprechen, seine eigenen Möglichkeiten entfalten zu können, – das war die Perspektive, um einen *qualitativen* Blick auf die Stadt als Prozess und als Gestalt zu werfen. Dies Versprechen wird immer weniger eingelöst. Im Gegenteil: gesellschaftliche Polarisierung und soziale, ethnische und ökonomische Segregation haben aus der *einen* Stadt die Addition vieler Städte gemacht. Gebrochene Versprechen aber machen aggressiv. Für viele ist darum der Gegensatz zwischen den feilgebotenen Möglichkeiten des besseren Lebens und den eigenen Chancen, daran Anteil zu bekommen so groß geworden, dass aus der Stadt als Versprechen des besseren Lebens die Stadt zur Spielhalle bzw. zur Spielhölle geworden ist, in der man süchtig werden kann und im Endeffekt immer verliert: Die Stadt als *gebrochenes Versprechen*. Die »Anderen« oder die »Verhältnisse« sind dann die Feinde des eigenen Glücks. So wird die Stadt zum Ort der Fehden, der Konflikte, der Katastrophen.

Diese Stadtdeutung berührt sich mit Basisgedanken, die Richard Sennett mehrfach vorgetragen hat. Aus seiner Stadtdeutung ist auch bei ihm eine Kritik des globalen Kapitalismus neoliberaler Prägung geworden. Dabei deutet er in seinen letzten Büchern vorsichtig eine mögliche positiv Rolle der Kirche(n) an.[26]

26. *R. Sennett*, Der flexible Mensch. Die Kultur des neuen Kapitalismus, 1998. *Ders.*, Respekt im Zeitalter der Ungleichheit, Berlin 2002.

## V. Babylon – Athen und die Utopie des Neuen, Himmlischen Jerusalem: Körper, Geist und Seele der Stadt als Dimensionen der Stadtkirchenarbeit

Was heißt unter diesen ganz ambivalenten Perspektiven *Stadtkirchenarbeit?*

Ich gehe von folgender Definition aus:

*Stadtkirchenarbeit ist kirchliche Arbeit im Blick auf die Vergangenheit, die Gegenwart und die Zukunft des Gemeinwesens (der Stadt, des Stadtteils, des Dorfes) als kulturelles und religiöses Gedächtnis*[27], *als Ort des Streits um Würde und Heiligkeit des Lebens und als Ort der Verheißung des Geistes unter pneumatologischer und eschatologischer Perspektive.*

In diesem Zusammenhang ist es ein unmögliches Unterfangen, die einschlägigen biblischen Texte, die hinter dieser Definition stehen[28], zu entfalten. Es soll aber angedeutet werden, unter welcher Perspektive hier die Gesamtheit diakonischer und kirchlicher Präsenz in der Stadt in den Blick kommt.

Überholten Frontstellungen, z. B. in der Frage nach der Säkularisierung, wurde der Abschied gegeben. In postmoderner und *postsäkularer* Zeit löst sich das Dogma von der fortschreitenden Säkularisierung im Sinne der Umwandlung von Religion in Kultur und Bildung allmählich auf, und der Religion – nicht unbedingt der Kirche und dem Christentum – ist, wie schon betont, neue Aufmerksamkeit zu schenken.

Auch die »Dogmen« der fortschreitenden Individualisierung und Enttraditionalisierung (U. Beck) sind m. E. korrekturbedürftig. Beide Begriffe und Konzepte hatten analytisch ihre Berechtigung, aber beide Konstrukte entfalteten ihre Plausibilität in relativ krisenarmen Zeiten von Wachstum und Wohlstand. In ökonomischen und anderen Krisen entpuppt sich das Beck'sche Individualisierungsideal für viele als zwar schöner, aber ganz unrealistischer Luxus. In der Situation wachsender

27. *J. Assmann*, Das kulturelle Gedächtnis. Schrift. Erinnerung und politische Identität in frühen Hochkulturen, München 1992. Besonders wichtig die Kap. 1 (Erinnerungskultur) und Kap. 5 (Israel und die Erfindung der Religion).
28. Zentrale biblische Topoi für diese Definition sind für mich besonders Gen 18 u.19; die prophetische Stadtkritik; Jona; Joel 3, 1-4; die Zionspsalmen; 1 Kor 12-14; Apk 21 u. 22 u. a. m.

gesellschaftlicher Armut bewirkt der »Zwang« zur Individualisierung soziale Isolierung.[29]

Die schon mehrfach zitierte und von J. Habermas in seiner Friedenspreisrede 2001 entfaltete Kennzeichnung der Gegenwart als *postsäkulare* Situation scheint unsere Lage präziser zu beschreiben.[30]

Kirchliches Handeln – hier durch die in der Ökumene gebräuchlichen Schlüsseltermini martyria, diakonia und koinonia zusammengefasst und unter pneumatologischer und eschatologischer Perspektive reflektiert – eröffnet der Stadtkirchenarbeit zukunftsfähige Perspektiven. Denn *Geistesgegenwart,* pfingstlich und eschatologisch zugleich bedacht, impliziert einen *kritischen und konstruktiven Richtungssinn,* der die Polisidee als Schutz und Bildungsraum für das gute Leben ebenso zur Geltung kommen lässt wie die Stadt- und Gesellschaftskritik an *Babylon* – alias Rom – als Symbol der urbanen Welt, und beide mit der Stadtutopie des Neuen Jerusalems *prozessual* verbindet. Dies wird denkbar, wenn das Kommen des »Neuen, himmlischen Jerusalem« nicht apokalyptisch als einmaliger, endzeitlicher Akt verstanden wird, sondern eschatologisch als zukunftseröffnende, *qualitative* Gegenwartserfahrung, in der Zukunft als Gericht und Verheißung aufleuchtet und insofern antizipiert wird.

Stadtkirchenarbeit könnte dem durch eine Rechtfertigung von Vorläufigkeit, Überholbarkeit und Revidierbarkeit entsprechen, ohne in reinen Pragmatismus zu verfallen. Dieser Ansatz könnte sowohl von der Selbstüberhöhung und Selbstüberschätzung, Ewiges schaffen zu wollen oder zu sollen, befreien als auch von dem – politisch verständlichen – Ohnmachtsgefühl globaler Verstrickung. Antizipierte Zukunftsbilder sind geschichtlich. Das ist kein Mangel. Stadtkirchenarbeit kann auch gut respektieren, dass um den kritischen Zeitgeist als qualitativer Gegenwartsdeutung und damit implizit als Zukunftsorientierung in Kunst, Kultur und Wissenschaft ebenfalls gerungen wird. Darum muss sich die Perspektive des Glaubens auch im Dialog mit diesen Deu-

29. *R. Sennett* hat in seiner Studie »Der flexible Mensch. Die Kultur des neuen Kapitalismus«, München 2000, dieses Problem exemplarisch bearbeitet. Seine frühere Studie: Fleisch und Stein, Der Körper und die Stadt in der westlichen Zivilisation, Berlin 1997, steht ebenfalls im Hintergrund dieses Versuchs, Körper, Geist und Seele der Stadt und des Menschen zu analogisieren und in korrelativer Hermeneutik zu entfalten.
30. *J. Habermas*, Glauben und Wissen, Friedenspreis des Deutschen Buchhandels 2001, Frankfurt 2001, 12ff.

tungsmächten bewähren. Wo dies mutig versucht wird, ist *Geistesgegenwart* verheißen, aus der dann in aller Vorläufigkeit und Überholbarkeit, auch Praxis gestaltet werden kann. So könnte Stadtkirchenarbeit zu ihrer vollen Entfaltung kommen.

Wir nehmen damit eingangs reflektierte Aspekte des vierfachen Schriftsinns wieder auf. Gegen eine litteralistisch-biblizistische und damit potenziell fundamentalistische Interpretation der eschatologischen Aussagen der Bibel betonen wir den zukunftsorientierten, den »anagogischen« und »ethisch-moralischen« Sinn. Im Kommenden kommt Gott auf uns zu und evoziert den Geist, der mutig und weltbezogen nach seinem Willen fragt. In der Gedankenfigur des »kommenden Gottes« – und d.h. biblisch: im Inkognito des Elenden, des Armen – ist auch im Sinne Lyotards dem metaphysisch *fixierten* Absoluten der Abschied gegeben. Aber verschafft tragische Erinnerung an die fehlende Mitte allein den Mut, gegen Unrecht, Elend und Gewalt anzugehen? Der Vagabund der »Zone« ist vielleicht nicht nur der »umherirrende Nomade« wie einst Abraham aus dem Zweistromland, sondern auch eine Figur, mit der sich Gott verbündet hat, weil in seinem Blickwinkel Bedrohung und Verheißung der ersehnten Stadt aufleuchten. Auch der Vagabund braucht und findet Rastpunkte, Asylorte, also Gastfreundschaft. Hier liegt m. E. die zentrale Aufgabe kirchlicher Präsenz im Netzwerk der Stadt.

Eine solche pneumatologisch-eschatologische Perspektive ist auch geeignet, empirischen Analysen ihr relatives Recht zu geben, ohne Zukunft als Hochrechnung des Bestehenden misszuverstehen. Ein pneumatologisch-eschatologischer Ausgangspunkt bleibt gleichwohl eine genuin theologische Perspektive für die körperliche, geistige und seelische Dimension der Stadt. Es geht dabei ja nicht um abstrakte, utopische Zukunftsphantasien. Körper, Geist und Seele der Stadt verweisen, obschon natürlich Metaphern, auf konkrete Phänomene. Denn so kommen auch die Wunden und die Wunder, die Entseelung und die Schönheit, der Ungeist und Esprit von Stadtprozessen in den Blick, die ein wertneutraler, empirischer Ansatz nicht qualitativ so kennzeichnen kann. Stadtkirchenarbeit, die ihrer kritisch-prophetischen und eschatologischen Perspektive gewiss ist, ist nicht wertneutral, sondern parteilich. Wie die Hermeneutik der Hoffnung des noch Ausstehenden mit der Kritik der Gegenwart in gegebenen Situationen konstruktiv vermittelt werden kann, soll im Folgenden an exemplarischen Beispielen verdeutlicht werden.

## *1. Wunden und Wunder. Die körperliche Dimension*

Mitten in Barmbek, dem klassischen Arbeiterbezirk im Osten Hamburgs, steht die von Camillo Günther gebaute und 1920 eingeweihte Auferstehungskirche. Ihre Kuppel mit Helm ist – selbstredend verkleinert – nach dem Muster der Dresdener Frauenkirche gebaut worden und verkörpert damit – flankiert durch weitere Bauten, u. a. durch eine angrenzende Schule von Fritz Schumacher – die öffentliche Bedeutung dieses Baukörpers für einen damals noch neuen Stadtteil. Der Turmhelm war in den letzten Jahren baufällig geworden und musste erneuert werden. Die Gemeinde hatte aber kein Geld dafür. In gewissem Kleinmut, in dem sich die Erfahrung der traditionellen Distanz der Arbeiterschaft zur Kirche spiegelte, entwickelte sich unter der Hand eine eher resignative Stimmung, deren theologische Fassung so lautet: »Die Gemeinde ist der Rest der Getreuen, die der schleichenden Säkularisierung so lange wie irgend möglich widerstehen.« Das ist klassische Burgmentalität, ein in Krisenzeiten scheinbar bewährtes, vertrautes Deutungsmuster.

Der Gemeinde wurde empfohlen, für die Einwerbung notwendiger Baumittel selbst aktiv zu werden und nicht nur auf die nächst höheren kirchlichen Instanzen, den Kirchenkreis oder die Landeskirche zu hoffen. Man dachte zuerst an Mäzene und große Firmen als mögliche Sponsoren. Aber die wohnen nicht in Barmbek und engagieren sich ohnehin eher in repräsentativeren Gefilden. Schritt für Schritt näherte man sich schließlich dem eigenen Umfeld und versuchte, in der nahe gelegenen zentralen Einkaufsstraße Unterstützung zu finden. Das selbst nicht für möglich Gehaltene geschah: »Wir können unsere Kirche doch nicht verfallen lassen« war der cantus firmus, der manch zaghaften Emissären entgegen scholl. Besonders anrührend die Reaktion eines Türken, der eine Gaststätte betreibt: »Ich bin Muslim und Barmbeker. Diese Kirche gehört hierher. Die darf doch nicht verfallen! Ich biete an, dass die, die dies Projekt betreuen, bei mir tagen und ich sie bewirte – auf meine Kosten versteht sich«.

Die Kirchengemeinde erlebte in gewisser Weise eine doppelte Auferstehung: Sie war also nicht ein isolierter, heiliger Rest, wie sie meinte. Der Wiederaufbau des Turmhelms wurde zur öffentlichen Angelegenheit und die Predigt *gegen* eine Burgmentalität des heiligen Rests wurde auf der Einkaufsmeile, zumal von Muslimen gehalten. Die Selbst-Isolierung des »heiligen Rests im Meer säkularer Überschwemmung« drohte zur self-fullfilling prophecy derer zu werden, die der Auferstehungsbotschaft nicht mehr in der für eine Stadt typischen Dialektik von Privatheit und Öffentlichkeit trauten und die sie auch nicht entsprechend inszenieren konnten. In Sprachspielen früherer Überlegungen gesprochen: Die durch die Reflexion auf den vierfachen Schriftsinn eröffneten Verstehenshorizonte von Stadt *und* Kirche zeigten überdeutlich das Scheitern aller Versuche, von einer *Diastase zwischen Kirche und Welt* auszugehen. *Vielmehr ist von der Präsenz des Geistes Gottes bzw. seines Kommens, gerade dort auszugehen, wo dies schwerlich erwartet wird.*

Die Stadt wie der Stadtteil – sie wussten um ihre Wunden. Auch die Kirche als bauliche Manifestation war in vielerlei Hinsichten verwundet und ist doch zugleich, gerade in Barmbek, ein Symbol für die Hoffnung, dass Leid, Zerstörung und Tod nicht das letzte Wort behalten sollen. Pathetisch gesprochen: *Die Kirche* – als Gebäude wie als Gemeinde – *ist dazu da, Symbol der Auferstehung, der Verwandlung der Wunden in das Wunder neuen Lebens zu sein.* Dies gilt nicht nur für den persönlichen Bereich. Es ist theologisch nicht akzeptabel, die Auferstehungshoffnung zu privatisieren. Die zentrale christliche Hoffnung ist umfassender und schert sich nicht um individuelle, soziale, religiöse oder weltanschauliche Eingrenzungen. Die Hoffnung meint einen Neuen Himmel und eine neue Erde – oder die Inszenierung des biblisch interpretierten Zusammenhangs von Kosmos, Polis, Anthropos auch in Barmbek.

Dieses Beispiel zeigt ein weiteres: Die Körperlichkeit des Stadtteils und die Körperlichkeit seiner Bewohner/innen haben meist eine größere Entsprechungen als gemein hin bewusst ist. Ich meine nicht die Mode. Ich meine auch nicht den Code, mit dem jeder seinen Status de facto doch veräußerlicht und symbolisiert. Ich meine den körperlichen Ausdruck der seelischen Verfassung des Menschen als Ganzem. Arbeitslose und Arme kommen sich heute oft wie stigmatisiert vor. Andererseits wird gerade körperlich, durch Sport, Tanz und Fitnesstraining unterstützt, der Sehnsucht nach anderem Leben ein besonderer Ausdruck verliehen.

*Der Körperausdruck ist als Weg zu verstehen, über sich selbst hinaus zu weisen und sich auf größere Horizonte zu beziehen, und sei es primär als sehnsuchtsvolle Suche nach Aufmerksamkeit und Anerkennung.* Das müsste eine lutherische Kirche, die die Suche nach Rechtfertigung des Lebens als anthropologische Basisgegebenheit kennt, eigentlich prima vista akzeptieren und verstehen. Da streiten der Strudel von Selbstentwertung und Destruktion mit ekstatischen Überhöhungen. Beides sind, religionsphänomenologisch betrachtet, vertraute Muster des homo religiosus. Bezieht man diese Muster auf das, was in Barmbek und seiner Auferstehungskirche geschah, dann kann man summieren:

*Die Wiederherstellung der Auferstehungskirche mit ihrem Turmhelm* – er repräsentiert die Tür zum geöffneten Himmel und der darin implizierten *Heiligung* dieses Fleckens Erde in Barmbek – ist *stellvertretende Arbeit an der eigenen Wiederaufrichtung.*

Dieser wechselseitige Prozess ist von hoher Symbolkraft, wenn er real angepackt, öffentlich inszeniert sowie öffentlich und privat rezipiert wird. Die Einkapselung der religiösen Hoffnung in die Innerlichkeit des Einzelnen ist Reduktionismus und ebenso fatal wie der Glaube daran, dass durch äußerliche bauliche oder ästhetische Gestaltung der Auferstehungshoffnung in einer bestimmten Zeit diese gleichsam *ex opere operato* wirken kann. Die Kirche braucht die Stadt als ihr Umfeld – als Ort glaubwürdiger Bewährung ihrer Hoffnung –, aber sie muss – *in postsäkularer Zeit* – damit rechnen, dass die Stadt bzw. der Stadtteil frömmer ist als sie selbst. Auch die Predigt – klassisches Missverständnis des Protestantismus – haust eben nicht nur auf der Kanzel der Kirche an der Ecke. Das sind zwar Binsenwahrheiten – aber sie machen deutlich, dass auch die Logik von Institutionen zur Selbstabschließung und Selbstreproduktion, theologisch gesagt: zur *incurvatio in se ipsum*, also zur Struktur glaubens-, liebens-, und hoffnungsloser Egozentrik führen kann. Die real existierende Kirche darf jedenfalls nicht zum Antitext gegenüber der Osterbotschaft und zum Antitext gegen den Geist von Pfingsten werden, die die Kirche selbst konstituieren.[31]

*Die politische und kosmische Bedeutung von Auferstehung und Pfingsten, im apokalyptischen Bild des kommenden himmlischen Jerusalems veranschaulicht, verlangt also nach lokaler und zeitgemäßer Konkretion und Symbolisierung.* Auszüge aus den Trutzburgen des »Heiligen Rests« sind *Konversionen*, die über die institutionellen Grenzen hinaus die Hoffnung des Glaubens am gegebenen Ort neu inszenieren – getreu der Devise: global denken, lokal handeln.

31. Ein Beispiel lebt von einer gewissen Stilisierung. Natürlich war die Gemeinde nicht als Ganze so eingestellt wie hier geschildert. Es geht in diesem Beispiel, deren Fakten stimmen, mehr darum, ein exemplarisches Konversionsgeschehen zu beschreiben, als etwa darum anzuklagen. Das liegt mir fern.

Fazit: Die Kirche als Ort und Gestalt kann und sollte Funken schlagen aus der Symbolfunktion, die ihr selbst bis heute zugetraut wird. Sie wird – analog zum Turmhelm auf der Kuppel – als Fenster zum Himmel wahrgenommen und ist, dem kollektiven emotionalen Gedächtnis entsprechend, dazu da, dass das Licht des Himmels die Erde berührt und in diesem Sinn diesen Ort und sein Umfeld »heiligt«. Dies geschieht freilich nicht nur *in* oder *durch* die Kirche als Institution oder Baukörper allein. Aber die Kirche bleibt der *exemplarische*, wenn auch nicht der *exklusive* Ort heilender Gottesbegegnung. In diesem Sinne ist sie *Segensraum* (U. Wagner-Rau), der nicht religiöser Privatisierung oder exklusiver Verwaltung anheim gegeben werden darf. Darum wird in alltäglich geöffneten Kirchen *letztlich* eine Begegnung mit dem lebensschaffenden Geist Gottes gesucht und erwartet. Selbst wo dies nicht vom Besucher bewusst erwartet wird, besteht – auf der emotionalen Ebene – die vage Hoffnung, Spuren früherer Begegnungen mit diesem Geist wahrzunehmen und so sich indirekt zu vergewissern, dass es diesen lebensschaffenden Geist noch gibt. Wie Gäste- und Gebetsbücher, sofern sie in geöffneten Kirchen ausliegen, deutlich zeigen, ist der *emotionale Text* bei einem Besuch in Kirchen die Frage nach der (Be-)Gründung des eigenen Lebens, der persönlichen Fundierung und darin der Überwindung von Angst.[32] Kirche *ist* Segensraum, Ort verdrängter oder unsicher gewordener Hoffnungen und wird als solcher wahrgenommen. Kunde und Spuren früherer Wunder und Wunden sind darum die eigentlich überzeugenden Kennzeichen von Kirchen, weil sie auf die Fundierung des persönlichen Lebens verweisen und neue Hoffnung pflanzen.

Stadt- bzw. stadtteilbezogene *Wunden und Wunder,* oft mythisch oder legendarisch überhöht und darin ihre Rezeption spiegelnd, haben in der Regel Spuren in Kirchen hinterlassen, wenn sie nicht bewusst wieder beseitigt wurden. Solche Spuren sind immer kontextbezogen und verweisen Kirche und Stadt(-teil) aufeinander. Segnungen, Prozessionen, Gedenken und Antizipieren der größeren Hoffnung am gegebenen Ort sollten darum auch körperlich und öffentlich wahrnehmbar sein. In dem Maße, in dem eine Kirche ein Spurenhaus ist und

32. Vgl. *G. Groß*, »Man kann Gott in jeder Kirche etwas sagen«. Zur Wahrnehmung von Kirchenräumen, in: um der Hoffnung willen – Praktische Theologie mit Leidenschaft (FS W. Grünberg), hg. v. F. Green u. a., Hamburg 2000, 96-103 (Kirche in der Stadt, Bd. 10.)

bleibt, wird sie als »Mitte« des Ortes wahrgenommen, selbst wenn sie am Rande liegt. »Mitte« ist heute nicht mehr repräsentativer Status einer führenden Institution tempi passati, sondern *Mitte* ist, räumlich gesprochen, heute pluraler Orientierungs- und Verwandlungsraum, der dem eigenen Leben – und sei es auf Zeit – einen Orientierungsrahmen vorgibt. In diesem Sinn gibt es viele Ersatz-Kirchen und Ersatz-Kapellen jenseits der offiziellen Gotteshäuser, der Kirchen, Moscheen, Synagogen und Tempel. Diese Entwicklung gilt es nicht zu dämonisieren, sondern wahrzunehmen und als Aufforderung zu begreifen, dass sich Kirchen in der räumlichen Mitte der Stadt offen und profiliert zugleich als Ort der Orientierung, der seelischen Rekreation und der »Verwandlung« präsentieren.

### *2. Geist und Ungeist. Die geistige Dimension*

Am 15. Mai 2002 fand am Kaiser-Friedrichufer in Hamburg-Eimsbüttel, am Ort der Bücherverbrennung durch die Nazis im Jahr 1933, zum wiederholten Male eine »Marathonlesung« von 12 bis 24 Uhr im Freien statt. Dazu aufgerufen hatte ein freier Initiativkreis aus wenigen Personen. Interessierte wurden aufgefordert, nicht nur aus den Büchern der Verfemten vorzulesen, sondern das darzubieten, was den Lesenden heute besonders wichtig, man könnte fast sagen, was ihnen *heilig* war. Jahr für Jahr beteiligten sich daran viele Menschen, um dem *Ungeist der Stadt*, der, wie alle fühlen, latent gegenwärtig *bleibt*, durch Lesen und Hören auf Zeugnisse eines andern Geistes symbolisch und real entgegenzutreten, ja ihn vielleicht ein Stück weit zu verwandeln oder zu verändern. Es ist hier nicht Gelegenheit, dieses Beispiel so auszudeuten, wie es das verdiente. Darum notiere ich nur Stichworte: Eine öffentliche, temporäre Kanzel an der Brandstelle des Ungeistes. Sehnsucht nach einem heilenden Geist, den jede und jeder erst einmal für sich selbst, konfessorisch in Worte gefasst, definieren musste, Priestertum aller Lesenden und Hörenden.

In vielen Städten gibt es seit Jahren Initiativen, die den 9. November zum Anlass nehmen, sichtbar und hörbar an die öffentliche Verfolgung der Juden und die Zerstörung ihrer Einrichtungen zu erinnern, die 1938 brutal sichtbar wurde und schließlich zum physischen Ermordungsfeldzug gegenüber dem europäischen Judentum führte. Am 27. Januar, dem noch relativ jungen offiziellen Gedenktag an die Befreiung von Auschwitz im Jahr 1945, gab es in einem anderen Stadtteil Hamburgs zum wiederholten Male eine Prozession zu einem Außenlager des KZ Hamburg-Neuengamme, die von einem ökumenischen Initiativkreis ausging und in einem Bitt- und Gedenkgottesdienst endete. Teil dieser Erinnerung war auch eine Information zur Lage von Jugendlichen, die im angrenzenden Stadtteil gefährdet sind, ins rechte politische Lager abzurutschen. *Nicht nur die Bekämpfung des Ungeistes, sondern erst Recht die öffentliche, gottesdienstliche Inszenierung der Geistesgegenwart als Mitte aller religiösen Reifung und Bildung gehört in diesen Zusammenhang.* Die Integration des Festjahres der Kirche in das bürgerlich städtische Fest- und Gedenkjahr – vor Ort und umgekehrt – bietet Chancen, eine *qualitative* Öffentlichkeit vor Ort zu entwickeln. *Das Gewissen zu bilden und zu schärfen, bleibt eine Grundaufgabe der Kirche.* Damit dies nicht zur Engführung moralischer Gesetzlichkeit wird, ist die pneumatologisch-eschatologische Dimension unverzichtbar: *Verwandlung ist möglich, Erinnerungsarbeit also Zukunftspotenzial.* Das wird oft nur durch gezielte Kooperationen gelingen können. Dies illustriert ein weiteres Beispiel: Die Katholische Akademie Hamburg macht seit Jahren aus ihrer finanziellen Not eine Tugend. Sie war, um Kosten zu sparen, zu Kooperationen, mal mit Buchhandlungen, mal mit Konsulaten, mal mit Verbänden oder Schulen gezwungen – und siehe da: Die Grenze der Institutionen durch Projektkooperation auf Zeit zu überschreiten, führte zu Synergieeffekten. Im himmlischen Jerusalem gibt es bekanntlich keine Tempel oder Akademien mehr, weil der Geist in die Herzen eingeschrieben ist (Apk 21,22ff.), d. h. weil es keine Monopole und keine rein funktionale Arbeitsteilung mehr gibt. Jedes ernsthafte, kooperative Bemühen um Geist und Ungeist der Stadt knüpft an diese Hoffnung an und lässt die rein institutionelle Reproduktion der eigenen Institution hinter sich. Es findet sowohl im Modus der Reflexion als auch im Modus der Expression und Affirmation eine neue Gestaltung dessen, was »an der Zeit« ist, und zwar in einer Form, in der sich die Zeitstufen Vergangenheit, Gegenwart und Zukunft in konstruktiver Weise durchdringen. Großer Kunst ist dieses immer wieder gelungen – und darin gleicht sie strukturell den großen »heiligen« Texten der religiösen Tradition, in denen – vielleicht urbildlich – Vergangenheit, Gegenwart und Zukunft in ihren Potentialen gleichermaßen präsent sind.

## *3. Zwischen Kindergarten und Friedhof: die seelische Dimension*

Hans Werner Dannowski hat in dem schon erwähnten Synodenvortrag auf die Telefonseelsoge als seelisches Fieberthermometer einer Stadt hingewiesen. Ich möchte analog dazu exemplarisch auf zwei extrem unterschiedliche, gleichwohl typische Einrichtungen hinweisen, in denen die Dimension des seelischen Befindens besonders zum Ausdruck kommt. Ich verweise auf Kindergärten und Friedhöfe, und auch hier nur im Sinne von Schlaglichtern: Friedhöfe sind Erinnerungsorte an die »Seelen« Verstorbener. Sie sind Orte von hoher öffentlicher und persönlicher Prägnanz und Prägekraft. Sie stehen exemplarisch für das *Ende und die Zukunft des Lebens*. Die Aktion Sühnezeichen begann bekanntlich ihre Versöhnungsarbeit buchstäblich an den Gräbern ehemals Verfolgter, Verfemter, Ermordeter in Ländern, die von Deutschen im Krieg besetzt oder zerstört wurden. Das Pflegen von *fremden* Gräbern »ehrt« nicht verblichene »Opfer« oder »Helden«, sondern würdigt früheres aber indirekt präsentes Elend und Leid einzelner Familien wie ganzer Länder in ihrer Geschichte. *Memoria passionis* ist ein Kerngedanke der christlichen Tradition und bezieht erlittenes Unrecht und Leid auf das Leiden Christi. Darum gibt es bis heute neben dem Kruzifix immer auch Epitaphe in fast jeder älteren Kirche. Die Kirchhöfe sind als ehemalige Friedhöfe allerdings weithin aus dem kollektiven Bewusstsein verschwunden.

Die etymologisch falsche, aber populäre Assoziation, *Friedhof als Hof des Friedens* macht bis heute deutlich, worum es geht: Der Friedhof ist ein Ort, an dem *Seelen* Frieden suchen – mit sich selbst, mit Gott, mit dem sozialen Umfeld. Diese »Bestimmung« verleiht diesem Ort eine andere, symbolische Aura als Alternative gegenüber dem Getümmel, Gewimmel und Getöse des alltäglichen Daseins. Friedhöfe stehen für die radikale Unterbrechung des Lebens durch den Tod – *und* für die vage, verloren gegangene oder wieder erwachte Hoffnung auf Frieden, Gerechtigkeit und letzte Geborgenheit. Hier wird Religion als heilsamer Weltabstand offenkundig. Auf dem Friedhof gilt ein anderes Tempo der Zeit, eine andere Ordnung der Symbolwelten als in den angrenzenden Straßen und Häusern.

Stadtkirchenarbeit in ihrer seelischen Dimension versucht auch hier erst einmal wahrzunehmen und zu verstehen, was vorgeht. »Arbeit« heißt auf dem Friedhof oder angesichts von Epitaphen für den Besucher: Erst einmal Innehalten, Ruhe und Frieden auch für sich selbst suchen und finden. Sorge für die Seele des Einzelnen wie für die Seele der Stadt als Ganze beginnt mit »heilsamer Unterbrechung« (J.B. Metz). Der Kirchhof bzw. Kirchplatz ist *Spiegel der körperlichen, geistigen und seelischen Selbstdefinition der Kirche, wie sie die Stadt einlädt und begrüßt oder aber abwehrt und verabschiedet.* Der Kirchplatz ist *die begehbare, öffentliche Visitenkarte der Kirche in der Stadt.*

Ortswechsel. Werfen wir einen weiteren Blick in einen benachbarten Kindergarten oder eine benachbarte Grundschule. Wie werden dort in Erlebnis- und Lernwelten Weltbilder, wie sie auf Kinder einwirken und wie sie schon im Kinder*garten gepflanzt werden,* inszeniert? Im kindlichen Gemüt und seiner seelischen Reifung wird – unter dem Aspekt der seelischen Seite von Stadtwahrnehmung – allmählich das geprägt, was im Fachjargon *mental map* genannt wird. Kern dieser in der Ethnologie entwickelten Methode[33] ist der Nachweis, dass wir auf Grund unserer subjektiven Stadt- bzw. Umwelterfahrungen sukzessive eine Landkarte *meiner* »Stadt im Kopf« entwerfen und kennzeichnen, die in anderer Weise *Maßstab-gerecht* ist als die papierenen Karten. In der *mental map* sind weniger quantitative als vielmehr *qualitative Eindrücke* Maßstab setzend: Wege der Angst und Räume der Freiheit, Oasen der Erholung und Orte der Verwundungen werden hier räumlich und *qualitativ erst innerlich und dann räumlich codiert.* Erlebnisse von Licht und Schatten, Isolation und sozialer Geborgenheit – all diese Erfahrungen werden Räumen und Zonen *zugeordnet und spezifisch symbolisiert.* In der mental map herrscht dabei die hierarchische Ordnung subjektiver Gewichtung bei räumlicher Nebenordnung und Gleichzeitigkeit des Erlebten. Frühere und gegenwärtige Erfahrungen werden primär als Qualität kodiert, sodann auch als Quantität im inneren Stadtplan der Existenz räumlich markiert.[34]

Kirchen, als *anderen Räumen*, als Heterotopien, als »heiligen Räumen« fallen hier Aufgaben und Chancen zu, die noch viel zu wenig ergriffen werden. Denn Kirchen kann man seelisch als Landschaften (bzw. Landkarten) unterschiedlicher Gefühlsorte lesen und interpretieren.

Ich glaube, Kinder lesen sie so gleichsam im Sinne des vierfachen Schriftsinns. Sie fürchten oder lieben Kirchen, manchmal beides. Nie

33. Vgl. *T. Hengartner*, Forschungsfeld Stadt. Zur Geschichte der volkskundlichen Erforschung städtischer Lebensformen, Berlin 1999 und *T. Hengartner, W. Kokot, K. Wildner*, Kulturwissenschaftliche Stadtforschung, Berlin 2000.

34. Die »neue« Methode knüpft an sehr alte Vorbilder an. Da drängen sich Vergleiche zu mittelalterlichen Karten, aber auch zur Ebstorfer Weltkarte z. B. mit ihrer Einheit von Weltbild und Weltkarte auf. Dieser Vergleich kann hier nicht durchgeführt werden.

aber ist die Reaktion auf den Besuch einer Kirche gleichgültig. Kinder (und Menschen, die sich ihre kindliche Sensitivität bewahren konnten) können ihre eigene seelische Gestimmtheit samt Ängsten, Sehnsüchten und Freuden in Kirchen angesichts der *räumlichen* Zuordnung qualitativ ganz unterschiedlicher Gefühlswelten gleichsam selbst »vorgelesen« bekommen und erfahren so neu eine konstruktive Erfassung von Innen- und Außenwelten.

Wenn Kindern Raum- und Ritualerfahrung aus den religiösen Symbolwelten vorenthalten werden, ihnen also nicht ermöglicht wird, auch Kirchen als Orte symbolischer Welten in ihre mental maps einzutragen, ja sie zu *testen als Orte seelischer Reifung und religiöser Geborgenheit*, dann wird ihnen ein Hilfsmittel vorenthalten, seelisches Gleichgewicht zu finden und innerlich zu wachsen. In der derzeit aufblühenden Kirchenpädagogik[35] wird diese Aufgabe sehr kreativ und mutig angepackt – mit erstaunlichen Ergebnissen: Destruktion, Aggression, Panik verschwinden zwar nicht, aber vom Kosmos der religiösen Symbolwelten geht eine verwandelnde Wirkung aus, wenn sie den Kindern mit didaktischem Geschick erschlossen wird.

Die besonders von Ingo Baldermann herausgestellte Unmittelbarkeit und Direktheit im kindlichen Umgang mit biblischen Schlüsselsätzen[36] – etwa der Psalmen – wiederholt sich hier räumlich: Da findet instinktiv fast jedes Kind, den besonders ihm adäquaten Lieblingsplatz – und das ist zugleich ein Schlüsselort seiner seelischen Befindlichkeit. Kirchen sind als Spurenhäuser der Geschichte eben auch seelische Erlebnis- und Reifungsräume. All dies kommt freilich nur ins Blickfeld, wenn der religiösen Prägung und Reifung eine Funktion innerhalb der seelischen Entwicklung des Einzelnen – *aber auch des Gemeinwesens als Ganzem* – zugetraut wird.

Kommen wir auf die Stadtkirchenarbeit als Dimension und Kriterium kirchlicher Arbeit heute zurück. Im konkreten Handlungsvollzug muss heute oft erst sekundär wieder hergestellt werden, was in homogeneren gesellschaftlichen Situationen selbstverständlich war, z. B. die Verbindung von Kindergarten, Kirche und Schule, intentional also die Förderung der wechselseitigen geistigen und seelischen Entwicklung

35. Vgl. z. B. *S. Glockzin, H. Schwebel* (Hg.), Kirchen – Raum – Pädagogik, Münster 2002 (Reihe: Ästhetik – Theologie – Liturgik, Bd. 12).
36. Vgl. *I. Baldermann*, Wer hört mein Weinen? Kinder entdecken sich selbst in den Psalmen, Neukirchen-Vluyn 1986.

und Bildung. Nehmen wir die traditionelle Nachbarschaft der Kirche zur Kunst des Heilens, der Medizin mit hinzu, dann muss man zwar nicht die z. B. von Fontane porträtierte Altherrenrunde von Lehrer, Apotheker, Arzt und Pfarrer erneut wieder propagieren, aber der innere Sachbezug von Geist, Seele und Leib, von Schule, Kirche und Krankenhaus steht offenkundig vor Augen. Dieses Zusammenspiel kann und sollte vor Ort sachgemäß rekonstruiert und neu inszeniert werden.

## VI. Zwischen Zentrum und Peripherie: Wo steht die Kirche heute?

Fulbert Steffensky hat jüngst auf der Synode der Nordelbischen Evangelisch-lutherischen Kirche (NEK) angesichts sich dramatisch abzeichnender Finanzlücken, die – zum wiederholten Male – zu drastischen Einsparungen zwingen, drei Essentials kirchlicher Präsenz benannt, die nicht gegeneinander aufgerechnet werden dürfen, sondern unabdingbar sind, wenn von Kirche die Rede ist: »Gott loben, das Recht ehren, Gesicht zeigen.« An entscheidender Stelle heißt es:

> »Eine Kirche ist ja nicht das pure Haus Gottes unter den Menschen, es ist auch die Ansammlung von religiösem Totengebein. Es wird viel getan, was seine Selbstverständlichkeit dadurch gewonnen hat, dass es immer schon getan wurde. Es gibt viele Einrichtungen, die sich selbst legitimieren und eine andere Legitimation nicht haben als die ihrer bloßen Existenz. Kirche bleibt nur Kirche, wenn sie fähig ist, sich selbst zu exilieren, wenn sie die Fähigkeit des Auszugs aus überflüssigem und totem Gehäuse behalten hat; wenn sie einstimmt in die dauernde Bewegung der Selbstreinigung und Selbstverarmung.
> ›Was brauchen wir nicht!‹ ist also nicht nur eine Frage, die die materielle Not gebietet. Sie gehört zur Wachheit und Spiritualität einer Gruppe«.[37]

Wo steht die Kirche? Etwa am Wege des Vagabunden in der Zone zwischen Peripherie und Zentrum, um noch einmal Lyotard aufzugreifen?

Der zentrale Grund, warum die Kirche Gott lobt, das Recht ehrt und Gesicht zeigt, liegt nicht in ihr selbst. Den Grund der Kirche hat sie nicht selbst gelegt. Der ist das Wort Gottes, Jesus Christus als Gestalt gewordene Liebe und Solidarität Gottes mit seiner Schöpfung,

37. *F. Steffensky*, Gott loben, das Recht ehren, Gesicht zeigen. Das Wesen und die zentralen Aufgaben der Kirche. (Vom Synodenbüro vervielfältigtes Vortragsmanuskript, 2003, 3).

seinen Geschöpfen. Dieses Wort erschien, litt, starb, erstand und ist im Heiligen Geist auch heute präsent. Daraus folgere ich:

1. Wo Erfahrungsräume unbedingter Liebe geschaffen werden, wo im Namen Jesu Christi und in seinem Geist Recht und Würde der Menschen aufgerichtet werden –
2. Wo in die jüdisch-christliche Tradition als Orientierungsrahmen glaubwürdig eingeführt wird und wo (Ein-)Übungsräume für Frieden, Gerechtigkeit und Bewahrung der Schöpfung geschaffen und genutzt werden –
3. Wo Menschen, Werkräume und Werkzeuge bereit stehen, um aus Gotteslob und Menschenliebe mit Interessierten an Werkstücken zu arbeiten, die das Gesicht der Hoffnung tragen und so auf die kommende Stadt Gottes verweisen, in der Tränen abgewischt werden und Gottes Geist in den Herzen der Menschen wohnt –
4. Wo Festräume zum Lobe Gottes für Kult, Kunst und Kultur bereit stehen und im Gebrauch sind,

dort sind zentrale Dimensionen der Kirche – und sei es auf Zeit – präsent, auch extra ecclesiam! Aufgabe der Kirche als Institution ist es, im Kontext und in Achtung dieser Präsenz den *Zusammenhang* dieser Dimensionen exemplarisch – nicht exklusiv darzustellen und glaubwürdig zu vertreten.

Vielleicht darf man auch von Spuren und Antizipationen des Reiches Gottes reden, wenn diese Bestimmungen ineinander greifen und eine *erkennbare körperliche, geistige und seelische Gestalt* finden. Das ist das Ziel. Aber bis dahin gibt es und braucht man die Kirche oder auch nur Spuren bzw. Dimensionen dieser Kirche. Kirchen finden in solchen bzw. analogen Bestimmungen[38] Kriterien ihres Grundes und ihrer Verfehlungen. Etablierte Kirchen *müssen* sich an solche Kriterien binden. Aber es gibt »Kirchen« nie exklusiv und nie pur im Sinne dieser Kriterien. Kirchen können darum nie nur eine innerliche Angelegenheit des Herzens oder der Gesinnung sein. Tränen und Unrecht sind äußerliche *und* innerliche Größen. Darum lohnt jeder Einsatz um die sichtbare Kirche, damit sie, wiederholt sei es gesagt, nicht exklusiv aber exemplarisch Gott lobt, Recht übt und Gesicht zeigt.

Es ist offenkundig, dass institutionelle Voraussetzungen, personelle und materielle Ressourcen nötig sind, damit Erfahrungsräume, Übungsräume, Werkräume und Festräume »in Betrieb« bleiben. Wich-

38. *F. Steffensky*, ebd. 38/9.

tig ist ihr innerer Zusammenhang, ihr Austausch, ihre Kooperation, kurz eine *Kultur der respektierten Differenz, des Wissens um die eigenen Grenzen* und die *Kunst gezielter Kooperation.*

Das gilt innerkirchlich ebenso wie für das Gemeinwesen als Ganzes.

Die hier angegebenen Bestimmungen stehen neben einer ganzen Reihe von ähnlichen Versuchen, Stadtkirchenarbeit zu definieren. Aus katholischer Tradition hat der führende katholische Stadttheologe Michael Sievernich SJ mehrfach versucht, in Kurzformeln Stadtkirchenarbeit zu definieren. 1990 unterschied er

1. Repräsentation in der Stadt (Martyria),
2. Inkarnation in die Stadt (Diakonia) und
3. Animation der Stadt (Leiturgia).[39]

In einer späteren Veröffentlichung von 1999 hat er diese Trias umformuliert und unterscheidet nun:

A) Erinnern (Glaubensdienst),
B) Sorgen (Nächstendienst),
C) Danken (Gottesdienst)[40].

Die in der Ökumene geläufige Trias:

martyria, die bezeugende, verkündigende Kirche, diakonia, die dienende Kirche, koinonia, die am Heil und untereinander Anteil gebende und Anteil gewährende Kirche, wurde schon erwähnt.[41] Ich selbst habe hier mit den anthropologischen Metaphern, Verkörperung, Beseelung und Durchgeistung der Stadt Konstitutiva zu benennen versucht und in anderem Zusammenhang drei Basiskategorien von Stadtkirchenarbeit unterschieden, die auch bei diesen Äußerungen immer präsent waren:

1. »Die Arbeit am Gewissen der Stadtöffentlichkeit;«
2. »Die Sorge für das Gedächtnis der Stadt und ihrer Bewohner;«
3. »Die Inszenierung der Hoffnung am jeweiligen Ort«.[42]

Die Kirche der Zukunft wird sich massiv verändern müssen. Sie wird sich von flächendeckendem Versorgungsverhalten verabschieden müssen und dies auch können. Sie wird Kooperationen vor Ort und auf Zeit mit vielen anderen Initiativen und Institutionen eingehen

39. *M. Sievernich*, Urbanität und Christentum. Konturen einer Theologie der Stadt., in: PTh 79 (1990), 109-114.
40. Ders., Kirche in der großen Stadt. Pastoraltheologische Perspektiven, in: E. Purk (Hg.), Herausforderung Gottesdienst, Frankfurt/M. 1999, 23-44.
41. Manchmal ergänzt um die Kategorie: Leiturgia, Dienst (am bzw. im Kult).
42. *W. Grünberg*, Die Idee der Stadtkirche, in: PTh 79 (1990), 148.

können und eingehen müssen. Dies ist in der einen Situation leichter, in der anderen schwieriger. Aber je konzentrierter sich Kirche ihres Grundes und ihres Zieles bewusst ist, desto gelassener und erwartungsoffener macht sie sich bereit für die überraschende Ankunft und Präsenz von Gottes schöpferischem Geist, der in die Neue Stadt, das himmlische Jerusalem und seine Antizipationen im Irdischen, lockt. Dann erfüllt sich etwas von der Verheißung, von der es in Joel 3 heißt:

*»Und nach diesem will ich meinen Geist ausgießen über alles Fleisch,*
*und eure Söhne und Töchter sollen weissagen,*
*eure Alten sollen Träume haben*
*und eure Jünglinge sollen Gesichte sehen.*
*Auch will ich zur selben Zeit über Knechte und Mägde meinen Geist ausgießen.*
*Und ich will Wunderzeichen geben am Himmel und auf Erden:*
*Blut, Feuer und Rauchdampf.« (Joel 3,1-3)*

Wer mit dieser Verheißung lebt, also ihre antizipatorische Verheißung für möglich hält und so erwartungsoffen realistisch lebt und arbeitet, für den ist die Stadt als Lebensort und Lebensform unser aller Schicksal und ein unabgeschlossenes Abenteuer. Bauen wir unsere Kirchen als Institution wie als Bauwerke so um, dass sie offene Gasthäuser zur Rekreation von Leib, Seele und Geist werden und an vielen Stationen der Stadt und des Lebens präsent bleiben, um den Flaneuren und Vagabunden, um Nachbarn und Liebhabern Einkehr zu ermöglichen. Manche von denen, die einkehrten oder Gastgeber/-innen waren, bemerken erst im Nachhinein, dass sie so als Pilger/-innen und Pioniere auf dem Weg zur Neuen Stadt unterwegs sind.

*Friedrich Grotjahn*

# Der Nachruf

In einem pastoralen Mitteilungsblatt las Pastor Schäfer den Nachruf auf einen Kollegen, der beim Bergsteigen tödlich verunglückt war.

»Wie soll ich über unseren Freund berichten? Über den charismatischen Menschen? Über den Mann in Jeans unter dem Talar? Über den, der eine ganze Kirche vollzupredigen vermochte, in dessen sportlichen Wagen manche nur bänglich einstiegen? – Als Seelsorger hat er seine Arbeit so gut gemacht, dass er in vielen von uns auferstehen wird. Durch seine Worte und sein Leben reizte er aber auch zum Widerspruch. Es gibt Menschen, die meinen, er sei an seiner Kirche zerbrochen.«

Pastor Schäfer überlegte, was man nach seinem Tode einmal Gutes von ihm würde sagen können. Er dachte daran, dass er ein solcher Charismatiker eigentlich nicht sei. Nie war er in Jeans vor den Altar getreten. Seine Gottesdienste waren für gewöhnlich ziemlich leer, sein Auto eher langsam, und an seiner Kirche hatte er zwar häufig Kritik anzumelden, war aber an ihr noch nicht zerbrochen.

»Wie lange fällt man fünfundneunzig Meter?« las er weiter. »An was kann man da noch denken? Kann man da eine gute Todesminute, einen guten Tod haben als religiöser Mensch?«

Pastor Schäfer fragte sich, ob er eigentlich ein religiöser Mensch sei oder nur ein evangelischer Pastor. Und dann las er den Nachruf zu Ende.

»Ich glaube, unser Freund ging vorbereitet in den Tod. Ich stelle mir vor, dass er nicht mit dem Gedanken: ›Jetzt ist es aus!‹ gestürzt ist. Ich kann mir vorstellen, dass der Engel des Herrn bei ihm war und sagte: ›Du leichtsinniger Kerl! Ich habe dir oft genug gesagt: Du sollst vorsichtig sein. Aber nun komm, komm mit!«

Pastor Schäfer lehnte sich zurück. Das fand er schön, das mit dem Engel des Herrn. Und einen solchen Nachruf, dachte er, würde er auch gerne einmal bekommen. – Leider war er kein Bergsteiger.

*Friedrich Grotjahn*

# Mitten in der Welt

Pastor Schäfer hatte ein Glas in der Hand. Um ihn herum redende Leute. »Und Sie?« fragte ihn ein älterer Herr. »Ich?« fragte Pastor Schäfer. »Ja, Sie! Was machen Sie denn so? Nein, sagen Sie nichts. Lassen Sie mich raten. Aus der Wirtschaft sind Sie nicht. Arzt? Nein. Also, wenn Sie mich fragen: Ich tippe auf Studienrat, oder Apotheker?« – »Knapp daneben ist auch vorbei«, sagte Pastor Schäfer. »Ich bin Pastor.« – »Darauf wäre ich nicht gekommen«, sagte der Herr. »Früher haben Althoffs es immer abgelehnt, die Kirche einzulassen. Aber warum eigentlich nicht? Die werden ja auch älter.«

»Habe ich richtig gehört, Pfarrer sind Sie?« Pastor Schäfer drehte sich herum und sah sich einer Frau gegenüber. Die sah so aus, als müsse man sie kennen. »Sie haben richtig gehört«, sagte er geduldig. »Ach«, seufzte sie, »wie ist es doch gut zu wissen: Hier unter uns ist jemand, der noch seinen festen Gott hat, in dieser Zeit, wo alles in Auflösung begriffen ist.« Einen Augenblick standen sie sich gegenüber und sahen sich in die Augen. Pastor Schäfer wusste nicht, was er sagen sollte. Doch bevor es peinlich wurde, sah die Frau zur Tür und rief: »Ach, da bist du ja, Helmut!« Und als Helmut näher gekommen war, stellte sie ihm Pastor Schäfer vor. »Helmut«, sagte sie »ein richtiger Pfarrer – auf Althoffs Gesellschaft!«

»Angenehm«, sagte Helmut, sah sich Pastor Schäfer an und meinte dann: »So rabiat sehen Sie aber gar nicht aus.«

»Helmut! Bitte!« sagte die Frau

»Na was denn«, sagte Helmut. »Unser Pastor hat damals sogar mit der Bibel nach mir geschmissen; im Konfirmandenunterricht.«

»Hat er getroffen?« fragte Pastor Schäfer.

»Nein«, sagte Helmut. »Aber ich musste nachsitzen, bis ich das Lied auswendig konnte.«

»Welches Lied?«

»Bis hierher hat mich Gott gebracht.«

»Evangelisches Gesangbuch 329«, sagte Pastor Schäfer.

»Alle drei Verse«, sagte Helmut, »und die kann ich heute noch.«

»Da haben Sie ja was fürs Leben gelernt«, sagte Pastor Schäfer.

»Das hat unser Pastor auch gesagt«, sagte Helmut. »›Lernt auswendig‹, hat er gesagt, ›dann habt ihr später was im Leben, wenn es echt mal schlecht geht; zum Beispiel wenn ihr im Gefängnis sitzt.‹« – »Haben Sie es brauchen können?« fragte Pastor Schäfer. »Ich meine, haben Sie einmal im Gefängnis gesessen?«

»Natürlich nicht!« sagte Helmut und sah Pastor Schäfer leicht irritiert an.

»Dann haben Sie das Lied ja leider umsonst gelernt«, sagte Pastor Schäfer sanft.

Helmut lachte, als habe Pastor Schäfer einen guten Witz gemacht und meinte dann: »Also, so würde ich das nicht sehen. – Aber ich sehe gerade, da kommt Herr Althoff. Sie entschuldigen mich. – Komm, Edith!« – Weg waren sie.

Pastor Schäfer stand allein. Sein Glas war inzwischen auch leer. Er sah verstohlen auf die Armbanduhr, überlegte, ob er schon gehen könne, ohne als unhöflich aufzufallen. Da stand eine Dame vor ihm und plauderte sofort auf ihn los. »Sie also sind der Herr Pfarrer, den Althoffs eingeladen haben. Ach, wie reizend! Ich finde es immer schön, wenn ein Pfarrer so mitten in der Welt steht. Ich habe Sie noch nie predigen hören. Eigentlich schade, nicht wahr?« – »Wenn das das Problem ist«, sagte Pastor Schäfer, »dann kann ihm abgeholfen werden. Die Jugendlichen haben neulich ein Video vom Gottesdienst gemacht, mit meiner Predigt. – Es gibt nämlich Leute, die sind aufnahmebereiter, wenn das Wort Gottes aus dem Fernseher kommt.«

»Aber nein«, wehrte sie ab, »das ist es gar nicht. Es ist durchaus nicht so, dass ich nicht religiös wäre. Im Gegenteil! Ich fahr zum Beispiel sonntags gerne in den Wald. Ganz früh. Am Morgen, wenn der Tau noch auf den Gräsern liegt, und die Sonne bricht so durch die Stämme, wissen Sie« – jetzt senkte sie verschämt die Augen –, »dann ist mir, als müsste ich beten.« – »Und«, erkundigte sich Pastor Schäfer, »tun Sie es dann?« – »Sie sind mir aber einer!« flötete sie und entschwebte.

*Michael Weinrich*

# Welche Kirche meinen wir?

## Die Theologie und die verfasste Kirche

Am zweiten Tag der Hauptversammlung des Reformierten Bundes in Nürnberg 2002 saß ich zum Frühstück zusammen mit einem mir inzwischen recht gut bekannten kirchenleitenden Verantwortungsträger. Im Gespräch kamen wir auf die seinerzeit angelaufenen konzeptionellen Überlegungen zu diesem Band in der Reihe Jabboq über die Kirche zu sprechen. Als ich ihm den Titel nannte, war seine spontane Reaktion, dass es uns Herausgebern ähnlich wie den meisten, die sich heute öffentlich mit der Kirche befassen, wohl auch um das allseits negativ gezeichnete Bild von der Kirche gehe. Bisweilen falle es ihm ein wenig schwer, in der Kirche immer wieder gegen die Theologievergessenheit aufzutreten, während es gleichzeitig auch von der Theologie in der Regel nur zu hören gibt, wie höchst problematisch, wenn nicht gar anstößig die real existierende Kirche doch sei. Er wolle nicht missverstanden werden: Es ist durchaus anerkannt, dass die Kritik der Kirche zu den wesentlichen Aufgaben der Theologie gehöre, aber erliegt die Theologie nicht bisweilen der Neigung, mehr den außen stehenden notorischen Kirchenkritikern in die Hände zu spielen als mit ihren Beiträgen die Kirche in ihren unbestreitbaren Defiziten und Schwächen mit einer tatsächlich aufhelfenden Kritik zu begleiten? Und er spitzte es dann noch ein wenig zu – die Formulierungen erinnere ich nicht genau: Offenkundig erscheine es der Theologie opportuner, die Kirche – wenn sie denn überhaupt in den Blick genommen werde – ihrerseits mehr von außen zu vergegenständlichen als eben aus ihrer Existenz heraus zu reflektieren.

Da ich mich selbst zu denjenigen zähle, für die das gesellschaftliche Subjekt der Theologie die Kirche ist – und zwar im konkret konfessionellen Sinne[1] –, sind mir die Bemerkungen meines geschätzten Gesprächspartners, die wir dann in der natürlichen Eile eines Frühstücks vor einem übervollen Tag nicht weiter vertiefen konnten, immer wieder nachgegangen, besonders aber dann, als ich schließlich begann,

1. Vgl. *M. Weinrich*, Kirche glauben. Evangelische Annäherungen an eine ökumenische Ekklesiologie, Wuppertal 1998.

diesen Beitrag zu konzipieren. Dabei stand für mich nicht im Vordergrund, dass ich mich nicht verstanden gefühlt hätte in dem, was ich bisher zur theologischen Selbstkritik der Kirche geschrieben habe. Ebenso wenig hat mich etwa der Eindruck beschlichen, dass es das besondere Amt gewesen sein könnte, das meinem Gesprächspartner die kritischen Worte in den Mund gelegt hat. Vielmehr hatte er ein Missverhältnis zwischen der Relativität der konkreten kirchlichen Gegebenheiten und der Grundsätzlichkeit der Theologie angesprochen, das vor allem zu Lasten der Wahrnehmung der kirchlichen Wirklichkeit zu gehen scheint. Da dieses Missverhältnis niemals kritisch thematisiert wird, präsentiert es sich als Normalzustand, der dadurch gekennzeichnet ist, dass die real existierenden Kirchen keine andere Wahl haben als eben als die mehr oder weniger grundsätzlich missglückten Verwirklichungsgestalten einer an sich guten »Idee« bzw. in sich richtigen Theologie dazustehen. Es bleibt eine fundamentale Differenz – in diese Richtung habe ich meinen Gesprächspartner verstanden –, ob die Aufgabe der Theologie in der Kritik der Kirche oder in der *Selbst*kritik der Kirche zu sehen ist. Da gibt es einen ebenso feinen wie entscheidenden Unterschied zu bedenken, dessen leicht unterlaufende Überspielung zu dem angesprochenen Missverhältnis führt.

Gewiss begibt man sich mit dieser Frage im Horizont des Protestantismus auf einen äußerst unsicheren Boden[2], aber der Hinweis auf die vielen Einbruchstellen, mit denen hier zu rechnen ist, kann noch keinen ausreichenden Grund dafür liefern, dass die Theologie der verfassten Kirche eine ernst zu nehmende theologische Wahrnehmung verweigert. Wenn es auf der einen Seite unstrittig ist, dass die Theologie nicht zu einem willfährigen Legitimationslieferanten für die jeweils vorgängige kirchliche Praxis verkommen darf, sollte auf der anderen Seite zumindest der Versuch anerkannt werden, die Theologie auf ihr Verhältnis zu der verfassten Kirche anzusprechen, für deren theologische Inhalte und Äußerungsformen sie sich in ihrer wissenschaftlichen Arbeit zumindest mitverantwortlich fühlt.

2. Im Folgenden kommt vornehmlich der protestantische Bereich in Betracht. Für die römisch-katholische Theologie stellt sich die Frage unter grundsätzlich anderen Voraussetzungen, die sich nicht einfach nebenbei erörtern lassen. Der Beitrag von Norbert Mette in diesem Band kann als eine indirekte Erörterung meiner protestantischen Frage für die römisch-katholische Wirklichkeit gelesen werden.

So ergibt sich die provozierende Frage: Gibt es auch für den Protestantismus eine begründbare Veranlassung, sich an der historisch überkommenen Kirche zu freuen und diese gar in ebenso achtsamer wie liebevoller Teilnahme im Blick zu halten? Wie weit geht die von der Reformation vollzogene theologische »Entmythologisierung« der Kirche – verordnet sie nicht geradezu den Rückzug auf eine theologisch gereinigte Kirche, die als solche natürlich niemals sichtbar sein kann, während sie gleichzeitig die verfasste Kirche so restlos profanisiert, dass sie mehr oder weniger konsequent für die gelebte Frömmigkeit ausgeblendet werden kann?

Mit drei Gedankenbögen möchte ich mich dieser Frage annähern und dabei von Überlegungen und Lösungen Gebrauch machen, mit denen sich die theologische Tradition zu dieser Frage bereits verhalten hat:

1. Das, was geschichtlich als Kirche in Erscheinung tritt, ist – ganz gleich aus welcher Perspektive es betrachtet wird – ein ambivalentes Phänomen. Es lässt sich vom Betrachter nicht entscheiden, was dort aus vollkommener Überzeugung oder eben aus Heuchelei getan wird. Ebenso ist es offenkundig, dass längst nicht alle Anstrengungen der Förderung des Glaubens und seiner Gemeinschaft, sondern eben auch – möglichst in geistlicher Verpackung – ganz anderen Interessen und Ambitionen dienen. Wir werden hier an den auf Augustin zurückweisenden differenzierten Kirchenbegriff erinnert, nach dem die Kirche – gemeint ist die konkrete geschichtlich verfasste Kirche – als ein *corpus permixtum* in Erscheinung tritt, der zumindest eine zweifache Betrachtungsweise erforderlich macht. Es ist uns nach diesem Verständnis nicht möglich, irgendwelche Verwirklichungsformen der Kirche als die wahre Kirche zu identifizieren, so wie es uns umgekehrt nicht ansteht, auf wahrgenommene Mängel oder gar Irrtümer mit genereller Verdammung zu reagieren.

2. Die befriedende und integrative Bedeutung des differenzierten Kirchenbegriffs hat sich jedoch nicht als ausreichend widerstandsfähig gegenüber zwei in ihm liegenden Anfälligkeiten erwiesen. Schon die Alte Kirche kannte die Unterscheidung zwischen der unsichtbaren und der sichtbaren (Dimension der) Kirche, auch wenn beide Seiten im Laufe der Geschichte unterschiedlich verstanden wurden. Offenkundig gibt es keine in sich stimmige, dauerhafte Verhältnisbestimmung beider Seiten zueinander, so dass die Unterscheidung eine breite Varianz zulässt. Zwei Anfälligkeiten liegen auf der Hand. *Einmal* kann die an-

gesprochene Zurückhaltung gegenüber konkreten Identifikationen in Vergessenheit geraten, so dass der Neigung zur Identifikation der Kirche mit ihrer sichtbaren Gestalt zu viel Raum gegeben wird In der Abweisung dieser Neigung liegt ein Grundmotiv der reformatorischen Ekklesiologie in ihrer Betonung der verborgenen Kirche, wie sie insbesondere von Luther vorgenommen wurde.

3. Die *andere* Anfälligkeit des differenzierten Kirchenbegriffs liegt genau in der umgekehrten Neigung, nämlich die Kirche gleichsam zu verflüchtigen in die Reinheit einer abstrakten Idee, welche die wahre Kirche vollkommen von der geschichtlich verfassten Christenheit abhebt und isoliert. Wenn Calvin gegen jeden ekklesiologischen Doketismus in besonderer Weise wieder die Sichtbarkeit der Kirche hervorhebt, wird darauf zu achten sein, welches Verständnis von Sichtbarkeit ihm dabei vor Augen steht und welche Bedeutung dem Glauben im Blick auf die betonte Sichtbarkeit zukommt. Immerhin hält er auch die Rede von der unsichtbaren Kirche für theologisch unverzichtbar.

Im Anschluss an diese drei theologiegeschichtlich ausgerichteten Gedankenbögen soll schließlich der Versuch unternommen werden, auf die im Titel dieses Beitrages gestellte Frage zu antworten. Es wird kaum mit einer alle Unklarheiten ausräumenden Antwort zu rechnen sein, aber es sollten sich doch eine Reihe von benennbaren Aspekten ergeben haben, die in einer theologisch verantwortlichen Weise einen Blick auf die verfasste Kirche ermöglichen, der sich nicht allein in begründeten Distanzierungen erschöpft.

## 1. Die Kirche als ›*corpus permixtum*‹

Das Problem ist beinahe so alt wie die Kirche selbst. Spätestens als im 4. Jh. die allgemeine Skepsis gegenüber dieser von Judentum abgespalteten Sekte zur weichen begann und die Kirche zu einer gesellschaftlich anerkannten Größe wurde, kam das Problem auf die Tagesordnung, ob die Kirche überall dort, wo sie in Erscheinung trete, ein angemessenes Bild von dem abgebe, was der christliche Glaube Kirche nennt. Von Anfang an wird die verfasste Kirche von Unzufriedenheit, Enttäuschung und Frustration begleitet, die sich nicht selten auch in einer harschen Kirchenkritik Luft machten. Schon Paulus beklagt sich über die mangelnde Stimmigkeit von Glauben und Leben in den Gemeinden. Er erinnert sie an den sie tragenden Grund und ermahnt sie gerade in ihrer Vielfalt zu Gemeinschaftlichkeit und Treue (1 Kor 12; Eph 4), die sich auch im Umgang miteinander niederzuschlagen habe, aber er spricht ihnen an keiner Stelle ihr »Kirchesein« ab.

Nachdem das Christentum unter Theodosius d. Gr. zur offiziellen Staatsreligion des römischen Reiches erklärt worden war (380) und schon bald die Mehrheit der gesamten Bevölkerung repräsentierte, setzte sich Augustin um die Wende des 4. zum 5. Jh. herum mit der Frage nach der Dignität der verfassten Kirche auseinander. Indem die Kirche mehr und mehr zu einer Art »Volkskirche« anwuchs, fand im Zuge des vermehrten Eindringens diverser Elemente der überkommenen Volksfrömmigkeit »eine gewisse Paganisierung ... statt«[3]. Hinzu kam die beschleunigte Institutionalisierung der Kirche, die ebenfalls keineswegs nur theologischen Gesichtspunkten folgen konnte. Die Kirche wurde zum ersten Mal substanziell mit der nicht einfach aufzulösenden Spannung zwischen ihrem Anspruch und ihrer faktischen Gestalt konfrontiert, die sie seitdem nicht mehr losgelassen hat und somit auch heute noch auf der Tagesordnung von Theologie und Kirche steht.

Ein wichtiger Grund für die gesuchte Klärung eines angemessenen Verständnisses der verfassten Kirche lag in der sich bereits seit einem Jahrhundert hinschleppenden Auseinandersetzung mit den Donatisten, in die sich Augustin zu Beginn des 5. Jh.s entschieden und mit aller Konsequenz einschaltete. Die später so genannten Donatisten hatten sich 311/12 (Datierung nicht ganz sicher) anlässlich der Bischofsweihe des als Verräter eingeschätzten Diakons Caecilian von der Großkirche abgespalten, weil diese eine zu laxe Observanz insbesondere gegenüber der Sittlichkeit des Klerus walten lasse und damit die Wirksamkeit des kirchlichen Handelns – im Zentrum der Aufmerksamkeit standen die Sakramente – zumindest einschränke, wenn nicht gar ganz gefährde. Sie beanspruchten im Laufe der Auseinandersetzungen die wahre, weil »reine« Kirche »ohne Flecken und Runzeln« (Eph 5,27) zu sein, während sie in der römischen Toleranz das erfolgreiche Wirken des Antichristen witterten[4]. Dabei stellten sie die Heiligkeit der Kirche in den Vordergrund und rechneten – noch im Schatten der Christenverfolgung unter Diokletian (303-305) – die Bedrängnis der Kirche zu ihren Wesensmerkmalen. In einem essenziellen Gegen-

3. *K. Aland*, Geschichte der Christenheit, Bd. I, Gütersloh ²1991, 201.
4. Vgl. *H Chadwick*, Augustin (KVR 1526), Göttingen 1987, 83.

satz zum diabolischen Reich der Welt stelle die Kirche das Reich Gottes dar[5]. Die Einzelheiten dieser Auseinandersetzung mit den Donatisten, die nach dem als einflussreich eingeschätzten Bischof Donatus von Karthago benannt wurden, der bald nach dem Schisma zum Wortführer der abgespaltenen rigoristischen Kirche wurde (gest. 355), müssen uns hier nicht interessieren, ebenso wenig wie die mit ihnen verquickten soziologischen Beweggründe[6]. Augustin hob gegen die Donatisten das zentrale Moment der universalen Einheit der Kirche als Ausdruck ihrer Heiligkeit hervor und verteidigte die eine und einzige katholische Kirche gegen den Purismus und Rigorismus der Donatisten. Dabei trug er Überlegungen vor, die auch unabhängig von ihren spezifischen Begründungszusammenhängen im Laufe der Kirchengeschichte immer wieder aufgegriffen wurden und heute noch – auch für Protestanten – ein plausibles Argumentationspotential enthalten.

Im Zentrum stand die Frage nach der wahren Kirche. Der Konflikt entzündete sich im Kern an der Frage, ob sich die Wahrheit der Kirche an ihrer geschichtlichen Gestalt gleichsam demonstrieren lasse, wie es die Donatisten für sich in Anspruch nahmen. Augustin sah dagegen die Kirche nicht bereits an ihrem Ziel, sondern auf der Wanderschaft zu ihrer eschatologischen Reinigung entsprechend dem Gleichnis vom Unkraut unter dem Weizen (Matth 13,24-30), nach dem »der Herr [das Unkraut] wachsen läßt zugleich mit dem Weizen bis zur Ernte; ›die Ernte‹ aber, so erklärt das Gleichnis der Herr, ›ist das Ende der Weltzeit …‹.«[7]. Um des hohen Gutes der Einheit willen ertrage es die eine wahre Kirche, dass es sich unter den Gliedern der Kirche derzeitig

5. So der Donatist *Tyconius*, auf den die Lehre von den zwei Staaten (Reichen bzw. Bürgerschaften) zurückgeht, mit der sich Augustin in seinem großen Werk ›De civitate dei‹ auseinandergesetzt hat.
6. Vgl. dazu *B. Kriegbaum*, Kirche der Traditoren oder Kirche der Märtyrer? (IThS 16), Innsbruck 1986; *H.v. Campenhausen*, Lateinische Kirchenväter (UB 50), Stuttgart 1960, 185-194; *H. Chadwick* (s. Anm. 4), 81ff.; *E. Benz*, Augustins Lehre von der Kirche (AAWLM.G 1954 Nr. 2), Mainz 1954, 24-26. *S. Hausamann* hebt besonders die nichttheologischen Faktoren hervor und sieht den Ausbruch des Konflikts vor allem in politischen Spannungen begründet; erst später kommen dann auch theologische Differenzen dazu; vgl. Alte Kirche, Bd. 3: Gottes Dreiheit – des Menschen Freiheit. Zur Geschichte und Theologie im 4./5.Jahrhundert, Neukirchen-Vluyn 2003, 399-415.
7. De civitate dei XX,9 zit. n. BKV Bd. 28, Kempten/München 1916, 286.

nicht klar entscheiden lasse, wer das ewige Heil erlangen werde und wer nicht[8].

Wie Augustin in einem Brief formuliert, ist es die Pflicht der Kirche, auch »die Bösen … um der Einheit willen mit größtmöglicher Geduld [zu] ertragen; sonst könnten wir, wie Christus sagt, auch den Weizen entwurzeln …
Laß uns also die Arche erkennen, die ein Vorbild der Kirche war; miteinander wollen wir in ihr reine Tiere sein, aber auch nichts dagegen haben, daß mit uns in ihr sich bis zum Ende der Welt auch unreine Tiere befinden. Wohl befanden sie sich auch in der Arche, doch brachte Noë nicht etwa auch von ihnen dem Herrn ein Opfer des Wohlgeruches. Auch verließen die Reinen nicht etwa wegen der Unreinen vor der Zeit die Arche.«[9]

Wenn man nicht umkommen will, muss man in der Arche bleiben, auch wenn einem dort manches »stinken« mag. Im Zentrum des kirchlichen Lebens habe die auf Christus blickende einheitsfördernde »caritas« – die sich gegenseitig tragende Liebe – zu stehen. Wer die Einheit der Kirche nicht wahrt, könne sich nicht auf die Liebe Gottes berufen[10]. Angesichts der offenkundig unausräumbaren Zersplitterung der Menschen und Staaten untereinander sei das Wunder der Einheit der Kirche ein deutlicher Hinweis darauf, dass die Kirche nicht ein menschliches Gebilde, sondern das Werk des Heiligen Geistes sei.

Das entscheidende theologische Argument ist m. E. jedoch darin zu sehen, dass Augustin daran gelegen ist, Christus selbst die Urheberschaft und Wirksamkeit der Gnade zu überlassen und diese nicht in die Verfügung menschlicher Beurteilungen zu nehmen. Das auf sich selbst bezogene kirchliche Reinheitsbedürfnis schmälert unweigerlich das auf den auferstandenen und somit lebendigen Christus gesetzte Vertrauen. Und in umgekehrter Perspektive darf die schlichte Kirchenzugehörigkeit nicht einfach als Teilhabe am Heil verstanden werden, denn das Heil würde dann unweigerlich zu einem Resultat menschlicher Entscheidungen. Damit sind die entscheidenden Voraussetzungen für den ›differenzierten Kirchenbegriff‹ von Augustin angedeutet[11]. Zwar galt mit Irenäus von Lyon und Cyprian von Karthago auch

8. Augustin argumentiert hier in grundsätzlicher Übereinstimmung mit den Donatisten mit der Vorstellung der göttlichen Erwählung (Prädestination) (vgl. De civitate dei XV,1 u. XX,15), die aber in der Hand Gottes bleiben müsse und nicht in die Verfügung der Kirche genommen werden dürfe.
9. Zweiter Brief an Macrobius (409), BKV Bd. 29, München 1917, 446 u. 447.
10. De baptismo 3,21.
11. In missverständlicher Weise ist immer wieder – insbesondere von protestantischen Interpreten Augustins – von einem »doppelten Kirchenbegriff«

für Augustin, dass es außerhalb der Kirche kein Heil gebe[12], aber die Mitgliedschaft in der Kirche kann nicht mit einer Heilsgarantie verknüpft werden, so puristisch und asketisch sie sich auch um ihre Erscheinungsgestalt bemühen mag[13]. Die Kirche ist keine eigenständige

gesprochen worden (vgl. H. Reuters, Augustinische Studien, Gotha ²1887 [Die Kirche ist sichtbare Heilsanstalt und unsichtbarer coetus electorum]), der zudem noch sachlich unausgereift bzw. in sich widersprüchlich sei (vgl. u. a. Fr. Loofs, Leitfaden zum Studium der Dogmengeschichte, Halle ⁴1906, 369ff.; A.v. Harnack, Lehrbuch der Dogmengeschichte, Bd. 3, Nachdruck d. 4. Aufl. 1910, Darmstadt 1964, 141ff.; R. Seeberg, Lehrbuch der Dogmengeschichte, Bd. 2, Darmstadt ⁴1953, 437ff.; E. Benz [s. Anm. 6]). E. Mühlenberg weist zu Recht darauf hin, dass Augustins Vorschlag in die Richtung einer Theologie der Geschichte weise und insofern nicht von dem Nebeneinander von zwei Kirchen die Rede sein könne; vgl. Von Augustin bis Anselm von Canterbury, in: HDThG Bd. 1, Göttingen 1982, 406-566. W.-D. Hauschild spricht – in Übereinstimmung mit der römisch-katholischen Forschung – im Blick auf Augustin von einem ›differenzierten Kirchenbegriff‹; vgl. Lehrbuch der Kirchen- und Dogmengeschichte, Bd. 1, Gütersloh 1995, 238ff.

12. De baptismo 4,17.24.
13. Dass Augustin in der Konsequenz seines theologischen Arguments schließlich auch ein gewaltsames staatliches Vorgehen gegen die Donatisten befürwortete, womit nicht zuletzt ein geschichtliches Muster für die spätere Inquisition geschaffen wurde, sei zumindest am Rande erwähnt; vgl. *C. Mayer*, Aurelius Augustinus, in: Gestalten der Kirchengeschichte, hg. v. M. Greschat, Bd. 2: Alte Kirche II, Stuttgart 1984, 179-214, hier 201f. Im Blick auf die konkrete historische Situation bleibt daran zu erinnern, dass die Donatisten, die in Nordafrika – und so eben auch in Hippo Regius, dem Amtssitz von Augustin – eine selbstbewusste Mehrheit darstellten, ihrerseits in zunehmenden Maße – insbesondere mit Hilfe der so genannten *Circumcellionen* (vgl. dazu *S. Hausamann* [s. Anm. 6], 408ff.) – zu äußerst grausamer Gewaltanwendung griffen. Das identitätsstiftende Bewusstsein, dass die Verfolgung wesensmäßig zur rechten Kirche gehöre, ließ alle diplomatischen Rückgewinnungsversuche von Augustin scheitern. Augustin selbst bleibt nur durch einen Zufall von einem Anschlag verschont (vgl. *H. Chadwick* [s. Anm. 4], 83f.). Diese donatistischen – und als solche auch antirömisch motivierten – Ausschreitungen in Numidien zwangen die Reichsregierung zum Handeln, und die Erfolge des Eingreifens – auch in Hippo – veranlassen schließlich Augustin, seine Bedenken gegen die Gewaltanwendung, die nach *S. Hausamann* nicht prinzipieller Art waren, mehr und mehr zurückzustellen und die Gewaltanwendung zu rechtfertigen. Später konnte man sich beim gewaltsamen Vorgehen gegen Ketzer jeder Art auf entsprechende Zitate Augustins berufen, wovon die kanonischen Rechtsgelehrten dann einseitig Gebrauch machten; vgl. auch *H.v. Campenhausen* (s. Anm. 6), 185-194.

Größe, sondern sie lebt aus ihrer Verbindung zu Christus. Die vitale Verknüpfung der Ekklesiologie mit ihrem lebendigen Grund in Christus verhinderte ein eigenes Interesse an den kirchenrechtlichen Fragen[14], die erst dann im Mittelalter die Aufmerksamkeit auf sich ziehen.

Auch wenn uns die dualistische Grundierung von Augustins (nicht nur ekklesiologischem) Hauptwerk »*De civitate dei*«[15] befremdlich geworden ist, so bleibt doch die qualitative Unterscheidung des Gegensatzes der beiden dort entfalteten Reiche erwägenswert. Während die *civitas dei* durch ihre Liebe zu Gott gekennzeichnet ist, bezieht sich die Liebe der *civitas terrena* auf sich selbst. Genau genommen schafft diese unterschiedliche Ausprägung der Liebe erst die beiden *civitates*[16]. Die Differenz von Gottesliebe und Selbstliebe beschreibt den Gegensatz von Glauben und Unglauben. Der Glaube steht in einer Entsprechung zum Willen Gottes (*secundum deum*), während der Unglaube darin den sündigen Menschen anzeigt, dass er an sich selber glaubt und somit dem eigenen Willen folgt (*secundum hominem*)[17]; hier erscheint bereits sachlich das *incurvatus in seipsum*, das In-sich-selbst-gekehrt-Sein des Menschen, das später für Luthers Sündenverständnis zentral werden sollte. Auch der auf sich selbst bezogene Mensch liebt nicht einfach das »Böse«, sondern er liebt böse, weil er seine Hoffnung auf etwas setzt, was sie nicht tatsächlich zu tragen und rechtfertigen vermag, und zugleich an dem vorübergeht, was seiner Hoffnung einen wirklichen Grund geben könnte[18]. Indem sich die Selbstliebe des Menschen zwangsläufig an vergängliche Dinge hängt, ist sie nicht nur begrenzt, sondern auch unstet, d.h. sie ist dazu genötigt, immer wieder neu das jeweils nützlichste Objekt zu ihrer Verwirklichung zu bestimmen, was nach der Ansicht von Augustin zwangsläufig zu unfriedlichen, von Missgunst vergifteten Verhältnissen führt, die Einheit und Frieden gefährden und schließlich auf die Selbstzerstörung hinauslau-

14. Vgl. *H.v. Campenhausen* (s. Anm. 6), 203; *K. Flasch*, Augustin. Einführung in sein Denken, Stuttgart 1980, 388.
15. Wie Licht und Finsternis (Gen 1,4) sind der Gottesstaat und der Staat des Satans bzw. der gefallenen Engel, der schließlich im irdischen Staat seinen geschichtlichen Ausdruck findet, in einem antagonistischen Gegensatz von einander geschieden; vgl. De civitate dei XIff.
16. Vgl. De civitate dei XIV,28.
17. Vgl. De civitate dei XIV,9.
18. Vgl. De civitate dei XII,8.

fen. Der Konkurrenzindividualismus ist das natürliche Produkt der konkreten Verwirklichungsformen menschlicher Selbstbezogenheit. Das gilt sowohl im Blick auf das Verhältnis der irdischen Staaten zueinander sowie im Blick auf die Beziehungen der Individuen zueinander, trifft aber auch auf eine Brechung, die durch den einzelnen Menschen hindurchgehen kann, denn auch er erfährt sich im Glauben in der Spannung von »neuem« und »altem« Menschen (Röm 6,6).

Es war nun nicht so, dass Augustin diese qualitative Differenz als Unterscheidungsmerkmal zwischen Kirche und Welt positionierte. Vielmehr unterstrich er, dass sich in geschichtlicher Zeit nicht eindeutig entscheiden lasse, welcher *civitas* ein Mensch tatsächlich verpflichtet sei und folglich welcher Orientierung das Lebensengagement eines Menschen gelte. Zwar sei die verfasste Kirche zweifellos die wahre Kirche, die als solche auch universal, d.h. katholisch ist, aber eben noch nicht in vollkommener Reinheit, zu der sie erst in ihrer eschatologischen Vollendung gelangen wird.

»In dieser argen Welt also, in diesen bösen Tagen, da die Kirche auf dem Weg über die gegenwärtige Erniedrigung die künftige Erhöhung gewinnt und durch den Stachel vielfältiger Furcht, durch die Qual mannigfachen Leidens und die Mühsal beständiger Arbeit erzogen wird, nur in Hoffnung freudig als in der einzig vernünftigen Freude, mischen sich viele Verworfene unter die Guten, und die einen wie die anderen sammeln sich sozusagen in dem Netz, von dem das Evangelium spricht, und schwimmen, unterschiedslos darin eingeschlossen, in dieser Welt wie in einem Meere, bis man das Gestade erreicht, wo dann die Schlechten von den Guten gesondert werden und Gott in den Guten als in seinem Tempel ›alles in allem sein wird‹.«[19]

Insofern kann auch die katholische Kirche keineswegs einfach mit der *civitas dei* gleichgesetzt werden, auch wenn sie beansprucht, seine geschichtliche und als solche aber nur vorläufige Darstellung zu sein. Alle Identifikationen, die sich bei Augustin immer wieder finden, sind konditional zu verstehen, d.h. es gilt genau die jeweiligen Bedingungen zu beachten, unter denen sie ausgesprochen werden, ohne zu absoluten Festlegungen zu werden. In geschichtlicher Zeit bleibt die Kirche ein durchmischter Leib Christi – *corpus Christi permixtum*[20].

19. De civitate dei XVIII,49 zit. n. BKV 28, 177f.
20. Vgl. De civitate dei XX,9. Ob dieser Begriff bereits in die Richtung eines soziologischen Kirchenbegriffs blickt, wie *W.-D. Hauschild* annimmt (s. Anm. 11,239), ist aus den angeführten theologischen Gründen zu bezweifeln, womit freilich nicht ausgeschlossen werden soll, dass diese Fassung

Wollte man dagegen das donatistische Kriterium ernsthaft einführen, dass unheilige Glieder die Existenz der Kirche aufhöben, so müsste man unweigerlich zu der nüchternen Konsequenz kommen, dass es überhaupt keine Kirche gibt[21].

Diese Überlegungen Augustins wären missverstanden, wenn sie als eine Verunsicherung der Kirche gegenüber verstanden würden[22]. Um einem solchen Missverständnis zu wehren, hat Augustin nie einen Zweifel darüber aufkommen lassen, dass keine andere als eben die verfasste Kirche die wahre Kirche ist. Sie kann sogar als die Fortsetzung der Inkarnation in der Geschichte angesehen werden. Doch auch ihr gegenüber hat aus theologischen Gründen eine gewisse Nüchternheit zu walten, denn selbst in ihr bleibt derzeitig noch die Bürgerschaft des eschatologischen Reiches Gottes, d.h. die letzte Gewissheit im Blick auf die Teilhabe an der allein von Gott bewirkten ewigen Seligkeit verborgen[23]. An dieser Unsichtbarkeit hängt Entscheidendes, denn sie entzieht sowohl den Repräsentanten der Kirche sowie ihren Mitgliedern die Möglichkeit, anhand von irgendwelchen Kriterien, für deren Interpretation sie nur selbst verantwortlich zeichnen könnten, über andere Menschen zu Gericht zu sitzen und Urteile zu fällen. Indem die Unsichtbarkeit solche Urteile grundsätzlich verbietet, verhindert sie auch die verheerenden Folgen, die sich zwangsläufig einstellten, wenn irgendjemand dazu ermächtigt würde, ein Urteil auszusprechen. Die wohl unvermeidliche Folge wäre, dass jede und jeder alle Anstrengungen aufbieten würde, um in den Augen dieser menschlichen Urteilsinstanz ein möglichst günstiges Bild abzugeben – man würde gleichsam um die Gunst (Gnade?) dieses menschlichen Schiedsgerichts zu

des Kirchenbegriffs einen sachlichen Anschlusspunkt auch für eine soziologische Betrachtung impliziert.

21. Vgl. *A.v. Harnack* (s. Anm. 11), 146.
22. Im Gegenteil ging es Augustin angesichts der Einnahme Roms durch die Goten unter Alarich am 28. August 410 in *De civitate dei* um eine ausdrückliche Verteidigung der Kirche gegenüber dem ›heidnischen‹ Vorwurf, dass das Christentum und die Schwäche seines Gottes für die Niederlage Roms verantwortlich zu machen sei. Zur historischen Situation und der Intention dieses Werkes vgl. *H. Chadwick* (s. Anm. 4), 102-113; *H.v. Campenhausen* (s. Anm. 6), 195-221.
23. Obwohl Augustin von der Kirche als dem Reich Gottes auf Erden sprechen kann, wäre es falsch, von einer Enteschatologisierung des Christentums zugunsten der verfassten Kirche zu sprechen (gegen *M. Werner*, Die Entstehung des christlichen Dogmas, Leipzig 1941, bes. 655-666).

buhlen haben, das unweigerlich die Stelle Gottes besetzt hielte, dem seinerseits nichts anderes übrig bliebe, als ganz und gar im Jenseits zu verschwinden, um dort auf diejenigen zu warten, die ihm von der Kirche zugewiesen werden. Der Respekt vor der Souveränität des barmherzigen Gottes gebietet den unbedingten Schutz der auch für den Menschen nur als heilsam anzusehenden Undurchsichtigkeit der Kirche. Ihre Wahrheit bleibt eine Wahrheit des Glaubens, und zwar nicht des Glaubens an die Kirche, sondern an den auferstandenen Christus, der sich nicht für die Frommen, sondern die Gottlosen hingegeben hat. Das Verhältnis zur politischen Machtausübung der *civitas terrena* mag bei Augustin einschließlich seiner kirchenpolitischen Optionen überaus problematisch geblieben sein, aber der religiösen Machtausübung ist hier an zentraler Stelle eine strenge Grenze gesetzt, die der Kirche zumindest den theologisch fundamentalen Zugriff verbietet.

Es überrascht nicht, wenn Augustin nur selten triumphalistische Bilder für die Kirche benutzt[24]. Charakteristischer bleiben für ihn Bilder, die sowohl die Bescheidenheit der Kirche als auch die zu erwartende Demut der Einzelnen in ihrem Verhältnis zur Kirche betonen. Beispielhaft mag dafür folgendes Zitat stehen:

»Haltet dies *eine* fest: Der Schafstall Christi ist die katholische Kirche. Wer immer zum Schafstall eintreten will, trete ein durch die Tür, verkünde den wahren Christus. Und nicht nur verkünden soll er den wahren Christus, sondern auch Christi Ehre suchen, nicht die seine; denn viele haben, indem sie ihre eigene Ehre suchten, die Schafe Christi mehr zersprengt als gesammelt. Demütig und niedrig ist nämlich die Türe, Christus der Herr: wer durch die Türe eintreten will, muß sich ducken, um heilen Hauptes eintreten zu können. Wer sich nicht demütigen will, sich vielmehr erhebt, der will über die Mauer klettern: wer aber über die Mauer klettert, der steigt, um zu fallen.«[25]

24. Es ist problematisch, wenn »der massive kirchliche Positivismus im katholischen Sinne« in das Zentrum der Apologetik von Augustin gerückt wird, wie es bei *E. Benz* (s. Anm. 6; Zitat S. 9) geschieht, weil dann die theologischen Fundierungen so weit relativiert werden, dass sie schließlich als Sekundärargumente erscheinen. Vielmehr legt es sich dagegen nahe, in der Identifikation mit der römischen Kirche vor allem eine pragmatisch stimmige Konsequenz und eben nicht den alles bestimmenden Begründungshorizont zu sehen.
25. Zitiert aus der für diesen Beitrag weitgehend ungenutzten interessanten Quellensammlung von *H.U.v. Balthasar:* Augustinus, Das Antlitz der Kirche, Einsiedeln/Köln 1942, 296.

Gerade die Widersprüchlichkeit der geschichtlichen Erfahrungen wird als nachhaltiges Bewährungsmotiv für den lebendigen Glauben gesehen, der permanent von der pervertierenden Versuchung der Selbstliebe angegriffen und herausgefordert wird. Für Augustin ist die Kirche der Ort, an dem der Mensch durch die stets erneute Selbsthingabe an Gott seine Selbstliebe überwindet[26] – dadurch ist ihre Pilgerschaft in besonderer Weise ausgezeichnet. Es ist deutlich, dass die soziale Dimension die individuelle orientiert. Ebenso deutlich ist in dem immer wieder aufgenommenen Bild des Pilgers, dass offenkundig für die Kirche ebenso wie für das christliche Leben eine gewisse Genügsamkeit – um nicht zu sagen Askese – als wesentlich angesehen wird. Gewiss gibt die Vorbereitung auf die letzte Erfüllung auch dem diesseitigen Leben bereits eine Erfüllung, die sich jedoch vor allem in der Kraft der Hoffnung zeigt, dass Gott seine Verheißung verwirklichen werde, und nicht in einem diesseitig aufzeigbaren Gewinn demonstrieren lässt[27].

Auf dem Hintergrund, dass bereits für Augustin die fundamentalen Kennzeichen der Kirche in Wort und Sakrament liegen[28], soll schließlich noch ein Impuls erinnert werden, dessen hohe ökumenische Bedeutung bisher noch nicht in den Blick gekommen ist. Augustin unterscheidet zwischen der Sakramentengemeinschaft aller Kirchenglieder (*communio sacramentorum*) – das ist die verfasste Kirche als *corpus Christi permixtum* – und der in der geschichtlichen Kirche nicht identifizierbaren Heilsgemeinschaft (*societas* bzw. *congregatio sanctorum*). Indem die Sakramente an das Wort gebunden sind und die Verlässlichkeit des Hörens auf das Wort nicht überprüfbar ist, können die Sakramente gerade nicht für einen reinen Kern der Kirche stehen, sondern sind gleichsam die öffentlichen und offensichtlichen Sammelplätze aller, die sich von der Kirche angesprochen fühlen. Ihnen eignet ein hohes Maß an Inklusivität. Gewiss stehen sie allein für eine innere Angelegenheit der Kirche, d.h. sie können nicht selbst das Instrument sein, mit dem die Kirche um die Aufmerksamkeit der sie umgebenden Welt wirbt. Aber als innere Angelegenheit sind sie entschieden weder das Allerheiligste noch ein rein geistlicher Ort, wollen sie doch gerade auch die leibliche Seite des Glaubens ins Blickfeld rücken. Ihre exklusive Beanspruchung lädt ihnen ein geistliches Gewicht auf, das sie

26. Vgl. De civitate dei X,6 u. XIX,23.
27. Vgl. De civitate dei XIX,20.
28. Vgl. u.a. *A. v. Harnack* (s. Anm. 11), 154.

schwerlich tatsächlich tragen können. So sehr sie an das innerste Geheimnis des Glaubens rühren, so sehr bleibt einzugestehen, dass sie als Zeichen keinerlei Garantie dafür mitbekommen haben, in unzweideutiger Weise wirkmächtig zu sein. Dies kann heute gegenüber der allseits blühenden Renaissance eines mystischen Sakramentalismus auch in den protestantischen Kirchen nicht deutlich genug unterstrichen werden. All die Überlegungen, die wir oben im Blick auf einen differenzierten Kirchenbegriff angestellt haben, ließen sich in exemplarischer Weise an den Sakramenten bestätigen und vertiefen. Für Augustin können sie deshalb gleichsam als Symbole für die Kirche als *corpus permixtum* stehen.

Die fundamentale Differenz zwischen Augustin und der Gegenwart besteht nun darin, dass die Christenheit heute in viele unterschiedliche Varianten zersplittert ist, die jeweils für sich in Anspruch nehmen, Kirche zu sein. Die Katholizität der Kirche kann nicht mehr einfach auf eine verfasste Kirche bezogen werden. Die Kirche, für die Augustin das getan hat, ist – auch wenn sie selbst nicht nachlässt, dies mit unterschiedlicher Deutlichkeit zu bestreiten – heute *römisch*-katholisch, d. h. sie repräsentiert eine im Laufe der Kirchengeschichte *konfessionell* gewordene Variante von Katholizität, die in anderer Weise von jeder Glaubensgemeinschaft in Anspruch genommen wird, die sich zu Recht als Kirche bezeichnet. Die Katholizität hat die Identifikation mit einer bestimmten Kirche verloren und ist zu einem unsichtbaren Element geworden, das die verfassten Kirchen transzendiert und auf einer nicht-institutionellen Ebene auf einander bezieht. Die katholische Kirche ist zu einem *corpus permixtum* unterschiedlicher Konfessionen geworden, die ihrerseits in je eigener Weise ein *corpus permixtum* darstellen. Damit ist die Katholizität der einen heiligen Kirche noch weiter aus der Sichtbarkeit zurückgetreten, als es bereits für Augustin galt, und der vorläufige Charakter ihrer geschichtlichen Erscheinung als eine durchmischte Größe ist weiter in den Vordergrund gerückt.

Für die theologische Beurteilung hat sich die Situation damit aber nicht grundsätzlich geändert, auch wenn sich die konkreten Bezugsgrößen weitreichend modifiziert haben. Die in allen Kirchen gefeierten Sakramente – und wohl auch nur diese – signalisieren die Ökumenizität der Kirchen als die unsichtbare Katholizität einer Kirche. Von der wahren Kirche im Sinne Augustins kann nur noch im Blick auf die Ökumenizität der Kirchen gesprochen werden, deren Katholizität in den gemeinsam anerkannten Sakramenten angezeigt wird. Indem die

Sakramente selbst als Symbole des *corpus permixtum* anzusehen sind, ist zur gegenseitigen Anerkennung keine gemeinsame reine Sakramententheologie erforderlich. Vielmehr sind sie – wie gesagt – die den Kirchen geschenkten und zum Wohl ihrer Katholizität anvertrauten »öffentlichen und offensichtlichen Sammelplätze«, die sie in der Hoffnung auf die entscheidende und als solche unverfügbare Bewahrheitung durch das im Heiligen Geist recht erschlossene Wort mit der gebotenen Selbstrelativierung in Ehren halten. Zur Feststellung von reiner Heiligkeit ist die Kirche nicht bestellt. Diese kann sie vielmehr nur im Glauben an die Verheißung und in grundsätzlicher Spannung zu ihrer stets ambivalenten geschichtlichen Erscheinungsweise bekennen.

## 2. Die Verborgenheit der Kirche

Wir machen einen Sprung zu Martin Luther, ohne seine ausdrückliche Verbindung zu Augustin in den Blick zu nehmen. Dabei konzentrieren wir uns auf den Akzent, den Luther auf die Verborgenheit der Kirche gelegt hat und der in besonderer Weise für ihn kennzeichnend ist und bis heute in der lutherischen Tradition nachwirkt. Luthers Ekklesiologie bezog ihre kritische Pointe ebenfalls aus einer Grenzziehung gegenüber einem vorgefundenen Kirchenverständnis, von dem er überzeugt war, dass es der Kirche schadet. Seine Kritik zielte insbesondere auf die Autorität der Kirche und ihre institutionelle Repräsentanz, die für sich in Anspruch nahm, die wahre Kirche sichtbar in Erscheinung treten zu lassen. Luther problematisierte grundsätzlich die verschiedenen vorstellbaren Varianten eines Glaubens an die Kirche und den damit verbundenen Gehorsam gegenüber einer Kirche, die nichts mehr gegen den Anschein unternahm, als sei ihr zumindest auf Erden alle Gewalt gegeben. Das Regiment Christi war nicht mehr vom Regiment der Kirche zu unterscheiden. Die Kirche war für die Glaubenden an die Stelle Christi getreten, denn es herrschte die Vorstellung, dass es nur durch den Gehorsam ihr gegenüber möglich sei, in ein tragfähiges und verlässliches Verhältnis zu Christus zu kommen.

Die Kirche hatte die augustinische Hemmung gegenüber ihrer Selbstvergöttlichung verloren und vergessen, dass jede Identifikation mit der Wahrheit die geschichtliche Wirklichkeit der Kirche überfordert und unweigerlich einen theologisch nicht begründbaren Machtanspruch mit sich bringt. Dem puristischen Exklusivitätsanspruch der Donatisten stellte Augustin die Inklusivität kirchlicher Katholizität gegenüber, die ebenso vertrauensvoll wie geduldig auf die allein Gott vorbehaltene Exklusivität ausblickt.

Allerdings reicht es nicht aus, Luthers entschiedene Betonung der Unsichtbarkeit der Kirche gegenüber der Anstößigkeit der sichtbaren Kirche in den Blick zu nehmen. Karl Holl hatte die Konzentration auf die Unsichtbarkeit zu der These verführt, dass die Ekklesiologie bei Luther bereits vor dem Ablassstreit zu ihrer spezifischen Gestalt gefunden habe, die sich dann in der Hauptsache nicht mehr verändert habe. Die Kirche Christi sei »ihrem Wesen nach *unsichtbar*«, doch das rechtfertige keinen Zweifel daran, dass sie als solche »*wirklich da* ist«[29]. Dagegen gilt es – wie insbesondere Hans Joachim Iwand gezeigt hat[30] – in Anschlag zu bringen, dass es sehr unterschiedliche Vorstellungen von der Unsichtbarkeit (*invisibilitas*) gibt. Wenn der junge Luther die Unsichtbarkeit zur Wesensbestimmung der wahren Kirche erhob, stand eine neuplatonische Weltanschauung im Hintergrund, nach der die wahre Welt nicht in Erscheinung trete, sondern ihrem Wesen nach unsichtbar bleibe, was dann auch für die Kirche zutrifft, die als solche zwar sichtbar ist, aber in ihrem wahren Wesen unsichtbar bleibe. Nur in möglichst weitreichender Entweltlichung kann man in dieser Perspektive mit der wahren Kirche in Kontakt kommen. Mit dem Glauben betritt der Mensch eine eigene geistliche Wirklichkeit, die nicht der fleischlichen Ordnung dieser Welt unterworfen ist. Das ist eine Theologie, die den Schritt ins Kloster nahe legt. Mit einer solchen Position stand Luther keineswegs allein da, so dass sich auch der in die Kirchenspaltung führende reformatorische Konflikt kaum mit dem Hinweis auf diese Einsicht plausibel erklären ließe. Luther hätte lediglich – wie es mit unterschiedlichen philosophischen Konzepten praktiziert wurde – ein allgemeines Argument auf die Kirche angewandt, ohne dabei die besondere Bestimmung der Kirche berücksichtigen zu

29. Vgl. *K. Holl*, Zur Entstehung von Luthers Kirchenbegriff, in: Ders., Aufsätze zur Kirchengeschichte, Bd. 1: Luther, Tübingen 1921, $^{7}$1948, 288-325, bes. 296-298.
30. Vgl. *H.J. Iwand*, Zur Entstehung von Luthers Kirchenbegriff. Ein kritischer Beitrag zum gleichnamigen Aufsatz von Karl Holl, in: Ders., Glaubensgerechtigkeit. Gesammelte Aufsätze II, hg. v. G. Sauter (TB 64), München 1980, 198-239; *ders.*, Luthers Theologie, hg. v. J. Haar, Nachgelassene Werke Bd. 5, München 1974, 235-254.

müssen. Das damit gewonnene Schutzargument gegenüber einer Identifikation mit der vorfindlich verfassten Institutionalität der Kirche bezieht seine kritische Kraft weniger aus einem theologischen als vielmehr aus dem philosophischen Begründungszusammenhang und wäre dann auch folglich auf dieser Ebene zu diskutieren, d.h. anzuerkennen bzw. abzuweisen gewesen.

Erst die später von Luther aus *theologischen* Motiven heraus betonte Unsichtbarkeit der Kirche führte in den Konflikt mit der verfassten Kirche. Hier ging es um die Frage der Reichweite der den Menschen anvertrauten Macht der Kirche (*potestas ecclesiae*). Wie verhält sich das Reden und Urteilen der Kirche zum Evangelium, bzw. das von Menschen in der Kirche zu verantwortende Wort zum Wort Gottes? Wenn Luther unnachgiebig betont, dass die Kirche Geschöpf (*creatura Euangelii* bzw. *verbi divini*[31]) sei, dann ist damit ein unumkehrbares Begründungsgefälle angedeutet, das die Kirche zum Wort Gottes in das Verhältnis des Geschöpfes zu seinem Schöpfer setzt.

»Das Wort ist ursprünglich und autoritativ Gottes Wort, nicht das Wort der Kirche, außer in passiver und dienender Weise. Also ist die Kirche unter dem Wort und dem Auftrag Gottes und nicht darüber.«[32] – »Die Kirche wird nämlich geboren durch das Wort der Verheißung mittels des Glaubens und durch eben dieses Wort erhalten und bewahrt, d.h.: sie wird durch die Verheißung Gottes begründet, nicht die Verheißung Gottes durch sie. Das Wort Gottes ist nämlich in unvergleichlicher Weise über der Kirche, in dem sie als ein Geschöpf nichts zu bestimmen, zu ordnen und zu schaffen hat, sondern nur bestimmt, geordnet und geschaffen zu werden hat. ... Sonst wäre sie auch Gott übergeordnet, an den man glaubt, weil die Kirche predigt, dass Gott sei.«[33]

Das Geschöpf ist durch den Schöpfer definiert. Jeder Versuch des Geschöpfes, seinen Schöpfer zu bestimmen, bleibt ein Widerspruch in sich selbst, dem nicht nur kein Erfolg zugemessen werden kann, sondern der sich in seinen Folgen unweigerlich selbstzerstörerisch auswirkt. Es wäre, als »lehret [das] Ei das Huhn und [die] Kachel den Töpfer« bzw. führe »der Wagen vor den Rossen«[34]. So wie der Mensch

31. WA 2, 430,6-8; vgl. WA 7, 721,9-14. *K.G. Steck* betont, dass Luther »immer von der Grunderkenntnis der Kirche als creatura verbi ausgeht«: Lehre und Kirche bei Luther (FGLP 10/27), München 1963, 68.
32. WA 7, 682,1-3 (Übersetzungen auch im Folgenden weithin nach H.J. Iwand).
33. WA 6, 560,33-561,1.6f.
34. WA 38, 218.

nur im Glauben an den Schöpfer Geschöpf sein kann, so kann es Kirche nur im Glauben an die Wahrheit des Wortes Gottes geben. Die Artikel des Glaubens sind substantiell nicht das Resultat kirchlicher Lehrautorität, sondern sie kommen – so sie zu Recht gelehrt werden – von Gott, und die Kirche hat keine Macht, über ihre Geltung und Reichweite zu entscheiden[35]. In ihrer Substanz ist die Lehre »Gotteslehre«. Dabei ist wichtig zu beachten, dass Lehre hier nicht eine theologische Theorie oder gar eine abstrakte Wahrheit meint, sondern sie ist Einweisung ins Leben: »Gott hat uns gezeigt, wo das Leben ist, nämlich in seinem Wort«[36]. Auch in diesem Sinne ist der Grundakt der Kirche nicht die Lehre – sie lehrt als Kirche im Grunde nichts –, sondern die Anerkennung der von ihr zu bezeugenden Wahrheit, durch die sie selbst gesetzt wird – das ist die Lehre des Wortes Gottes bzw. des Evangeliums. Luther greift die überkommene Vorstellung der »*approbatio*« des Evangeliums durch die Kirche auf, entzieht sie aber der von der Kirche beanspruchten richterlichen Beurteilungsmacht und beschränkt sie auf die Anerkennung, vergleichbar der Anerkennung, die ein Knecht dem Siegel seines Herrn entgegenbringt[37].

Darin ist Maria für Luther ein eindrucksvolles Bild für die Kirche, dass sie auch gegen die eigene Einschätzung ihrer Situation dem Wort des Boten Gottes glaubt[38]. Mit dieser entschiedenen Gegenüberstellung von Kirche und Wort Gottes geht Luther über das Mittelalter hinaus[39]. Es geht darum, dass das Wort Gottes Recht bekommt und d.h., dass das Urteil *Gottes* die ihm zustehende Anerkennung erhält. Die Kirche kann keine eigene Autorität beanspruchen, sie kann sich nur als mehr oder weniger zuverlässige Schülerin des biblischen Zeugnisses verstehen, die ganz und gar auf die Leben spendende Autorität des Wortes Gottes setzt.

Der Ton, der auf der Unsichtbarkeit liegt, bezieht seine Kraft weniger aus dem Gegensatz zur Sichtbarkeit als vielmehr aus dem Konstitutionszusammenhang in dem Wort, aus dem die Kirche lebt. Es kommt nicht auf das Fühlen und Erleben an, sondern auf das Hören und Glauben – eben durchaus in dem immer wieder neu zu erwartenden

35. Vgl. *H.J. Iwand*, Luthers Theologie (s. Anm. 30), 241.
36. WA 47, 397; vgl. dazu *K.G. Steck* (s. Anm. 31), 62ff.
37. Vgl. *K.G. Steck* (s. Anm. 31), 81.
38. Vgl. Luthers Auslegung des Magnificat, WA 7, 538-604.
39. Vgl. *H.J. Iwand*, Luthers Theologie (s. Anm. 30), 243.

Widerspruch zum Fühlen und Erleben[40]. Das *verbum dei* ist für Luther eine fundamentale eigene Kategorie, die ganz und gar vom Menschenwort zu unterscheiden bleibt. Es geht bei der Kirche nicht um die Transformation des Wortes Gottes in unser Menschenwort, nicht um eine möglichst anschauliche Übersetzung in den menschlichen Erfahrungsbereich, sondern um unsere Transformation in dieses uns von außen ergreifende Wort Gottes[41]. »Deshalb sieht niemand die Kirche, sondern glaubt sie nur durch das Zeichen des Wortes.«[42] Zur Wahrnehmung der Kirche gilt es also, allein auf Gottes Wort zu achten; das Hören auf das Wort Gottes ist das verlässlichste Zeichen der Kirche. Als heiliges Wort heiligt es alles, mit dem es sich verbindet, und Kraft des Heiligen Geistes sammelt es das heilige Volk der Kirche[43].

Im Blick auf die Spannung des Wortes Gottes zu dem Menschenwort, wie es in der sichtbaren Kirche zu vernehmen ist, gilt für Luther das für ihn so charakteristische »entweder … oder« bzw. »ganz oder gar nicht«, d.h. jedes »sowohl … als auch« führt hier nach Luther in die Irre. Die im Wort Gottes gründende Kirche ist ihrem Wesen nach unsichtbar und kann als solche nur geglaubt und bekannt werden[44].

Hans Joachim Iwand weist darauf hin, dass diese unsichtbare Kirche nicht als eine so oder so vorzustellende »Personengemeinschaft« (K. Holl) verstanden werden darf. »Die Sache liegt tiefer. Die Kirche ist unsichtbar, weil in ihr und durch sie das *regnum* Christi als *regnum fidei* »mitten unter uns« ist.«[45] Wird zu direkt auf die Kirche als ›Gemeinschaft der Heiligen‹ zugesteuert, so besteht die Gefahr, dass die systematische Bedeutung der Unsichtbarkeit unterschätzt bzw. ihre sachliche Plausibilität ausgehöhlt wird. Nicht die Gemeinschaft macht

40. In dem antagonistischen Spannungsverhältnis von Glauben und Erleben sah Luther nicht nur den Grund für die Anfechtung, sondern eben auch ihre Unausweichlichkeit; vgl. dazu *M. Weinrich*, Die Anfechtung des Glaubens. Die Spannung zwischen Gewißheit und Erfahrung bei Martin Luther, in: Jesus Christus als Mitte der Schrift. Studien zur Hermeneutik des Evangeliums, hg. v. Chr. Landmesser, H.-J. Eckstein u. H. Lichtenberger (BZNW 86), Berlin 1997, 127-158.
41. »Und so verwandelt er uns in sein Wort, nicht sein Wort in uns.« So Luther zu Röm 3,4: WA 56, 227,4f.
42. WA 7, 722,6.
43. Vgl. WA 50, 629.
44. Vgl. *H.J. Iwand*, Zur Entstehung von Luthers Kirchenbegriff (s. Anm. 30), 227.
45. Zur Entstehung von Luthers Kirchenbegriff (s. Anm. 30), 229.

die Kirche zur Kirche, sondern es ist das Wort Gottes[46], welches identisch ist mit Jesus Christus. Die Radikalität der Unsichtbarkeit sperrt sich zunächst gegen alle Imaginationen einer kirchlichen Sozialgestalt. Im Vordergrund steht das theologische Motiv, dass Christus durch den Heiligen Geist Macht über uns gewinnt, und das geschieht im Glauben, der aus dem Wort Gottes kommt. In diesem Sinne kann durchaus gesagt werden, dass Christus selbst durch sein Wort in unvertretbarer Weise regiert. Gewiss ertönt auch das Wort Gottes allein im Menschenwort, aber nur da, wo es nicht Menschenwort bleibt, sondern zum Wort Gottes wird, gründet sich Kirche im pointierten Sinne.

Wenn Luther die Unsichtbarkeit der wahren Kirche betont, wird diese nicht in eine ferne Distanz versetzt oder gar in die Unerreichbarkeit des Jenseits, sondern das ganze theologische Gewicht liegt auf ihrer lebendigen Gegenwart in strikter Entsprechung zur Gegenwart Christi. Trotz der deutlich pneumatologischen Kontur der Lebendigkeit der Kirche liegt bei Luther der Ton im Blick auf ihre Konstituierung auf der Christusunmittelbarkeit. Ohne die Voraussetzung der Gegenwart Christi kann es keine sinnvolle Rede von der wahren Kirche geben. Der Unsichtbarkeit der Gegenwart Christi entspricht die Unsichtbarkeit der Kirche, deren Wirklichkeit aber ebenso real ist, wie die lebendige Nähe Gottes. Das Verständnis der Kirche wird somit zum Inbegriff der Gegenwart Gottes, denn das Bekenntnis zur Kirche bedeutet in der Sache vor allem: Christus ist mitten unter uns – jetzt und immerdar. Geht es aber tatsächlich um die Präsenz Gottes selbst, dann bekommt die prinzipielle Unsichtbarkeit der Kirche eine unabweisliche Plausibilität, die nicht zuletzt der verfassten Kirche – mit K.G. Steck gesprochen – »jedes töricht-stolze Protzen auf die garantierte Gegenwart des hl. Geistes«[47] verunmöglicht. Die Nähe Gottes in der Kirche hängt an ihrer Unverfügbarkeit insbesondere an ihrer Unsichtbarkeit.

Dagegen ist es gerade die Versuchung der Kirche, die auf ihre Sichtbarkeit setzt, dass sie als greifbare Repräsentantin einer erst von ihr in ungreifbare Ferne gerückten wahren Kirche auftritt, um sich sogleich als Vermittlerin zu der unsichtbaren Wirklichkeit anzubieten. Solange

46. Vgl. auch *M. Doerne*, Gottes Volk und Gottes Wort. Zur Einführung in Luthers Theologie der Kirche, in: LuJ 14 (1932), 61-98: »Die ›Gemeinschaft der Gläubigen‹ gehört durchaus zum Wesen der Kirche, aber sie *ist nicht* das Wesen selbst«, diese liege viele mehr im Wort Gottes (67).
47. S. Anm. 31, 82.

die sichtbare Kirche nicht einfach von sich selbst behauptet, dass in ihr die wahre Kirche unverstellt in Erscheinung trete – was in ungebrochener Form wohl keine Kirche für sich in Anspruch nimmt –, so lange wird sie nicht umhin kommen, eine mehr oder minder große Differenz zur wahren Kirche einzuräumen, die sie sich freilich stets zu verkleinern und zu überbrücken bemüht. Wo immer sie sich in diesem Sinne als sichtbare Vermittlerin von Unsichtbarem versteht, wird sie unweigerlich ganz und gar von der Gestaltung ihrer Sichtbarkeit in Beschlag genommen. Einen Teil ihres kultischen Lebens widmet sie ausdrücklich dieser von ihr vermeintlich zu leistenden Überbrückungsaufgabe. Eben deshalb werden insbesondere die Sakramente vor allem in ihrem darstellenden Charakter gewürdigt, sie seien die sichtbare Form der unsichtbaren Gnade[48]. Die ganze Unternehmung Kirche gerät zu einer Transformationsinstanz, die Unsichtbares sichtbar macht und Unfassliches erfahrbar. Die Kirche vermakelt dem Menschen sonst Unerreichbares, indem sie die Geheimnisse der verborgenen göttlichen Wahrheit in den Horizont unserer diesseitigen geschichtlichen Existenz vermittelt. Darin besteht ihr Charakter als Heilsanstalt, der ihr zugleich eine Exklusivität verleiht, die sich dann auch in ihrer institutionellen Gestalt sichtbar widerspiegelt.

Wenn dagegen das Wort zum entscheidenden Zeichen der Kirche wird, wird deutlich, dass Luther bei »Zeichen« nicht an einen Vorgang der Sichtbarmachung denkt. Das Zeichen bezeichnet vielmehr die Präsenz und wahrt dabei die Unsichtbarkeit[49]. Indem es aber Menschen sein müssen, welche das Wort ergreifen, damit auch das von Menschen nicht zu sagende Wort Gottes laut wird, bleibt schließlich anerkannt, dass es durchaus sichtbare und akustisch vernehmbare menschliche Anstrengungen auch um eine Sozialform der Kirche geben muss, wo Menschen dieses Wort sprechen. Insofern geriete alles in eine Schieflage, wollte man behaupten, bei Luther sei die Unsichtbarkeit ein Zeichen der Kirche. Indem es zugleich aber nicht in die Macht der Menschen gelegt ist, das Wort Gottes zu sagen, sondern auf ihrem Reden nur die Verheißung liegt, dass Gott sein Wort selbst sagen wird, wird andererseits sofort deutlich, dass die Phantasie und Energie bei diesen

48. Vgl. dazu *H.J. Iwand*, Zur Entstehung (s. Anm. 30), 220, bes. Anm. 52.
49. Das gilt durchaus auch für die Sakramente, die ja nichts Verborgenes sichtbar machen, sondern das Verborgene als Verborgenes und somit Unsichtbares in Raum und Zeit vergegenwärtigen. Auch sie sind vom Wort her zu verstehen und nicht von den Elementen bzw. Vollzügen.

geschichtlichen Gestaltungsaufgaben nicht auf einer möglichst eindrucksvollen Sichtbarkeit der menschlichen Institution, sondern auf die zu wahrende Aufmerksamkeit für das die Kirche gründende Unsichtbare gelegt werden sollte. Allen Institutionalisierungen wird ein weitreichender Vorbehalt eingebrannt, der dann von den konkreten Gestaltungen nicht konterkariert werden darf, wenn sich die Kirche nicht selbst an die Stelle Christi stellen will.

In allem Sichtbaren muss gleichsam der Verweischarakter der Kirche zum Unsichtbaren als ihre entscheidende Dimension erkennbar bleiben oder zumindest stimmig zugeordnet werden können. Deshalb soll die Kirche »nicht machen noch wandeln, sondern allein reichen und geben … das Euangelion, von Christus befohlen zu predigen.«[50] Die sichtbare Kirche soll sich weder von ihrer noch überhaupt von einer Sichtbarkeit aus definieren, sondern sie bleibt auf die Bestimmung von dem Unsichtbaren aus angewiesen. Die prinzipielle Nichtfassbarkeit der Kirche schützt die Kirche vor allem vor dem Zugriff des Menschen, in dessen Hand sie früher oder später unweigerlich zu einem Ausdrucksmittel seiner Frömmigkeitsbedürfnisse verkommt.

Iwand fasst die damit beschriebene theologische Existenz der Kirche in folgendes Bild:

»Luther baut den Tempel ab. Alles das, was jetzt an Kirchenordnungen geschaffen wird, gleicht dem Notbau der Stiftshütte. Die Ordnungen, unter denen die Versammlungen Gottes unter dem Wort stattfinden, dürfen niemals etwas Bleibendes sein. Sie müssen ein Ausdruck des wandernden Gottesvolkes sein.«[51]

Es ist deutlich, dass es nicht ausreicht, nur von dem die Kirche begründenden Wort Gottes zu sprechen, vielmehr ist auch von den Menschen zu reden, die dieses Wort Gottes hören. Zum Wort Gottes gehört die »Gemeinschaft der Heiligen« unmittelbar dazu. »Denn Gottes Wort kann nicht ohne Gottes Volk sein«[52]. Doch auch das Volk Gottes ist nicht vorrangig eine Sozialform, sondern eine theologische Bestimmung, die allerdings auch konkrete Konsequenzen für die Gestaltung einschließt. Das Wort ergeht um der Erschließung der wahren Wirklichkeit des Menschen willen, d.h. es ist adressiert und setzt einen Adressaten voraus, den es auch erreicht, wenn anders es ins Leere ginge. Dabei liegt die Vorstellung zugrunde, dass sich das Wort gleichsam

50. WA 38, 238f.
51. *H.J. Iwand*, Luthers Theologie (s. Anm. 30), 250.
52. WA 50, 629,34f.

selbst seine Adressaten schafft, indem es – obwohl es aus dem Munde von Menschen kommt – als Wort Gottes gehört wird.

Die Energie, welche die Kirche in die Sichtbarkeit steckt, verrät ihren Unglauben oder – etwas milder formuliert – ihren Kleinglauben. Auch die »Ungläubigen« »verneinen das Evangelium nicht, aber, indem sie Zusätze machen zu den Worten des Evangeliums mit ihren eigenen Glossen, führen sie uns hinweg, allmählich und ohne daß wir es merken, von dem königlichen Weg des Glaubens.«[53] Eine Kirche, die tatsächlich auf den Glauben setzt, weiß um den verborgenen Charakter der Kirche und beklagt ihn deshalb auch nicht. Wo immer Klage über das Erfahrungsdefizit und die Erlebnisarmut als ein Defizit der Kirche erhoben wird, mag es gute Gründe dafür geben, aber auf die reformatorische Theologie wird man sich dabei schwerlich berufen können. Die Kirche ist entweder im Glauben konstituiert, oder sie hat bereits eine problematische Richtung eingeschlagen, die sie unweigerlich von dem Wesen der Kirche abbringt. Dies sei nochmals mit einem häufig zitierten Absatz Luthers von 1520 zusammengefasst:

»Diese Gemeinde oder Versammlung heißet aller derer, die in rechtem Glauben, Hoffnung und Liebe leben, als daß der Christenheit Wesen, Leben und Natur sei nicht leibliche Versammlung, sondern eine Versammlung der Herzen in einem Glauben, wie Paulus sagt Eph 4: eine Taufe, ein Glaube, ein Herr. Also ob sie schon sein leiblich voneinander zerteilt tausend Meilen, heißen sie doch eine Versammlung im Geist, dieweil ein jeglicher predigt, glaubt, liebt und lebt wie der andere, wie wir singen vom heiligen Geist: »Der du hast allerlei Sprache in die Einigkeit des Glaubens versammelt«, das heißt nun eigentlich eine geistliche Einigkeit, von welcher die Menschen heißen eine Gemeinde der Heiligen, welche Einigkeit alleine genug ist, zu machen eine Christenheit, ohne welche keine Einigkeit, es sei der Stadt, Zeit, Person, Werk oder was es sein mag, eine Christenheit machet.«[54]

Das ökumenische Credo zur gottgegebenen Einheit der Kirche wird zur Fundamentaleinsicht der Ekklesiologie[55]. Nur solange das Bekenntnis zu der im Glaubensbekenntnis bekannten Kirche im Blick ist, kann auch all das, womit Kirche geschichtlich in Erscheinung tritt, den Glauben bekräftigen. Umgekehrt jedoch funktioniert es nicht: die

53. WA 7, 725,25ff.
54. WA 6, 293,1ff.
55. Vgl. dazu *M. Weinrich* (Hg.), Einheit bekennen. Auf der Suche nach ökumenischer Verbindlichkeit, Wuppertal 2002; *M. Weinrich*, Die reformatorische Herausforderung zur Einheit, in: Ders., Kirche glauben (s. Anm. 1), 66-98.

Gestaltungen und Bräuche der geschichtlich verfassten Kirche können niemals zur Grundlegung des Glaubens werden – vielleicht im Sinne religiöser Sozialisation, aber nicht im theologisch substantiellen Sinne. Zu den überkommenen Gestaltungen können wir niemals in ein Verhältnis der Gewissheit gelangen, denn sie können der Ambivalenz von tatsächlichem Frömmigkeitsausdruck und formgetreuer Heuchelei nicht entnommen werden. Angesichts der verfassten Kirche wird die Frage nach der wahren Kirche niemals zur Ruhe kommen können. Will der Glaube aber auch hinsichtlich der Kirche zur Gewissheit gelangen – und damit dem grundlegenden reformatorischen Impetus entsprechen –, so kann diese nur auf der vom Glaubensbekenntnis in Anspruch genommenen Ebene geschehen. Die Akzentverschiebung auf die Unsichtbarkeit ist also im Sinne Luthers keine Verflüchtigung der Kirche, sondern sie soll die mit der Kirche verbundene Gewissheit stärken bzw. überhaupt wieder erst zurückgewinnen.

Bei der dem Glauben erschlossenen unsichtbaren Kirche legte Luther den Ton auf die Präsenz und Nähe eben des christusunmittelbaren Reichs des Glaubens. Die wahre Kirche bedarf ebenso wenig einer Vermittlung, um in Erscheinung zu treten, wie sie auf eine sichtbare Repräsentanz angewiesen ist. Jede Vorstellung eines (sichtbaren) Stellvertreters Christi greift zu hoch hinaus und verdrängt Christus aus seiner Rolle. Die Differenz, um die es hier geht, ist – mit den Worten Luthers – die Differenz zwischen »regieren« und »dienen«. »Ein Stellvertreter regiert in Abwesenheit des Fürsten; daher ist dort, wo ein Stellvertreter Gottes regiert, überhaupt kein Gott. Wo nämlich Gott gegenwärtig ist, braucht es keinen Stellvertreter, sondern nur Diener.«[56]

Indem die Kirche durch ihren Dienst definiert wird, verbietet sich die Institutionalisierung jeder Hierarchie, durch welche zwangsläufig Über- und Unterordnungsverhältnisse in der Gemeinde etabliert werden. Jeder Dienst, der gleichzeitig auch regiert, indem er sich anderen Diensten gegenüber als besonders ausgezeichnet oder voraussetzungsvoll ansieht, steht im flagranten Widerspruch zum göttlichen Recht der Gemeinschaft (*ius communis*): »Daher haben wir alle ein und dasselbe Recht. Der Name der Brüderlichkeit und Gemeinschaft erlaubt nämlich nicht, dass einer über dem anderen stehe oder mehr Erbbesitz oder Recht habe, insbesondere in geistlichen Dingen, die wir hier be-

56. WA 7, 742,13-15; vgl. WA 9, 458,27-29.

handeln.«[57] Es ist nicht in unser Ermessen gestellt, hier so oder auch anders zu denken, sondern ganz pointiert hebt Luther hervor, dass die Gläubigen »entweder kein Priesteramt haben, das von dem der Laien unterschieden ist, oder ein Priesteramt des Teufels haben«[58]. Indem jeder Einzelne allein in Christus konstituiert ist, kann auch die Gemeinschaft in nichts anderem als in Christus allein konstituiert sein. Es zeigt sich nach Luther durchaus in der Gestalt der Kirche, wie ernst sie es damit nimmt, in Christus und nicht in irgendeinem eigenen Vermögen konstituiert zu sein.

Diese göttliche Anordnung bleibt auch in Kraft, wenn es um die Beurteilung der Lehre der Kirche geht. Indem die Gemeinde eine Kreatur des Wortes ist, kommt auch ihr das Urteil über die rechte Lehre zu. So mögen die kirchlichen Amtsträger und theologischen Gelehrten wohl ihre Lehre vortragen, »aber die Schafe sollen urteilen, ob sie die Stimme Christi lehren oder eine fremde Stimme«[59]. In der spezifischen Gesellschaftsform der Kirche im Gegenüber zum auf weltlicher Herrschaft gründenden Staat liegt die entscheidende Pointe der Aufhebung des von Menschen wahrgenommenen Priestertums in das allgemeine Priestertum, das wegen des faktischen Klerikalismus auch in den protestantischen Kirchen kaum je eine reale Verwirklichung erfahren hat[60]. Freilich darf bei einer solchen Bemerkung auch nicht übersehen werden, dass die von Luther hier ins Auge gefasste urteilsfähige Gemeinde nicht einfach durch die Mitgliedschaft der geschichtlich verfassten Kirche gestellt wird. Vielmehr bleibt auch diese Gemeinde verborgen, aber eben in, mit und unter der verfassten Kirche.

Wenn Ulrich Kühne den Begriff der Unsichtbarkeit für missverständlich hält und es vorzieht, von der Verborgenheit der Kirche zu sprechen, dann tritt er zu Recht dem Eindruck entgegen, als sei die Kirche eine körperlose, gleichsam geistlich-innerliche Angelegenheit[61].

57. WA 12, 189,9-12.
58. WA 12, 189,31f.
59. WA 11, 409,27f. Es soll nicht verschwiegen werden, dass diese in den fundamentalen reformatorischen Auseinandersetzungen von Luther immer wieder betonte Souveränität der Gemeinde im Urteil über die rechte Lehre schon in der vor allem von Melanchthon verantworteten CA von 1530 keinen Niederschlag gefunden hat, wo das Urteil über die Lehre zu den besonderen Aufgaben der Bischöfe gerechnet wird (vgl. CA XXVIII, BSLK 120ff.).
60. Vgl. dazu *M. Weinrich*, Das Priestertum ohne Priesteramt, in: Ders., Kirche glauben (s. Anm. 1), 99-113.
61. Vgl. *U. Kühn*, Kirche (HST 10), Gütersloh 1980, 24f.

Gegen ein solches platonisierendes Missverständnis bleibt festzuhalten, dass Luther zwar in strengen Gegensätzen dachte – wie oben angedeutet wurde –, dass er diese Spannungsverhältnisse aber ebenso in dialektischen Gleichzeitigkeiten denken konnte. Besonders berühmt ist Luthers *simul iustus et peccator* (gerecht und sündig zugleich). Die Gegensätzlichkeit dieser Gleichzeitigkeit ist nicht immer so offenkundig wie in diesem Beispiel. Wenn es um die Kirche und ihre Gleichzeitigkeit von Sichtbarkeit und Verborgenheit geht, legt sich zunächst ein Vergleich mit der Betrachtung unserer Welt nahe, die auch nicht unmittelbar durch ihre Erscheinungsweise zu erkennen gibt, dass sie Gottes Schöpfung ist[62]. Die Kirche »ist und wird in der Welt wahrgenommen und dennoch ist sie nicht Welt«[63]. Man geht gleichsam an der Kirche vorbei, wenn man sie auf ihre unbestrittene Sichtbarkeit hin anspricht, so wie auch die Kirche sich selbst verfehlt, wenn ihre Sorge vor allem ihrer Sichtbarkeit gilt. Auch wenn Luther von äußerlichen Zeichen der Kirche spricht, geht es stets um Zeichen, die dem Glauben eine Hilfe sein sollen, und eben nicht um Zeichen, in denen die Welt die Kirche zu erkennen vermag. Und die Zeichen sind – wie ebenfalls bereits angedeutet – auch nur Hinweise auf äußerliche Umstände, auf denen in besonderer Weise die Verheißung liegt, dass unter ihnen die Kirche *verborgen* ist.

Aber diese eher harmlos daherkommende Gleichzeitigkeit von sichtbarer und verborgener Kirche hatte für Luther gerade in seinen Auseinandersetzungen mit der römischen Papstkirche auch noch eine dramatischere Dimension, in der wiederum das strenge »entweder ... oder« auftaucht, auch wenn beide Dimensionen faktisch immer wieder unauflöslich miteinander verschlungen sind. Luther beruft sich auf Augustin, wenn er zwei Kirchen – die wahre und die falsche Kirche – miteinander im Konflikt sieht. Hier geht es um die angesprochene Machtfrage. Indem der Papst selbst Herrschaft ausübt und damit die Entfaltung der Herrschaft Christi behindert, steht er gegen Christus, gegen das in Christus liegende Heil und ist somit eben der »Antichrist«[64]. Die Grenze zwischen wahrer und falscher Kirche mag theologisch klar bestimmbar sein, aber sie lässt sich in der geschichtlichen Kirche nicht eindeutig aufzeigen, so dass Luther auch nach dem Bruch

62. Vgl. WA 39 II, 162,6f.
63. WA 39 II, 149,22f.
64. Vgl. besonders eindrücklich WA 7, 759.

stets damit gerechnet hat, dass es auch in der Papstkirche noch rechten Glauben im Sinne der wahren Kirche gibt. In diesem Sinne kann es von ihm aus auch keinen totalen Bruch mit dieser Kirche geben: Mit dem dennoch vollzogenen radikalen Bruch muss sich die reformatorische Seite ihr Gewissen nicht belasten.

Auch für die wahre Kirche bleibt die rechtfertigungstheologische Einsicht festzuhalten, dass sie allein in Christus heilig ist, während sie vor Gott bis zum jüngsten Tag eine untertänige Sünderin bleibt[65]. Das ist kein pessimistischer Defätismus, sondern die befreiende Bedingung der Möglichkeit, nun auch entschlossen und tatkräftig mit aller Phantasie sichtbare Kirche zu gestalten, ohne sich dabei jemals unter den Druck gestellt zu sehen, damit die Wahrheit der Kirche in Szene setzen zu müssen. Hier gilt eben das allein zu höchst vorsichtigem Gebrauch formulierte »*pecca fortiter*« – »sündige kräftig«: Die sichtbare Gestaltung der Kirche folgt den Entscheidungen der Menschen, die auch, wo sie in größtmöglicher Treue zum gehörten Evangelium getroffen werden, niemals über die Ambivalenz menschlicher Gestaltungen hinauszukommen vermögen. Damit daraus nicht der nahe liegende Schluss erwächst, die Hände in den Schoß zu legen, weil sie nichts Reines hervorzubringen vermögen, ertönt die Ermutigung des »*pecca fortiter*«, entschlossen nach jeweils bestem Gewissen zu handeln und dabei stets auf die Verheißung der vergebenden Barmherzigkeit Gottes zu vertrauen, nicht als berechnendes Kalkül für gezielte Schandtaten oder opportunistische Doppelbödigkeiten, sondern als Befreiung von skrupulöser Lähmung und perfektionistischer Zaghaftigkeit. In diesem Sinne bleibt K.G. Steck zuzustimmen, dass es in der konsequenten Konzentration auf die verborgene Kirche nicht zuletzt um die besondere Freiheit der Kirche gehe[66].

## 3. Die Sichtbarkeit der Kirche

Wenn wir uns in einem dritten Gedankenbogen nun noch Johannes Calvin zuwenden, so geht es ebenso wenig wie bei Luther um eine Erfassung der ganzen Breite seiner Ekklesiologie, sondern um einen bestimmten Akzent, der allerdings für sein Verständnis der Kirche im

65. Vgl. WA 38, 216.
66. Vgl. Lehre und Kirche bei Luther (s. Anm. 31), 20.

Laufe seines Lebens zunehmend an Bedeutung gewann, nämlich die Sichtbarkeit der Kirche und ihre theologische Bewertung. Freilich wäre es absurd zu behaupten, die sichtbare Kirche spiele bei Luther keine Rolle[67], aber in ihrer *theologischen* Würdigung steht sie im Schatten seines Verständnisses von der verborgenen Kirche. In der theologischen Bewertung oder gar Würdigung der konkreten Gestaltungselemente der Kirche blieb Luther aus Furcht vor der Aufrichtung einer neuen Gesetzlichkeit zurückhaltend. Das ändert sich in der zweiten Generation der Reformation auch im lutherischen Einflussbereich.

Bei Calvin als einem prägenden Theologen der reformierten Tradition stoßen wir auf ein eigenes ekklesiologisches Profil, das einerseits auf andere historische Bedingungen reagiert und andererseits auch eigenen theologischen Akzentsetzungen folgt[68]. Im Unterschied zu Luther war die Ekklesiologie ein Hauptthema seiner Theologie[69]. Dabei

67. In welchem Sinn auch Luther offensiv von der sichtbaren Kirche sprechen konnte, ohne freilich von dem auf der Unsichtbarkeit liegenden Akzent jemals etwas zurückzunehmen, zeigt etwa die Studie von *E. Rietschel*, Das Problem der unsichtbar-sichtbaren Kirche bei Luther, Leipzig 1932.

68. Luther und Calvin stimmten darin überein, dass die Menschen von den Irreführungen und Belastungen des spätmittelalterlichen Kultbetriebs befreit werden mussten. Geprägt von den unterschiedlichen Gegebenheiten und Mentalitäten der beiden Personen schlägt das gemeinsame Anliegen recht unterschiedliche Wege ein. Der »charismatische Reformer« (so Luther nach *A.E. McGrath*, Johann Calvin. Eine Biographie, Zürich 1991, 32), setzte auf die Befreiungskraft des Glaubens und entwickelte in seiner eher provinziell-kleinstädtischen Umgebung wenig Interesse an der kommunalen Erneuerung (vgl. dazu auch *B. Moeller*, Reichsstadt und Reformation, Gütersloh 1962). Calvin sah insbesondere von Straßburg aus die teilweise chaotischen Entwicklungen des öffentlichen Lebens in den deutschen Gebieten der lutherischen Reformation und zog für sich daraus die Konsequenz zur Gestaltung einer lebensfähigen Ordnung (*A.E. McGrath*, ebd., 136). Zudem bleibt zu beachten, dass Calvin eine städtische Situation im Blick hat, in der sich ohnehin Umbrüche abzeichneten, die zunächst nichts mit den religiösen Fragen unmittelbar zu tun hatten, und es ging nun nicht zuletzt darum, diese Veränderungen in geordnete Bahnen zu lenken. Mit den beiden Biographien von *A.E. McGrath* und *B. Cottret* (Calvin. Eine Biographie, Stuttgart 1998) kann davon ausgegangen werden, dass mindestens in dem Maße, in dem Calvin versuchte, auf die theologische Situation der Kirche gestaltend einzuwirken, umgekehrt die konkrete Situation auf Calvin und seine konkreten Gestaltungsoptionen eingewirkt hat.

69. Vgl. *G.W. Locher*, Calvin. Anwalt der Ökumene (ThSt(B) 60), Zollikon 1960, 10f. Unter den Reformatoren war er zusammen mit Martin Bucer der leidenschaftlichste Vertreter der Ekklesiologie; vgl. *O. Weber*, Calvins

steht nicht die Seligkeit der Glaubenden im Vordergrund, sondern die Ehre Gottes[70]. Über das besondere Profil von Calvins Idealbild der geschichtlichen Kirche kann gewiss gestritten werden, nicht aber darüber, dass sein Engagement stets der konkreten Gestaltung der Kirche galt[71].

Mit Luther teilte Calvin nicht nur die besondere Wertschätzung Augustins, sondern er fühlte sich insgesamt als dankbarer Schüler der Theologie Luthers[72], was sich auch in der anfangs – vor allem gegenüber der sichtbaren Selbstdarstellungsneigung der römischen Papstkirche – favorisierten Konzentration auf die unsichtbare Kirche zeigt, wie sie sich in der ersten Ausgabe der Institutio von 1536 findet[73] – die Kirche ist (mit Alexandre Ganoczy formuliert) zu glauben »als die unsichtbare Einheit der in Christus Erwählten«[74]. Wir können uns an dieser Stelle kurz fassen, da Calvin hinsichtlich der unsichtbaren Kirche in der Hauptsache die Einsichten Luthers teilt und auch zeitlebens vorausgesetzt hat[75]. Indem es Gottes Erwählung (nicht von Einzelnen,

Lehre von der Kirche, in: Ders., Die Treue Gottes in der Geschichte der Kirche, Gesammelte Aufsätze II (BGLRK 29), Neukirchen 1968, 19-104, 19.

70. Dies formuliert Calvin nicht gegen Luther, sondern gegen die römisch-katholische Kirche, vgl. u.a. die Antwort an Kardinal Sardolet (1539), in: Calvin Studienausgabe, hg. v. E. Busch u.a., Band 1/2, Neukirchen-Vluyn 1994, 337-429.
71. Die »Kraft zu gestalten und zu verwirklichen [war] Calvins eigenste Gabe«; *K. Holl*, Johannes Calvin [1909], in: Ders., Gesammelte Aufsätze zur Kirchengeschichte III, Tübingen 1928, 254-284, 255.
72. Zwar ist für Calvin das Amt des Apostels auf die ersten Jahre des Aufbaus der Kirche beschränkt gewesen, aber Gott könne auch zu anderen Zeiten wieder Apostel erwecken (Institutio IV 3,4). Damit habe Calvin nach *O. Weber* ohne Zweifel Luther gemeint, zumal er ihn an anderen Stellen ausdrücklich einen Apostel nenne; vgl. Anm. 69, 33. »Calvin hat nie zu verbergen versucht, wie viel er Luther verdankte.« *K. Holl* (s. Anm. 71), 262. Ebenso ist Calvin zeitlebens nicht auf die Idee gekommen, in den Lutheranern eine andere Kirche zu sehen – sein Engagement galt stets der ganzen reformatorischen Kirche.
73. Vgl. insbes. das Widmungsschreiben der Institutio an König Franz I, in: Calvin Studienausgabe, hg. v. E. Busch u.a., Bd. 1/1, Neukirchen-Vluyn 1994, 66-107.
74. *A. Ganoczy*, Ecclesia ministranz. Dienende Kirche und kirchlicher Dienst bei Calvin (ÖF.E 3), Freiburg 1968, 147.
75. Vgl. *P. Wernle*, Der evangelische Glaube nach den Hauptschriften der Reformatoren, Bd. III: Calvin, Tübingen 1919, 52. Vgl. auch den allerdings sehr an der aktuellen Frage nach den Grenzen der Volkskirche orientierten

sondern von Gliedern des Leibes Christi) ist, welche die Kirche (bereits vor der Geschichte) konstituiert[76], kann sie sich von einer unantastbaren Stabilität getragen wissen, in der sie dem geschichtlichen Wandel getrost entgegensehen kann. Die Kirche wird einerseits radikal der menschlichen Selbstgefälligkeit und aller eigenen Macht entzogen, während sie sich andererseits zugleich allen Angriffen der Welt gegenüber überlegen wissen darf[77].

In der folgenden Ausgabe der Institutio, die schon nach einer relativ kurzen Zeit praktischer Erfahrungen und Enttäuschungen 1539 erschien, tritt der Aspekt der Sichtbarkeit der Kirche mit einem nachdrücklichen eigenen Akzent daneben. Das spezifische Profil von Calvins Kirchenverständnis findet sich dann in der Ausgabe von 1543. Hier blickt Calvin auf seine Erfahrungen in Straßburg (1538-1541) zurück, wo er in engen Kontakt mit Martin Bucer gekommen war, dem er viele Impulse für die konkrete Gestaltung des kirchlichen Lebens verdankt. Wenn sich die folgenden Überlegungen dennoch vor allem an der Ausgabe der Institutio von 1559 orientieren[78], dann ist der Grund nicht darin zu suchen, dass es noch zu weiteren Änderungen gekommen sei. Die Ausgabe von 1559 ist nicht nur die wirkungsgeschichtlich bedeutungsvollste, sondern auch insofern die ausgereifteste, als sie deutlicher als die vorherigen Ausgaben darum bemüht ist, die biblische Fundierung zu entfalten und die polemischen Grenzziehungen zu markieren[79].

Während Calvins Position in Genf, wo er zeitlebens kein *citoyen* – mit allen Rechten ausgestatteter Bürger – war[80], zunächst überaus

Beitrag von *H. Quistorp*, Sichtbare und unsichtbare Kirche bei Calvin, EvTh 9 (1949/50), 83-101.

76. Vgl. dazu *W. Krusche*, Das Wirken des Heiligen Geistes nach Calvin, Berlin 1957, 316ff.
77. Vgl. *W. Niesel*, Die Theologie Calvins, München 1938, 181f.
78. Für die Zitationen wird – wenn nicht ausdrücklich anders vermerkt – die Übersetzung von *O. Weber* zugrunde gelegt: *J. Calvin*, Unterricht in der christlichen Religion, Neukirchen-Vluyn ²1963 (Belege werden im Text angegeben).
79. Vgl. *P. Wernle* (s. Anm. 75), 392. Zur Unterscheidung der verschiedenen Ausgaben der Institutio vgl. ebd., 49-67, 355-390, 403-407. Wernle stellt im Blick auf das IV. Buch der Institutio von 1559 fest: »Neu ist nichts an diesen Gedanken; sie spinnen nur weiter, was die Institutio von 1543 lehrte.« (Ebd., 406)
80. Das Genfer Ratsprotokoll nennt ihn anfangs ohne Namen einfach »ille Gallus« (vgl. *O. Weber*, Johannes Calvin, Gestalter der Kirche, in: Gesammelte

machtlos war, verdankt er seine wachsenden Einflussmöglichkeiten in der Mitte der 50er Jahre vor allem den reichlich zuwandernden Glaubensflüchtlingen aus Frankreich, aber auch aus Italien, England und Schottland, die sich eng um ihn scharten. *Einerseits* wurden diese aufgrund der mitgebrachten oder in Genf neu entfalteten Wirtschaftskraft schnell zu einer einflussreichen Macht, mit der sie es auch verstanden, die ablehnende Haltung des Rates gegenüber Calvin soweit zu lockern, dass dieser zumindest in den die Kirche betreffenden Fragen einen eigenen Spielraum durchzusetzen vermochte[81]. *Andererseits* erlangte Genf durch diese Flüchtlinge eine wohl einmalige Internationalität, welche diese Stadt bis heute in besonderer Weise auszeichnet. Dabei handelt es sich um eine wechselseitige Entwicklung, denn die Flüchtlinge wandten sich nach Genf, weil ihnen Calvin und sein Wirken in Genf besonders durch die große Verbreitung seiner Institutio längst eine wichtige Orientierung geworden war, während umgekehrt die Flüchtlinge in gewisser Weise die reformierte Ökumene nach Genf brachten, indem über sie weitreichende konkrete Beziehungen zu deren Herkunftsregionen ermöglicht und auch faktisch realisiert wurden, was nicht zuletzt einem abgestimmten Vorgehen in kirchenpolitischen Fragen zugute kam.

Calvins Ekklesiologie ist sowohl durch eine deutliche *Strenge* als auch eine geduldige *Weite* geprägt. Die *Strenge* Calvins liegt vor allem

Aufsätze II (s. Anm. 69), 1-18,7). Die Einwohner Genfs waren in drei Kategorien unterschieden: 1. die *citoyens*, die Altbürger, 2. die *bourgeois*, die privilegierten Neubürger und 3. die *habitants*, die übrigen Bürger, »die nicht wählen, keine Waffen tragen und kein öffentliches Amt bekleiden durften«, mit der Ausnahme des Pfarramtes oder des Lektors. Calvin war ein solcher habitant und wurde erst 1559 zum bourgeois; vgl. *A.E. McGrath* (s. Anm. 68), 144. Gegen den immer noch nicht ganz ausgeräumten Ruf, der ›Diktator von Genf‹ gewesen zu sein, stellt McGrath fest: »Calvin konnte drängen, gut zureden und flehentlich bitten, was er auch tat; aber er konnte nicht befehlen« (ebd., 146).

81. Calvin kämpfte vor allem darum, dass nicht – wie es gegen die erklärte Position Calvins in Genf üblich war – der Rat den Ausschluss einer Person vom Abendmahl wirksam werden lässt, sondern dass dies zu den genuinen Aufgaben der vom Staat deutlich zu unterscheidenden Kirche gehört; vgl. dazu *A.E. McGrath* (s. Anm. 68), 160ff. Indem Calvin die Aufgabe der Kirchenzucht den Ältesten zuwies, schlug er einen Weg zwischen ihrer Säkularisierung (in der die Obrigkeit für Zucht zuständig erklärt wird) und ihrer Sakralisierung (wo sie in die Hände der Pfarrer wie etwa in der Hochschätzung der Beichte bei Luther) gelegt wird; vgl. *O. Weber* (s. Anm. 69), 86.

in der eigenen Genfer Situation begründet, in der nur eine in sich gefestigte und klar positionierte Gemeinde den Ansprüchen der Politik auf die Kirche wirksam trotzen konnte. Zugleich hatte Calvin im Blick, dass sich außerhalb von Genf ein unübersichtlicher Rechtsliberalismus ausbreitete[82], in dem sich nicht nur die Machthaber anmaßten, ihr eigenes Recht mehr oder weniger willkürlich festzulegen, sondern die Menschen sich insgesamt immer weniger an gemeinsame Maßstäben gebunden fühlten[83]. Deshalb betont Calvin so sehr die bindende Kraft der vom Evangelium bewirkten Freiheit. Die *Weite* hängt dagegen mit Calvins entschieden ökumenischer Einstellung zusammen. Er wollte keinen anderen Gemeinden seine Ansichten aufzwingen. Die Einheit der Kirche kommt nicht aus der Homogenität der menschlichen Praxis, sondern hängt an der Übereinstimmung im Empfangen des Wortes, das Calvin auch als das einzige und ausreichende Kennzeichen der Kirche bezeichnen konnte (IV 2,4[84]). Die Hugenotten von Poitier empfanden Calvins Position als zu lax, und sie standen damit keineswegs allein[85].

So wie sich Gott in der Verhüllung des Menschen Jesus von Nazareth in besonderer Weise offenbar gemacht hat, so benutzt er auch irdische Mittel (»irdene Gefäße« 2 Kor 4,7), um den Menschen nahe zu sein. Gott hat von sich aus den Weg in die Sichtbarkeit gewiesen, indem er seine Instrumente bestimmt hat, mit denen er öffentlich erkennbar in der Kirche wirken will. Zwar garantiert die Praxis dieser Instrumente keine automatische Präsenz des Heiligen Geistes und somit das Ereignis der wahren Kirche, aber umgekehrt bleibt zu unterstrei-

82. In Frankreich, der Schweiz, den Niederlanden, England, aber auch in Oberdeutschland und am Niederrhein.
83. Hier liegt ein gravierender Unterschied zum Umfeld der lutherischen Reformation, in der die obrigkeitliche Ordnung weithin anerkannt wurde, so dass Luther selbstverständlich die Zuständigkeit für die Ordnung bei der Obrigkeit beließ, während die Kirche für die Verkündigung des Evangelium zuständig sein sollte. Er war wohl der – sich später ein wenig leichtfertig erweisenden – Ansicht, dass die Obrigkeit die gesellschaftliche Ordnung fest im Griff habe, so dass die Kirche hier nicht ihre Energien verschwenden müsse; vgl. *O. Weber* (s. Anm. 80), 5f.
84. Vgl. auch *J. Calvin*, Streitschrift gegen die Artikel der Sorbonne (1544), in: Calvin Studienausgabe, hg. v. E. Busch u. a., Bd. 3, Neukirchen-Vluyn 1999, 1-105, 73-75.
85. Vgl. *O. Weber* (s. Anm. 80), 13f.

chen, dass da, wo diese Instrumente nicht praktiziert werden, die wahre Kirche ganz gewiss *nicht* sein kann[86].

Die Sichtbarkeit der göttlichen Instrumente lässt keinen unmittelbaren Rückschluss auf die von ihnen gegründete menschliche Gemeinschaft zu. Die tatsächliche Wirksamkeit dieser Instrumente bleibt unseren Augen verborgen. So wie die Erwählung allein von Gott gewirkt wird, so werden auch die Erwählten – als Teil der sichtbaren Kirche – allein von Gott gesehen. Wenn von der sichtbaren Kirche die Rede ist, wird die Aufmerksamkeit weder zuerst noch zuletzt auf den Menschen und seine stets unvollkommenen Gestaltungsversuche gelenkt. Von Interesse ist allein das, worin sich Gott sichtbar zu machen versprochen hat. Nicht unsere subjektiven Urteile über das Erscheinungsbild sind gefragt, sondern allein die Aufmerksamkeit auf die von Christus selbst eingesetzten Erkennungszeichen. Die Sichtbarkeit, von der hier die Rede ist, ist keine Offensichtlichkeit, sondern sie steht in einem essentiellen Kontakt zum Glauben, der seinerseits nicht anders als gottgewirkt gedacht werden kann. Die sozialen Ausdrucksmöglichkeiten und Lebensgestalten menschlicher Frömmigkeit kommen in diesem grundlegenden Argumentationszusammenhang zunächst noch gar nicht in den Blick[87].

Wenn Calvin in der Überschrift zum IV. Buch der Institutio von »äußeren Mitteln oder Beihilfen« spricht, ist von vornherein angezeigt, dass es um die relative Bedeutung der Kirche gehen soll. Relativ allerdings vor allem in dem Sinne, dass die zu bedenkenden Gestaltungsfragen der Kirche *bezogen* bleiben müssen auf die theologischen Einsichten, die in den drei vorausgegangenen Büchern gemacht wurden. Relativität bezeichnet also keine Nivellierung der Bedeutung, sondern ihre sie auszeichnende Bindung. Es stehen keine einfach ins Belieben gestellten Vorschläge zu erwarten, denn es wird sogleich auf die Einladung und den Erhaltungswillen Gottes verwiesen. Die Kirche ist entschieden nicht der Grund und auch nicht der Gegenstand des Glaubens, ebenso wenig wie sie die Arena der Scheidung zwischen Weizen und Spreu ist. Der Glaube schließt aber die Gliedschaft am Leibe Christi seinem Wesen nach ein. Und so existiert die Kirche im Vollzug

86. Hier ist *W. Krusche* gegen P. Barth, W. Niesel, W. Kolfhaus und H. Quistorp Recht zu geben, dass es bei Calvin keinen an der Sichtbarkeit der Kirche vorbeigehenden Begriff einer *wahren* Kirche gibt, so unbestritten auch Calvin weiterhin um die unsichtbare Seite der Kirche weiß; vgl. Anm. 76, 315f.

87. Vgl. *W. Niesel* (s. Anm. 77), 186; *W. Krusche* (s. Anm. 76), 313.

des Glaubens (*qua creditur*). Sie existiert gleichsam durch die glaubende Partizipation (IV 1,3). Als solche könnte sie auch als unsichtbare gepriesen werden. Doch Calvin schreitet sofort weiter zur sichtbaren Kirche:

»Ebenso also, wie es für uns vonnöten, jene *unsichtbare*, allein für Gottes Augen wahrnehmbare Kirche zu glauben, wird es uns auch aufgetragen, diese Kirche, die im Blick auf die *Anschauung der Menschen* Kirche heißt, hochzuhalten und die Gemeinschaft mit ihr zu pflegen.« (IV 1,7)

Der Ton, den Calvin nun vor allem auf die sichtbare Kirche legt, steht ganz und gar im Zeichen der Fürsorge Gottes, in der er seine »Kinder« versammelt[88]. Ihre Notwendigkeit resultiert aus der Grobsinnigkeit, der Trägheit und auch der Eitelkeit des Menschen, unter denen der Glaube schnell zum Erliegen käme, wenn die Kirche – als das irdische Wirkmittel Gottes – nicht seiner Schwachheit immer wieder aufhelfen würde (IV 1,1). Die in der Kirche in Erscheinung tretende Fürsorge Gottes zeigt sich in der Einrichtung des differenzierten Amtes und in den Sakramenten, welche »höchst nutzbringende Mittel sind, um den Glauben zu erhalten und zu stärken« (IV 1,1). Damit ist die Bestimmung der Kirche insgesamt zusammengefasst.

Das *Amt* ist für Calvin deshalb zentral, weil es in besonderer Weise für die gegenwärtige Wirksamkeit des erhöhten Christus steht, dessen Herrschaft (*regnum Christi spirituale*) Calvin in besonderer Weise mit der Kirche verbunden sieht[89]. Zwar ist Christus allein der König der Kirche, die er durch sein Wort regiert, aber er bedient sich dabei als Werkzeug des Dienstes der Menschen. Kirche gestaltet sich als Amtskirche[90], wobei genau hinzusehen bleibt, in welcher Weise Calvin das Amt beschreibt, damit sich hier kein klerikalistisches Missverständnis

88. Das ist die Metaphorik, in deren Horizont Calvin das von der Alten Kirche gern gebrauchte Bild von der Kirche als der Mutter der Glaubenden aufnimmt (vgl. bes. IV 1,4) und die Wendung von Cyprian (De unitate eccl. 6) aufnimmt: »Wer also Gott zum Vater hat, der muß auch die Kirche zur Mutter haben« (IV 1,1); vgl. auch *F. Wendel*, Calvin. Ursprung und Entwicklung seiner Theologie, Neukirchen-Vluyn 1968, 260.
89. Vgl. dazu ausführlicher *W. Krusche* (s. Anm. 76), 333ff.
90. Vgl. *O. Weber* (s. Anm. 69), 31. Dagegen konzentriert sich die existentialistisch geprägte Interpretation von *P. Barth* ganz und gar auf die eschatologisch ausgerichtete Gemeinde als *communi sanctorum*, ohne dass das Amt auch nur erwähnt würde; damit wird zumindest eine fundamentale Dimension von Calvins Kirchenverständnis ausgeblendet (Calvins Verständnis der Kirche, in: ZZ 8 (1930), 216-233).

einschleicht. Die ökumenische Diskussion um das Amt im 20. Jahrhundert legt hier eine ganz besondere Vorsicht nahe.

Das rechte Verständnis hängt hier an der Wahrnehmung des Argumentationsgefälles. Zielt die Beschreibung der Kirche als *Christusgemeinschaft*[91] auf die Hervorhebung der *Gemeinschaft* durch Christus oder vor allem auf die Hervorhebung von *Christus* durch die Gemeinschaft? Die Betonung der christologischen Fundierung des Amtes kann in zwei sehr unterschiedliche Richtungen weisen, wobei die eine eben die römisch-katholische ist, in der die Kirche und das Amt mit einer besonderes Macht (*potestas*) ausgestattet werden, während Calvin nicht nachlässt, immer wieder zu untersteichen, dass keine andere Macht als die des lebendigen Christus bestimmend sein kann. Die Hervorhebung der Regierungsmacht Christi hat eine herrschaftskritische Pointe, indem sie sich gegen jede Form der Menschenherrschaft wendet. Die Kirche ist allein darin Leib Christi, dass *Christus* ihr Haupt ist.

Calvin beginnt seine Überlegungen über das Amt mit der Frage nach der Bedeutung des Faktums, dass Gott uns sein Wort durch Menschen ausrichten lässt. Damit sei 1. das Vertrauen erwiesen, das Gott in seiner Liebe in den Menschen setze, 2. werde die Demut der Gemeinde geübt, indem diese in ihrer Frömmigkeit sich nicht auf ein offenkundiges Machtwort Gottes, sondern tatsächlich auf den Glauben verlassen müsse, und 3. diene dies dem Zusammenhalt der Gemeinde, welche die Belehrung in geordneter Weise aus einer Hand empfange, so dass sich niemand dazu verführt sehen müsse, sich dadurch hervorzutun, dass er das Wort an sich reißt (IV 3,1). Die Kirche soll durch Menschen geleitet werden, deren Autorität jedoch allein in dem von ihnen zu verrichtenden *Dienst* besteht: Sie sollen nichts lehren, was sich nicht selbst von Gott gelernt haben (IV 8,5).

Im pointierten Sinne ist Calvin der Ansicht, dass es Gott selbst ist, der durch Menschen an uns handelt und seine Kirche leitet[92]. Die Dif-

91. W. *Kolfhaus* sieht das Zentrum der Ekklesiologie Calvins in der Einpflanzung der Kirche – *insitio in Christum*. Sie eint die Kirche mit Christus (*unio cum Christo*) und begründet als diese *Christusgemeinschaft* das Verständnis der Kirche als Leib Christi, das Calvin in zugespitzter Weise so zum Ausdruck bringen kann, als sei die Kirche Christus; vgl. *W. Kolfhaus*, Christusgemeinschaft bei Johannes Calvin (BGLRK), Neukirchen 1939.
92. Es gehört in diesen Kontext, dass Calvin sich zu seinem Tun in Genf von Gott berufen wusste, was jedoch für ihn vor allem eine Verpflichtung be-

ferenziertheit des vierfachen Amtes soll nicht nur einer monarchischen Hierarchie wehren helfen, sondern entspricht auch der Berücksichtigung der paulinischen Charismenlehre, nach der den Menschen unterschiedliche Charismen zukommen. Aus der Gliedschaft am Leibe Christi – und das ist entscheidend – lassen sich keine Über- und Unterordnungen zwischen den Gemeindegliedern einschließlich der Amtsträger ableiten. Wenn die Charismen dann doch auch Unterschiede in der Gemeinde bezeichnen, so betreffen diese nicht die Person, sondern ihre Aufgabe. Um dem ideologischen Missbrauch des Dienstgedankens zur Verbrämung von faktischer Herrschaft keinen Raum zu geben, sollte im Blick auf Calvins Ekklesiologie pointiert von einer funktionalen Kirchentheorie gesprochen werden[93], die allerdings nicht – wie etwa bei Trutz Rendtorff, Gert Otto oder Karl-Wilhelm Dahm – von den humanwissenschaftlich identifizierten Bedürfnissen der Gemeinschaft aus orientiert wird, sondern von den Erfordernissen, die das in den weiten Horizont des Gottes-Dienstes versetzte Leben der Gemeinschaft stellt.

Indem sich die unterschiedlichen Begabungen einander ergänzen, bedürfen sich die Menschen auch gegenseitig. Die Gemeinde setzt sich aus unterschiedlichen Individuen (Individualitäten) zusammen, aber sie verträgt keine Individualisten, die ihren eigenen Nutzen verfolgen[94]. Die Vielfalt (der Gaben des Geistes) gefährdet die Einheit nicht, sondern gibt ihr ganz im Gegenteil den besonderen Zusammenhalt (in der Gemeinschaft des gleichen Geistes). Die Einheit schließt ausdrücklich die Unterschiedenheit mit ein. Die Geistesgaben stehen bei Calvin vor dem Amt, das in seinen unterschiedlichen Gestalten aus ihnen abgeleitet und deshalb als »pneumatisch-charismatisches Amt« zu verstehen ist[95]. Sie sind deshalb ganz und gar funktional zu verstehen (IV

deutete und keineswegs als Ausdruck einer hervorgehobenen Selbstwertschätzung verstanden werden darf; vgl. *A.E. McGrath* (s. Anm. 58), 36f, 99f.

93. Dieser Aspekt wird besonders hervorgehoben von *J.R. Weerda*. Die Gemeinde kann insgesamt über das Amt, an dem sie partizipiert, als eine ›Funktionsgemeinschaft‹ aufgefasst werden; vgl. Ordnung zur Lehre. Zur Theologie der Kirchenordnung bei Calvin, in: Ders., Nach Gottes Wort reformierte Kirche, hg. v. A. Sprengler-Ruppenthal (TB 23), München 1964, 132-161, 151.
94. Vgl. *W. Krusche*, Das Wirken des Heiligen Geistes (s. Anm. 76), 320.
95. Vgl. *J. Bohatec*, Calvins Lehre von Staat und Kirche mit besonderer Berücksichtigung des Organismusgedankens, Breslau 1937, 430. Die christokra-

7,14), während ihre Träger durch die Gliedschaft am Leibe Christi allen anderen gleichgestellt sind.

Nach den *Ordonnances ecclésiastiques* von 1541 und 1561[96] favorisiert Calvin unter Einfluss von Bucer[97] das viergliedrige Amt: Pastoren, Lehrer, Älteste und Diakone[98]. Eine eindeutige biblische Grundlage für diese Einteilung gibt es nicht, so wie es im Neuen Testament auch keine Kirchenverfassung gibt. Wichtig bleibt vor allem, dass einerseits mit den Ämtern alle für das Leben der Kirche notwendigen Funktionen in den Blick kommen und andererseits die Partizipation der Gemeinde fest etabliert wird. Präzise beschrieben geht es stets nur um *ein* Amt, das im Sinne einer differenzierten Einheit in diese vier Funktionen zu unterscheiden ist.

Das Amt des *Hirten* ist zentral (was nicht meint vorrangig!), d. h. die anderen Ämter nehmen an diesem Amt teil, denn alle Ämter unterstehen dem Wort, dessen Verkündigung die vorzügliche Aufgabe der Pastoren ist. Der Gemeinde kommt bei der Wahl ihrer Pastoren – sowie auch der anderen Amtsträger – eine große Bedeutung zu[99]. Die *Lehrer* sind die auf das alttestamentliche Amt der Propheten zurückgehenden Theologen, welche die rechte Lehre zu verbreiten und über deren Berücksichtigung zu wachen haben. Den *Ältesten* und den *Diakonen* fallen die beiden in keiner Gemeinde verzichtbaren Aufgaben zu, nämlich die Gemeinde zu leiten (*gubernatio*) und den Armen eine besondere Fürsorge (IV 3,8) sowie den Kranken die notwendige Pflege zukommen zu lassen (IV 3,9)[100]. Zur stets kollektiv bzw. kollegial zu

tisch begründete Ekklesiologie vollzieht sich ›pneumatokratisch‹; vgl. ebd., 432f.

96. In: Calvin Studienausgabe, hg. v. E. Busch u. a., Bd. 2, Neukirchen-Vluyn 1997, 227-279.
97. Von der wahren Seelsorge (1538).
98. Wir vernachlässigen hier Calvins unverkrampftes Verhältnis zum Bischofsamt (Inst. IV 3,8), das er allerdings u. a. unter Berücksichtigung von Apg 20,17 mit Presbyteramt gleichsetzt.
99. Es ist allerdings eher zweifelhaft, dass im Sinne Calvins die Gemeinde grundsätzlich für die Wahlen aller Amtsträger zuständig sein sollte, zumindest wird festzustellen sein, dass dies in Genf längst nicht in allen Fällen praktiziert wurde. Sicher ist lediglich, dass sie ggf. die Bischöfe – die Presbyter – zu wählen hat, während sie in anderen Fällen u. U. nur zu hören ist, d. h. sie darf von der Berufung eines Amtsträgers nicht ausgeschlossen werden; vgl. dazu *O. Weber* (s. Anm. 69), 38f; *F. Wendel* (s. Anm. 88), 268.
100. Zur Diakonie vgl. *J.R. Weerda*, Kirche und Diakonie in der Theologie Calvins, in: Ders., Nach Gottes Wort reformierte Kirche (s. Anm. 93).

gestaltenden Leitung der Gemeinde gehört die besonders sensible, von Calvin allerdings als fundamental eingeschätzte Aufgabe der Zurechtweisung der öffentlichen Anstoß erregenden Gemeindeglieder (Kirchenzucht), die ggf. vom Abendmahl auszuschließen sind, damit dieses tatsächlich zur Ehre Gottes begangen werden kann[101]. Die Ältesten sind zudem autorisiert, den Pastoren die erforderliche Kritik zukommen zu lassen.

Es ist deutlich, dass alle herrschaftskritischen Aspekte bei Calvin im Rahmen eines theologisch begründeten Herrschaftskonzepts bleiben, so dass etwa im Unterschied zu Luther der (anarchistisch eingefärbte) Gedanke des allgemeinen Priestertums aller Glaubenden bei ihm keinen eigenen ekklesiologischen Raum bekommt. Immerhin kommt auch nach Calvin der Gemeinde die Fähigkeit zu, die rechte von der falschen Lehre am Maßstab der Heiligen Schrift zu unterscheiden. Deshalb betont Calvin, dass nicht allein von der Leitung durch den Geist gesprochen werden solle, sondern stets Wort und Geist zusammen zu nennen seien[102]. Um im Blick auf die Herrschaft zu einem tragfähigen Urteil kommen zu können, wäre vor allem der Frage nach dem besonderen Charakter der Herrschaft Gottes nachzugehen, wo durchaus mit sachlichen Überraschungen (etwa im Blick auf ihren zutiefst tröstlichen Charakter) zu rechnen ist. Doch wir wollen unsere Überlegungen zum Amt bei Calvin in dieser Richtung hier nicht weiter vertiefen.

Im Blick auf die Sichtbarkeit der Kirche bleibt zu unterstreichen, dass Calvin das Amt nicht zu den Kennzeichen der Kirche zählt, obwohl er es für die lebendige Praxis der beiden genannten Kennzeichen der Kirche unbedingt voraussetzt. Damit ist deutlich angezeigt, dass sich der kirchenleitende Verantwortung tragende Jurist Calvin zwar zum Amt keine Alternative vorstellen konnte, denn ebenso wie in jeder Stadt und in jedem Dorf bedarf es auch in der Kirche befugte und ermächtige Verantwortungsträger, d.h. eines legitimierten Regiments. Aber neben dem grundsätzlichen Unterschied zwischen der politischen bzw. bürgerlichen und der kirchlichen bzw. geistlichen Herrschaft (IV 11,1) ging Calvin grundsätzlich davon aus, dass der von dem Amt

101. *H.-J. Kraus* schlägt zur Vergegenwärtigung des Anliegens der Kirchenzucht eine Brücke zu D. Bonhoeffers Kritik der billigen Gnade; vgl. Die Aktualität der Theologie Calvins, in: M. Welker/D. Willis (Hg.), Zur Zukunft der Reformierten Theologie, Neukirchen-Vluyn 1998, 371-386, 384.
102. Antwort an Kardinal Sardolet (s. Anm. 70), 362-365.

wahrzunehmende Dienst in durchaus unterschiedlicher Gestalt vollzogen werden kann – eben je nach den konkreten situativen Bedürfnissen der verschiedenen Kirchen.

Wie bereits angedeutet, unterscheidet Calvins Blick auf die *sichtbare* (!) Kirche stets zwei Fokussierungen. Die *eine* Ausrichtung nimmt die fundamentale Bedeutung der *Einheit* der Kirche in den Blick und ist somit auf die Universalität der Kirche in ihrer Verstreuung über die ganze Welt gerichtet (1). Der *andere* Fokus gilt der konkret verfassten *Lokalkirche* in Stadt und Land (2). Die erste Perspektive blickt vor allem auf das, woran Gott selbst die Kirche erkennbar machen will. In der zweiten Perspektive werden dann die historischen Konkretionen und ihre Bedingungsfaktoren bedacht.

1. Die universale Kirche kommt nach dem »Urteil der Liebe« (*iudicium caritatis*) in den Blick: »danach sollen wir *die* Menschen als Glieder der Kirche erkennen, die durch das Bekenntnis des Glaubens, durch das Beispiel ihres Lebens und durch die Teilnahme an den Sakramenten mit uns den gleichen Gott und Christus bekennen.« (IV 1,8) Jede weiter reichende Skepsis hinsichtlich der Redlichkeit des Glaubens hat zu unterbleiben, denn das Urteil darüber kommt allein Gott zu. Das Entscheidende ist für Calvin das »Bekenntnis der Frömmigkeit«, denn dieses eröffnet die Möglichkeit der Zurechnung zur Kirche, auch für diejenigen, die außerhalb der Kirche stehen, solange sie nicht ausdrücklich ausgeschlossen sind (IV 1,9). Das Bekenntnis als kurze und einfache Zusammenfassung des christlichen Glaubens (gemeint ist das apostolische Glaubensbekenntnis) steht in unüberbietbarer Weise für die rechte Katholizität und Einheit der Kirche, so dass es auch vereinzelte Christen der Kirche zuschlägt. Hier wird deutlich, dass auch Calvin – ebenso wie Luther – stets damit gerechnet hat, dass es auch in der römisch-katholischen Papstkirche, die als solche nicht als Kirche anzusehen sei, rechte Christen geben könne, die (auch unabhängig vom Hinweis auf die erhalten gebliebene Taufe) der Kirche zugerechnet werden müssen (vgl. IV 2,11f.)[103]. In Übereinstimmung mit CA VII[104] werden in der Regel nur Wort und Sakrament als Kenn-

103. Der Hinweis auf die erhalten gebliebene Taufe veranlasst Calvin, zumindest nicht zu bestreiten (*non negamus*), dass es in der Papstkirche auch über den einzelnen Christen hinaus noch *Kirchen* geben mag; vgl. seine Antwort an Kardinal Sardolet (s. Anm. 70), 394-397.

104. Die christliche Kirche »ist die Versammlung aller Glaubigen, bei welchen das Evangelium rein gepredigt und die heiligen Sakrament lauts des Evan-

zeichen der Kirche angesehen (vgl. IV 1,11 u. 12)[105]. Diese eher uncalvinische Beschränkung – etwa gegenüber den eben zitierten Bestimmungen des »Urteils der Liebe« – unterstreicht das große Gewicht, das Calvin auf die Einheit der universalen Kirche legt[106]. Und dort zeigt sich eine durch die Erfahrung schnell bestätigte theologische ökumenische Grundeinsicht: Um die Einheit ist es nur solange gut bestellt, wie sie sich auf das Bekenntnis des Handelns Gottes beruft.

So wichtig Calvin auch der Lebenswandel der einzelnen Christen war, so sehr hebt er auf der anderen Seite hervor, dass die Kirche »über und über mit vielen Gebrechen bedeckt« sein mag (IV 1,12)[107]. Diese dürfen die Einheit der Kirche nicht gefährden, solange die beiden von Gott gegebenen Kennzeichen gegeben sind. Nach seiner Vertreibung aus Genf 1538 wollten dort seine Freunde nicht mehr am Abendmahl

gelii gereicht werden« (BSLK, 61). Calvin hatte 1539 die CA in der ursprünglichen Fassung unterschrieben und sich fortan an den öffentlich erklärten Konsens gehalten.

105. So bereits im Widmungsschreiben der ersten Ausgabe der Institutio an König Franz I (s. Anm. 73), 92.

106. Kaum etwas vermag mehr die Wertschätzung Calvins für Luther und die Sehnsucht nach Zusammenschluss der reformatorischen Kirchen zu unterstreichen als die hier erkennbare Selbstzurücknahme, mit der sich Calvin ganz und gar auf die Position Luthers zubewegt, wie sie auch in dem häufig zitierten Satz Luthers zusammenfasst ist: »Wo du siehst, dass die Taufe, das Brot und das Evangelium sei, da ist – ganz abgesehen vom Ort und von den Menschen – ohne Zweifel die Kirche.« (WA 7, 720,36-38).

107. Hier wird deutlich, dass die viel diskutierte Kirchenzucht bei Calvin nicht in erster Linie auf die tugendhafte Lebensführung ausgerichtet gewesen sein kann. Vielmehr stand sie ebenfalls im Dienst der Verkündigung des Evangeliums und zielte darauf, diejenigen, die der Kirche den Rücken gekehrt hatten bzw. sich von ihr distanziert hatten, zur Umkehr und somit zum Verbleib in der Kirche zu bewegen. – Calvin unterscheidet sich von anderen Reformierten gerade darin, dass er die Zucht *nicht* zu den Zeichen der Kirche zählt; vgl. *J.R. Weerda*, Kirche und Diakonie in der Theologie Calvins (s. Anm. 100), 119; *A.E. McGrath* (s. Anm. 68), 221; *F. Wendel* (s. Anm. 88), 265f, *W. Nijenhuis*, Calvin, in: TRE 7, Berlin 1981, 568-592, 585. In der Sache auch *W. Kolfhaus*, Christusgemeinschaft (s. Anm. 91), 88. Sie fehlt auch in der *Confession de Foy* (1559), an der Calvin mitgewirkt hat, während sie in der *Confessio Scotia* Art. 18 (1560) und der *Confessio Belgica* Art. 29 (1561) genannt wird. Damit soll nicht in Abrede gestellt werden, dass für Calvin die Disziplin eine große Bedeutung hatte. Aber es würde die Substanz seiner ökumenischen Intention in Frage stellen, wenn er als Unterzeichner der CA ein weiteres Kennzeichen für die Kirche als notwendig erklärte.

teilnehmen, das von den Gegnern Calvins geleitet wurde; doch Calvin fordert sie um der Einheit der Kirche willen nachdrücklich auf, diese Demonstration zu unterlassen[108].

Das gilt dann auch im Blick auf die theologische Lehre. Hier wird Calvin als entschiedener Ökumeniker erkennbar, indem er bereits in einem sehr weitreichenden Sinne die Einheitserwartungen von zu hohen Anforderungen im Lehrkonsens entlastet:

»Denn nicht alle Stücke der wahren Lehre sind von gleicher Gestalt. Einige unter ihnen sind derart *notwendig* zu wissen, daß sie bei allen unerschütterlich und unzweifelhaft fest stehen müssen, gleichsam als die *eigentlichen* Lehrstücke der Religion. Dazu gehören zum Beispiel folgende Aussagen: Es ist ein Gott, Christus ist Gott und Gottes Sohn, unser Heil besteht in Gottes Barmherzigkeit, und andere Aussagen gleicher Art. Dann gibt es *andere* Lehrstücke, über die unter den Kirchen *Meinungsverschiedenheiten* herrschen, die aber die Einheit im Glauben *nicht zerreißen*.« (IV 1,12)

Es ist nicht unwichtig, darauf hinzuweisen, dass Calvin niemals eine geschlossene Aufzählung der »*eigentlichen* Lehrstücke« vorgetragen hat. Eine solche Festlegung stände in der Versuchung, den Glauben auf die Lehre, statt auf Christus zu fixieren[109]. Lehrverschiedenheiten in weniger zentralen Fragen dürfen unter Christen kein Grund zur Entzweiung sein. Es ist auffällig, dass Calvin hier plötzlich von »Kirchen« (Plural als der »grammatikalische Modus der Relativität«[110]) spricht. In der Wahrung der beiden Kennzeichen sind sie alle Teile der universalen Christenheit, der einen universalen Kirche. Die Angemessenheit der Verkündigung des Evangeliums als das eine Kennzeichen der sichtbaren Kirche bemisst sich an den *notwendig* zu wissenden *eigentlichen* Lehrstücken bzw. ist mit ihnen identisch. Hier handelt es sich – wiederum vergleichbar mit Luthers Verständnis – nicht um eine Lehre der *Kirche*, sondern um *Gottes* Unterweisung des Glaubens, die sich nicht in rezitationsfähigen Satzwahrheiten erschöpft, die aus dem Wort Gottes eine Theorie machen.

2. Es machte Calvin auf der anderen Seite keine Mühe, sich innerhalb der einen universalen Kirche durchaus eine große Anzahl verschiedener Einzelkirchen vorzustellen, »die jeweils stadtweise oder dorfweise nach der unter Menschen notwendigen Ordnung verteilt

108. Vgl. CR 10b, 309; vgl. *B. Cottret* (s. Anm. 68), 183.
109. Vgl. *O. Weber* (s. Anm. 69), 63; *ders.*, Die Einheit der Kirche bei Calvin (in: Gesammelte Aufsätze II, s. Anm. 69), 105-118, 116.
110. *Marc Bloch* zit. von *B. Cottret* (s. Anm. 68), 152.

sind, daß jede einzelne den Namen und die Geltung einer Kirche rechtmäßigerweise trägt« (IV 1,9[111]). Diese Formulierung zielt auf die konkreten Erfordernisse, die sich aus den jeweils unterschiedlichen Situationen ergeben und denen auch Rechnung zu tragen ist. Es geht genau um das Ernstnehmen der Fragen, die wir heute mit dem Stichwort der Kontextualität benennen. Das Eingehen auf die besonderen regionalen Erfordernisse mag eine eigene Organisationseinheit als eine eigene Kirche sinnvoll erscheinen lassen, aber dies rechtfertigt in keiner Weise die Aufkündigung der Einheit mit der einen universalen Kirche, die hier für die in aller Kontextualität zu wahrenden Katholizität der Kirche steht.

Die kirchlichen Gebräuche und die gottesdienstlichen Formen stehen nicht unter dem Druck einer Vereinheitlichung. Ihre Gestaltung fällt in die Freiheit der Gemeinden[112]. Zu viel Vereinheitlichung birgt die Gefahr einer Überbewertung der Form in sich, die hin bis zu ihrer Vergötzung reichen kann. In diesem Sinne ist Vielfalt durchaus erwünscht. Calvin hat sich niemals auf eine bestimmte Ordnung etwa des Amtes oder der Gottesdienstgestaltung festgelegt[113]. Deutlich stellt er fest:

> »Es wäre unerhört, wenn wir in den Dingen, in denen uns der Herr Freiheit gelassen hat, damit wir umso mehr Möglichkeit hätten, die Kirche zu erbauen, eine sklavische Gleichförmigkeit erstreben wollten, ohne uns um den wahren Aufbau der Kirche zu kümmern. Denn wenn wir einmal vor den Richterstuhl Gottes treten werden, um Rechenschaft abzulegen von unseren Taten, werden wir nicht nach den Zeremonien gefragt werden. Überhaupt wird eine solche Gleichförmigkeit in den äußeren Dingen keine Beachtung finden, wohl aber der rechte Gebrauch der Freiheit. Als rechter Gebrauch wird aber der gelten, der am meisten zur Auferbauung der Kirche beigetragen hat.«[114]

Die Bindung an Christus eröffnet in diesen Fragen eine große Freiheit. Der kritische Punkt ist an einer anderen Stelle zu suchen: Die Grenzen einer lokalen Kirche dürfen nicht mit den Grenzen der einen Kirche Jesu Christi verwechselt werden. Sie ist nicht berechtigt, ihre Begrenztheit zu theologisieren und daraus ein besonderes Selbstbewusstsein abzuleiten, durch das sie anderen Partikularkirchen gegenüber heraus-

111. Übersetzung nach: Der Glaube der Reformatoren. Klassiker des Protestantismus, Bremen ⁴1986, 472.
112. Vgl. CR 14, 285; 15, 538.
113. Vgl. *W. Krusche*, Das Wirken des Heiligen Geistes (s. Anm. 76), 306.
114. OS 1, 432 (zit. n. *W. Niesel* [s. Anm. 77], 198).

gehoben sei. Vielmehr hat sie sich als ein Teil des *einen* Leibes Christi zu verstehen, der irdisch-geschichtlich jenseits aller Mängel allein in der rechten Verkündigung des Evangeliums und dem einsetzungsgemäßen Darreichen der Sakramente in Erscheinung tritt. Energisch bestreitet Calvin den Vorwurf, er betreibe Kirchenspaltung, den er mit dem Vorwurf respondiert, dass sich Rom von der Kirche getrennt habe und zu einer Sekte geworden sei, die sich durchaus mit der Sektiererei der Täufer vergleichen lasse, weil beide – die römisch-katholische Kirche eben in ihrer Bindung an den Papst – auf unterschiedliche Weise individualistisch orientiert seien[115].

Die von Calvin ins Auge gefasste sichtbare Einheit der Kirche ist identisch mit der spezifischen Bestimmung ihrer Sichtbarkeit überhaupt. In diesem Sinne hat Calvin der *Unionsgedanke* nahe gestanden[116]. Weniger missverständlich wäre von dem starken Akzent zu sprechen, den Calvin auf die theologisch profilierte *Katholizität* der Kirche legt – hier liegt der sachliche Anschlusspunkt für die entschiedene Ökumenizität seiner Ekklesiologie. Der auf die Katholizität gelegte Ton bewahrt die Ökumene vor einer geographischen oder historischen Engführung ihres Verständnisses und weist ausdrücklich darauf hin, dass Katholizität und somit auch die Ökumenizität keine Leistung der Kirche ist, sondern eine nicht zu gefährdende, vielmehr mit allen Kräften zu bewahrende Gabe Gottes ist[117]. Die Bewahrung und Förderung der Einheit hat sich Calvin auch zu einer eigenen Aufgabe gemacht, die weit über die mühsam gelungene Einigung mit Zürich im *Consensus Tigurinus* (1549)[118] hinausgeht. Calvin hat sich stets um einen Zusammenschluss aller reformatorischen Kirchen bemüht, und es bestanden gegenseitig weithin gut präparierte Aussichten auf eine Einigung mit den lutherischen Kirchen. Aber es war ausgerechnet die vollzogene Einigung mit Zürich, die dann aufgrund der Zögerlichkeit von Melanchthon und einer weniger sachlichen als vielmehr emotionalen, aber dann wohl ausschlaggebenden Reaktion von dem Hamburger Theologen Joachim Westphal[119] alle Erfolgsaussichten im Blick auf

115. Brief an Kardinal Sardolet (s. Anm. 70), 364ff.
116. Vgl. dazu *G. Reichel*, Calvin als Unionsmann, Tübingen 1909.
117. Vgl. *G.W. Locher* (s. Anm. 69), 13.
118. In: Calvin Studienausgabe, hg. v. E. Busch u. a., Bd. 4, Neukirchen-Vluyn 2002, 1-27.
119. Es kann gewiss auf Westphal bezogen werden, wenn *Locher* das Scheitern des Brückenschlags zu den Lutheranern auf die Lutheraner zurückführt,

die lutherischen Kirchen auf weite Sicht vereitelte[120] und damit der Geschichte eines oft kleinlichen Konfessionalismus ihren Lauf ließ.

Calvins ökumenische Praxis ist in besonderer Weise von der oben angesprochenen *Strenge* und *Weite* charakterisiert. Jede Gemeinde hat um der Verteidigung ihrer Selbstständigkeit willen eine möglichst konsequente Ordnung zu praktizieren, aber diese Ordnung muss sich jede Gemeinde selber geben und kann ihr nicht von außen auferlegt werden. Und so drängte Calvin im Blick auf die Ortsgemeinde auf Uniformität, während er im Blick auf die universale Kirche auf die Freiheit setzte[121]. Diese Dezentralisierung war der entscheidende Motor der von Calvin gemeinten Ökumene. Die Selbstverantwortlichkeit der Lokalkirche kann grundsätzlich zu angemesseneren Lösungen finden als jeder Zentralismus.

Calvins Nachsichtigkeit beschränkte sich keineswegs nur auf den Blick nach außen. Sie galt auch im Umgang mit den Unvollkommenheiten der Geschwister in der eigenen Gemeinde. Er spricht von einem »falschen Wahn einer vollkommenen Heiligkeit« (IV 1,13) und erinnert unter anderen an die Donatisten, mit denen sich Augustin herumgeschlagen habe. In dem Ideal verwirklichter Heiligkeit lauert stets die Zwietracht, so dass Calvin in ihm eine besondere List des Satans erkennt. Ähnlich wie Augustin verweist Calvin darauf, dass nach Matth 13 weder alle Fische, die vom Netz der Kirche gehalten und eingebracht werden, gute Fische seien, so wie eben auch nicht alles Unkraut aus dem Acker ausgejätet werden könne (IV 1,13). Der proklamierte Lebenspurismus ist vor allem darin anstößig, dass er die Gemeinschaft konditioniert und somit limitiert. Da führen Vorbehalte zu zwischenmenschlichen Grenzziehungen, die nicht der den Glauben

»die wohl des Meisters Grobheit, nicht aber seine Glaubenstiefe geerbt hatten« (s. Anm. 69,21); vgl. dazu Calvins werbenden Brief an die sächsischen und niederdeutschen Pfarrer vom 5. Januar 1556, in dem Calvin inhaltlich die große Übereinstimmung benennt. In: Johannes Calvins Lebenswerk in seinen Briefen. Eine Auswahl von Briefen Calvins in deutscher Übersetzung v. R. Schwarz, Bd. 2, Tübingen 1909, 129. *K. Holl* bemerkt dazu: »Jederzeit sind die Reformierten im Vergleich mit den Lutheranern die Entgegenkommenderen gewesen.« (s. Anm. 71,275).

120. Faktisch haben die dann folgenden Großereignisse wie der Augsburger Religionsfriede (1555), das Trienter Konzil (bis 1563) und die lutherische Konkordie mehr für die Spaltung der Kirche als zu deren Einigung geleistet.

121. Vgl. *O. Weber* (s. Anm. 69), 60.

begründenden Barmherzigkeit entsprechen. Calvin weist auf die Auseinandersetzungen mit den Korinthern und den Galatern, denen Paulus auch trotz der großen Verfehlungen nicht abspricht, Kirche zu sein (IV 1,14). Gewiss kann sich die Gemeinschaft dazu veranlasst sehen, dem Fehlverhalten einzelner nachzugehen und gegebenenfalls in seelsorgerlicher Abzweckung »Kirchenzucht« zu üben (vgl. dazu ausführlich IV, 12)[122], aber es kann nicht dem Geschmack der Einzelnen überlassen werden, mit wem sie Gemeinschaft halten und mit wem nicht. Calvin gibt schließlich zu bedenken, dass die schwachen Menschen möglicherweise keineswegs mit ihren Verfehlungen im Frieden leben, sondern selber unter ihnen leiden. Ein schlichtes Aburteilen trifft in der Regel nicht die tatsächliche Situation. Gerade um ihrer Schwächen willen sind die anstößigen Menschen u. U. in ganz besonderer Weise der Gemeinschaft bedürftig (IV 1,16).

Die Heiligkeit der Kirche ist noch nicht vollkommen, so dass der Herr Tag für Tag an ihren Schwächen und Hässlichkeiten arbeitet, damit sie als Braut Christi schließlich keine Flecken oder Runzeln habe (Eph 5,25-27) (IV 1,17)[123]. Die Heiligkeit steht nicht im Zeichen der Makellosigkeit, sondern lenkt die Aufmerksamkeit auf das erkennbare Bemühen, dem Gott eben die Heiligung nicht verweigere. Der Beitrag der Einzelnen zu diesem Prozess kann nur darin bestehen, bei sich selbst anzufangen (IV 1,15). Es waren immer unvollkommene Menschen, denen Gott seine Barmherzigkeit erwiesen hat. Es bleibt mit einer Heiligkeit der Kirche zu rechnen, die nicht einfach an der jeweiligen Erscheinungsform abgelesen werden kann[124]. Die Verheißung der Heiligkeit gilt nicht irgendeiner unverwirklichten Idealkirche, sondern der geschichtlichen Realkirche.

122. *O. Weber* übersetzte mit »brüderlicher Zurechtweisung«, was heute wohl noch ein weiteres Mal übersetzt werden müsste; vgl. Anm. 80, 11. *K. Holl* weist darauf hin, dass Calvins Erwartungen »nicht allzu weit über das auch anderweits Erstrebte hinaus« gingen (s. Anm. 71, 268) – zumal Calvin häufig lediglich alte Regelungen fortschrieb (ebd., 269).
123. In zweierlei Hinsicht spielt bei Calvin – insbesondere unter Berufung auf Eph 4,11-16 – das Motiv der Erziehung und des Wachstums des Glaubens immer wieder eine große Rolle. Einmal im Blick auf die wachsende Heiligung der Kirche, aber eben auch im Blick auf den wachsenden Glauben ihrer Mitglieder, für welche die Kirche eine Erzieherin bzw. Schule darstelle, aus der wir während unseres irdischen Lebens nicht entlassen werden (Inst. IV 1,4); vgl. auch *H. Quistorp* (s. Anm. 75), 88f.
124. Vgl. auch *P. Wernle* (s. Anm. 75), 59f.

Die pragmatische Seite der Ordnung der Gemeinde steht für Calvin im Zeichen der Berechenbarkeit und Verlässlichkeit des Zusammenlebens, d.h. gegen Individualismus und mögliche Willkür. In der Betrachtung aus einer vollkommen veränderten Situation erscheinen diese verrechtlichten Regelungen in einem eher befremdlichen Licht, weil ihr autoritär statuarischer Charakter nicht mehr erkennbar macht, welche konkreten Probleme mit ihnen jeweils geregelt werden sollten. Zudem ist es uns generell fremd geworden, dass die Autorität Gottes uns in konkreten Grenzziehungen entgegentreten könne. Das zuletzt angesprochene Problem verdiente an anderer Stelle eine eigene Erörterung.

## 4. Welche Kirche meinen wir?

Nach den theologiegeschichtlichen Vergegenwärtigungen komme ich auf das eingangs skizzierte Problem einer theologischen Würdigung der verfassten Kirche zurück. Ich versuche auf die in der Überschrift gestellte Frage mit vier Überlegungen zu antworten:

### *4.1 Kyrie Eleison und Hallelujah*

Jede Rede von der Kirche ist mit einer kaum zu vermeidenden Unschärfe behaftet. Es ist eine Unschärfe, die vor allem dadurch zustande kommt, dass in ihr ein verheißener unanschaulicher Wahrheitsanspruch mit einer irdisch-geschichtlichen Gestalt zusammenstößt. Die auf der Kirche liegende Verheißung, der Leib Christi zu sein, steht in einem unausräumbaren Konflikt mit der überaus ambivalenten Gestalt, in der sie sich durch die Geschichte hindurch – von Anfang an bis auf den heutigen Tag – präsentiert hat. Keine Kirche nimmt heute für sich in Anspruch, die auf der Kirche liegenden Verheißungen, wie sie insbesondere in den vier im Glaubensbekenntnis (Nicaenum constantinopolitanum aus dem Jahre 381) der Kirche zugeordneten Attributen zum Ausdruck gebracht werden (die eine, heilige, katholische und apostolische Kirche), in vollkommener Weise darstellen zu können. D.h. jede Kirche weiß, gemessen an diesen Attributen, um ihre Begrenztheit und Gebrochenheit, auch wenn diesem Wissen in den verschiedenen Traditionen ein höchst unterschiedliches Gewicht zugemessen wird, so dass es auch in ebenso unterschiedlicher Weise in ihrem Leben gepflegt wird. Selbst wenn eine Kirche – wie etwa die orthodoxe oder auch die römisch-katholische – mit dem Anspruch auftritt, die sichtbare und in gewisser Weise auch exklusive Gestalt der wahren Kirche zu sein, so weiß sie doch um ihre bleibende Angewiesenheit sowohl auf ihre Erneuerung durch den Heiligen Geist als auch auf die vergebende Gnade Gottes. In diesem Sinne möchte ich unterstreichen, dass alle Kirchen eine substantielle Prägung von dem *Kyrie eleison*, dem »Herr, erbarme dich!«, erhalten haben, die sich auch in ihren öffentlichen Vollzügen mehr oder weniger deutlich erkennen lässt. Wo dieser ökumenische Konsens verlassen wird, indem sich etwa eine Kirche im unverwirkbaren Besitz der Gnade Gott wähnen sollte, geraten wir wohl definitiv in einen Bereich, in dem sich die Hybris der Kirche so sehr gegen ihre Bestimmung gekehrt hat, dass sie schließlich selbst zu ihrem Zeugnis und Bekenntnis geworden ist und damit aufgehört hat, eine Kirche Jesu Christi bzw. des dreieinigen Gottes zu sein.

Dieser Gefahr einer aufgeblähten Selbstzerstörung der Kirche durch Hybris steht die Gefahr der Selbstverflüchtigung gegenüber. Es gibt eine Betonung der Vorläufigkeit der geschichtlichen Kirche, die sich so weit von der ihr verheißenen Wahrheit distanziert, dass sie keine Möglichkeit des Kontaktes zur Wahrheit mehr für praktizierbar hält. Wird in dem zuerst genannten Fall die eschatologische Dimension der auf der Kirche liegenden Verheißung zugunsten der Behauptung ihrer gegenwärtigen Erfülltheit geopfert, so wird hier der Verheißung ganz und gar ihre präsentische Kraft entzogen, um sie einer unbestimmten Zukunft anzuvertrauen, zu der sich die Gegenwart in kein anschlussfähiges Verhältnis setzen lässt. Alle Belehrungen des Glaubens wären vor allem Ermahnungen zu permanenter Selbstunterscheidung von der Geschichte Gottes, welche die Welt im Grunde noch nicht tatsächlich erfasst hat. Eine Kirche, die allein unter dem Gesichtspunkt ihrer Unangemessenheit betrachtet wird, befindet sich bei genauerer Betrachtung in einer unvergleichlich trostloseren Situation als die sie umgebende säkulare Welt, die immerhin bei nüchterner Selbstbetrachtung zwischen den in ihr liegenden Möglichkeiten und den sie überfordernden Erwartungen unterscheiden könnte. Eine in ihrer geschichtlichen Existenz vollkommen von ihrer Verheißung unberührte Kirche dagegen wäre gleichsam auf die ständige Feststellung ihres Defizits abonniert und müsste zu einer unablässigen selbstmitleidigen Klagegemeinschaft werden. Jedes *Hallelujah* könnte nur der dem Glauben abverlangte Vorgriff auf den immer noch ausstehenden Selbsterweis Gottes sein. Gott würde in diesem Fall in strikter Trennung von seinem Volk gepriesen als jemand, der in unbestimmter Freiheit konsequent die Geschichte meidet und dessen Entscheidungen erst noch fallen werden. Bei konsequenter Realisierung dieser Perspektive ließe sich das Verhältnis zur Kirche nur als ein Fatalismus beschreiben, der mehr oder weniger grundlos und deshalb überaus berechnend darauf hofft, von Gott schließlich einmal in seiner Weltverachtung bestätigt zu werden.

Die »reine« Kirche, die allein durch die Übereinstimmung mit ihr einen Heilsgenuss verspricht, erweist sich als ebenso unangemessen wie eine im Blick auf sich selbst nur hoffnungslose Kirche, die sich von vornherein und bleibend für unzuständig erklärt, weil sie ihrem eigenen Anteil an der Verheißung Gottes nicht traut. Wenn Augustin die wahre Kirche in der vorfindlichen Kirche als *corpus permixtum* erkennt, dann kommt die für die Kirche essentielle Wahrheit in den Blick, dass die Verheißung ihr als einer geschichtlichen Einrichtung gilt, die als solche niemals die unmittelbare Darstellung ihrer Bestimmung ist. Die Wahrheit bleibt die Wahrheit einer Verheißung, aber diese darf auf die geschichtliche Kirche bezogen werden, ohne dass sie sich deshalb gleich mit ihr identifiziert. Aber insofern kann von der geschichtlichen als der wahren Kirche gesprochen werden, als sie dazu berechtigt ist, die Wahrheit der Verheißung auf sich zu beziehen. Nicht die geschichtliche Kirche ist wahr – im unmittelbar aufzeigbaren Sinne ist gar nichts wahr –, aber sie steht unter der Verheißung ihrer Bewahrheitung, die sie sich nicht selbst zumessen kann, die aber ihr gilt und nicht einem sich selbst erwählenden Kreis von Frömmigkeitsvirtuosen, die schon ihrem eigenen Vermögen den Beweis des Geistes und der Kraft zutrauen. Der Bewahrheitung durch Gott kann nicht vorgegriffen werden, und wo das geschieht, da bleibt Skepsis angesagt. Und zugleich muss umgekehrt gesagt werden: Wer die Wahrheit der Verheißung in Zweifel zieht, saniert damit ja nicht nur die berechtigte Skepsis gegenüber der geschichtlichen Kirche, sondern bezweifelt auch grundsätzlich die von Gott versprochene Achtsamkeit im Blick auf diejenigen, die sich in seinem Namen versammeln bzw. von seinem Namen zusammenrufen lassen.

Nun spreche ich in diesem Zusammenhang nicht ohne Grund von der »geschichtlichen« Kirche. Das ist ein unscharfer Begriff, der keine direkten Bezüge verbindlich macht. Immerhin stellt er sicher, dass es um eine öffentlich in Erscheinung tretende Größe geht, die nicht nur von sich selbst aus wahrnehmbar ist. Es kann grundsätzlich nicht darum gehen, dass wir von der Öffentlichkeit ein Urteil darüber erwarten könnten, was denn wahre Kirche sei. Es wäre von vornherein verfehlt, auch nur den Versuch anzustrengen, sich der Öffentlichkeit als die wahre Kirche präsentieren zu wollen, denn ohne eine Überhebung kann es dabei nicht abgehen. Jede Vergegenständlichung des in Anspruch genommenen Wahrheitsverständnisses bleibt konsequent zu vermeiden. Die Wahrheit, um die es hier geht, ist die Wahrheit, die im Genus eines Bekenntnisses ausgesprochen wird, nämlich des Bekenntnisses zum Vertrauen auf die Verheißung Gottes, die nicht irgendwelchen idealen Verwirklichungsformen, sondern den Menschen gilt, die ihren Zusammenhalt, ihre Gemeinschaft und ihr Engagement unter den Namen Jesu Christi stellen. Jeder Satz über die wahre Kirche bleibt ein Glaubenssatz. An seinem Verständnis zeigt sich in gewisser Weise die Mentalität dessen, was wir Glauben nennen. Bezieht er sich nur auf eine »Dimension der Tiefe«[125] und die von ihr aufgerührten Sinn- und Letztbegründungsfragen, oder hat er etwas mit der Geschichtlichkeit unserer Existenz zu tun? Verweist er uns nur auf Unbedingtheit, oder verwickelt er uns in ganz besonderer Weise mit unserer Bedingtheit? Aber welchen Bedingungen folgen wir in unserer Bedingtheit? Kann es auch einmal dazu kommen, dass wir einer Verheißung Gottes mehr zutrauen als unserem empirischen Eindruck? Was wäre umgekehrt von einem Glauben zu halten, der mit einer solchen Möglichkeit nicht mehr rechnen könnte? Ein Erprobungsfeld für diese Fragen scheint mir der Umgang mit der Frage nach der Kirche zu sein.

### *4.2 Die geglaubte Kirche*

Natürlich ist es gut und sinnvoll, sich in aller Konsequenz vor Augen zu führen, dass das Kirchesein von Kirche nicht unmittelbar sichtbar werden kann. Es ist ebenso wenig sichtbar, wie der Glaube sichtbar ist oder wie andere Gegenstände des Glaubens sichtbar sind. Die Kirche bleibt in dem, was sie begründet und trägt und dann hoffentlich auch bewegt, unfassbar. Sichtbar sind da mehr oder weniger religiöse Menschen, die sich mit den ihnen zur Verfügung stehenden Mitteln der Religion, welche die Ambivalenz ihrer Erscheinungsweise nicht abzuschütteln vermögen, darum bemühen, ihrem Glauben einen gemein-

125. Vgl. *P. Tillich*, Die verlorene Dimension, in: Ders., Die Frage nach dem Unbedingten, GW Bd. V, Stuttgart $^{2}$1978, 43-50.

schaftlichen Ausdruck zu verschaffen. Aber dass sie bewegende Credo bleibt unsichtbar. Die Verhaltenweisen können redlich oder auch geheuchelt sein, so auch jedes Glaubenszeugnis, denn das, was den Grund des Glaubens ausmacht, lässt sich nicht unabhängig vom Glauben aufweisen. In diesem Sinn bleibt es für das Verständnis der Kirche essentiell, im Bewusstsein zu halten, dass sie die Gemeinschaft der Glaubenden und eben nicht die Gemeinschaft der Sehenden und schon gar nicht die Gemeinschaft der Besitzenden ist.

Unter diesem Gesichtspunkt wird die Kirche zu erwägen haben, ob es sich bei ihrer Selbstdarstellung nun besonders nahe legt, vor allem auf das Auge und die äußere Erscheinungsweise der Kirche zu setzen. Sind diese Anstrengungen nicht immer von dem Missverständnis umwittert, dass sich die Substanz des Kircheseins in irgendeiner Weise vor Augen stelle lasse? Wenn die Reformatoren gegen die augenfällige Selbstdarstellung der Kirche und die Praxis des Bilderdienstes in ihr entschieden auf das Wort und somit auf das Hören verwiesen[126], wird auch einer der Sinne des Menschen angesprochen. Gewiss machen wir uns auch beim Hören unsere Bilder, die uns in eine problematische Richtung drängen können. Deshalb ist immer wieder neu zu hören. Grundsätzlich aber haben die Reformatoren die Hör-Bilder und die Wort-Bilder von den Bild-Bildern unterschieden, welche die BetrachterInnen in einen kaum entrinnbaren Bann ziehen, der unweigerlich zu Fixierungen und Vergegenständlichungen und damit zu sachlich höchst problematischen Engführungen führt[127]. Es kann jetzt nicht um eine Debatte über das Verhältnis des christlichen Glauben zur Kunst gehen – da ließe sich im Blick auf die zeitgenössische Kunst gewiss auch manches sagen, was die reformatorischen Unterscheidungen getrost hinter sich lassen kann. Vielmehr geht es um eine besondere Achtsamkeit im Blick auf Darstellbarkeit und prinzipielle Verborgen-

126. Da ich mich nur sehr knapp äußern kann, mich aber an anderer Stelle mit den verschiedenen Aspekten der hier erörterten Fragen bereits auseinandergesetzt habe, werde ich im Folgenden auf verschiedene Texte von mir hinweisen. Vgl. hier *M. Weinrich*, Die Profanisierung der Bilder. Zur Bildproblematik zwischen Kult und Kunst in der reformatorischen Theologie, in: A. Hölscher, R. Kampling (Hg.), Religiöse Sprache und ihre Bilder, Berlin 1998, 151-174.

127. Vgl. dazu *M. Weinrich*, Die Wahrheit des Bilderverbots. Historische und theologische Aspekte, in: Von den Bildern befreit zum Leben, hg. v. J. Schmidt (Reformierte Akzente 6), Wuppertal 2002, 17-42.

heit. Einer Kirche sollten die hier begründet gebotenen Hemmungen anzumerken bleiben. Auch dabei geht es um das Ernstnehmen des Glaubens, der eben nicht Schauen ist. Eine Kirche, die alle mit ihr gegebenen Verlegenheiten durch die Bedienung aller Sinne überspielt, steht wiederum in der Gefahr, sich selbst als Gegenstand des Glaubens zu präsentieren.

Wenn uns insbesondere Luther so energisch an die Verborgenheit der Kirche erinnert, verweist er uns in einer Welt der Bilder, deren Manipulierbarkeit durch elektronische Bearbeitungsmöglichkeiten heute keine Grenze mehr kennt (wie man nicht nur in Kriegszeiten erfahren kann) auf die Unanschaulichkeit des die Kirchen begründenden Wortes Gottes. Wenn darin wohl zu Recht keine Relativierung der Kirche gesehen werden soll, so bleibt jedoch festzuhalten, dass es Luther um die Etablierung eines Kriteriums ging, an dem sie nur zu ihrem Schaden vorbeigehen kann.

Nicht zuletzt bleibt auf die fundamentale ökumenische Bedeutung der verborgenen Kirche hinzuweisen, denn sie eröffnet den ökumenischen Anstrengungen einen Weg, auf die vom Glaubensbekenntnis bekannte Einheit zuzugehen, ohne eine vollständige sichtbare Vereinigung der Kirchen herstellen zu müssen[128].

### *4.3 Die gestaltete Kirche*

Wenn Calvin auf seine Weise den Ton auch wieder auf die sichtbare Kirche verschiebt, so kann es sich nicht um einen Gegensatz zu dem handeln, was wir gerade angesprochen haben, vielmehr geht es ihm um eine allerdings hoch eingeschätzte sachliche Ergänzung. Calvins Argumentation für die sichtbare Kirche hat zwei voneinander zu unterscheidende Dimensionen. Auf der einen Seite hebt er die äußerlichen Erkennungszeichen der Kirche hervor, ohne die es keine Kirche geben könne. Damit bleibt er auf der Linie von Augustin, Luther und der Confessio Augustana, die wir nun über das bereits Erörterte hinaus nicht weiter verfolgen müssen. Auf der anderen Seite betont Calvin die vor aller Augen stehende Menschlichkeit der Kirche und die aus dieser Menschlichkeit resultierende Gestaltungsverpflichtung, die theologisch sorgfältig bedacht sein will. Es ist nicht ein Mangel der Kirche, wenn sie diese zweifellos niemals perfekte menschliche Gestalt hat, vielmehr

128. Vgl. dazu *H. Meyer*, Ökumenische Zielvorstellungen (BenshH 78), Göttingen 1996, 17ff.

entspricht die Menschlichkeit dem Willen Gottes, und deshalb muss der menschlichen Gestalt auch eine besondere Aufmerksamkeit gewidmet werden. Hier liegt eine besondere Pointe von Calvins Verständnis, die uns mit der eingangs gestellten Frage nach dem Verhältnis der Theologie zur verfassten Kirche konfrontiert. Im Umgang mit der offenkundigen Menschlichkeit der Kirche liegt ein besonderes Kriterium für die Wahrnehmung der Kirche.

Die Menschlichkeit ist sowohl eine der Kirche gesetzte Grenze als auch eine ihr anvertraute Verpflichtung. Die Grenze soll die Kirche mit beiden Beinen auf den Boden dieser Welt stellen. Sie ist keine religiöse Rettungsinsel, auf die man sich aus der Welt zurückziehen kann, so wie sie keine erhobene oder erhebende Plattform ist, von der aus der Mensch einen privilegierten Blick ins Jenseits – oder von oben herab auf das Diesseits – werfen kann. Und schließlich ist sie auch keine unmittelbare Institution für Gottesbegegnungen, dessen Personal nur über besondere Vermittlungsfähigkeiten verfügt oder zur Verwaltung ihm von Gott exklusiv anvertrauter Heilsschätze beauftragt ist. Der theologische Sinn der Menschlichkeit liegt vielmehr in der Fokussierung der Kirche auf den Glauben und die von ihm orientierte Freiheit.

Alles, was dem Glauben dient, hat einen hohen Stellenwert in der Kirche, und alles, was ihn ablenkt oder beeinträchtigt, d. h. vor allen Dingen, alles, was ihn überflüssig zu machen scheint oder gar macht, gilt es kritisch zu beurteilen. Dabei ist der Glaube zumindest in dem gleichen Maße, wie er die Verbundenheit zu Gott vergegenwärtigt, die eher schmerzliche Erinnerung daran, dass wir von Gott noch prinzipiell geschieden sind. Inszenierungen, die dieses Faktum vergessen machen könnten, dienen nicht dem Glauben, sondern lenken das Vertrauen auf trügerische Verlässlichkeiten. Es ist deutlich, wie sehr die mit der Menschlichkeit der Kirche gegebene Verpflichtung mit der in ihr liegenden Grenze zusammenhängt.

Die Sichtbarkeit, um die es hier geht, gründet sich auf das Vertrauen auf die Verheißungen Gottes für die Kirche, d. h. auf die Verheißungen, die auf den in der Kirche agierenden Menschen liegen. Der von der Kirche zu vollziehende Gottes-Dienst konkretisiert sich in vier Funktionsbereichen, wie sie im vierfachen Amt vor Augen gestellt werden. Hier zeigen sich die fundamentalen Dimensionen des Kircheseins, in denen die vom Glauben zu erwartenden Aktivitäten der Kirche in Erscheinung treten: Verkündigung (Pastoren), Theologie als kritische Begleitung der Verkündigung (Lehrer), Mitspracherecht der Gemeinde durch gewählte Vertreter (Presbyter) und konkrete Lebenshilfe (Diakone). Gewiss lassen sich diese verschiedenen Funktionen verschieden gestalten – auch die Bezeichnungen müssen nicht unbedingt diesen biblischen Bezeichnungen entsprechen, aber sie beschreiben in Calvins Perspektive zusammengenommen das Proprium, d.h. den essenziellen Aktionsradius des Kircheseins, der einer möglichst gedeihlichen und praktikablen Gestaltung bedarf. Wo eine dieser Dimensionen fehlt oder unangemessen wahrgenommen wird, nimmt die ganze Kirche Schaden, so dass sie sich aufgefordert sehen sollte, den jeweiligen Mangel zu beheben. Der hier gemeinte Blick des Glaubens ist auf das Spezifische der Kirche ausgerichtet, d.h. auf den von ihr in dieser Welt zu verrichtenden Gottes-Dienst.

Daneben gibt es aber auch noch einen anderen Blick auf die Kirche, der sie von außen trifft und sie als ein Phänomen des Allgemeinen wahrnimmt. Da es sich bei diesen verschiedenen Funktionen immer auch um geschichtliche Phänomene handelt, zeigen sie sich auch dem nicht von der Verheißung Gottes geschärften Auge. Karl Barth betont, dass sie nicht nur beiläufig, sondern durchaus auch *wesentlich* jedem Auge sichtbar sind. Wo Calvin den Ton auf die Menschlichkeit der Kirche legt, wird er von Barth auf ihre Weltlichkeit gelegt: »das Volk Christi existiert … mitten im Weltgeschehen … nicht als ein in dieses eingebetteter Fremdkörper …, sondern indem es selber am Weltgeschehen teilnimmt, selber eines seiner Elemente: selber ganz und gar, durch und durch weltlich ist.«[129] Die Kirche hat sich auch mit dieser öffentlichen Sichtbarkeit und den mit ihr verbundenen Möglichkeiten und vor allem aber auch Gefahren auseinanderzusetzen.

Die Außenperspektive stellt die Kirche zwangsläufig in eine Konkurrenz zu anderen Religionen und setzt sie eben dem prinzipiellen Missverständnis aus, dem alle Religionen in ihrer Außenwahrnehmung ausgesetzt sind[130]. Im entschlossenen Ernstnehmen dieser Weltlichkeit

129. KD IV/3, 827f.; vgl. dazu *M. Weinrich*, Die Weltlichkeit der Kirche. Systematische Zugänge zu einem Grundproblem der Ekklesiologie, in: EvTh 50 (1990), 206-222; *ders.*, The Openness and Worldliness of the Church, in: Reformed and Ecumenical, hg. v. Chr. Lienemann-Perrin, H.M. Vroom u. M. Weinrich (Currents of Encounter 16), Amsterdam/Atlanta 2000, 1-23.
130. Zum Dialog mit den Religionen vgl. *M. Weinrich*, Die Humanität der Religion. Von der Stärke der Schwäche des Menschen nach Karl Barth, in: ZDTh 19 (2003) – im Druck.

besteht die Chance, die ihr gebotene Solidarität mit der sie umgebenden Welt angemessen wahrzunehmen, was ihr freilich keineswegs immer auch die Zustimmung dieser ihrerseits zu eigenen Verklärungen neigenden Welt einbringt[131]. Da zeigen sich sowohl die Abhängigkeit der Kirche von der Welt sowie ihre besondere Freiheit[132], ebenso wie ihre unausräumbare Schwäche, in der auch ihre spezifische Kraft schlummert[133]. Die Kirche ist also weder ein von der Welt zu unterscheidender eigener Raum noch ein der Welt gegenüber neutrales Gebilde. Sie ist immer bereits in der Welt positioniert und hat diese Positionierung auch ihrerseits zu bedenken und zu gestalten. In dem Gefälle unserer Überlegungen wird diese Gestaltung nicht auf eine Betonung der Selbstunterscheidung von der Welt hinauslaufen können, sondern eine besondere Wahrnehmung von Menschlichkeit und Weltlichkeit im Auge haben. Das wäre aus meiner Sicht der besondere reformatorische und unter den jeweiligen Umständen immer auch »protestantisch« wahrzunehmende Beitrag im Ringen um das rechte Verständnis von Kirche.

Der mit Calvins Perspektive zusammenhängende besondere Realismus tritt in dem nüchternen und als solchem entschiedenen Gebrauch des Wortes »Kirche« im Plural auf. Die Universalität der Kirche gestaltet sich geschichtlich immer nur lokal, d.h. sie erscheint in einer Vielzahl von nach unterschiedlichen Erfordernissen gestalteten *Kirchen*, die ihre Universalität darin wahren, dass sie sich alle zu der »einen, heiligen, katholischen und apostolischen Kirche« *bekennen*, die sich als solche einer irdisch-geschichtlichen Gestaltung entzieht, aber in allen irdisch-geschichtlichen Gestaltungen im Blick bleiben muss[134].

## 4.4 *Gemeinschaft der Heiligen*

Schließlich müssen wir noch auf die soziale Dimension der Kirche zu sprechen kommen. Hans-Martin Gutmann hat sie in seinem Beitrag in praktisch-theologischer Perspektive bedacht, und hier sind noch ein paar systematisch-theologische Motive anzusprechen.

131. Zum Problem der religiösen Existenz der Kirche vgl. *M. Weinrich*, Die religiöse Verlegenheit der Kirche, in: P. Eicher, M. Weinrich, Der gute Widerspruch, Düsseldorf/Neukirchen-Vluyn 1986, 76-160.
132. Vgl. dazu KD IV/3, 840-849.
133. Vgl. dazu KD IV/3, 849-859.
134. Vgl. dazu *M. Weinrich*, Kirche bekennen, in: ders. (Hg.), Einheit bekennen. Auf der Suche nach ökumenischer Verbindlichkeit, Wuppertal 2002, 37-47.

Das, was Glauben und Kirche ausmachen, sind Beziehungen. Der auf sich selbst gestellte Mensch, die auf permanentes Wachstum eingerichtete Ich-AG oder auch nur das sich in seiner Einsamkeit beklagende Individuum sind weder der Ausgangspunkt noch überhaupt eine Perspektive von Glauben oder Kirche. Vielmehr geht es sowohl um Selbstzurücknahme als auch um Neukonstitution des Menschen. Dabei wird weder das Individuum noch die Individualität angeprangert, sondern die Ich-Gefangenschaft und der Selbstzentrismus. Wenn hier von Beziehung gesprochen wird, steht diese ganz und gar im Zeichen der Befreiung aus der Selbstsklaverei. Für eine Weile mag der Individualismus durchaus seine vergnüglichen Seiten haben, aber er vermag weder dem Leben über die Selbstgenügsamkeit hinaus einen externen Grund zu geben, noch stellt er auf die Dauer eine sozialverträgliche Lebensform dar. Das auf die Dauer Selbstzerstörerische, mit dem man sich bei erwachsenen Menschen u.U. abfinden könnte, ist aber zugleich das, was eine Gesellschaft in eine permanente Erosion versetzt. Ein zum Prinzip erhobener Konkurrenzindividualismus ist in seiner Sozialunverträglichkeit sowohl ein Angriff auf den gesellschaftlichen Zusammenhalt als auch auf die wirtschaftliche Basis eines Gemeinwesens.

Wie stark sich die neuzeitliche Mentalität des sich selbst verwirklichenden Individualismus bei uns ausgebreitet hat, zeigt sich einerseits an der erstaunlichen Widerstandslosigkeit, in der unsere Gesellschaft die absehbaren Folgen der in eine ganz bestimmte Richtung weisenden ökonomischen Globalisierung und den zwangsläufig damit verbundenen und noch rasant zunehmenden Sozialabbau hinzunehmen bereit ist. Andererseits hat sie sich längst ausgeweitet zu einem religiösen Konsumismus, der sich mehr und mehr in das bekanntlich manipulierbare Konzept von Angebot und Nachfrage einfügt. Es ist weniger das Preisbewusstsein, was hier durch Angebot und Nachfrage reguliert wird, sondern der jeweils vermutete konkrete Nutzen, für den dann auch hohe Preise hingenommen werden[135]. Auch wenn sich das Faktum nicht leugnen lässt, dass sich die Religionen und so eben auch die Kirchen unweigerlich auch auf einem Markt befinden, so wenig Grund gibt es, aus jeder Marktkirche nun tatsächlich eine »Markt«-

135. Vgl. dazu *H. Zinser*, Der Markt der Religionen, München 1997; Panorama der neuen Religiosität. Sinnsuche und Heilsversprechen zu Beginn des 21. Jahrhunderts, hg. v. R. Hempelmann u.a. im Auftrag der Evangelischen Zentralstelle für Weltanschauungsfragen (EZW), Gütersloh 2001.

Kirche machen zu wollen. Die allseits feststellbaren fundamentalistischen Tendenzen sind übrigens zumindest im Christentum kein Widerpart dazu, sondern auf ihre Weise ein eigener Beschleuniger[136].

Kehren wir zurück zu den Bestimmungen von Glaube und Kirche. Wenn der Glaube substantiell als Befreiung verstanden wurde (Gal 5,1), sind auch solche Versklavungs- und Dienstverhältnisse im Blick, dem dann der Gottes-Dienst als Ausdrucksform von Freiheit gegenübergestellt wird[137]. Der Glaube antwortet auf die Zuwendung Gottes, durch welche der Mensch in eine Beziehung zu Gott versetzt wird, in der er nicht mehr darauf beschränkt wird, sich zu sich selbst zu verhalten. Die Wirklichkeit konstituiert sich nicht mehr in den Möglichkeiten des Ichs im Zugriff auf die von ihm erreichbare Umgebung, die als solche als unendlich eingeschätzt wird, sondern sie bekommt einen exzentrischen Grund, der ihrer Endlichkeit eine Bestimmung gibt. Gott tritt dabei als der dem Menschen Zugewandte in Erscheinung, d.h. als einer, der nicht ohne den Menschen, nicht ohne das von ihm erwählte Volk Israel und eben auch nicht ohne die Kirche sein will. Wenn Gott in Erscheinung tritt, geht es sofort um Beziehungsverhältnisse, die als solche auch Sozialverhältnisse sind, denen im Lichte der Zuwendung Gottes die Bestimmung des Menschen gilt.

Die Kirche hat sich von Anfang an mit Hilfe von Familienmetaphorik beschrieben. Die Alte Kirche hat gerne von der Kirche als der »Mutter der Frommen« (Cyprian) gesprochen. Dieses Bild wurde zwar auch von den Reformatoren – insbesondere von Calvin – aufgenommen, hat aber faktisch vor allem das traditionelle römisch-katholische Verhältnis zur Kirche geprägt. In der protestantischen Tradition wird mit der Familienmetaphorik vor allem die horizontale Verwandtschaft betont, indem hier der Ton auf der Geschwisterlichkeit liegt, den berühmt-berüchtigten »Brüdern und Schwestern«. Damit soll eine besondere Qualität der Gemeinschaft hervorgehoben werden, die nicht durch einen erst von uns herzustellenden Zusammenhang begründet wird, sondern unseren Bemühungen voraus liegt. Gewiss muss dieser Zusammenhang dann auch gelebt und gestaltet werden, aber die Fa-

136. Vgl. dazu *M. Weinrich*, Christlicher Fundamentalismus: Die Flucht nach vorn. Von den Widersprüchen eines modernen Antimodernismus (s. Anm. 1), 262-302.

137. Zum theologischen Freiheitsverständnis vgl. *M. Weinrich*, Zur Freiheit befreit, in: Freiheit verantworten. FS f. W. Huber z. 60. Geb., hg. v. H.-R. Reuter u.a., Gütersloh 2002, 90-101.

milienmetaphorik entzieht die Zusammengehörigkeit unserer Sympathie und Entscheidungsfreiheit und verweist uns auf eine unseren Neigungen prinzipiell vorauslaufende Verbundenheit, die zum Wesen der Kirche gehört. Der Glaube kann sich aus diesem Verwandtschaftsverhältnis zur Kirche und den Geschwistern in ihr nicht verabschieden, ohne einen Teil seiner Substanz dabei aufzugeben. Die Kirche ist der Ort, wo die Glaubenden miteinander verbunden sind, ohne sich rechtfertigen oder verteidigen zu müssen. Sie haben es immer schon mit Verwandten zu tun, was – wie man weiß – ein durchaus ambivalentes Vergnügen sein kann, aber in der Regel doch den nur wenig genutzten Vorteil hat, so sein zu können, wie man ist, ohne um sich herum erst eine besondere Imponiermaskerade zu veranstalten. Wenn man beginnt, näher zu beschreiben, was es mit der Verwandtschaft auf sich hat, zeigen sich sofort auch die Grenzen dieser Metaphorik.

Unbezweifelbar ist jede Verwandtschaft Trägerin eines bestimmten Milieus, und eben dieser Begriff wird ja nicht nur in der Kirchensoziologie in unterschiedlicher Abfassung auf die realexistierende Kirche angewandt. Der Begriff des Milieus hat ebenfalls einen ambivalenten Klang. Gegenwärtig trägt er meist einen problematisierenden Ton. Aber es bleibt auch auf die positive Bedeutung hinzuweisen. Es gibt Gepflogenheiten, Bräuche und Umgangsformen, aber auch Denkformen, mit denen sich die Kirche von ihrer Umgebung unterscheidet. Jedenfalls sollte das so sein, und zwar mit einer koketteriefreien Selbstverständlichkeit, auch auf das Risiko hin, dass diese immer auch in der Gefahr stehen, ein wenig schrullig zu wirken, wie etwa die gegenseitige Anrede als Bruder oder Schwester. Wenn ich in meinem Fachbereich an der Freien Universität in Berlin, in dem ich der einzige Professor für evangelische Theologie bin, zur Beantragung einer Beurlaubung für eine Synode oder eine ökumenische Konferenz ein Einladungsschreiben vorlege, das mit der Anrede »Lieber Bruder Weinrich« beginnt – in der Ökumene folgen dann in der Regel: »warm greetings from Geneva« –, gibt es am Telefon nicht nur humorvolle Kommentierungen, sondern es steht der Eindruck im Raum, als sei ich zu einer nicht für alle offen stehenden, eher konventikelhaften und somit zumindest wissenschaftlich nicht ganz seriösen Veranstaltung eingeladen worden. Es hat schlicht etwas mit der Selbstunterscheidung der Kirche von ihrer Umwelt und mit dem von ihr gepflegten Binnenzusammenhalt zu tun, dass sie immer auch ein eigenes Milieu repräsentiert, weil sie – mit Niklas Luhmann gesprochen – ein eigenes System darstellt, das als solches Interferenzen mit seiner Umwelt mit sich bringt, die ihrerseits aus verschiedenen Systemen besteht. Es muss nur dafür gesorgt sein, dass es neben den Interferenzen auch Resonanzen gibt, ohne welche die Kirche auf ihr Milieu fixiert wäre und tatsächlich zu einem schrulligen Konventikel verkümmerte.

Zu dem besonderen Milieu der Kirche gehört in besonderer Weise die Betonung der Gemeinschaftlichkeit. Sie hat ihre »Heiligkeit« allein in dieser Gemeinschaftlichkeit. Deshalb reden wir von Brüdern und Schwestern. Wenn von der Gemeinschaft der Heiligen gesprochen wird, steht die Gemeinschaftlichkeit und auch die Geselligkeit des Glaubens im Mittelpunkt des Gedankens. Ohne diese Gemeinschaftlichkeit und Geselligkeit kann Kirche nicht Kirche sein. Der Glaube ist seinem Wesen nach eine soziale, d.h. sozialisierende Angelegenheit. Er verbindet zu einer Hoffnungsgemeinschaft und befriedigt nicht in erster Linie individuelle Heilsbedürfnisse. Ein kaum geringer Teil sowohl der gegenwärtig wahrzunehmenden Erosion der Kirchen als auch der Entfremdung der akademischen Theologie von der Kirche hat etwas mit dem allgemein schwinden Bewusstsein für die Bedeutung der sozialen Verbundenheit für das menschliche Leben zu tun. Wie in den meisten Fällen, so kann auch hier nicht ein einziger Grund für eine zureichende Erklärung gehalten werden, aber hier scheint mir ein wesentlicher Schaden zu liegen, der sich auch umgekehrt bereits in dem öffentlichen Gebaren der Kirchen widerspiegelt, indem sie nun selber in merkwürdiger Weise den Eindruck nähren, als liege ihr in besonderer Weise die Pflege möglichst vielfältiger Individualität am Herzen.

Welche Kirche meinen wir eigentlich? Unter dieser Frage sollte das Verhältnis der Theologie zur verfassten Kirche bedacht werden. Es haben sich verschiedene Brücken ergeben, die aber alle ihrem Wesen nach nicht ganz bis an die verfasste Kirche heranführen. Es kann wohl eine theologische Reflektion der Verfassung einer Kirche geben, aber ihre lebendige Alltäglichkeit wird damit nicht erreicht. Und es wird am Ende eine Antwort auf die Frage weniger von der Kirche als vielmehr von der Theologie und ihrer Kirchlichkeit zu geben sein. Es kann sich doch stets nur um die Kirche handeln, in der eine Theologin oder ein Theologe selbst lebt und agiert. Wir können nur die Kirche meinen, in der wir selbst gestaltend mitwirken. Dies tun wir, weil wir die auf der Kirche liegenden Verheißungen nicht auf eine ungeschichtliche Abstraktion projizieren können. Es kann sich immer nur um eine im doppelten Sinne sichtbare Kirche handeln, die einmal dem Auge des

Glaubens immer ein wenig mehr zu sehen gibt, als was tatsächlich zu sehen ist, und die als ein Stück Welt auch von jedem anderen Auge mit höchst unterschiedlichen Eindrücken wahrgenommen wird.

Der Anschluss der Theologie an den Alltag einer konkreten Kirche kann nur praktiziert werden. Das schließt ja nicht aus, dass man sich gerade über seine eigene Kirche gelegentlich auch ärgert. Das ist auch kein Wunder, denn die eigenen Begrenztheiten sind natürlich auch in der Kirche zu finden. Aber es ist manchmal gut, sich zu fragen, ob man die ganze Palette des Familienstreits ausreizen muss, um sich über seine Verwandtschaft zur Kirche klar zu werden. Wem diese Antwort allerdings zu wenig ist, möge sich fragen, ob er sich nicht auf der Suche nach einem Ideal befindet, für das es aber zumindest in der Bibel keine entsprechende Verheißung gibt.

*Sylvia Bukowski*

# Predigt über Gen 32 zum Israelsonntag

*In der kirchlichen Tradition erinnert der Israelsonntag, der in zeitlicher Nähe zu dem jüdischen Trauertag Tischa be-Aw liegt, genau wie jener an die Zerstörung des Tempels. Statt Trauer hat sich allerdings auf christlicher Seite eher Triumphalismus mit dieser Erinnerung verbunden, und man hat sie als Bestätigung dafür gedeutet, dass Gott Israel verworfen habe.*
*Dagegen möchte ich an diesem Tag die Treue Gottes zu Israel betonen, die er Israel durch alle Abgründe der Geschichte hindurch bewahrt hat. Kein anderer Grund trägt uns und unsere christliche Kirche.*
*Das soll die Gemeinde aus meinen Predigten zum Israelsonntag hören und gleichzeitig Anteil bekommen an dem Reichtum jüdischer Tradition und Erfahrung. Die neue Form von Verbundenheit von christlicher und jüdischer Gemeinschaft soll schließlich nicht aus moralischem Zwang wachsen. Sie soll von Entdeckungsfreude geprägt sein und von der Dankbarkeit über die Möglichkeit, im Hören auf jüdische Auslegungen biblischer Geschichten neue Aspekte kennenzulernen, die auch für unseren christlichen Glauben an den Gott Israels fruchtbar sind.*

Liebe Gemeinde!

In der Bibel wird häufig von Geschwistern, genauer: von Brüdern, erzählt. Das Neue Testament hält uns in diesem Zusammenhang immer wieder das Ideal geschwisterlicher Liebe als Vorbild vor Augen, während das Alte Testament, realitätsnah wie es ist, uns eher mit den abgründigen Seiten im Verhältnis von Schwestern und Brüdern konfrontiert und uns damit einen kritischen Spiegel vorhält.

Denn es ist ja tatsächlich so: Gerade aus der großen Nähe, die Geschwistern faktisch vorgegeben ist, entsteht nicht einfach immer nur Liebe, sondern es kommt deshalb oft auch zu besonders heftigen Konflikten, und eine friedliche Verständigung muss unter Geschwistern bisweilen sehr schmerzhaft errungen werden.

In so einem mühsamen Verständigungsprozess befinden wir uns – nach jahrhundertelanger offener Feindschaft – nun auch endlich mit unseren jüdischen Schwestern und Brüdern. Dieser Prozess muss sich der Wunde stellen, die Israel durch den millionenfachen Brudermord geschlagen worden ist, und der Schuld, zu der wir uns als Deutsche und auch als Christen verhalten müssen. Das macht ihn zu einem schmerzhaften und zum Teil angstbesetzten Prozess, dem viele immer wieder auszuweichen versuchen.

In der letzten Zeit erschwert der Nahostkonflikt beiden Seiten noch zusätzlich die Verständigung, weil die unterschiedliche Haltung zu der Politik Israels alte Vorwürfe und altes Misstrauen wachruft und damit auch die theologische Annäherung überschattet.

Wie gesagt, das ist mir von beiden Seiten her bewusst. Aber ich denke, so wenig die oft mehr als fragwürdige Politik des christlichen Abendlandes anderen Völkern gegenüber die biblische Botschaft als solche in Frage stellt, genauso wenig darf Israels umstrittene gegenwärtige Politik uns daran hindern, uns mit der biblischen Bedeutung Israels zu beschäftigen und uns aufs Neue bewusst zu machen, dass unsere Zusammengehörigkeit als Geschwister nicht auf Verdienst beruht, sondern von Gott selber vorgegeben ist.

Mir liegt jedenfalls sehr am Herzen, dass wir weiter an der Verständigung mit jüdischen Menschen und ihrer Tradition arbeiten, und ich möchte am heutigen Israelsonntag mit meiner Auslegung einen Beitrag dazu leisten, indem ich etwas zum Selbstverständnis Israels sage, wie es in seinem Namen anklingt.

Es ist ein Name, auf dem die Erinnerung an eine bedrängende Nacht liegt, aber auch an einen anbrechenden neuen Morgen, ein hart erkämpfter Name, den Jakob am Jabbok errungen hat im Kampf gegen Gott und Menschen.

Ich lese Gen 32,23-33

Marc Chagall stellt die Verwandlung Jakobs zu Israel auf einem seiner Bilder zur biblischen Botschaft dar, und ich möchte seine Interpretation mit in den Blick nehmen.

Es herrscht überall Nacht auf diesem Bild und hüllt die Vergangenheit und die Zukunft Jakobs ein. Die Nacht ist die Zeit der Gottesbegegnung, aber die Nacht ist hier auch der düstere Spiegel des Bruderhasses, der Jakobs Leben von Anfang bis Ende überschattet.

Zuerst hat er selber seinen Bruder Esau betrogen. Schon im Mutterleib hat er sich an Esaus Fersen geheftet, um ihm den ersten Platz streitig zu machen. Später hat er ihm sein Erstgeburtsrecht mit einem billigen Trick abgekauft und sich den väterlichen Segen erschlichen. Jakob, das ist, wie der Name schon sagt, der eifersüchtige Fersenhalter, der Betrüger, über dessen Verbrechen die Sonne untergegangen ist und der fliehen muss in die Verborgenheit der Nacht. 20 Jahre lang muss Jakob in der Fremde leben, in der Entfremdung von seinem Bruder.

Im Alter muss Jakob dann erleben, was Chagall auf der rechten Seite zeigt: Seine zehn großen Söhne werfen Josef, Jakobs Lieblingssohn, aus Neid und Eifersucht in eine Grube und verkaufen den Bruder in das fremde Ägypten.

Solange Brüder (und Schwestern) einander so Schlimmes antun, solange sie sich so skrupellos auf Kosten des anderen ihre eigenen Vorteile zu sichern suchen und sich nicht scheuen, ihr erhofftes Glück mit Betrug und Gewalt gegen den anderen zu erkämpfen, solange bleibt es in der Tat finster auf unserer Erde.

Und auch der Glanz von Gottes Segen kann sich in einer Welt von Bruderhass nicht ungebrochen ausbreiten.

Das wird zu Jakobs bitterer Erfahrung. Chagall zeigt ihn links oben mit Rahel, seiner geliebten Braut. Aber sein Glück mit ihr ist nicht ohne Schatten. Er muss dafür die Ehe mit der ungeliebten Lea in Kauf nehmen, und während ihm Lea vier Söhne gebiert, ohne seine Liebe erringen zu können, genügt Rahel seine ganze Liebe nicht, weil sie so lange kinderlos bleibt.

Nein, der dem Bruder gestohlene Segen lässt Jakob keinen Frieden finden. Seine Herden werden zwar immer größer, aber der Neid seines Schwiegervaters wird auch immer bedrohlicher, so dass er schließlich wieder fliehen muss. Und jetzt sucht Jakob endlich Ruhe, jetzt will er zurück in das Land seiner Väter, das aber immer auch noch das Land seines betrogenen Bruders ist.

Und zunächst immer noch mit der alten Schläue bereitet Jakob seine Rückkehr vor. Mit großen Geschenken will er den Bruder gnädig stimmen. Seine Familie und den Rest seiner starken Herden schickt er auf einem anderen Weg voraus, für alle Fälle …

Er selbst bleibt die letzte Nacht vor seiner Heimkehr aus dem Exil allein. Und mit einem Mal überfällt ihn die Angst vor seinem Bruder mit unheimlicher Macht, und er kann ihr nicht länger ausweichen. Denn während er sich tagsüber dem alten Wahn hingeben konnte, dass alles käuflich und machbar ist und er sich die Versöhnung mit dem Bruder wie damals den Segen schlicht erkaufen könne, holt ihn in der Nacht das ganze Ausmaß seiner Schuld ein. Jetzt muss er sich dem ungeheuren Schmerz stellen, den er dem Bruder zugefügt hat, jetzt muss er der eigenen Niedertracht ins Auge sehen.

Jakob kämpft gegen Dämonen und Engel, die aus der Vergangenheit gegen ihn aufstehen.

Chagall lässt uns allerdings von der Dramatik dieses Kampfes nichts mehr erkennen. Er zeigt uns nur noch dessen Ende: einen gebeugten Jakob, der aber immer noch festhält an seinem mächtigen Gegenüber. Aus dem ist jetzt alles Nächtlich-Unheimliche gewichen; was bleibt, ist die Gestalt eines Engels mit menschlichem Angesicht, ganz eingetaucht in den Glanz des Himmels und dem noch helleren Licht der Gegenwart Gottes. In dieses ungeschaffene weiße Licht greift Jakob mit geschlossenen Augen: »Ich lasse dich nicht, du segnest mich denn«, sagt er dem immer noch Unerkannten – oder sagt er es, wie die jüdische Auslegung behauptet, demütig dem Engel Esaus, der für dessen Recht gestritten hat, oder sagt er es Gott selber, weil Gott es war, der ihn mit seiner Schuld konfrontiert und fast erdrückt hat?

Bevor er den Segen tatsächlich empfängt, muss Jakob seinen Namen nennen. Er muss sich dazu bekennen: Ich bin Jakob, der Fersenhalter, der schon im Mutterleib gegen den Bruder gekämpft hat; ich bin Jakob, der Betrüger, der sich eigenmächtig und auf Kosten des Bruders den Segen verschafft hat; ich bin ein an meinem Bruder unendlich schuldig gewordener Mensch.

Aber mit diesem Eingeständnis wird Jakob ein neuer Mensch mit einem neuen Namen: Israel. Und während schon das Licht eines neuen Morgen auf seine gebeugte Gestalt fällt, wird er gesegnet.

Jakob hat gesiegt im Kampf gegen Gott und Menschen, er hat seinem nächtlichen Angreifer den Segen abgerungen. Über ihm geht die Sonne auf, aber er wird trotz allem kein strahlender Sieger. Die Spuren dieses Kampfes werden ihn für immer zeichnen. Chagall macht sie als Spuren des Zugriffs Gottes erkennbar und legt die Farbe des Lichts auf Jakobs ausgerenkte Hüfte. Und der Fuß, der nun keinen festen Halt mehr auf der Erde findet, ist getaucht in himmlischen Glanz. So wird Jakob zum Grenzgänger: Hinkend muss er den aufrechten Gang erlernen und wird nicht, wie geplant, in der Pose der Unverletzlichkeit in das Land seiner Väter zurückkehren können und Frieden mit seinem Bruder finden, sondern als ein von Gott und Menschen Geschlagener, angewiesen auf die Vergebung des Bruders.

»Ich sah dein Angesicht, als sähe ich Gottes Angesicht, und du hast mich freundlich angesehen«, sagt Jakob zu Esau bei ihrer Begegnung.

Gott und der Bruder tragen *ein* Gesicht. Diese Erkenntnis muss sich Jakob erringen, bevor er den Jabbok überquert, die Grenze, die ihn trennt vom Land seiner Väter und vom Land seines betrogenen Bruders. Erst mit dieser Erkenntnis kann er heimkehren aus der Entfremdung, aus dem Exil.

Gott und der Bruder tragen *ein* Gesicht. Am Bruder vorbei gibt es keinen wirksamen Segen, denn Segen zielt auf Schalom. Diese Erkenntnis macht Jakob zu einem neuen Menschen, zu Israel, und in dieser Erkenntnis wird Israel gesegnet und ein Segensname auch für uns.

Aber wie zeigt uns Chagall die Zukunft des Gesegneten? Ganz unten in der rechten Bildecke sehen wir Jakob im göttlichen Segenslicht, aber voller Trauer. Er weint um seine verlorenen Söhne: um Josef, das neue Opfer des alten Bruderhasses, und auch um die anderen, die Täter, die ihre Seele verloren haben in dem Verbrechen an dem Bruder.

Und an den weinenden Jakob heran drängen sich schon die Schatten von Witebsk, der russischen Heimatstadt Chagalls, und mit ihnen die Schatten einer ganzen verlorengegangenen jüdischen Welt, verlorengegangen im Hass christlicher Geschwister. Jakob weint auch über die Millionen Opfer des Holocaust.

Heute fällt mir auf dem Chagallbild noch etwas Anderes ins Auge. Jakob trägt die Kopfbedeckung eines Beduinen und sieht daher aus wie ein klagender Araber. Ja, heute muss Jakob nun auch um seine Kinder in Israel und Palästina weinen, die sich so nah sind und sich doch so unendlich viel Leid antun.

Die Nacht dauert fort, die wir auf dem Bild von Chagall sehen. Denn noch immer verhindern Eifersucht und skrupelloser Egoismus überall auf der Welt, dass Menschen sich gemeinsam als Kinder des einen Gottes erkennen und sich als Schwestern und Brüder endlich versöhnen.

Gesegnet ist, wer sich der eigenen Schuld an dem Unfrieden stellt und wer den Schmerz, den er oder sie anderen bereitet hat, nicht einfach von sich wegschiebt.

Gesegnet ist, wer die Einsicht erringt: Gott und der Bruder, Gott und die Schwester tragen *ein* Gesicht. Dem wird wie Jakob ein neuer Tag, ja ein neues Leben anbrechen. Die Sonne wird über ihm aufgehen, aber wie Jakob wird er und wird sie noch viel weinen müssen über unsere zerrissene Welt. Amen.

*Friedrich Grotjahn*

# Der verlorene Pastor

»So also sehen Sie aus!« Frau Winkler sah ihn von oben bis unten an. »Ich kann es nicht ändern«, entschuldigte sich Pastor Schäfer. »Thorsten hat keine Lust mehr zum Konfirmandenunterricht bei Ihnen.« – »Deswegen bin ich hier«, sagte Pastor Schäfer. »Will er konfirmiert werden?« – »Will er. Aber er sieht nicht ein, weshalb er dafür so lange zum Unterricht gehen soll. Und die Lernerei. Recht hat er. Da heißt es: ›Zu Gott darfst du kommen, wie du bist‹, aber vorher musst du zwei Jahre zum Unterricht. Geschenkt kriegst du nichts. Das ist in Ihrer Kirche wie überall.«

»Sie haben früher bestimmt mehr lernen müssen als Ihr Sohn heute«, meinte Pastor Schäfer. »Weiß Gott«, sagte Frau Winkler. »Und ich habe alles wieder vergessen; bis auf diesen einzigen Satz: ›Buße tun heißt umkehren in die offenen Arme Gottes.« – »Immerhin.« Pastor Schäfer machte eine hilflose Bewegung mit den Armen. »Ja, genau so«, sagte sie, »genau so habe ich mir die Arme Gottes immer vorgestellt: grau und freudlos. In solche Arme will ich nie und nimmer ›umkehren‹. – Ich bin froh, dass ich aus denen endlich heraus bin.«

»Haben Sie so etwas wie eine kirchliche Vergangenheit?« – »Mein Vater war auch Pfarrer«, antwortete Frau Winkler, »und er hat genau so geredet wie Sie.« – »Dann ist es natürlich schwierig«, sagte Pastor Schäfer. »Aber« – er machte einen neuen Anlauf – »Sie dürfen Gott und die Pastoren nicht einfach gleichsetzen. Hinter dem Satz von der Umkehr in die offenen Arme Gottes steht das Gleichnis vom ›Verlorenen Sohn‹.« – »Das weiß ich selber«, unterbrach sie ihn. »Aber jetzt sagen Sie doch einmal: Wie erleben Sie, Pastor Schäfer, Ihre Umkehr in die offenen Arme Gottes? Wann und wo bekommen Sie Ihr festliches Gewand, den Ring, die neuen Schuhe und das große Essen mit dem gemästeten Kalb wie der Verlorene Sohn?«

Pastor Schäfer sah an sich hinunter. Sein Anzug war grau und ausgebeult, seine Schuhe schwarz und abgewetzt. Hunger hatte er auch. – Nach einer Weile meinte er: »Natürlich hat die Kirche es zu lange versäumt, auch die Fröhlichkeit zu ihrem Recht kommen zu lassen. Wir bemühen uns und feiern auch Feste in unserer Gemeinde. Zweimal im Jahr. Aber das kostet immer viel Vorbereitung und Zeit.« Beim Stichwort »Zeit« sah er auf die Uhr. »Oje, ich sollte längst weiter sein …«

Sein Abgang hatte etwas von Flucht. Beim Hinausgehen warf er einen Blick in den Flurspiegel und sah in ein angestrengtes, graues Pfarrergesicht.

Beim Abendbrot war Pastor Schäfer einsilbig. Lustlos kaute er an seinem gesunden Vollkornbrot und dachte an das gemästete Kalb vom ›Verlorenen Sohn‹. Da klingelte das Telefon. Der Superintendent rief an. Er entschuldigte sich, dass er zu ungelegener Stunde … und ob Pastor Schäfer am Abend Zeit hätte. Bruder Ahlsen habe aus dem Urlaub telegrafiert. Er sei krank geworden. Und am Abend sei doch diese Sitzung, und er, Pastor Schäfer, sei schließlich Ahlsens Vertreter.

Pastor Schäfer bemühte sich, mit der Zunge ein Korn aus der Zahnlücke zu entfernen. Zum Zahnarzt hätte er auch längst wieder gehen müssen! Der Superintendent, durch Pastor Schäfers Schweigen beunruhigt, sagte, er selbst wäre für Ahlsen eingesprungen, aber nun sei heute Abend die erste Bibelstunde seiner neuen Vikarin; da sei er dringend erforderlich.

Pastor Schäfer war immer noch mit dem Korn in seinen Zähnen beschäftigt. »Hören Sie mir überhaupt zu?« fragte der Superintendent. »Wann haben Sie eigentlich zum letzten Mal neue Schuhe geschenkt bekommen?« fragte Pastor Schäfer.

»Wie bitte?« – »Und wann haben Sie zuletzt ein festliches Gewand angezogen?« – »Was hat das mit der Sitzung heute Abend zu tun?« – »Und wann haben Sie zuletzt einen Ring geschenkt bekommen?« – »Ich trage nur meinen Ehering«, sagte der Superintendent pikiert; aber Pastor Schäfer fragte weiter: »Und wann hat man zuletzt für Sie ein gemästetes Kalb geschlachtet?«

»Reden Sie vom ›Verlorenen Sohn‹? – Um dieses Gleichnis geht es heute Abend in der Bibelstunde. Und meine Vikarin …« – »Ich rede vom ›Verlorenen Superintendenten‹«, sagte Pastor Schäfer, »und vom ›Verlorenen Pastor‹.« – »Aber die Sitzung heute Abend …« – »Meinen Sie, dass das Reich Gottes zusammenbricht, wenn ich nicht auf der Sitzung erscheine; und meinen Sie, dass Ihre Vikarin den Lauf des Evangeliums in total unsoziale Kanäle leitet, wenn Sie sie nicht kontrollieren?« Jetzt schwieg der Superintendent.

Schließlich, und noch etwas zögernd, begann er: »Wussten Sie eigentlich, dass hier nebenan eine neue Weinstube eröffnet hat …?«

Pastor Schäfer kam an diesem Abend spät nach Hause. »So locker habe ich den Superintendenten noch nie gesehen«, sagte er. »Und er hat gesagt, er hat gar nicht gewusst, dass ich auch ganz witzig sein kann; so ernsthaft wie ich sonst immer auftrete.« – »Eine Schwalbe macht noch keinen Frühling«, sagte Frau Schäfer, »aber vielleicht war es ein Anfang.«

# Die Autorinnen und Autoren

Sylvia Bukowski
geboren 1949, Studium der amerikanischen Literatur in St. Olaf, Minnesota, der evangelischen Theologie und der Sozialpädagogik in Berlin und Bonn; seit 1977 Gemeindepfarrerin in Wuppertal; Veröffentlichungen von Predigen und Gebeten.

Heino Falcke
geboren 1929, Studium der evangelischen Theologie in Berlin, Göttingen und Basel. Seit 1952 in der DDR tätig als Pfarrer, Dozent, Leiter eines Predigerseminars und von 1973 bis 1994 ev. Propst des Propstsprengels Erfurt. Als Vorsitzender des Ausschusses Kirche und Gesellschaft, als Synodaler und Mitglied der Konferenz der Kirchenleitungen eng verbunden mit dem Weg des Kirchenbundes in der DDR. Zugleich Begleiter der gesellschaftskritischen Gruppen und Mitinitiator der Ökumenischen Versammlung der Kirchen in der DDR.
Promotion, Habilitation und Ehrenpromotion durch die Universität Bern.
Zahlreiche Veröffentlichungen zu dem Problembereich von Kirche und Gesellschaft, z. B.: Mit Gott Schritt halten, Reden und Aufsätze, Berlin: Wichern-Verlag 1986; Vom Gebot Christi. Zum Konziliaren Weg des Friedens, Stuttgart: Radius-Verlag 1986; Die unvollendete Befreiung. Die Kirchen, die Umwälzung in der DDR und die Vereinigung Deutschlands, Chr. Kaiser Verlag München 1991

Anne Gidion
geboren 1971, Studium der evangelischen Theologie und Kunstgeschichte in Marburg, Durham/GB, Heidelberg, Bochum und Wuppertal, Mitglied im Präsidium des Deutschen Evangelischen Kirchentages (DEKT) und im Vorstand des Ökumenischen Kirchentages Berlin 2003. Nach dem ersten theologischen Examen Assistentin in der Studienleitung des DEKT in Fulda, von 1999-2001 persönliche Referentin des Bevollmächtigten des Rates der EKD bei der Bundesrepublik Deutschland und der EU in Berlin, seit Mai 2001 Referentin für die Kontakte zu Kirchen und Religionsgemeinschaften im Bundespräsidialamt.

Friedrich Grotjahn
geboren 1935, evangelischer Gemeinde- und Studentenpfarrer, seit 1991 Rundfunkautor, Redakteur und freier Schriftsteller. Lebt in Bochum. Neuere Veröffentlichungen: Die Braut sagte Nein. Geschichten vom Pfarrer Schäfer. Freiburg i.Br. 1993; Die dritte Tafel. Erzählung. Köln 1997; Der Geschmack von Messing. Roman. Stuttgart 2001; Eine Gerechte. Erzählung. Bochum 2002

Wolfgang Grünberg
geboren 1940, 1971 Ordination und Pfarrer in Berlin-Spandau, seit 1978 Professor für Praktische Theologie mit Schwerpunkt Religionspädagogik an der Universität Hamburg. Seit 1987 Leiter der Arbeitsstelle »Kirche & Stadt« am Institut für Praktische Theologie. Mitherausgeber und Autor der Buchreihe »Kirche in der Stadt« 1991-1999 (Bde. I-IX) und »Urbane Theologie« (Bd. I, 1996, Bd. II, 2000), Mitherausgeber des Lexikons der Hamburger Religionsgemeinschaften ²1995.

Hans-Martin Gutmann
geboren 1953, Studium der Theologie und Pädagogik in Göttingen, 1994-2001 Professor für Kirchengeschichte und Didaktik der Evangelischen Religionslehre an der Universität Paderborn, seit 2001 Professor für Praktische Theologie mit dem Schwerpunkt Homiletik an der Universität Hamburg. Zahlreiche Veröffentlichungen zu Reformationsgeschichte, grenzübergreifenden Diskussionen zwischen Theologie und Anthropologie, zur Grundlegung der Praktischen Theologie und zur Orientierung im Theologiestudium, zu Populärer Kultur und Religion sowie zu Symboldidaktik. Zum Beispiel: Der Herr der Heerscharen, die Prinzessin der Herzen und der König der Löwen. Religion lehren zwischen Kirche, Schule und populärer Kultur, Gütersloh 1998, 3. Aufl. 2002; (mit Norbert Mette): Orientierung Theologie. Was sie kann, was sie will. Reinbek 2000; Leben mit den Toten – eine evangelische Perspektive, Gütersloh 2002.

Klaus Haarmann
geboren 1949, Studium der Theologie und Pädagogik, verheiratet mit Pastorin i.E. Angelika Haarmann, arbeitet als Pastor und Superintendent in der Ev.-luth. Landeskirche Hannover

Norbert Mette
Dr. theol., Dr. theol. h.c., Professor für Religionspädagogik/Praktische Theologie an der Universität Dortmund. Studium der Theologie und Sozialwissenschaften an der Universität Münster; 1984-2002 Professor an der Universität-Gesamthochschule Paderborn. Zahlreiche Veröffentlichungen zu Themen der Praktischen Theologie (incl. Religionspädagogik) und Sozialethik.

Curt Stauss
geboren 1948, arbeitete in verschiedenen Gemeinden als Gemeindepfarrer sowie als Jugendpfarrer in der DDR. Curt Stauss ist Superintendent der Kirchenprovinz Sachsen in Nordhausen.
Diverse Veröffentlichungen zu gemeindepädagogischen und bibelwissenschaftlichen Themen und zu kirchlicher Planungsarbeit.

Holm Tetens
geboren 1948, Studium der Philosophie, Mathematik, Soziologie in Bochum und Erlangen, lehrte an den Universitäten Brasília, Marburg, Göttingen und Paderborn. Seit 1994 Professor für theoretische Philosophie mit dem Schwerpunkt Wissenschaftstheorie an der Freien Universität Berlin.
Zahlreiche Veröffentlichungen, u. a.: Geist, Gehirn, Maschine. Philosophische Versuche über ihren Zusammenhang, Stuttgart 1994; Farben, die sich zeigen. Vom Verschwinden einer Erklärungslücke bei näherer Betrachtung, in: Neue Rundschau 114 (2003) Heft 1, 54-65.

Regula Venske
geboren 1955, Dr. phil., lebt als freie Schriftstellerin in Hamburg. Für ihr Werk wurde sie u. a. mit dem Oldenburger Jugendbuchpreis, dem Deutschen Krimipreis und dem Lessing-Stipendium des Hamburger Senats ausgezeichnet. Zuletzt erschienen das von ihr herausgegebene Lesebuch »Warum leben?« sowie »Du sollst nicht töten! Zwölf Verbrechen aus der Bibel« (Kriminalerzählungen), »Rotwein mit Schuss«, »Herzschlag auf Maiglöckchensauce« (nominiert für den Frauenkrimipreis der Stadt Wiesbaden 2002) und der Roman für Kinder »Lale und der goldene Brief«, für den sie ein Stipendium des Centre National de Littérature, des Ministère de la Culture und der Stadt Echternach, Luxemburg, erhielt.

Michael Weinrich
geboren 1950, Dr. theol., 1982-1996 Professor für Evangelische Theologie an der Universität GH Paderborn, seit 1996 Professor für Systematische Theologie an der Freien Universität Berlin; Mitglied in diversen ökumenischen Dialogen und Gremien auf europäischer und auf Weltebene; Mitherausgeber der Zeitschrift »Zeitzeichen«. Arbeitsschwerpunkte: Theologie in der Neuzeit, Jüdisch-christlicher Dialog, Ekklesiologie und Ökumene, der Religionsdiskurs. Neue Buchveröffentlichungen in Auswahl: Ökumene am Ende? Plädoyer für einen neuen Realismus, Neukirchen-Vluyn 1995; Kirche glauben. Evangelische Annäherungen an eine ökumenische Ekklesiologie, Wuppertal 1998; Theologie und Biographie. Zum Verhältnis von Lehre und Leben, Wuppertal 2003; Hg., Einheit bekennen. Auf der Suche nach ökumenischer Verbindlichkeit, Wuppertal 2002; zus. m. R. Kampling Hg., Dabru Emet – redet Wahrheit. Eine jüdische Herausforderung zum Dialog mit den Christen, Gütersloh 2003.

Nachweis
Die Geschichten von Pastor Schäfer hat der Autor zur Verfügung gestellt aus: Friedrich Grotjahn, Gottes Schuhgröße. Geschichten von Pastor Schäfer. Verlag Agentur Bülbül, Bochum 2001.